Peter Neuber (Hg.), Meldörp-Böker 2.1

Klaus Groth
Quickborn 1

AF177139

Ortsnamen in der Titelkarte

in SASS-ergänzender Schreibweise: Âlversdörp,
Friechsköög, Hėnnsteed, Mârn, Nŏŏrhasteed, Wŏhren

Peter Neuber (Hg.)

Peter Neuber, Burgstr. 18, 25704 Meldorf
fon: +49 (0) 179 680 45 39
email: PeNeuberWoehrden@aol.com
www.wöhrnerwöör.de (download für das Wörterbuch ›Wöhrner Wöör‹)

Meldörp-Böker

(Textböker tō de ›Wöhrner Wöör‹)

Bislang waren folgende Titel aus dem Internet kostenfrei, als ›Frie' Woor‹, herunterladbar, jeweils in zweiter, geänderter Ausführung, 2015-11-15:

Nr. 1:   **Verscheden Schrieverslüüd**

Nr. 2.1:   **Klaus Groth, Quickborn 1**

Nr. 3.1:   **Johann Hinrich Fehrs, Op Holsten-Eer**

Gedruckt sind bislang erschienen, jeweils in zweiter, geänderter Auflage, 2015-11-15:

Nr. 3.2:   ISBN 978-3-9817316-6-8   **Johann Hinrich Fehrs, Allerhand Slag Lüüd**

Nr. 4.2:   ISBN 978-3-9817316-7-5   **Theodor Piening, De Reis no'n Hamborger Doom**

Nr. 5.1:   ISBN 978-3-9817316-8-2   **Heinrich Johannes Dehning, Junge Schoolmeisterjohren in Dithmarschen vör 1900**

Nr. 8.2:   ISBN 978-3-9817316-9-9   **Georg Droste, Odde Alldag un sien Jungstöög**

2018 erschienen bzw. erscheinen bei Tredition in jeweils 3. Auflage
als **Paperback** und **Hardcover** und **eBook**:

Nr. 3.2:   **Johann Hinrich Fehrs, Allerhand Slag Lüüd**
Paperback: 978-3-7469-6766-0 – Hardcover: 978-3-7469-6767-7 –eBook: 978-3-7469-6768-4

Nr. 4.2:   **Theodor Piening, De Reis no'n Hamborger Doom**
Paperback: 978-3-7469-6812-4 – Hardcover: 978-3-7469-6813-1 –eBook: 978-3-7469-6814-8

Nr. 5.1:   **Heinrich Johannes Dehning,**
       Junge Schoolmeisterjohren in Dithmarschen vör 1900
Paperback: 978-3-7469-3473-0 – Hardcover: 978-3-7469-3474-7 –eBook: 978-3-7469-3475-4

Nr. 8.2:   **Georg Droste, Odde Alldag un sien Jungstöög**
Paperback: 978-3-7469-0882-3 – Hardcover: 978-3-7469-0883-0 –eBook: 978-3-7469-0884-7

Die Reihe wird bei Tredition fortgesetzt.

Peter Neuber (Hg.)

Meldörp-Bōker

Nr. 2.1 (1. Oploog 2018)

Klaus Groth

Quickborn 1

Der zugrundeliegende Text erschien 1921 bei Lipsius und Tischer in Kiel und Leipzig als 9. und 10. Tausend. Das Vorwort zum ersten Tausend schrieb Groth im Herbst 1892:

Klaus Groth, Gesammelte Werke in vier Bänden,

1. Band: **Quickborn 1** *(GrK1.1)*

In der vorliegenden Ausgabe wurden die Groth-Texte sprachlich mit Vorsicht aktualisiert und zum Groth-Jahr 2019 um **Aussprache- und Verständnishilfen auf Schritt und Tritt** ergänzt. Es soll **ein Buch für Jedermann** sein. Jede Stelle des Quickborn 1 soll auch für diejenigen erschließbar sein, die dies nicht (mehr) für möglich hielten.

Vor allem sollen die Texte **in Dithmarschen**
lautlich leichter korrekt gelesen und vorgelesen werden können,
sie sollen so leicht wie möglich über die heutige Zunge gehen!

Selbstverständlich geht es nicht darum, Groth zu korrigieren! Falls sich Text-Änderungen ergeben, fordern diese zum aufmerksameren Lesen des Originals auf!
Die angekündigte Groth-Gesamtausgabe darf mit freudiger Spannung erwartet werden!

Es handelt sich hier um ein

Niederdeutsches Textbuch

zum Wörterbuch ›Wōhrner Wöör‹

in

SASS-ergänzender Schreibweise

Dat hēēt: in SASS-Schrievwies mit Opsetters. Vör ållen wårrt de Diphthongen kėnntli mookt — un dat is vun Vördēēl in hēēl Slēēswig-Holstēēn!

Datt ēēn würkli luut lesen un vörlesen kann!

Stand: 2018

Meldörp-Böker

= Platt-Klassiker für Dithmarschen
(+ Kompetenztraining in Dithmarscher Platt)

Liebe ältere und jüngere und neuere Dithmarscher,
liebe Urlauber in Dithmarschen,
liebe Deutschlehrer und Schüler|innen der Sekundarstufen,
liebe Deutschlehrer- und Germanistikstudenten aus Dithmarschen,
liebe Freunde des Plattdeutschen überall,
die ›Meldorf-Bücher‹ enthalten Dithmarscher Platt,
die alte Dithmarscher Sprache, aber *verständlich*
und in geeigneter ›SASS-ergänzender Schreibweise‹,
un dörmit *luut leesbor* un *vörleesbor*!

Ditschi-Platt,

tru di wat!

Peter Neuber (Hg.), Meldörp-Böker 2.1

Klaus Groth
Quickborn 1

Auflage 2018
Verlag und Druck: tredition GmbH
Paperback: **ISBN** 978-3-7469-8470-4
Hardcover: **ISBN** 3978-3-7469-8471-1
eBook: **ISBN** 978-3-7469-8472-8

Schwarzweiß-Kurzfassung
der Aussprachehilfen für Dithmarschen!
Mit farblicher Unterstützung finden Sie die Tabelle
auf der Buch-Rückseite!

—— **Aussprache-Steckbrief für Dithmarschen** ——

Sprich ŏ als [oᵘ] (though),　ē als [eⁱ] (day),　ŏ̈ als [oⁱ] (boy, moin, Heu, Häuser)!

Sprich â vor l+Konsonant & vor r+Konsonant als lang-a, [a:] (engl. half [ha:f], dark [da:k])!

Sprich ė als kurz-i (hin, Strich, Wirt);　ğ|ġ̣ṭ als hart-g (Bug);　b̶ṭ als hart-b (lieb)!

Sprich -b̶en (ölb̶en, sülb̶en) (Sass: -ven) als -bᵉn, -b'n bis hin zu –m [ölm, sülm]!

Sprich das r nach langem Vokal als nachklingendes a: [oᵘᵃ, eⁱᵃ, oⁱᵃ, …]:
Mŏŏr, Ēēr, Wŏ̈ŏ̈r, Fŏ̈hr, Hoor, mŏŏr, Buur: ›Mouᵃ, Äiᵃ, Woiᵃ, Foiᵃ, Hooᵃ, mööᵃ, Buuᵃ‹!

Sprich **sp, st** wie ›spitzen Stēēn‹, sprich aber **schr** mit hochdeutsch-breiter Zunge!

Sprich das s in **sl, sm, sn, sw** möglichst als scharfes s oder als **Zungenspitzen-sch**!

Sprich **j** wie Journalist (jo, jüm, Jung); **ä, ää, äh** wie e, ee, eh (Jäger, nä, däägli, Fähr)!

Für die ch-Aussprache des g in mag, Slag, Steeg, Weeg, Steg, weg, Weg, leggt, seggt, krieg, lieg, kriggt, liggt, Loog, Moog, Tog, Mügg, Bârg, Dwârg, Borg usw. ist ğ angedacht.

Bezüglich ᴹ³, ᴹ⁴ᵃ⁻ᵈ siehe unter **Kennmarken M3, M4**!
Bezüglich ˣ⁰¹, ˣ⁰⁹, ˣ¹¹ … siehe unter **Regionale Besonderheiten**!
Bezüglich * siehe **Grabbelkiste, Worterklärungen**!
Dies alles und weiteres finde vorn im Inhaltsverzeichnis!

Könner können
unter den Zusatzzeichen und über die Hilfen hinweglesen!

Weniger Versierte
folgen den hilfreichen Hinweisen ganz nach Bedarf!

Unter den Balken|Punkten findet sich die **Sass'sche Schreibweise**!

Warum (ab Herbst 2015) diese ›SASS-ergänzende Schreibweise‹?

Beide Schreibweisen, die zuvor verwendete wie die jetzige, stehen fest zu SASS (zum PLATT-DUDEN für NS, HH, SH seit 1956), ergänzen ihn aber und sind für Dithmarschen und ganz Schleswig-Holstein gleichermaßen tauglich. Traditionell werden hier die Diphthonge, die Zwielaute [o^u, e^i, o^i|ö^ü], nicht als Doppellaute (z. B. als ou, ej, oi|eu|äu) geschrieben, sondern als o, e und ö.

Meine ältere ›**Dithmarscher Schreibweise**‹ hielt sich an das Prinzip unserer Dithmarscher Altvorderen Groth und Müllenhoff, die die langen Monophthonge|Einlaute kennzeichneten, die problematischen Zwielaute aber nicht. Diese traditionelle Schreibweise erzeugte leider immer ein riesengroßes Problem: Die Monophthonge|Einlaute wurden unnötigerweise hervorgehoben; aber nur über sie konnte man sich die nicht markierten Diphthonge|Zwielaute logisch erschließen (indirekt, nach der Methode ›von hinten durch die Brust ins Auge‹). — Immerhin, man konnte! Behelfsmäßig unterstützte ich dies durch Anhebungen.

Meine neuere nun verwendete ›**SASS-ergänzende Schreibweise**‹ markiert direkt die Problem-Zwielautbuchstaben o, e und ö durch einen Balken (ō, ē und ȫ) und sagt: Dies ist höchstwahrscheinlich ein Doppellaut [o^u, e^i bzw. o^i|ö^ü], auch wenn er nicht so aussieht! Und die balkenlosen Buchstaben o, e und ö werden ganz normal als o, e und ö gelesen. — Schon Otto Mensing verwendete in seinen Lautschriftergänzungen die Zeichen ō, ē und ø, um auf Zwielaute bei Einlaut-Schreibweise hinzuweisen, für ganz Schleswig-Holstein!

Aussprachehilfen für ō, ē, ȫ, â, ė, ġ, ḃ: siehe auf Seite 5 UND Buchdeckel!

Was im Buch (in den Groth-Texten) ist Platt, was ist Hoch?

Wöör un Sätz in normoolgrōte un lōōtrechte Bōōkstoben:

Platt

Wörter und Textpassagen in normalgroßer und kursiver Schreibweise:

Hochdeutsch**, zumindest **kein Platt

Wöör in lütte un lōōtrechte Bōōkstoben:

Platt (tōmeist Uttuusch- Wöör)

Wörter, in kleiner und kursiver Schreibweise:

Hochdeutsch *(Übersetzungen*

oder i.d.R. hochdeutsche Erklärungen)

Zeilen-Trennzeichen ▪

In einigen Texten wurden die im Original einzeln stehenden Textzeilen in Textblöcke gezwängt, um die Hilfen platzmäßig unterbringen zu können. Der jeweilige Zeilenwechsel wurde m. H. des ▪-Zeichens kenntlich gemacht.

Ein Beispiel von Seite 59 *(GrK1.1.033)*:

Sunst gung hē mit tō Danz un tō Gelagg |*Fest* ▪ un smōōk |*rauchte* sien Piep sō brösig |*wichtig* as ėn Junker ▪ un sung un lach |*lachte*, doch ümmer[x21] sunnerbor, ▪ un blēēv ni[x20] lang un hōō'|hōōd sik |*hütete sich* vör dat Drinken. ▪ Ōōk hârr hē mit de Dēērns ni[x20] veel in' Sinn, ▪ dē foken |veelmools sään, hē wēēr as ›holten Hinnerk‹ |*steifer Mensch.*

Über den Autor Klaus Groth

(teils in enger Anlehnung an das Internet-Portal der Klaus-Groth-Gesellschaft)

Groth wurde am 24. April 1819 in Heide (Lüttenheid) als Sohn eines Müllers geboren. — **2019 feiern wir 200 Jahre Klaus Groth!**

Groth wurde nach seiner Schulzeit, also mit 14 Jahren, zunächst Schreiber beim Kirchspielsvogt in Heide. Mit 18 Jahren, 1837, ging er nach Tondern aufs Lehrerseminar. Nach vier Jahren brach er aus Geldmangel seine Ausbildung ab und wurde Lehrer an einer Mädchenschule in Heide. Schon nach wenigen Jahren, er war häufig krank, erlebte Groth 1847 einen körperlich-seelischen Zusammenbruch, der zum Ausscheiden aus dem Schuldienst führte. Bis ins Jahr 1853 wohnte er bei seinem Freund Leonhard Selle zur Genesung auf Fehmarn. Dort schrieb er seine plattdeutsche Gedichtsammlung ›**Quickborn**‹, die 1853 erschien. Dieser Gedichtband machte Groth mit einem Schlage berühmt.

Im gleichen Jahr holte ihn Karl Müllenhoff (Marne), Literatur-Professor, nach Kiel. Hier arbeiteten beide von Oktober 1854 bis April 1855 fast täglich für Erweiterungen und Neuauflagen des ›Quickborn‹ eng zusammen, namentlich an der Erstellung einer plattdeutschen **Grammatik** und einer leistungsfähigen **Orthographie**, die u.a. die langen Ein- und Zwielaute zu unterscheiden wusste. — Während des Winters 1854/55 entstand auch das Prosawerk ›**Vertelln**‹.

Auf ärztliche Empfehlung hin unternahm Groth im Frühling 1855 eine Reise, die ihn zuerst nach Bonn führte. Hier verlieh ihm die Philosophische Fakultät der Universität die Ehrendoktorwürde.

Im Jahre 1857 kehrte Groth nach Kiel zurück, wo er im Sept. 1858 an der Philosophischen Fakultät einen Habilitationsvortrag hielt. Über seine Bemühungen um eine Universitätslaufbahn in Kiel zerbrach die Freundschaft mit Müllenhoff. Erst 1866 erhielt er vom damaligen österreichischen Statthalter von Holstein den Professorentitel für deutsche Sprache und Literatur.

Klaus Groth ist einer der bekanntesten niederdeutschen Lyriker und Schriftsteller. Gemeinsam mit dem Mecklenburger Fritz Reuter gilt er als der Begründer der neueren niederdeutschen Literatur.

Klaus Groth verstarb am 1. Juni 1899 in Kiel.

Aussprachehilfen für ō, ē, ȫ, â, ė, ġ, ƀ: siehe auf Seite 5 UND Buchdeckel!

Wat in dat Bōōk steiht (Rahmen)

Übersicht über erschienene Meldörp-Bōker (Klappentext 1)   Seite 002

Titelblatt   Seite 003

Impressum   Seite 004

Aussprache-Steckbrief für Dithmarschen (wie auf Buchdeckel)
   – zur SASS-ergänzenden Aussprache   Seite 005

Warum der Schreibweisenwechsel ab Herbst 2015?   Seite 006

Was im Buch ist Platt, was Hoch?   +   Zeilen-Trennzeichen ▪   Seite 007

Über den Autor   Seite 008

Rahmen-Verzeichnis   Seite 009

Verwendete Literatur und Verweise auf diese im Buch   Seite 009

Verzeichnis der Groth-Texte   Seite 010

Beginn des **Quickborn 1**   Seite 015

Ansinnen der Meldörp-Bōker   Seite 323

Schreibweise und Aussprache (ō, ē, ȫ;   â;   ė; ġ; b; ...)   Seite 331

Weitere Aussprache-Hinweise   Seite 333

Kennmarken (M3, M4, ..., Information dazu)   Seite 335

Regionale Besonderheiten (X00, X01, ...)   Seite 336

Grabbelkiste, Informationen zu ✱-Wörtern   Seite 341

Auf den letzten Seiten (›Klappentexte 2 + 3‹):

    Information über die Nutzung der **Wȫhrner Wȫȫr**

    Werbung für die **Meldörp-Bōker** und speziell für dieses

Verwendete Literatur und Verweise auf diese im Buch

In die Groth-Texte sind auch die Original-Seitenumbrüche in der Form *(GrK1.1.063)* eingelassen: **Klaus Groth, Gesammelte Werke**, Kiel und Leipzig bei Lipsius und Tischer, **1921**, Band 1, Quickborn 1

Im Groth-Stückeverzeichnis und am jeweiligen Stückeanfang wird in der Form *(GrK5.1.092)* auch verwiesen auf: **Klaus Groth, Quickborn**, Heide bei Boyens,**1998**

Für die Erarbeitung dieser Ausgabe wurde auch **Klaus Groth, Quickborn, Volksleben in plattdeutschen Gedichten ditmarscher Mundart**, Hamburg, Perthes-Besser & Mauke, 5. Auflage (1. mit hochdeutscher Übersetzung), 1856, herangezogen und auf sie an den Stückeanfängen in der Form *(GrK2.062)* hingewiesen.

Verzeichnis der Groth-Stücke

Mien Mōdersprook	GrK1.1.001	GrK5.1.015	Seite 16
Mien Jehann	GrK1.1.002	GrK5.1.017	Seite 18
Dat Mōōr	GrK1.1.004	GrK5.1.021	Seite 19
Mien Annamedder	GrK1.1.003	GrK5.1.019	Seite 20
Orgeldreiher	GrK1.1.005	GrK5.1.023	Seite 22
As ik weggung	GrK1.1.006	GrK5.1.025	Seite 24
Én Brēēf	GrK1.1.007	GrK5.1.026	Seite 25

För de Gören

01 Still mien Hanne	GrK1.1.008	GrK5.1.028	Seite 26
02 Snēēwittjen	GrK1.1.009	GrK5.1.029	Seite 27
03 Utsichten	GrK1.1.009	GrK5.1.030	Seite 28
04 Hevelmann	GrK1.1.010	GrK5.1.030	Seite 29
05 Dor wohn én Mann	GrK1.1.010	GrK5.1.031	Seite 30
06 Wat ēēn wârrn kann, …	GrK1.1.011	GrK5.1.033	Seite 31
07 Prinzess	GrK1.1.014	GrK5.1.040	Seite 37
08 Kanēēljuud	GrK1.1.015	GrK5.1.041	Seite 38
09 Regenlēēd	GrK1.1.016	GrK5.1.038	Seite 39
10 Buussemann	GrK1.1.017	GrK5.1.042	Seite 40
De Fischer	GrK1.1.018	GrK5.1.051	Seite 42
De Möller	GrK1.1.019	GrK5.1.045	Seite 43
De Melkdēērn	GrK1.1.019	GrK5.1.047	Seite 44
De ōle Hârfenspelersch	GrK1.1.024	GrK5.1.044	Seite 47
De Krautfru	GrK1.1.022	GrK5.1.053	Seite 48
An dén Moon	GrK1.1.025	GrK5.1.056	Seite 50
Grōōtmōder	GrK1.1.030	GrK5.1.061	Seite 53
Wiehnachtenobend	GrK1.1.028	GrK5.1.059	Seite 54

Pēter Plumm	GrK1.1.030	GrK5.1.062	Seite 56
Hanne ut Frankriek	GrK1.1.036	GrK5.1.069	Seite 62
Kedenriem	GrK1.1.057	GrK5.1.084	Seite 81
Priomeln	GrK1.1.058	GrK5.1.085	Seite 82
Bispeel	GrK1.1.060	GrK5.1.087	Seite 85
Oonten in't Woter	GrK1.1.062	GrK5.1.090	Seite 86
Lünk	GrK1.1.063	GrK5.1.092	Seite 88
Matten Hoos	GrK1.1.061	GrK5.1.088,	Seite 90
Pēter Kunrod	GrK1.1.065	GrK5.1.094	Seite 91
Schietkrööt	GrK1.1.092	GrK5.1.125	S. 117
Aftēker in't Mōōr	GrK1.1.091	GrK5.1.123	S. 118
Dagdēēf	GrK1.1.093	GrK5.1.127	S. 120
Drēēs	GrK1.1.094	GrK5.1.129	S. 121
De Flōōt	GrK1.1.095	GrK5.1.131	S. 122
Rumpelkomer	GrK1.1.101	GrK5.1.137	S. 128

Wat sik dat Volk vertellt

1 Ōōl Büsum	GrK1.1.117	GrK5.1.155	S. 146
2 Herr Jehannis	GrK1.1.118	GrK5.1.156	S. 147
3 Hē wook	GrK1.1.120	GrK5.1.158	S. 149
4 Dat stöhnt in't Mōōr	GrK1.1.120	GrK5.1.159	S. 150
5 Dat grulige Huus	GrK1.1.122	GrK5.1.161	S. 152
6 De hillige Ēēk	GrK1.1.122	GrK5.1.162	S. 153
7 De Pukerstock	GrK1.1.124	GrK5.1.164	S. 154
8 Hans Iver	GrK1.1.126	GrK5.1.167	S. 157

Ut de ōle Krönk

1 Groof Rudolf vun de Bōkelnborg	GrK1.1.127	GrK5.1.169	S. 159
2 Groof Gēērt in Ōlenwōhren	GrK1.1.128	GrK5.1.171	S. 161

3 De Holsten in'e Hamm	GrK1.1.129	GrK5.1.173	S. 162
4 De Slacht bi Hemmingsteed	GrK1.1.130	GrK5.1.174	S. 163
5 Heinrich von Zütphen	GrK1.1.133	GrK5.1.177	S. 166
6 De letzte Fēhd	GrK1.1.135	GrK5.1.180	S. 169
Unruh Hans	GrK1.1.136	GrK5.1.182	S. 170
Obendgang	GrK1.1.143	GrK5.1.190	S. 178
De Fischerkoot	GrK1.1.143	GrK5.1.191	S. 179
De Schipperfru	GrK1.1.144	GrK5.1.192	S. 180
De Kinner lârmt	GrK1.1.144	GrK5.1.193	S. 181
Aflōhnt	GrK1.1.145	GrK5.1.195	S. 182
De junge Weetfru	GrK1.1.145	GrK5.1.196	S. 182
Sünndagsrōh	GrK1.1.146	GrK5.1.197	S. 179

Famielnbiller

1 Dat Gewidder	GrK1.1.146	GrK5.1.198	S. 183
2 De Sünndagmorgen	GrK1.1.154	GrK5.1.207	S. 192
3 Heinri	GrK1.1.163	GrK5.1.218	S. 202
4 De Welt	GrK1.1.167	GrK5.1.223	S. 206
5 Voderhuus	GrK1.1.170	GrK5.1.227	S. 210
6 Ut Lenken wârrt en Keed	GrK1.1.172	GrK5.1.230	S. 212
Dat Dörp in' Snēē	GrK1.1.174	GrK5.1.233	S. 214
Goldbârg	GrK1.1.174	GrK5.1.234	S. 215
Mien Platz vör Döör	GrK1.1.175	GrK5.1.235	S. 216
Ünner'n Kastanje	GrK1.1.176	GrK5.1.237	S. 217
Obendfreden	GrK1.1.177	GrK5.1.238	S. 218
De Möhl	GrK1.1.177	GrK5.1.240	S. 219
Sē lengt	GrK1.1.178	GrK5.1.242	S. 220
Hattlēēd	GrK1.1.180	GrK5.1.244	S. 222

Swienegel un Matten Hoos in'e Wett	GrK1.1.181	GrK5.1.246	S. 224
Hans Schander (nach Burns)	GrK1.1.185	GrK5.1.251	S. 228
De Fischtog no Fiel	GrK1.1.195	GrK5.1.262	S. 238
Hell in't Finster	GrK1.1.211	GrK5.1.280	S. 255
Wėnn de Lurk treckt	GrK1.1.213	GrK5.1.283	S. 255
In't Holt	GrK1.1.212	GrK5.1.281	S. 256
In'e Frėmm	GrK1.1.215	GrK5.1.286	S. 257
Mien Voderland	GrK1.1.213	GrK5.1.284	S. 258
Sō lach doch mool!	GrK1.1.213	GrK5.1.282	S. 259
Ėn Vergeet-mi-ni	GrK1.1.215	GrK5.1.287	S. 260

Ut dėn Swonenweg

Klockenlüden	GrK1.1.216	GrK5.1.365	S. 261
Mien Pōōrt	GrK1.1.219	GrK5.1.367	S. 266

Fief niede Lēder tō'n Singen

Dor wēēr ėn lüttje Buurdēērn	GrK1.1.220	GrK5.1.288	S. 268
Dor geiht ėn Beek	GrK1.1.221	GrK5.1.367	S. 270
Ōh, wullt' mi ni mithėbben?	GrK1.1.223	GrK5.1.292	S. 272
Hē sä mi sō veel	GrK1.1.223	GrK5.1.367	S. 273
Mien Anna is ėn Rōōs sō rōōt	GrK1.1.224	GrK5.1.295	S. 274
Dööntjes	GrK1.1.225	GrK5.1.296	S. 275

Ōle Lēder

1. Kukuuk	GrK1.1.229	GrK5.1.310	S. 280
2. De Jäger	GrK1.1.230	GrK5.1.309	S. 281
3. De Lōōtsendochter	GrK1.1.231	GrK5.1.311	S. 282
4. Schippers Bruut	GrK1.1.231	GrK5.1.312	S. 283
5. Twēē Lēēfsten	GrK1.1.232	GrK5.1.314	S. 284

6. Bi Nōōrwōōld	GrK1.1.233	GrK5.1.316	S.	285
7. De Stēēn bi Schâlkholt	GrK1.1.234	GrK5.1.318	S.	287
8. Dat kohle Graff	GrK1.1.235	GrK5.1.320	S.	288

Ut de Masch

1. Dat Ünnermēēl	GrK1.1.236	GrK5.1.322	S.	289
2. De Vullmacht	GrK1.1.240	GrK5.1.327	S.	293
3. Dat Schicksol	GrK1.1.248	GrK5.1.336	S.	303

| Spröök | GrK1.1.253 | GrK5.1.342 | S. | 309 |

Ėn Lēderkranz

1. Dat Huus	GrK1.1.255	GrK5.1.344	S.	310
2. De Goorn	GrK1.1.255	GrK5.1.345	S.	311
3. De ōl' Wichel	GrK1.1.256	GrK5.1.347	S.	312
4. Vör Döör	GrK1.1.257	GrK5.1.349	S.	313
5. Tō Bett	GrK1.1.257	GrK5.1.351	S.	314

Drēē Vogeln

1. Goldhohn	GrK1.1.258	GrK5.1.353	S.	315
2. De Duuv	GrK1.1.258	GrK5.1.354	S.	316
3. Nachtrieder	GrK1.1.259	GrK5.1.355	S.	317

Tō't Ėnn

1. Vullmacht sien Tweeschens	GrK1.1.260	GrK5.1.356	S.	318
2. Wohr di!	GrK1.1.260	GrK5.1.357	S.	319
3. Wo hēēt sē doch?	GrK1.1.261	GrK5.1.359	S.	320
4. Tōōv mool!	GrK1.1.262	GrK5.1.360	S.	321
5. Verloren	GrK1.1.262	GrK5.1.361	S.	322

Quickborn 1

Mien Mōdersprook

|Meine Muttersprache

(GrK1.1.001 – Kiek ōōk GrK5.1.015 un ōōk GrK2.002!)

Mien Mōdersprook[X12], wo[X30] klingst du schȫn, |wie

      wo büst du mi vertruut! |wie

Wēēr ōōk[X22] mien Hatt as Stohl un Stēēn, |Wäre ... Herz

      du drēēvst dėn Stolt heruut. |triebst

Du bȫȫgst mien stieve Nack sō licht |beugst meinen ... Nacken

      as Mōder[X12] mit ehrn Ârm, |wie

du fiechelst mi um't Angesicht, |streichelst mir

      un still is âll[X26] de Lârm.

Ik fȫhl mi as ėn luurlütt[M3] Kind, |fühle ... wie ein ganz kleines

      de hēle[X29b] Welt is weg. |ganze

Du puust mi as ėn Vörjohrswind |bläst mir wie ... Frühlingswind

      de kranke Bost tōrecht. |Brust zurecht

Mien Ōpa fōōlt mi noch de Hannen |›Obbe‹ ... *faltet*

    un seggt tō mi: Nu bee'^{X60}|beed! |*Nun bete*

Un ›Voder*unser*^{X11}‹ fang ik an,

    as ik wull frōher dä. |*tat*

Un fōhl sō dēēp: Dat wârrt verstohn, |*tief ... wird*

    sō sprickt dat Hatt sik ut.

Un Rōh^{X52} vun' Heben weiht mi an, |*Ruhe vom Himmel*

    un âllns is wedder^{X41a} guut^{X50}!

Mien Mōdersprook^{X12}, sō slicht un recht,

    du ōle frome Reed! |*fromme=sanfte=vertraute Sprache*

Wenn blōōts ēēn Mund ›mien Voder^{X11}‹ seggt,

    sō klingt mi't as en Beed. |*Bitte (GrK1.1.002)*

Sō herrli klingt mi kēēn Musik

    un singt kēēn Nachtigol.

Mi lōōpt je gliek in' Ōgen*blick* |*laufen im nächsten Augenblick*

    de hellen Tronen hendool. |*Tränen hinab*

Mien Jehann

|Mein Johann

(GrK1.1.002 – Kiek ōōk GrK5.1.017 un ōōk GrK2.004!)

Ik wull, wi wēērn noch klēēn, Jehann, |wollte, wir wären
dō[X23] wēēr de Welt sō grōōt! |damals war
Wi sēten op dėn Stēēn, Jehann, |saßen
wēētst' noch? bi Novers Sōōt. |weißt' ... an Nachbars Brunnen
An' Heben seil de stille Moon, |Himmel ... segelte ... Mond
wi sēhgen, wo[X30] hē lēēp, |wir sahen, wie er lief
un snacken, wo de Heben hōōch |redeten,wie hoch der Himmel
un wo de Sōōt wull dēēp. |und wie tief wohl der Brunnen

Wēētst' noch, wo still dat wēēr, Jehann? |wie still es war
Dor rōhr kēēn Blatt an' Bōōm. |Da rührte sich
Sō is dat nu ni[X20] mēhr, Jehann, |nun nicht mehr
as hōōchstens noch in' Drōōm. |als ... im Traum
Och nä, wėnn dō de Schēper sung, |da der Schäfer sang
allēēn in't wiede Feld:
Ni[X20] wohr, Jehann? Dat wēēr ėn Tōōn! |Nicht wahr ... Ton
De ēēnzigste op de Welt. |einzige

Mitünner in'e Schummertiet, |Mitunter in der Dämmerung
dėnn wârrt mi sō tōmōōt. |dann wird mir so zumute
Dėnn löppt mi't langs dėn Rüch sō hitt |läuft mir's ... den Rücken
as dōmools bi dėn Sōōt. |wie damals
Dėnn dreih ik mi sō hastig um, |drehe ich mich
as wēēr ik ni[X20] allēēn: |als wäre
Doch âllns, wat ik finn, Jehann, |alles, was ich finde
dat is – ik stoh un wēēn. |stehe und weine

Dat Mōōr

(GrK1.1.004 – Kiek ōōk GrK5.1.021 un ōōk GrK2.008!)

De Borrn beweegt sik op un dool, |*Der Boden … auf und nieder*
as gunst du langs ėn bȫken Bohl. |*als gingst … Buchenbohle*
Dat Woter schülpert in'e Graff, |*schwappt=plätschert … Hofgraben*
de Grasnârv bevert op un af. |*zittert auf und ab*
Dat geiht hėndool, dat geiht tōhȫȫch, |*nach unten …nach oben*
sō liesen as ėn Kinnerwēēg. |*leise wie eine Wiege*

Dat Mōōr is bruun, de Heid is bruun, |*Moor … Heide*
dat Wullgras schient sō witt as Dunen, |*leuchtet … Daunen*
sō wēēk as Sied, sō rein as Snēē: |*Seide*
Dėn Hoddboor reckt dat bet an't Knēē. |*Dem Adebar reicht es*

Hier hüppt de Poġġ in't Rēēt hėntlanġ |*Frosch im Schilf*
un singt uns oḃends sien Gesanġ.
De Foss, dē bruut, de Wachtel röppt, |*DerFuchs braut Bier: uraltes*
      Sinnbild für ›Nebel legt sich auf die Felder‹; The fox is brewing!)
de hēle[29b] Welt is still un slöppt. |*ganze … schläft*

Du hȫȫrst dien Schritt ni[X20], wėnn du geihst,
du hȫȫrst de Rüüschen, wėnn du steihst. |*Binsen*
Dat leevt un weevt in't hēle[29b] Feld, |*Es lebt und webt im ganzen Feld*
as wēēr't bi Nacht ėn anner Welt. |*als wäre es*

Dėnn wârrt dat Mōōr sō wiet un grōōt, |*Dann wird*
dėnn wârrt de Minsch sō lütt tōmōōt: |*so kleinmütig*
'kēēn[X29c] wēēt, wo lang hē dör de Heid |*Wer weiß, wie lange*
noch frisch un kräftig geiht!

Mien Anna-Medder[X14]

|Anna-Mühmchen

(GrK1.1.003 – Kiek ōōk GrK5.1.019 un ōōk GrK2.006!)

Ei, du lütte Flasskopp, |Flachskopf = Blondschopf

ik freet di vör Lēēv op! |fresse dich vor lauter Liebe auf

Wat hest du för Puusbacken, |Pausbacken

noch sōter as Twēēbacken! |süßer als Zwiebäcke

Ei, du lütte Flasskopp,

ik freet di noch op!

Ei, du lütte Wies-Snuut, |Klōōksnacker = Naseweis

wat schimpst du dien Hans ut! |›wo böst du ut‹ = bürstest aus

De Tung geiht as ėn Lammerstēērt, |Zunge … Lämmerschwanz

dien Hans is kēēn Drēēliṅ wēērt. |keinen Dreier

Ei, du lütte Wies-Snuut,

Wo[X30] schellst du mi ut! |Wie schiltst du mich aus!

Ei, du lütte Witt-Tähn,

wat mag ik di gēērn dull sēhn! |wütend sehen

Wo sē klötert as ėn Kaffemöhl, |Wie sie rasselt wie eine

wo sē plötert as ėn Mōserstööl! |Wie sie plaudert wie ein Mörserstiel

Ei, du lütte Witt-Tähn,

wat mag'k di gēērn sēhn!

Ei, du lütte Keithohn, |Keckhahn = keckes Mädchen

wat kickst' mi vergrellt an! |›wat kickst' mi kasproot an!‹

Koom, wullt' mi tō Kopp flēgen? |Komm, willst' mir

Ik heff noch kēēn Dütt kregen! |keinen Kuss bekommen

Ei, du lütte Keithohn,

wat kickst du mi an! |wie guckst du mich an!

Ei, mien lütte Anna-Meller[x14],

kannst mi afwischen as en Brieteller, |Breiteller (GrK1.1.004)

kannst mi utwringen as en Foo'dōōk|Footdōōk, |Schüsseltuch

in'e Eck stellen as en Handstock.

Ei, mien lütte Anna-Medder[x14],

ik bün slantig as en Dōōk! |schlaff wie ein Tuch

Orgeldreiher

(GrK1.1.005 – Kiek ōōk GrK5.1.023 un ōōk GrK2.010!)

Ik sprung noch in'e Kinnerbüx, |Kinderhose

dō[X23] wēēr ik al[X26] èn Daugenix. |da war ich schon

Dat sään ōōk âll[X26] de Novers glieks: |sagten ... alle Nachbarn gleich

Dē Jung, dat wârrt èn Slēēf! |das wird ein Schlingel

Wat scheert mi âll dèn Snötersnack! |kümmert mich das Geschwätz

Ik sing un dreih mien Dudelsack,

verlach dat hēle[X29b] Rummelpack, |verlache das ganze Lumpenpack

dat mi kēēn Süssling gēēv! |keinen Sechser gab

Mien Voder[X11] schick mi hèn no Schōōl,

ik hool mi dor dèn Puckel vull |holte mir den Buckel voll

un mook dèn Rekter splitterndull: |machte ... bitterböse

Mien Lex, dèn wuss ik slecht. |Meine Lektion wusste

Sum, sus,... – dat wull dor gor ni[X20] 'rin; |(lat.: Ich bin, ›du bist‹, ...)

ik flōōk dèn Kroom no'n Düvel hèn, |verfluchte ... Kram ... Teufel

èn Prēēster stēēk dor doch ni[X20] in! |steckte da doch nicht drin

Mi stunn dat Swatt' in' Weg. |Mir stand das Schwarze im Weg

Mien Mōder[X12] lēēt mi èn netten Knüll |hinterließ ... nettes Landstück

vull Wuddeln un Kantüffelpüll; |Möhren ... Kartoffelstauden

dat wēēr ehrn letzten gōden[X50] Will: |ihr letzter guter Wille

Ik schull èn Plantoosch mi grünnen. |sollte eine Plantage gründen

Hârr ik man Lust hatt, Gras tō meih'n, |Hätte ich nur ... zu mähen

an' Ellbogen ran in'e Schiet tō kleien, |bis ... im Dreck zu wühlen

mit èn Sack um'e Nack dèn Rogg tō seien, |den Roggen zu säen

sō kunn ik Goldkōōrns finnen! |könnte ich Goldkörner finden

Kantüffeln wēērn dor as mien Hōōt, |Hut
un Wuddeln as mien Bēēn sō grōōt, |wie meine Beine (GrK1.1.006)
un Schiet tō kleien in Överflōōt – |im Dreck zu wühlen im Überfluss
dat wēēr di ėn Vergnȫgen!
Mien Ōlen sien Söhn, dē wēēr ni[X20] dumm: |Meines Vaters Sohn
Vun't Ârbei'n|Ârbeiden wârrt ēēn[X29a] stief un krumm; |Vom … wird man
ik sett dėn Knüll in Sülver um |setzte den Acker in Silber um
un tehr vun mien Vermȫgen. |zehrte

Juchheisa, in ėn Riederbüx, |Reiterhose
bequaste Steveln, blank in Wichs, |betroddelte … rein im Putz
kloor is de Kēēs, de Junker fix, |alles klar=fertig der Junker
sō gung ik dėnn tō Mârkt[X77]!
Klei du in' Schiet bet över'n Kopp, |Wühle du im Dreck bis
dien Fru sett di ėn Spint* dorop! |setze dir einen Zylinder drauf
Un hett sē di de Jack utkloppt, |(z.B. mit dem Teppichklopfer)
sō humpel du tō Kârk! |so hinke du zur Kirche!

Mien Geld is âll, mien Knüll vertehrt, |ist alle … der Acker verzehrt
de Junker is kēēn Drēēliṅ wēērt. |ist keinen Dreier wert
Mien Kneep heff ik vun buten lēhrt*: |Meine Künste draußen gelernt
Sus, sum – de Welt geiht rum! |(lat.: ›Du bist‹, ich bin,…)
Wat scheert mi âll dat Rummelpack, |kümmert mich das Gesocks
ik heff mien hēēl[M3] Musik um' Nack! |ganze Musik
Ik sing mien Lēēd un mook mien Snack |Lied … meine Sprüche
un dreih mien Orgel rum. |und drehe meine Orgel rum

As ik weggung
|Abschied

(GrK1.1.006 – Kiek ōōk GrK5.1.025 un ōōk GrK2.014!)

Du brochst mi bet dèn Bârg tōhȫȫch, |brachtest ... Berg hinauf

de Sünn, dē sack hèndool: |die Sonne, die sank hinab

Dō^{X23} sääst du sachen, dat worr Tiet, |Da sagtest du leise, es würde

un wènnst di dènn mitmool. |wandtest dich plötzlich um

Dō stunn ik dor un kēēk|sēhg op't Holt, |schaute aufs Gehölz

grȫȫn in'e Obendsünn.

Dènn kēēk|sēhg ik langs dèn smâllen Weg, |blickte ich entlang

dor gungst du ruhig^{X52} hèn. |dort gingst du ruhig dahin (GrK1.1.007)

Dō wēērst du weg, doch wēēr de Tōōrn |Da warst du weg ... Turm

noch smuck un blank tō sēhn. |hübsch & glanzvoll

Ik gung de anner Siet hèndool,

dō wēēr ik hēēl^{X29b} allēēn. – |da war ich ganz allein

Nȫȫss' heff ik mēhrmools Afschēēd nohmen, |Danach ... öfter

Gott wēēt, wo^{X30} mènnig Mool! |Gott weiß, wie oft

Mien Hatt, dat is dor boben blèben, |Mein Herz ... da oben geblieben

kickt|süht vun dèn Bârg hèndool. |blickt von dem Berg hinunter

Ėn Brēēf

|Ein Brief

(GrK1.1.007 – Kiek ōōk GrK5.1.026 un ōōk GrK2.016!)

Ik krēēg jüm|juun[X03] Brēēf bi gōde[X50] *Gesundheit* |bekam euren
un sēhg, wo't âll[X26] bi jüm|ju[X02] noch rundgeiht, |sah, wie ... bei euch
wo't mit de Kōh un mit dėn Hund steiht |wie es ... mit ... steht
un mit dat Peerd,
un datt[X24] Anntrin noch ümmer[X21] de Mund geiht |Anna Katharina
as ėn Lammerstēērt. |wie ein Lämmerschwanz

Jüm|Ji|Ju[X01] schriebt mi, datt dat Kōōrn gōōt[X50] stohn deit |schreibt
un datt jüm|juun[X03] lütt' Jan Paul al[X26] gohn deit |euer ... schon geht
un datt[X24] jüm|juun[X03] Persetter* de Jungens sloon deit, |schlägt
as wēēr't nix Guuds[X50], |so übel er nur konnte
un datt Jan Discher bi jüm|ju[X02] wohnen deit |Tischler Jan
in't Achterhuus. |im Hinterhaus

Plünnen-Antje hett mi letzt dėn Brēēf brocht |Lumpen-Anna
un hett mi seggt, de Püttjer leev noch |Töpfer lebe noch
un sien Jan Hinnerk wēēr de Slēēf noch |wäre der Schlingel
vun frȫher her, |wie früher
un âll[X26] dat Niede, wat't sunsten gēēv noch |das Neue ... noch gab
vun ėm und ehr. |an Beziehungstratsch

Dat's ditmool âllns, wat ik weten dō, |was ich weiß (wissen tu)
op ėn anner Mool mēhr, wėnn 'k wat vergeten dō; *(GrK1.1.008)*
Plünnen-Antje bringt ōōk noch ėn Beten tō |einen Bissen für
Jan Paul sien Mund.
Gott geev jüm|ju[X02], wat ik wünsch un beden dō: |gebe ... erbitte
Bliebt âll[X26] *ge*sund! |Bleibt alle gesund!

För de Gören *|Für die Kleinen*

1. Still mien Hanne *|Still, mein Hannchen*

(GrK1.1.008 – Kiek ōōk GrK5.1.028 un ōōk GrK2.018!)

Still, mien Hanne, hȫȫr mi tō! *|Still, mein Hannchen (Hanna)*

Lütte Müüs, dē piept in't Strȫh, *|Kleine Mäuse piepen im Stroh*

lütte Vogeln sloopt in' Bōōm, *|kleine Vögel schlafen im Baum*

rȫhrt de Flünk un piept in' Drōōm. *|bewegen die Flügel … Traum*

Still, mien Hanne, hȫȫr mi an! *|Still, mein Hannchen, höre mich an!*

Buten geiht de bȫse Mann, *|Draußen geht*

boḃen geiht de stille Moon: *|oben geht der stille Mond:*

„Kind, 'kēēn[X29c] hett dat Schriegen doon?" *|wer hat da geschrieen?*

Över'n Bōōm sō still un blank,

över't Huus an' Heḃen lanġ *|über dem Haus am Himmel entlang*

un wō[X31] hē frome Kinner süht, *|und wo er artige Kinder sieht*

kiek mool an, wo lacht hē blied! *|sieh … an, wie lacht er freundlich!*

Dėnn seggt hē tō dėn bȫsen Mann, *|Dann sagt er zu dem*

süm|se[X04] wüllt ėn beten wiedergohn. *|sie wollen etwas weitergehen*

Dėnn goht süm|se[X04] beid', dėnn stoht süm|se[X04] beid' *|gehen*

över't Mōōr un över de Heid. *|über dem Moor und über der Heide*

Aussprachehilfen für ō, ē, ȫ, â, ė, ġ, ḃ: siehe auf Seite 5 UND Buchdeckel!

Still, mien Hanne, sloop mool roor! |schlaf mal schön!

Morgen is hē wedder[X41a] dor, |wieder da,

rein sō geel, rein sō blank, |genauso gelb, ebenso blank,

över'n Bōōm an' Heben langͮ!   (GrK1.1.009)

Âll[X26] in't Gras de gelen Blȫȫm, |All' im Gras die gelben Blumen,

Vogeln piept in'e Appelbōōm! |Vögel piepen in den Apfelbäumen!

Still, un mook de Ōgen tō, |Still, und mache die Augen zu,

lütte Müüs, dē piept in't Strōh.

2. Snēēwittjen |Schneewittchen

(GrK1.1.009 – Kiek ōōk GrK5.1.029!)

Hârr mien Hanne Steveln an, |Hätte meine Hanna Stiefel an,

sō lēēp sē in'e Stuuv, |so liefe sie in der Stube,

un hârr mien Hanne Flünken an, |Flügel

sō flōōg sē as ėn Duuv. |so flöge sie wie eine Taube.

Un flōōg sē as ėn witte Duuv

un sett sik op ėn Pohl, |und setzte sich auf einen Pfahl,

sō rēpen âll[X26] de Kinner luut: |so riefen alle Kinder laut:

Snēēwittjen, koom hėndool! |Schneewittchen, komm herab!

3. Utsichten

|Aussichten

(GrK1.1.009 – Kiek ōōk GrK5.1.030!)

Un wėnn mien Hanne lōpen kann, |meine Hanna laufen kann,

sō goht wi beid'n spazēren. |so gehen wir beide spazieren

Dėnn seġġt de Kinner âlltōhōōp: |sagen die Kinder alle zusammen

Wat's dat för ėn lüttje Dēērn? |Was ist das für ein kleines Mädchen?

Un wėnn mien Hanne grötter wârrt, |größer wird,

sō kriggt sē ėn smucken Hōōt. |bekommt sie einen hübschen Hut.

Dėnn seġġt de Kinner âlltōhōōp:

Wo[x30] wârrt mien Hanne grōōt! |Wie wird meine Hanna groß!

Un wėnn sē noch veel grötter wârrt,

sō kennt süm|se[x04] ehr ni[x20] mēhr. |so kennen sie sie nicht mehr.

Dėnn seġġt de Kinner âlltōhōōp:

Prinzess, dē kēēm dorher! |Eine Prinzessin käme daher!

28   **Aussprachehilfen für ō, ē, ȱ, â, ė, ġ, ƀ**: siehe auf Seite 5 UND Buchdeckel!

4. Hevelmann

|*Kleiner Mann*

(GrK1.1.010 – Kiek ōōk GrK5.1.030!)

Mien Hanne is ėn Hevelmann,

|*Mein Hansi ist ein Hätschelmann,*

hett splinterniede Steveln an,

|*hat nagelneue Stiefel an,*

un ridd de Jung ėn Hüttjepeerd,

|*und reitet der Junge ein Hottepferd*

sō is hē noch ėn Düttjen wēērt.

|Düttjen: *Silbermünze von ca. 20 Pf*

Mien Hanne wârrt ėn Knevel ut

|*Aus Hansi wird ein Held*

un kriggt ėn blanken Sovel ruut,

|*kriegt 'nen blanken Säbel raus,*

un ridd hē dėnn ėn Sodelpeerd,

|*und reitet er dann ein Sattelpferd,*

sō is hē hunnert Doler wēērt!

|*so ist er 100 Taler wert!*

5. Dor wohn ėn Mann |Da wohnte ein Mann

(GrK1.1.010 – Kiek ōōk GrK5.1.031 un ōōk GrK2.020!)

Dor wohn ėn Mann in't grȫne Gras, |wohnte

dē hârr kēēn Schöttel, hârr kēēn Tass, |hatte keine Schüssel

dē drunk dat Woter, wō[X31] hē't funn, |trank das Wasser, wo er's fand

dē plück de Kassbein[X71], wō dē stunn'n. |pflückte die Kirschen, wo

Wat wēēr't ėn Mann! Wat wēēr't ėn Mann! |Was war's ein Mann!

Dē hârr ni[X20] Putt, dē hârr ni[X20] Pann, |hatte nicht Topf, nicht Pfanne,

dē ēēt de Appeln vun de Bȫȫm, |aß die Äpfel von den Bäumen,

dē hârr ėn Bett vun luter Blȫȫm. |hatte ein Bett von lauter Blumen.

De Sünn, dat wēēr sien Taschen*uhr*, |Die Sonne

dat Holt, dat wēēr sien Vogelbuur, |der Wald war sein Vogelbauer

dē sungen ėm obends över'n Kopp, |sangen ihm … überm Kopf

dē woken ėm an' Morgen op. |die weckten ihn am Morgen auf.

De Mann, dat wēēr ėn nârrschen Mann, |ein närrischer Mann,

de Mann, dē fung dat Gruveln an: |der fing zu grübeln an:

Nu mööt|möö'[X61] wi âll in Hüüs hier wohn'n. — |Nun müssen wir alle

Koom mit, wi wüllt|wööt[X63] in't Grȫne gohn! |Komm mit, wir wollen

6. Wat ēēn[X29a] wârrn kann, wėnn ēēn[X29a] blōōts de Vogeln richtig verstohn deit

Ėn Märken

(GrK1.1.011 – Kiek ōōk GrK5.1.033 un ōōk GrK2.020!)

Dor wēēr ōōk[X22] mool ėn Mann, un de Mann hârr ėn lütten Jung |Sohn. De Mann wohn |wohnte in't Holt |Gehölz un fung Vogeln, un de Jung muss |musste ėm hölpen. Dat much |mochte hē wull. In' Hârvst fungen süm|se[X04] Kramsvogeln |Wachholderdrosseln un Drōōsseln |Amseln(?), dē wēērn âll |alle dōōt un hungen in'e Sneren |Dohnen (Schlingen), kopplangs |kopfüber an'e Bēēn, hēēl[X29b] trurig. In' Winter fungen süm|se[X04] Steilitschen |Stieglitze in ėn Slagbuur |Fangbauer; dē wēērn âll[X26] lebennig un hârrn ėn bunten Kopp. Dē spelen |spielten in't Buur |Vogelbauer un lēhren* |lernten Woter roptrecken |heraufziehen in ėn Fingerhōōt un Kanârjensoot |Kanarienfutter in ėn lütten Woog |Wagen. Over in't Fröhjohr, dėnn söchen |suchten süm|se[X04] Lurkennesten |Lerchennester un Iritschen |Hänflinge. De Lurken buen |›buden‹[X55] in't Gras, dat wēēr grōōn un quutsch |quatschte ēēn |einem ünner de Fōōt; dėnn kēēm dor ėn drögen Rüüschenpull |Binsenbüschel, un dor wēēr dat wârme Nest ünner mit graubunte |graugesprenkelten Eier. De Iritschen buen |›buden‹[X55] in'e Heilōh |Heide, dē wēēr bruun; ōōk mang dėn Porst |dem Gagel=Wilden Rosmarin. Un wėnn ēēn[X29a] dor rumstēēg |herumstieg, bet an'e Knēēn, sō rüük |duftete dat krüderig |würzig, un de Nesten wēērn vull glatte swatte Peerhoor un hungen nüüdli mang de Twiegen. Over dat Schōōnste wēēr in't Holt |Gehölz, wėnn de Slötelblōōm |Primeln kēmen mit de Knuppens |Knospen ut dat drȫge Sprock |dem dürren

Reisig, wō[X31] de Sünndrang |Blindschleiche lēēg |lag un de Mierēēms |Ameisen krōpen as |umherzogen wie Suldoten. Dor wēērn de Nachtigolen un worrn |wurden fungen in ėn Nett. Dor sēēt de Jung tō luren |und lauerte, bet dor ēēn inkēēm |hineingeriet. Hē hȫȫr[X65] |hörte no de Iėben[X76] |Bienen un dėn Woterbeek |Bach un hârr de Fȫȫt in'e Sünn. Ōōk hârr hē sien ēgen Gedanken. Over in' Winter sēēt hē in'e Stuuv un richt |richtete de Steilitschen |Distelfinken af, un de Snēē lēēg buten op de Bȫȫm.

Dor hârr hē wēnig bi tō dōōn, man veel bi tō dėnken, un hē worr ümmer[X21] grötter un klōker. Dėnn hȫȫr[X65] hē wull no de annern Vogeln in't Buur. De Lüüd sään |sagten, süm|se[X04] sungen |sängen, over hē mârk |merkte dat bâld, dat schien |lēēt man |nur sō, dat wēēr nix as Snacken un Vertellen. (GrK1.1.012) Hē kunn dor man ēērst |da nur zuerst gor ni[X20] achterkomen |hintersteigen, as wėnn ēēn[X29a] Däänsch hȫȫrt ōder de Oonten |Enten; over nȫȫssen |später lēhr* |lernte hē dat. Dō[X23] hȫȫr[X65] hē, wo |wie süm|se[X04] sik lange Geschichten vertellen |erzählten vun dėn Roov |dem Raben, dėn Spitzbōōv, un dėn Hööv |Habicht, dėn grȫten Rȫverhȫȫftmann. Dėnn snacken |redeten süm|se[X04] vun dat wunnerschȫne Holt |Gehölz un de Kanēēlblȫȫm |dem blauen Flieder, un dē reist |gereist wēērn, snacken vun Itooljen |Italien. Mėnnigmool |Oft fungen süm|se[X04] âll an tō wēnen, over Tronen hârrn süm|se[X04] ni[X20]. Un sien Voder[X11] sä |sagte dėnn: Nu sungen süm|se[X04] mool |nochmal so nüüdli!

Mool |Einmal gung de Jung vör de Döör, as de Snēē wegdau |wegtaute. De Höhner sēten |saßen jüst ünner'n Tuun |Hecke un sünnen |sonnten sik. Süm|Se[X04] hârrn jēēdēēn ėn Lock in dėn Sand kleit |gekratzt, dor lēgen |lagen süm|se[X04] in un puken |pickten mit'n Snovel. De Hohn hârr dat gröttste Lock. – De Jung kēēm man eben ut' Huus, dō flōgen süm|se[X04] âll op, as wenn de Hööv |Habicht kēēm, un hē hōōr[X65] |hörte dèn Hohn:

> Küken neiht ut |reißt aus, Küken neiht ut,
> dat is kēēn Gō…dèn[X50] |kein Guter!

Un âll verstēken |versteckten sik achter'n Tuun |hinter der Hecke.

Dō gung de Jung langs dèn Hof, wō de Huuslünk |Spatz ümmer[X21] Börgerverēēn |Versammlung hârr. Over nu wēērn annere Tieden, un de Lünken flōgen in dèn Busch, un süm|se[X04] kēken listig achter de Twiegen ruut un rēpen âll mitènanner:

> Dat's èn Spiōōn, dat's èn Spiōōn!

Over an ēēkligsten wēēr, wat Geelgōōschen |Goldammer sä. Dē sēēt op èn sōren |dürren Twieg boben in'e Spitz, trock |zog de Feddern[X41e] rein slurig |sehr bedrückt tōhōōp, sēhg |sah èm sō duursoom |mitleidsvoll an un sä trurig:

> Junġ, junġ, junġ verdor…ben!

Un sien Fru op de anner' Spitz antwōōr |antwortete ut de Fēērn:

> Junġ, junġ, junġ versōō…rt |verdorrt!

Dat kunn de Jung gor ni[X20] uthōlen |aushalten. Hē dach |dachte, wō schasst[X62b] |sollst du blōōts hèn, un lēēp no't Holt rin. Dor sēēt over èn Klunkroov |Kolkrabe boben |oben op èn Bōōm un rēēp:

> Du Nârr…r! Du Nârr…r!   *(GrK1.1.013)*

Dō worr de Jung dull |wütend un smēēt |warf èm mit èn Stēēn. Dat holp |half man |aber nix. De Swatte flōōg vör èm her un rēēp, un de Jung lēēp achter èm ran tō smieten |und warf. Sō kēēm hē ümmer[x21] wieder no't Holt rin |ins Gehölz. Tōletzt sēhg |sah hē èn Bârg un èn grōten Stēēn bobenop. Dor flōōg de Vogel hèn un sett |setzte sik, un de Jung klatter |kletterte rop un wēēr noch hēēl[x29b] dull. As hē over achter dèn Stēēn kēēk, sēhg |sah hē èn Nest, un in dat Nest wēērn allerhand blanke |glänzende Dinger. Un wat èm an meisten gefull, dat wēēr èn Ring mit èn Stēēn in, dē blènker |funkelte as de Obendstēērn. Dèn stēēk |steckte hē an sien Finger un kēēm wedder[x41a] in'e Hȫȫchd |nach oben. – Wat kunn hē dor wiet sēhn! Âll dat Holt |den Wald ünner de Fȫȫt, un èn Weg lēēp dor langs, sō wiet de Ōgen man recken |nur reichten. Wō much |mochte dē hèngohn? Dat muss |musste hē doch weten |wissen, un sō gung hē èm no |nach.

Hē gung un gung, tōletzt worr hē rein mȫȫd |sehr müde un hungerig. Dō drēēp |traf hē op èn lütt[M3] Huus. De Lüüd gēben |gaben èm wat tō eten un sään |sagten, de Weg gung |führte no de Stadt, wō[x31] de Kȫnig wohn |wohnte. As hē nu satt wēēr un utslopen hârr; dō gung hē wedder[x41a] lōōs, un tōletzt kēēm hē no de Stadt. Hē froog |fragte gliek, wō de Goldsmitt wohn |wohnte, un wies |zeigte èm sien Ring un froog èm, wat dē wēērt wēēr |wärei. De Goldsmitt sä, hē schull |sollte sik man doolsetten |hinsetzen, un lēēp dènn gau no dèn Kȫnig un sä, nu wuss |wüsste hē, woneem[x31] |wo sien Ring wēēr |wäre, un de Dēēf |Dieb wēēr |wäre in sien Huus.

Dō gēēv de Kȫnig èm Suldoten mit, dē kēmen un nēhmen dèn Jung sien Ring af un smēten |warfen èm in èn Tōōrn |Turm, wō ni[X20] |weder Sünn ōder |noch Moon rinschien, dor muss |musste hē liggen |liegen. Hē wēēr rein trurig un dach |dachte an dat Holt un den Woterbeek un de Vogeln in't Buur. Dat dä |tat den Tōōrnwächter lēēd |duur den Tōōrnwächter, un dē froog |fragte em, watt[X25] |ob hē em ni[X20] wat bringen kunn |könnte, datt[X24] hē ni[X20] sō trurig wēēr |wäre. Dō sä |sagte de Jung: ›Ēn Vogel!‹ Dō broch |brachte de Wächter em ēēn, dat wēēr en Kanârjenvogel. Dē muss |musste em wat vertellen vun dat Eiland |von der Insel, wō hē her wēēr, wiet ut dat Woter, wō de Weg no Amēriko vörbigeiht, mit en grōten Bârg op, dē Füür spiegen |speien kann, un en ōlen grōten Bōōm. Denn wēnen |weinten süm|se[X04] beid' mitenanner. Over de Tōōrnwächter mēēn, de Kanârjenvogel sung |sänge un de Jung duur doröver |un den Jung dä dat lēēd, un gung hen un vertell |erzählte dat den Kȫnig.

De Kȫnig hârr |hatte en Dochter, dē wēēr hēēl|›heel‹ smuck |hübsch, over (GrK1.1.014) veelmools wēēr sē trurig. De Lüüd wussen |wussten gor ni[X20], wō dat vun kēēm, un sään, sē wēēr |wäre melanchōōlsch. De Kȫnig wuss |wusste dat wull, man hē kunn ehr gor ni[X20] hölpen.

As hē dat hȫȫr[X65] vun den Jung, dō lēēt |ließ hē em holen un befroog |erfragte sik de hēle[X29b] Geschicht. Un de Jung vertell |erzählte em, wosück[X30] |wie de Lünken em utschollen |ausgescholten hârrn, un de Roov |Rabe hârr em nârrt |genasführt, un nu muss |müsse hē jammern as de Vogeln in't Buur |Käfig; denn hē verstunn |verstünde âllns, wat süm|se[X04] sään |sagten. Dō lēēt de Kȫnig em in de Stuuv |in die Stube, wō sien Dochter wēēr, un wies |zeigte em en Buur. Dor wēēr en lütten grauen Vogel in, dē sung rein wunnerschȫȫn, over sō trurig. Un jēēdēēn Mool, wènn hē sung, sō wuss de Prinzess ni[x20], wo |wie ehr tōmōōt worr |zumute wurde. Un ōōk de Kŏnig mēēn, sē kunn noch mool melanchōōlsch wârrn. De Jung hȫȫr[x65] dèn Vogel un sä, hē wuss |wisse wull, wat hē singen dä. Over hē dörs |dürfte dat ni[x20] sèggen, dènn de Kŏnig worr |würde dull |ärgerlich wârrn. Dō sä de Kŏnig, hē schull |sollte dat man |nur sèggen. Un wènn dat noch sō wat Slimms wēēr |wäre, sō schull |sollte èm dor nix för doon wârrn. Dō sä de Jung: ›Dènn will ik dat sèggen!‹. Un hē sä, datt de Vogel sung:

Kronen von Gold sind eitel Schein.
Krone des Lebens ist Liebe allein.

As dat de Dochter hȫȫr[x65], dō fung sē an tō wēnen. Over de Kŏnig sä, dat wēēr recht, nu schull |sollte de Vogel flēgen, un de Jung schull sien Dochter hèbben. – Un sō worr de Jung ōōk Minister, sō as al[x26] frôher mool ēēn |einer Kaiser worrn is, dē ōōk Vogeln grēēp |griff in't Lauenborger Holt |Gehölz. Un dē hârr ōōk recht tōhȫȫrt un kunn mēhr as Brōōt eten: Dē verstunn dèn Wüppstēērt |Bachstelze un dèn Plōōgstēērt |Schafstelze un dèn Huuslünk ünner'n Ōken |unterm Dachbodenwinkel. Over de Vogeln, dē dor sungen, dē dä |tat hē ni[x20] in't Buur. Un vun âll de Blööd |Blättern an de Bȫȫm klingt dat noch:

Hinnerk de Gōde[x50]

7. Prinzess |Prinzessin

(GrK1.1.014 – Kiek ōōk GrK5.1.040 un ōōk GrK2.030!)

Sē wēēr as ėn Pöppen, sō smuck un sō klēēn, |Püppchen

sēēt mi in'e Schummern tō drōmen op'e Knēēn. *(GrK1.1.015)*

Sē foot mi de Hand, un ik strook ehr Gesicht, |fasste ... streichelte

vertell ik ehr ümmer[x21] de ōle Geschicht: |erzählte

„Dor wēēr ėn Prinzess un dē sēēt in ėn Buur, |in einem Käfig

hârr Hoor as vun Gold un sēēt ümmer[x21] un luur: |und wartete

Dō[x23] kēēm mool ėn Prinz, un dē hool ehr dor ruut |holte sie

un hē worr de Kōnig, un sē worr de Bruut."

Un gau is sē wussen, un nu is sē grōōt! |schnell ... gewachsen

Sē sitt mi in'e Schummern noch still op'n Schōōt.

Sē höllt mi de Hand, un ik küss ehr Gesicht,

vertell ik ehr ümmer[x21] de ōle Geschicht:

„Dor wēēr ėn Prinzess mool, dē sēēt bi ėn Buur,

hârr Hoor as vun Gold un sēēt ümmer[x21] un luur.

Dō kēēm mool ėn Prinz, un dē hool ehr dor ruut,

un ik bün de Kōnig, un du büst de Bruut!"

8. Kanēēljuud
|Zimtjude

(GrK1.1.015 – Kiek ōōk GrK5.1.041 un ōōk GrK2.034!)

Luurlütten Kanēēljuud,   *|(Schmähname für jüdischen Kleinhändler)*
wat süht hē verdwēēr ut!   *|wie sieht er verquer=wunderlich aus*
Hangt Band ut, hangt Trand ut,   *|Hängt Band aus, hängt Tand aus*
hannelt allerallerhand Grandgut[X50].   *|mit allerhand Kleinkram*

„Isook, is dat Schipp komen,   *|Isaak, ist das Schiff gekommen*
is mien Sovel mitkomen?"   *|ist mein Säbel mitgekommen*
„Krieg ik ėn Woog nu, krieg ik ėn Popp,   *|Bekomm' ich … Wagen*
krieg ik mien Hōōt mit Feddern[X41e] op?"   *|Hut mit Federn drauf*

„Kinner, noch *nicht*[X20],
tōkomen Johr kummt dat vėllicht!   *|nächstes Jahr vielleicht*
Dat Woter wēēr dick worrn,   *|war dick geworden*
määt teben bet de Glicksoorn!"   *|Glücksernte (GrK1.1.016)*

Luurlütten Kanēēljuud!
Wat süht hē fidēēl ut!   *|Wie sieht er doch lustig aus!*
Sō afschoren, sō utfroren,   *|So heruntergekommen … ausgepowert*
snackt *jimmer, jimmer* vun de Glücksoorn.

Obraham, wō[X31] büst du,   *|Abraham*
Voder Obram, sühst du?   *|Abram*
Truurbōōm vun Bobylon,   *|Trauerbaum von Babylon*
wō is de klōke Solomon?   *|der weise Salomon*

9. Regenlēēd

|Regenlied

(GrK1.1.016 – Kiek ōōk GrK5.1.038 un ōōk GrK2.032!)

Regen, Regen, druus, |riesele
wi sitt hier wârm in't Huus! |wir sitzen hier warm im Haus
De Vogeln sitt in' Bōōm tō kuren, |sitzen kauernd im Baum
de Kȫh, dē stoht an' Wâll tō schuren: |Schutz suchend am Wall
Regen, Regen, druus,
wi sitt hier wârm in't Huus!

Regen, Regen, ruusch, |rausche
wo[x30] rüükt dat ut dėn Busch! |wie duftet's aus dem Busch
De Blȫȫm, dē hangt sō slooprig dool, |Blumen hängen schläfrig
de Bȫȫm, dē rȫhrt de Blȫȫd ni[x20] mool: |die Bäume, die rühren
Regen, Regen, ruusch,   die Blätter nicht einmal
wo rüükt dat ut dėn Busch!

Regen, Regen, suus |saus'
vun boben op uns Huus,
vun't Dack hėndool in strieken Strȫȫm |Dack (Reeteindeckung) ... in Bindfäden
un liesen ut dėn Eschenbōōm: |und leise aus der Esche
Regen, Regen, suus
vun boben op uns Huus.

Regen, Regen, rull, |rolle
bet âll[x26] de Grȫben[x75] vull! |bis alle Gräben voll (GrK1.1.017)
Dėnn loot de Wulken övergohn, |lass die Wolken weiterziehen
un loot de Sünn man wedderkomen[x41a]: |die Sonne wiederkommen
Regen, Regen, rull,
bet âll de Grȫben vull!

10. Buussemann |Butzemann

(GrK1.1.017 – Kiek ōōk GrK5.1.042 un ōōk GrK2.036!)

De ōl' Pēter Kruus,

dē hett ėn Kabuus, |Kabüüs *(alte Hütte, enge Stube, Kabuff; Kombüse!)*

dē hett ėn Kabüüssel, |Kabüffchen

dor sitt hē in' Drüüssel, |Halbschlaf=Schlummer

dor sitt hē un slummert,

de Oßend, dē schummert; |dämmert

Dėnn huult de Wind, |Dann heult

dėnn tuult|huult dat Kind, |dann weint

dėnn wârrt Pēter Kruus

as ėn Muus sō *geswind*!

De ōl' Pēter Kruus,

dē hett ėn Karduus, |Kästchen (aus ›cartouche‹, daraus Kartusche)

dor hett hē ėn Pack in |Päckchen

vun Petum-Tobak in. |besonders gängiger europäischer Rauchtabak

Hē stoppt sik ėn Brösel, |Er stopft sich ein Pfeifchen (kurze Pfeife)

hē pafft in sien Kösel, |er qualmt in seinem Häuschen

hē sitt tō karmüüsseln, |er sitzt und sinniert

hē löhnt sik tō drüüsseln: |er lehnt sich an, um zu schlummern

Doch hōōrt hē dėn Wind

un rōhrt sik dat Kind,

sō kummt Pēter Kruus

in ėn Suus *geswind*! |in Fahrt=Saus geschwind

Aussprachehilfen für ō, ē, ȫ, â, ė, ġ, ß: siehe auf Seite 5 UND Buchdeckel!

De ōl' Pēter Kruus,

dē hett ėn Kapuuz, |*Kapuze (GrK1.1.018)*

dē is ruug as ėn Pudel |*die ist rau wie ein Pudel*

un spitz as ėn Buddel. |*und spitz wie eine Flasche*

Un weiht dėnn de Wind

un schriggt dėnn dat Kind, |*schreit*

sō kummt Pēter Kruus

ut' Huus sō *geswind*!

De Fischer

|Der Fischer

(GrK1.1.018 – Kiek ōōk GrK5.1.051 un ōōk GrK2.040!)

Schȫn' Anna stunn vör Strotendöör,
vör Strotendöör,
de Fischer gung vörbi:
„Schȫn' Anna, knüttst du blaue Strümp, |strickst du
dē blauen Strümp,
dē knüttst du wull för mi?"

„Dē Strümp, dē kriggt mien Brōder an,
mien Brōder an,
wull op de blaue Sēē.
Du mookst je sülben dien Nett sō grōōt,
dien Nett sō grōōt,
un Strümp bet an'e Knēē."

„Mien Nett, dat mook ik grōōt un wiet,
sō grōōt un wiet
man för dėn dummen Stöör: |nur für den dummen Stör
Du knüttst dien Strümp sō fien un dicht, |so fein und engmaschig
sō fien un dicht,
dor geiht kēēn Sēēl hėndör." |da geht keine Seele hindurch

Schȫn' Anna, knüttst du fiene Strümp,
sōōn fiene Strümp,
un knüttst du süm|ehr^X05 sō blau:
Dor fangst du âll^X26 de Fischers mit,
de Fischers mit,
un wēērn süm|se^X04 noch sō slau.

De Möller

(GrK1.1.019 – Kiek ōōk GrK5.1.045 un ōōk GrK2.042!)

Möllerbursch, sō flink un keit, |*flink und keck=kess*
    wo^{X30} hē springt, sik dreiht: |*wie er*
Sien Hoor is sō pluustig, |*struppig*
sien Boort is sō duustig, |*stuffig=staubig*
beten Kliester op de Backen |*etwas Kleister auf den Wangen*
un dėn Spitzbōōv in' Nacken, |*und den Schalk im Nacken*
flüggt rum manġ dėn Mehlstuff |*fliegt herum im Mehlstaub*
    kriedenwitt as ėn Duuv. |*kreideweiß wie eine Taube*

Sünnobends, mit mien Achtendēēl, |*Scheffel (Korn)*
    koom ik rop no Möhl. |*komme ich zur Mühle hinauf*
Dėnn geiht sē un klappert, |*Mal läuft sie und klappert*
dėnn steiht hē un plappert: |*mal steht er und plappert*
Wo is hē bepudert, |*Wie ist er*
wat spoost hē un sludert! |*wie spaßt er und tratscht*
Un wėnn ik ėm dėn Schülgen geev, |*den Schilling gebe*
    wo kickt hē verlēēvt! |*wie guckt er verliebt*

Over kēēm hē mi tō nēēg, |*Aber träte er mir zu nahe*
    sett ik ėm tōrecht! |*setzte ich ihn zurecht*
Wo wull ik ėm pulen, |*Wie wollte=würde ich ihn zausen*
wat wull ik ėm ulen! |*wie wollte ich ihn fegen (mit dem Staubfeger)*
Ik klopp ėm de Jack ut, |*Ich klopfte ihm die Jacke aus,*
as stōōv ik ėn Sack ut! |*als staubte ich einen Sack aus!*
Sunst kunnen je âll Lüüd sēhn, |*Sonst könnten ja alle sehen,*
    no Möhl wēēr ik ween^{X83} |*ich wäre zur Mühle gewesen.*

De Melkdēērn |Die Melkerin

(GrK1.1.019 – Kiek ōōk GrK5.1.047 un ōōk GrK2.044!)

Bârfōōt in' Sand, in raschen Schritt,
dėn glatten Ploten kriedenwitt, |Schürze kreideweiß (GrK1.1.020)
stramm opschört dėn Linnwullenrock, |aufgeschürzt ... Leinwollen-
um't Lief, sō kneepsch as ėn Pietschenstock, |den Leib ... schlank
– Ēēn[X29a] kann ehr licht sō mit de Hannen |Man kann sie leicht mit
vun ēēn Hüft no de anner umspannen! – |Händen umspannen
dėn ēēn Ârm sō keit in'e Siet, |den einen Arm so keck in der Seite
as wėnn ēēn[X29a] dat Ōhr vun'e Tēēkann süht, |Griff der Teekanne
um dėn witten Hâls de grōne Dracht: |das Tragholz (mit Ketten)
Ėn Dēērn, datt di de Ōgen lacht! |Ein Mädchen, dass dir ... lachen!

Ėn Strōhhōōt mit ėn brēden Rand,
um't runne Kinn ėn blassrōōt[M3] Band;
dat brune Hoor, in ėn dicke Tuut, |in dicker Flechte (dickem Zopf)
kickt jüst as ünner'n Sünnenschēērm ruut. |guckt just wie ... heraus
De Ammers klappt bi jēēdēēn Schritt, |Die Eimer klappern
de mischen Keden klötert mit, |die Messingketten scheppern mit
un dėnn in't Sēēl ėn lütten Ketel, |im Bügeltau ein kleiner Kessel,
dē rasselt as ėn Bund vull Slötel. |der rasselt wie ein Schlüsselbund

Sē's frȫh tō Bēēn, dat's Sünndagobend, |früh auf den Beinen
ehrn Schatt will no de Koppel komen; |ihr Schatz will zur Weide k.
dē nimmt ehr nȫȫss de Melkdracht af: |dann die Milchtrage ab
Sē speelt de Doom un streevt vöraf. – |spielt die Dame, schreitet

Hē sitt un smȫȫkt op't Heck* bi'n Wâll, |auf dem Weidetor am Wall
wō sē dėn Snittweg langskomen schâll. |sie die Abkürzung ... wird
Kiek dor! Dor lücht sē achter'n Knick |blitzt auf sie hinterm Knick
un dreiht herop in' Ōgenplink. |und dreht herauf jeden Augenblick.
Sē driggt de Dracht sō steil un nett, |trägt ... so stolz und imposant

as èn Leutnant ni[X20] sien Epaulett,   *|wie ... nicht sein Achselstück*
un smitt dèn brunen Ârm sō keit,   *|wirft den braunen Arm so keck*
as kēēn Mamsell op't Peermârkt[X77] deit.   *|Heider Pf. (GrK1.1.021)*
„Jo, dat mag 'k lieden, sō hest du't dropen!" –   *|genau so*
Hē hett al[X26] Dōōr un Slēētbōōm open.   *|Tor und Querholz offen*

Ehr Dracht un Ammer sett sē dool,   *|Trage und Eimer setzt sie ab*
de Hōōt hangt op dèn Heckenpohl*.   *|auf dem Hecktorpfosten*
Nu stiggt sē dör dat lange Gras   *|steigt*
un schient sō witt un hett sōōn Hast   *|strahlt so weiß ... hat es eilig*
un singt sō nüüdli ünner de Kōh;   *|singt so lieblich*
de Melk suust sacht dèn Takt dortō.   *|saust sanft*
Dènn schüümt de Ammers vull un vuller,   *|schäumen*
un ›ratsch!‹ hett Hans süm|ehr[X05] op'e Schuller,
un överglückli wâlzt süm|se[X04] beid'   *|tanzen sie beide*
mit Snack un Lachen no de Heid.   *|mit Plaudern und L. nach Heide*

Koomt ehr ōōk vele Herrn tōmōōt   *|Kommen ihr auch ... entgegen*
un kiekt ehr no de blōten Fōōt   *|und blicken auf ihre nackten Füße*
un gluupt ehr nööswies ünner'n Hōōt –   *|und glotzen ihr frech*
Wârrt sē ōōk ēērst èn beten rōōt,   *|Wird sie zuerst auch etwas rot*
sō dènkt sē doch: Loot süm|ehr[X05] wat mēnen,   *|Lass sie 'was*
ik bün sō gōōt[X50] as annersēēn!   *|ich bin so gut wie andere Leute!*
Un lustig hüppt sē över'n Weg,
kickt in èn Koppel över't Steg: *|blickt in eine Weide übern Steg:*
„Wullt' mit, mien Anna? Büst' du al kloor?"   *|Willst' mit? ... Bist' fertig?*
Un kiek, mien Anna is al dor!   *|Und siehe, meine Anna ist schon da!*

Un èn beten wieder op'n Weg
stoht al poor annere tōrecht.   *|stehen schon einige andere bereit*
Un wat för èn Grōten, wat för èn Pappeln,   *|Grüßen ... Plappern*
as hōōr[X65] ēēn[X29a] èn Koppel Oonten snabbeln!   *|Schar E. schnattern*
Un noch mēhr Frische koomt dortō,   *|mehr Neue kommen dazu*
bet no de Heid hèn geiht dat sō: *|bis hin nach Heide geht es so*

Jē kötter wârrt de lange Weg, |*Je kürzer der lange Weg wird*
jē länger wârrt de kotte Rēēg. |*desto länger wird die Mädchenreihe*

Bi de Rōhsteed[X52] is dat gor ėn Jagd, |*Pausenstelle* |*gar eine Sause*
as wėnn in't Mōōr de Kukuuks lacht. |*lachen (GrK1.1.022)*
Ėn jēde smitt ehr Dracht dor af, |*wirft dort ihr Schulterjoch ab*
un pett dėnn ēērst ėn Hopser af. |*tanzt erst einmal einen Hopser*
Orchester hebbt süm|se[X04] ümmer[X21] gliek: |*haben sie ... sofort*
Dē sitten geiht, dē mookt Musik, |*Wer sich setzt, der macht Musik*
Polkas un Dänz vun Strauß un Lanner |*und Wiener Walzer von*
un Truurlēder mangėnanner. |*und Trauerlieder durcheinander*

Herrjēminē! Kummt jüst ėn Snieder |*Kommt zufällig ein Schneider*
in ėn feine Büx, mit dünne *Glieder*: |*in feiner Hose, mit dünnen*
Dē kriggt dėnn noch ėn Jackvull mit, |*noch Hohn und Spott mit*
wō hē noch acht Doog nōōg an hett. – |*noch 8 Tage gut von hat*
De Klock sleit söben, un mit dėn Slag
löppt jēēdēēn no ehr ēgen Dracht, |*läuft jede zur eigenen Trage*
hangt sik ehr um, hookt in, böört op – |*hängt ... um, hakt ein, hebt an*
un fârdig is de hēle[X29b] Tropp. |*und fertig ist die ganze Schar*
Ēēn Keed dėn hēlen[X29b] Stieg dor lang` , |*den ganzen Weg entlang*
un vörwârts geiht dat mit Gesang`:
„*Der Sultan ist ein armer Mann ...*",
dē wiss sēhg sik sōōn Blōmenkeed an! |*der gewiss sähe sich*
In ėn Kottijōōn un Rēgendanz |*Cotillon (frz. Gesellschaftstanz)*
mookt unse Dooms ni[X20] sō ēēn Kranz!

Doch in'e Heid ritt hē vunēēn, |*Doch in Heide reißt er auseinander*
un bâld geiht âllns ēēn bi ēēn, |*und bald laufen alle einzeln*
dē dör dėn Hoff, dē um de Eck, |*die durch den Hof, die um die Ecke*
dor twēē tōhōōp noch ėn lütte Streck, |*dort zwei zusammen noch*
nu dē in't Huus un dē in' Stâll, |*nun diese ins Haus und die in den*
du steihst allēēn – un dō is't âll! |*du stehst allein – und da ist's aus!*

Ausprachehilfen für ō, ē, ȫ, â, ė, ġ, b: siehe auf Seite 5 UND Buchdeckel!

De ōle Hârfenspelersch |*Die alte Harfenistin*

(GrK1.1.024 – Kiek ōōk GrK5.1.044 un ōōk GrK2.054!)

Ik wēēr mool junġ un schȫȫn, |*Ich war mal*
dat 's nu ni[X20] mēhr tō sēhn. |*das ist nun nicht mehr zu sehen.*
Ik hârr de Rōsen op de Back, |*Ich hatte die Rosen auf der Wange*
ik hârr de Lucken um de Nack. |*hatte die Locken um den Nacken*
Wo wēēr ik junġ un schȫȫn! |*Wie war ich jung und schön!*
Wat wēēr ik junġ un schȫȫn!   *(GrK1.1.025)*

Ik sung vör Lust un Mōōt, |*Ich sang vor Lust und Freude,*
ik sung för Lütt un Grōōt. |*ich sang für Klein und Groß.*
Un âll, dē mi hȫren[X65] un sēhgen, |*die mich hörten und sahen*
dē sään, ik wēēr sō junġ un schȫȫn. |*die sagten, ich sei so jung un*
Wat hârr ik Lust un Mōōt! |*Wie hatte ich Lust und Mut!*
Wo hârr ik Lust un Mōōt!

Ik dach ni[X20] an de Nōōt, |*Ich dachte nicht an Not*
ik dach ni[X20] an dėn Dōōd.
Vun Mârkt[X77] tō Mârkt, vun Huus tō Huus,
un wō[X31] ik kēēm, dor wēēr't ėn Lust:
Wokēēn[X29c] dach wull an Nōōt? |*Wer dachte wohl an Not?*
'kēēn[X29c] dach wull an dėn Dōōd? |*Wer dachte wohl an den Tod?*

Ik sing noch ümmer[X21] fōōrt, |*Ich singe noch immer weiter*
un kruup vun Ōōrt tō Ōōrt. |*und krieche von Ort zu Ort*
Un wėnn ik sing vun Lust un Lēēv, |*singe von Lust und Liebe*
'kēēn[X29c] froogt mi nu, worum ik beev? |*wer fragt, warum ich zittere?*
Ik sing man ümmer[X21] fōōrt, |*Ich singe nur immer fort*
ik sing man ümmer[X21] fōōrt.

De Krautfru |*Die Krabbenfrau*

(GrK1.1.022 – Kiek ōōk GrK5.1.053 un ōōk GrK2.050!)

„Kraut! Kraut!" |*Krabben! Krabben! (Nordseegarnelen)*
De Heiders sloopt gehörig ut, |*Die Heider schlafen … aus*
hier sünd noch Luken vör. |*noch Fensterläden vor (GrK1.1.023)*
Uns anner' geiht dat ni[X20] sō gōōt[X50], |*Uns anderen geht es*
wi mööt dor fix hendöör! |*wir müssen uns am Riemen reißen*
Ik koom nu al vun' Butendiek |*schon vom Außendeichsland*
ut' natte kōle Haff. |*aus dem nassen kalten Wattenmeer*
Dē reckt sik mool un wunnert sik – |*Die recken sich mal und*
un seilt noch wedder[X41a] af. |*und drehen sich noch wieder um*

„Kraut! Kraut!"
De dore pumpt ehrn Ammer vull: |*Die da pumpt ihren Eimer voll*
„Kraut, lebendig un krāll! |*lebendig und gesund*
Mien Dēērn, wenn 'k ümmer[X21] tōben schull, |*warten sollte*
worrn dē vör Obend ni[X20] âll!" |*würden die vor Abend nicht alle*
Dor kummt ēēn mit en Achtendēēlssett: |*mit 'nerScheffelschüssel*
„Mien Kind, de Kraut sünd roor! – |*die Krabben sind kostbar*
Schēērkrauten? Nä! Dē wēērn ni[X20] fett, |*Taschenkrebse?*
dē wasst bet tōkomen Johr." |*die wachsen bis zum nächsten Jahr*

„Kraut! Kraut!"
Wat wēēr de Jümfer al in Stoot, |*Wie war die Jungfer schon in Schale*
in Schōh un Strümp un âll! |*in Schuh und Strumpf und und und*
De Hâls sō witt, de Hoor no'n Droht, |*die Haare nach der Schnur*
as schull sē gliek tō Bâll! |*als sollte sie gleich zum Ball*
Un unsenēēn, dē stiggt bârfōōt |*Und unsereine stiefelt barfuß*
vun Büsum no de Heid, |*von Büsum nach Heide*

un hett sē dėnn ehr Solt op't Brōōt, |hat sie ihr Salz auf dem Brot
sō is't al[X26] ėn grōte Freud. |so ist's schon eine große Freude

„Kraut! Kraut!"
Wat lett de Mârkt[X77] doch wunnerschȫȫn |Wie erscheint der Markt
mit âll de Lust un Pracht!
Un rund umrum de Bȫȫm sō grȫȫn, |rund herum
datt âllns leevt un lacht! |dass alles lebt und lacht (GrK1.1.024)
Un Huus bi Huus ėn Bank sō witt |Haus an Haus
un Finstern spēgelglatt. |und die Fenster spiegelblank
Un dē dor binnen un buten sitt, |wer da drinnen und draußen sitzt
dē leevt un freut sik satt. |der lebt und freut sich satt

„Kraut! Kraut!"
Ōh, wohn ik hier un hârr mien Brōōt |wohnte ich hier und hätte
un kēēk hier sünnobends ut! |und blickte hier sonnabends heraus
Mi dünkt, mi wēēr dat Hatt sō grōōt, |Mich dünkt, mir wäre
as wull 't mi boßen ruut. |als wollte es oben raus
De Bōden âll in Sünnenschien, |Die Buden alle im
de Wogens un de Peer. |die Wagen und die Pferde
Mein Gott! Wat kunn ik glückli sien[X82], |Wie könnte ich glücklich sein
wėnn 'k blōōts ėn Heider wēēr! |

„Kraut! Kraut!"
Wat wēēr de Mann doch dōdenblass, |Wie war der Mann doch
dē dor ut' Finster kēēk! |der da aus dem Fenster sah
Bewohr mi! In dėn dor'n Palast, |Gott bewahre! = Auf keinen Fall!
ik mēēn, ik sēhg ėn Liek! – |ich meinte, ich sähe eine Leiche!
Nä, lēver sund[X38] un gōden[X50] Mōōt |Nein, lieber gesund und guten Mut
as krank un in'e Heid! |als krank und in Heide
Bewohr mi man de lēve Gott, |Bewahre mich nur der liebe Gott
datt mi't nie slechter geiht! |dass mir's nie schlechter geht

An dėn Moon

(GrK1.1.025 – Kiek ōōk GrK5.1.056 un ōōk GrK2.056!)

Wat will Hē mi in't Finster lüüstern|luustern? |lauschen
Ik sēēt je hēēl[X29b] tōfreden in' Düüstern |Ich saß doch ganz zufrieden
un hōōr[X65] mien broodten Appeln grüstern, |Bratäpfel schmoren
– dat mag ik gēērn – |das liebe ich
un wull mi eben ėn Piep anpüüstern |wollte eine Pfeife anzünden
un spikelēren. |und grübeln

Ik wēēt ni[X20], sēh ik Ėm sōdennig, |weiß nicht, sehe ich Ihn derartig,
sō wârrt mi op ėn Oort ėlennig. |so wird mir irgendwie elend
Mi koomt, ik mârk ni[X20] recht wodennig[X30], |M. kommen, weiß n. r. wie
de Riemelsch op |die Verse hoch (GrK1.1.026)
un brummt mi, as de Ieben[X76], lebennig |brummen, wie die Bienen,
rum in' Kopp. |im Kopf herum.

Dat treckt mi rein mit Macht no't Finster, |Es zieht mich geradezu
as wēēr't wat Rechts, wat buten glinster, |wär's was Echtes … glänze
un dreiht mi dėnn ėn Bârg Gespėnster |wirbelt…viele Gespenster
vör de Ōgen rund – |vor den Augen herum
ik kėnn ni[X20] ›heure‹ noch ›winster‹, |dän.: weder ›rechts‹ noch ›links‹
ik dwatschen Hund. |ich verrückter Hund

Ik wēēt wull, datt Hē âllns an't Band hett, |alles am Gängelband
wat fantasēērt un kēēn Verstand hett,
as Riemers, ōder wat ėn Brand hett |wie Dichter, oder was sich auf
bi ėn Hochtiet kregen. |'ner Hochzeit betrunken hat
Doch dach ik ni[X20], datt Hē de Hand sett |dass Er die Hand anlege
an' plattdüütschen Bregen. |an ein plattdeutsches Gehirn

Wi sünd je op un dool vernünftig |Wir sind ja ganz und gar
un manġ de Riemsmeed ni[20] mool *zünftig*. |unter den Reimern
Ōōk hebbt wi ümmer[21] *unvernünftig* |immer unglaublich
veel Klei tō kneden. |viel fette Marscherde zu kneten
Sō bee'[60]|beed ik, loot Hē mi tōkümstig |So bitte ich, lasse Er mich in
man rein tōfreden! |Zukunft nur ganz zufrieden!

Hē luurt vun mi wull op sien Kringel? |auf seinen Brezel (Lohn)
Hē mēēnt, Ėm hōōrt sien Dēēl *Geklingel* |gehöre s. Teil Münzen
vun jēēdēēn Nachdigool un Singel- |vun jeder N., jedem Heimchen
trüüdjen, wat riemt, |Heimchen, was reimt, hier: von jedem kleinen Poet
un dėnkt, süm|se[04] slōgen ut dėn Swėngel, |und denkt,
      sie schlügen über den Schwengel/die Stränge (würden übermütig)
wėnn süm|se[04] dat versüümt. |wenn sie es versäumen

Ik heff man hōōrt, datt[24] Hē dat gēērn süht
un ėm dat smōdig um'e Nēren tüht|treckt, |wohlig … Nieren (GrK1.1.027)
wėnn melanchōōlsch ēēn[29a] in'e Fēērn süht |wenn m. man in die F.
no sien Gesicht – |zu seinem Gesicht
un dėnn ēēn fleut as op ėn Schērentüüt|Schērenfleut, |und dann
      einer auf einer Scherentute flötet (Flöte aus Kerbel oder Kälberkropf)
recht wēhmōdig. |so recht wehmütig

Uns fehlt dortō man rein de Snovel, |nur gänzlich der Schnabel
wi seġġt ėn Kēēsmess tō ėn Sovel, |sagen Käsemesser zum Säbel
un Fork un Gaffel tō ėn Govel. |und ›Forke‹ & ›Gaffel‹ zu 'ner Gabel
Wi sünd wat drullig, |Wir sind etwas drollig=komisch
wi sünd wohrhaftig ni[20] kumpovel |wirklich nicht fähig (capable)
un gor tō knullig. |und gar zu knollig=grob

Hē treckt je doch dat hēle[29b] Land um |Er zieht ja doch im g. L. umher
un sleept dat Weltmēēr op'n Strand rum. |schleppt … herum
Hē kriggt op Hōōchdüütsch sachs* sien Quantum |gewiss

vun blȫdige Tronen; |blutiger Tränen
wi hebbt um't Hatt ėn mischen Band rum |ein Messingband
mit Pukers besloon. |mit Nägeln beschlagen

Vertreck Hē sik man ut de Masch ruut |Verziehe Er sich aus der
un nehm Hē man ėn anner Marschruut. |nehme andere Route
Dat nimmt sik plattdüütsch gor tō nârrsch ut, |gar zu närrisch aus
dat Moonschienfēver: |das Mondscheinfieber
Wi seġġt uns Mēnen liek un basch ruut, |Meinung geradeheraus
frisch vun'e Lever. |frisch von der Leber

Hē schient uns gor tō blēēk un swevelig, |zu bleich und schwefelig
wi sünd för't Snuckern gor tō knevelig, |fürs Schluchzen zu kerlshaft
bi Hattenswēhdoog gor ni[X20] hevelig, |bei Herzeleid nicht zimperlich
vun Oort wat borig, |vun unserer Art her etwas bärenartig
as Neocorus sien Landslüüd ›wrevelig |schnell zornig
un drēēhorig‹. |widerborstig (GrK1.1.028)

Hē hȫȫr[X65] ōōk, wėnn ik Ėm wat singen dä, |hörte, wenn ich sänge
wo wēnig dat no ėn Swȫlapp klingen dä, |nach 'nem Jammerlappen
dat worr, je hȫger ik mi swingen dä, |würde, je höher ich mich
man ümmer[X21] grȫver, |nur immer gröber
as wėnn ėn Buck in't Spanntau springen dä |Bock im Spanntau (Vorderfußfessel)
koppheister över. |kopfüber

Sō loot Hē mi mien Appeln grüstern |So lasse Er mich schmoren
un ruhig[X50] simmelēren in' Düüstern |und ruhig grübeln im Dunklen
un mi mien Piep un Füür anpüüstern |mich Pfeife & Feuer anzünden
un brösig smȫken, |und provokant schmauchen
un mook Hē mi ni[X20] wârm un lüstern, |mich nicht heiß und lüstern
dat Glück tō sȫken.

Grōōtmōder

(GrK1.1.030 – Kiek ōōk GrK5.1.061 un ōōk GrK2.064!)

Grōōtmōder[X12] nüült in' Löhnstōhl |*Großmutter sitzt vornübergebeugt*
un höllt de Huuspostill. |*und hält die Hauspostille (die Zeitung)*
Ik wēēt ni[X20], wat de Ōōlsche[X16] |*Ich weiß nicht, was die Alte*
nu ümmer[X21] lesen will! |*nun immer lesen will*

Sē kickt sik dör ehr Brillglas |*Sie sieht sich durch ihr Brillenglas*
de Ōgen noch rein blind. |*die Augen noch gänzlich blind*
Sē is noch orri strevig, |*Sie ist noch ziemlich rührig*
doch lang ni[X20] mēhr kēēn Kind. |*doch lange nicht mehr Kind*

Vunmorgens is sē dörweg |*Heute Morgen ist sie völlig*
verbiestert un verboost, |*verwirrt und irritiert*
sē süht ni[X20], datt[X24] de Müppe |*sie sieht nicht, dass der Mops*
ehr an dėn Rock rumtoost. |*ihr am Rock herumzerrt*

Sē mârkt ni[X20], datt de Koter |*Sie merkt nicht, dass der Kater*
ehr in'e Nachtmütz slöppt |*ihr in der Nachthaube schläft*
un de Kanârjenvogel |*und der Kanarienvogel*
ehr op'e Fingern löppt. |*ihr auf den Fingern läuft*

De Sünn schient doch sō fründli
un mookt ehr Backen rōōt: |*und macht ihre Wangen rot*
Du lēve Gott in Himmel –
de Ōōlsche[X16] … dē is dōōt!

Wiehnachtenobend

(GrK1.1.028 – Kiek ōōk GrK5.1.059 un ōōk GrK2.062!)

Dat is ėn schârpen Wiehnachtenobend! |*ein frostiger*
Grēētdort, kiek mool no'n Kacheloben! |*Margareta-Dorothea, sieh*
Grōōtvoder[X11] früsst uns sunst noch dōōt, |*friert uns sonst noch tot*
ėm wârrt vör Küll de Nöös al rōōt. |*ihm wird vor Kälte die Nase schon*

Och, loot Hē nu de Wēēg man stohn! |*Ach, lass' Er die Wiege nur*
Hē schull man hier no'n Löhnstōhl gohn! – |*Er sollte nur zum*
Süh sō, nu is de Stuuv al rein, |*Sieh so, nun … schon sauber*
nu fehlt dor nix, as Sand tō streuen.

De Finstern tuckt un muckt sik ni[X20], |*rühren sich nicht (tauen n. auf)*
wi mööt noch rein mit' Füürfatt bi! |*müssen mit dem Feuerbecken ran*
Wat knârrt de Snēē! Wat's dat för ēēn? |*knarrt* |*Wer wird das sein?*
De Frost mookt würkli flinke Bēēn. |*Der Frost macht Beine*

Dor kummt de Sünn, sē 's füürrōōt!
Wėnn dē man hölpt, sō hett 't kēēn Nōōt. |*ist die Not vorbei (GrK1.1.029)*
Süh an, de Ecken schient al blank
un 't drippelt op'e Finsterbank. |*und es tröpfelt auf die*

De Bȫȫm hebbt âll süm|ehr[X06] Winterklēēd,
dat 's witt, sō wiet de Ōgen sēht. |*die Augen sehen*
Man blōōts de Beek in't Wischenland |*Nur der Bach im Wiesenland*
is as ėn Spēgel an de Wand. |*ist wie ein Spiegel*

De Ârmen sünd würkli al tō Gang; |tatsächlich schon im Gange
dē nachts ni[X20] wârm liggt, slöppt ni[X20] lang! |wer nachts
De lütten Dinger kruupt sō krumm |Die Kleinen kriechen
mit Handschen an un Dōker um … |mit Handschuhen, Tüchern

Och, ēēn lütt' Sēēl fangt an tō wēnen, |Ach, ein Seelchen
dat 's richtig trurig antōsēhn!
Un sō unschüllig un sō smuck,
vör Mitlieden wârrt dat Hatt ēēn buck. |Mitleid wird einem d. H. schwer

De Wächter hett sien Stutenoorn – |hat seine Weißbrot-|Stollenernte
dē wârrt ōōk öller mit de Johren.
Sien Festlēēd beevt de Stroten lanġ, |bebt die Straßen entlang
as sung hē sülben sien Graffgesanġ. |als sänge er selbst seinen

Wėnn hē hier rinkummt mit sien Körv,
sō frooġt ėm mool no Holt un Törf
un geeḃt ėm man ėn Stuten mēhr, |und gebt ihm gern
wėnn't wull de letzte Wiehnacht wēēr! |wenn es evtl. die l. W. wäre

De Tiet geiht rascher as ėn Drōōm: |Die Zeit
Ēērst krieġt wi sülben ėn Wiehnachtsbōōm, |Zuerst bekommen wir
dėnn koomt uns Kinner an de Rēēg, |dann kommen … an die Reihe
dėnn sitt Grōōtmōder[X12] bi de Wēēg. |dann sitzt … an der Wiege

Un ēhr wi opkiekt, sünd wi ōōlt, |Und ehe wir aufblicken, sind
un ēhr wi sik|uns[X07] umsēht, sünd wi kōōlt. |umsehen (GrK1.1.030)
Un Wiehnachten kummt un geiht in' Draff: |im Trab
Uns deckt de Snēē in't dēpe Graff. |im tiefen Grab

Pēter Plumm

(GrK1.1.030 – Kiek ōōk GrK5.1.062 un ōōk GrK2.066!)

Ēēn[X29a] kann ni[X20] seggen, wat in en Minschen stickt, • un weten, wat dor ut em diegen |werden kann. • (GrK1.1.031) Noch jēēdēēn Mool, wenn ik dör de Heilōh |Heide fohr • un hier in' Sand de Hōōchden |Anhöhen langsoom ropkoom |raufkomme • (de Sand is bannig krâll |trocken, de Peer hebbt nōōg |genug tō krabbeln |tun), • un wo |wie de Pohl |(Schand-)Pfahl tōēērst heröverduukt |auftaucht, • alleben länger |allmählich länger werdend, as du hoger kummst, • un ēēnsoom as en Kârktōōrn över't Mōōr, • dō sēh|sēhg[X58] |sehe ik jümmerfōōrt[X21] de grōten Ōgen • un wo |wie hē ehr de dicken Flechten |Zöpfe afsnēē'|afsnēēd |abschnitt – • Denn nōōssen |Danach kēēk ik weg, 'kēēn[X29b] much |wer mochte dat sēhn? • Dat muss |müsste ēēn in'e Drōōm je wedder[X41a] hōōchkomen |verfolgen! • Un rein sō smuck un witt un as en Lamm! • 'kēēn[X29b] |Wer kunn dat denken |begreifen, dē ehr frōher kenn |kannte? – –

Ēēn Obend kummt dor en Jung bi Anton Flint • un kloppt an't Finster, süm|se[X04] hebbt |haben de Luken |Fensterläden vör. • Dat's bannig |sehr düüster un en grulig[M3] |grässliches Wedder[X41d], • in' loten Hârvst |Spätherbst, um Allerhillgen |Allerheiligen ruut. • Hē is jüst vun' Itzehōer Mârkt[X77] tō Huus komen • un nimmt en Licht un lett em in'e Döör. • De Jung is bannig pulterig |zerlumpt un verfroren |durchgefroren • un snackt un bevert sō as Eschenlōōf |Eschenlaub (zittert wie Espenlaub): • Hē wull |wolle no Süderdiek |Süderdeich, hē wēēr |sei verkloomt |steif. • Hē kēēm |komme vun Ârf |Erfde un wull sik dor vermēden |verdingen; • un dorbi fung hē snuckern |schluchzend an tō wēnen.

De Jung gefull ėm mit de grōten Ōgen. ▪ Hē krēēg |*brachte* ėm in'e Stuuv un achter'n Oßen. ▪ Wēēkhattig |*Weichherzig* froog |*fragte* de Fru ėm, wat ėm fehl |*fehlte*. ▪ Hē wēēr |*wäre* wull rein dörnatt |*durchnässt*, hē schull |*solle* wat anhėbben |*sich umziehen*! ▪ Sē hool |*holte* ėm vun ehrn Söhn sien afsett^[M3] Tüüg |*abgetragene Kleidung*, ▪ gēēv ėm ōōk hitten Tēē un Botterbrōōt, ▪ un suutje |*langsam* kēēm hē wedder^[X41a] tō sik sülben |*zu sich. (GrK1.1.032)*

Nu worr hē froogt, hē gēēv ōōk flink Beschēēd. ▪ Hē sä, sien Mōder^[X12] wēēr ėn ârme Weetfru |*Witwe* ▪ mit söben Kinner; hē de öllste Jung ▪ un kunfermēērt, nu wull hē ut tō dēnen |*als Knecht zu dienen*. ▪ Doch sään |*sagten* de grōten Buurn, hē wēēr |*wäre* tō fien |*fein (zart)*. ▪ Hē wull doch gor tō gēērn sien Lōhn verdēnen ▪ un Mōder^[X12] un de Lütten ėn beten hölpen. ▪ Hē worr sik suur dōōn |*würde sich anstrengen*, hârr |*hätte* hē blōōts ėn Steed |*Stelle*.

Dō kēēk de Fru no Anton, foot |*fasste* sien Ârm ▪ un swiestern |*flüsternd* sä sē: ›Och, de ârme Jung, ▪ wat mēēnst du, is hē ni^[X20] för di tō bruken?‹ ▪ Un Anton düch |*schien*, hē muss |*müsse* ėm sachs* |*wohl* behōlen. ▪ Hē wēēr wat fien, doch flink un bannig schier |*gut gewachsen* ▪ un al^[X26] vun Hōōchden |*Grötte* as sien öllsten Söhn. ▪ Hē dach |*dachte*: Dē is je ōōk noch orri junģ un smiedig |*flȫdig=schmächtig*, ▪ wat dėn ēēn versmitt |*umwirft*, dat kȫönt |*können* de twēē wull dregen |*tragen*, ▪ un sä: Hē hȫȫp |*hoffe*, hē worr sik orntli nehmen |*bedregen* ▪ un ni^[X20] kēēn Slȫpendriever |*Rumtreiber* wârrn un Slüngel, ▪ as nu de meisten annern, un ni^[X20] musen |*klauen*, ▪ un ōōk ni^[X20] treetsch |*widerspenstig* un nücksch |*launisch* un unnütt |*unbrauchbar* ween^[X82]: ▪ Sō kunn |*könnte* hē blieben, sō wull |*wollte* hē ėm behōlen.

Dō lööv[X36] |*gelobte* de Jung vun Himmel bet tō Ēēr |*hoch und heilig*,
• hē wull sik nehmen |*schicken*! Un hett dat ēhrli doon |*treu getan*,
• in söben Johr – tōminnst, sōwiet ik 't wēēt. • Hē wēēr wat
fien un hârr ėn swacke Stimm, • doch wuss |*wuchs* hē nett |*gut*
tōrecht, un flink |*gewandt* un kneepsch |*schlank (in der Taille)*, • un
hârr doch rein |*richtig* sōōn drâlle Ârms un Bēēn, • as krellt un
dreiht |*2x gedreht*: Wi nōmen* |*nannten* ėm Pēter Plumm! • Doch
wėnn hē't hōōr[X65] |*hörte*, sō worr hē ümmer[X21] rōōt • un mook,
wėnn't jichens* |*irgend* mōōgli, datt[X24] hē wegkēēm. *(GrK1.1.033)*

Sunst gung hē mit tō Danz un tō Gelagg |*Fest* • un smōōk
|*rauchte* sien Piep sō brösig |*wichtig* as ėn Junker • un sung un
lach |*lachte*, doch ümmer[X21] sunnerbor, • un blēēv ni[X20] lang un
hōō'|hōōd sik |*hütete sich* vör dat Drinken. • Ōōk hârr hē mit de
Dēērns ni[X20] veel in' Sinn, • dē foken |*veelmools* sään, hē wēēr as
>holten Hinnerk< |*steifer Mensch*.

An meisten lēēp hē mit dėn jungen Anton • un gung mit ėm tō
plōgen un tō groben • un doov |*tobte* mit ėm an' Obend vör de
Döör, • leev |*lebte* ōōk as Kind in't Huus mit beide Ōlen. • Dē
sään |*sagten*, hē wēēr sō flietig un sō rentli |*reinlich* • un mook
|*flicke* sien Soken sülben un knütt |*stricke* sik Jacken • (hē hârr
|*habe* dat vun de Ōberdüütschen |*Süddeutschen* lēhrt*!) • un
Strümp un Mützen för sien ole Mōder[X12]. • Dē schick |*schickte* hē
ōōk tō Maidag |*1. Mai (Lohntag)* Hüür |*Miete* un âllns |*und alles Nötige* •
un koff |*kaufte* ehr jēēdēēn Hârvst ėn Swien un sō |*und anderes*! •
Kottaf |*Kurzum*, dat wēēr |*wäre* ėn *prächtgen* lütten Keerl!

Dō kummt dėnn mool in't Vörjohr |*Frühjahr* um'e Ōōstern • de
Voogtsdēner |*kgl. Landvogtsdiener* in ėn rōden Rock |*Amtstracht*
heruut • un düüdt süm|ehr[X05] an |*befiehlt* no Heid |*nach Heide* tō de

Seschōōn |zur Session, Musterung. • Hē geiht vun Huus tō Huus un kummt no Anton • un seggt, sien Söhn un Pēter schullen |müssten sik stellen.

För Pēter hârr't kēēn Nōōt |keine Gefahr, dèn fehl |fehlte dat Moot |Maß, • doch mēnen |meinten süm|se[X04] |die Leute, Anton muss |müsste wull no de Gârr |Garde, • de gröttste Keerl in't hēle[X29b] Dörp un Kaspel |Kirchspiel • un stârk, hē hēēl |hielte èn Oss in vullen Lōōp!

Ōl' |Vater Anton worr |wurde ni[X20] gōōt[X50] dorbi tōmōōt • un sä an' Obend, as sien Söhn tō Huus kēēm • un ōōk Pēter: ›Mi is bang, nu wârrt dat slimm!‹, • un wat de Dēner seggt un andüüdt |befohlen hârr.(GrK1.1.034)

Mitmool |Auf einmal fangt dō de Pēter an tō hulen • un wēēnt un schriggt |schreit un seggt: ›Ik goh ni[X20] hèn, • ik kann un kann ni[X20] |auf keinen Fall gohn!‹ un wat sunst hē seggt. • Süm|Se[X04] stellt |stellen èm vör, hē hârr |hätte je kēēn Gefohr, • hē schull |sollte sik doch ni[X20] hèbben |aufführen as Kind in Dei |in der Wiege, • för Anton hēēl dat hatt |würde es hart, dē muss |müsste wull fōōrt. – • Dat kunn ni[X20] hölpen |half nicht, reinweg as vun Sinnen: • ›Un wat hē schull |solle, un wat hē anfangen schull!‹ • Süm|Se[X04] lēten |ließen an't Ènn |schließlich èm wēnen un jammern, • süm|se[X04] hârrn tō dregen an süm|ehr[X06] ēgen Last.

Dō röppt hē Anton sien |Antons Frau allēēn no Deel |auf die Diele • un hett mit ehr tō snacken un tō dōōn |zu flüstern. ...

Dèn annern |nächsten Obend löppt dat rund |läuft es (Gerücht) rum in't Dörp, • – Bi Sōōd |Brunnen un Stegelsch* |Stegen stunnen süm|se[X04] still tō snacken! – • Watt[X25] |Ob wi't al wussen un wo[X30] dat mōōgli wēēr! • In söben Johr un kēēnēēn |keiner hârr dat mârkt! • Un wat för ėn Dēērn, un âllns för ėn ōle Mōder[X12], • um blōōts ėn gröttern Lōhn in't Johr tō kriegen! • Un jēēdēēn hârr sien Ohnen |*Ahnung* hatt un Gissen |*Vermōden (Vermutung)* • un blōōts ni[X20] sėggen mucht |*sagen mögen*, wat hē dach un mēēn |*dachte & meinte.* • Ēēn[X29a] kunn dat je hȫren an Stimm un Spreken • un sēhn, mit ēēn Ōōg, an de fiene |*feine (zarte)* Huut • un an ehr Hoor un Wassdōōm |*Wuchs*, smeetsch |*schlank-beweglich* un smiedig |*geschmeidig-schmiegsam.* …

Kottaf, dat Niede snackt sik ėndli ōōlt. • Un as sē man |*nur* tō'n Vörschien kēēm in Klēder, • dō dach |*dachte* dor kēēn |*keiner* an Nârren |*Necken* un an Drillen |*Trietzen*, • dō funnen süm|se[X04] ehr sō nüüdli un sō fein |*wunderbar* • (as hârr sē niemools dėn sworen Spoden|Spoon |*Spaten* rȫhrt |*betätigt*) • un doch sō keit |*keck* in Rock un blanke Mütz, *(GrK1.1.035)* • dē meist |*fast* de dicken Hoor ni[X20] loten |*fassen* kunn, • as stamm |*als stamme* sē vun ėn anner Slag un Roos |*Menschenschlag und Rasse*.

Süm|Se[X04] rēten |*rissen* sik um ehr bi Danz un Bēēr |*Festlichkeit* • un hârrn sik âll vernârrt in Anna Blōōm. • Besunners Anton stell|›stunn‹ |*stellte* ehr bannig no, • un folg |*folgte* ehr op Gelogen |*Festen* as ehrn Schadden.

Wi dachen |*dachten* ēērst, dat hârr wat tō bedüden, • un mēnen |*meinten*, sien Ōlen |*Eltern* wussen |*wüssten* wull Beschēēd. • Doch hȫren[X65] |*hörten* wi nȫȫssen |*nachher*, Anton hârr sik ütert |*sich geäußert*: • Sien degen |*braver (gediegener)* Pēter worr |*würde* ėn lēge |*schlechte* Anna. • Hē hârr |*hätte* sien Doog kēēn |*nie einen* ēgen Spēgel hatt. • Sē stunn |*stände* un kämm de Lucken gor tō foken |*oft*; • Anton mēēn |*meinte*, dat gung |*ginge* ehr annersrum as Simson, • sē hârr |*hätte* sik gor tō wunnerschȫȫn verwannelt. •

Hē hēēl dat |*hielte es* mit de Pöppen |*Puppen* sünner Flünken, ▪ de Flēērlingen |*Schmetterlinge* döchen |*taugten* ni[X20] manġ dèn Kōhl, ... ▪ un wat sunst hē sä. – – – Hē hârr man gor tō recht. ▪ Sē flōōg dor rum as Goldsmitt |*Goldschmied (Goldjungfer, Libelle)* manġ de Swülken |*Schwalben.* ▪ Ik wēēt ni[X20], wo dat tōgung |*wie das lief* bi de Dēērn! ▪ Sō still un fēē |*schüchtern* ēērst, un nu sō wild un flüchtig, ▪ un rein as happig |*gierig* op Danz un op dat Doben |*aufs Toben.* ▪ De ēērste un de letzte! Un ēēn Jachtern |*Jagen* ▪ un ēēn Leben! – Un sē blȫh |*blühte* di as èn Rōōs!

Gott heff ehr selig! Mi is't rein vertisst |*völlig verwickelt,* ▪ ik kann dat ni[X20] begriepen un ni[X20] foten. ▪ Ēēn[X29a] schull |*sollte* doch dènken: Fritt |*Frisst* èn Worm dorin, ▪ sō hett de Appel frȫh èn lēge |*kranke* Steed ▪ un schient ni[X20] bet no't Ènn mit rōde Backen!? *(GrK1.1.036)*

Doch is't ni[X20] sō! Ik wēēt ni[X20], wo |*wie* dat is: ▪ Ik heff mool hȫȫrt, de Minsch is as èn Rodelsch |*Rätsel,* ▪ dat Wōōrt steiht schreben in èn anner Welt, ▪ mȫȫgli, wō wi herkoomt |*herkommen* ōder hèngoht |*hingehen.*

Sē wuss't |*wusste es* ōōk wull noch sülben ni[X20], as sē gung. ▪ Un kēēnēēn, dē ehr ankēēk, hârr dat lȫȫvt |*hätte es geglaubt:* ▪ ›Dat wēēr èn Kindesmördersch!‹ – Rein sō ruhig ▪ ut grōte Ōgen sēhg |*sah* sē op de Welt, ▪ op disse Siet, noch ēēnmool rund umher ▪ un dä süm|*ehr*[X05] tō |*und schloss sie.* – ▪ Geev Gott, wènn sē süm|*ehr*[X05] öpent |*öffnet,* ▪ datt ehr dat Rodelsch licht tō lōsen wârrt!

Hanne ut Frankriek |Hannchen aus Frankreich

(GrK1.1.036 – Kiek ōōk GrK5.1.069 un ōōk GrK2.078!)

Rohm

„Gârderud |Gertrud mutt |muss ēēn vertellen, sē wēēt |weiß je sōōn nüüdlige Stückschen!", ▪ seggt Anngrēten |Annegrete un smuustert |schmunzelt un puult |stochert in'e Lamp mit dèn Knüttwier |Stricknadel, ▪ schuult |schützt dat Gesicht mit de Hand un kickt |blickt no de Eck achter'n Kacheloben. ▪ „Dat's ni[X20] umsunst |(hat seinen Grund), datt ik koom! Vunobend |Heute Abend is èn Wedder[X41d], dat dull |schlimm is! ▪ Hârr |Hätte Jehann Paul mi ni[X20] hōlen |gehalten, bi dèn Fârver sien Eck wēēr |wäre ik wegweiht. ▪ Over ik wēēt ni[X20], wo't kummt, is de Kōōk rein, mutt ik no'n Klingbârg |Klingberg (z.B. in Wesselburen)!", ▪ seggt sē un gluupt |späht no de Bank, wō Paul sitt sō stramm as èn Hâlsbinn |Halsbinde.

Paul wēēr dèn Bruer |Brauer sien Söhn, un Grēten* ehrn Voder[X11] wēēr Wever, ▪ un sē weev |webte èm èn Keed |Kette, noch fiener as hârvstiet |im Herbst èn Spinnwèbb |Spinnwebe, (GrK1.1.037) ▪ fein |edel un mit dammasten |damastenem Inslag |Einschlag, un spōōl |spulte èm nu fast, datt't èn Lust wēēr. ▪ Over bi Gârden |Gertrud an' Bârg, dor knütt sē |knüpfte sie (nun) de Fisseln |Fädchen tō't Fangnett.

Dor wēēr dat Jungvolk sien Börs |Klublokal, de Anwass |Nachwuchs lēhr |lernte dor dat Smōken. ▪ Sünndoogs kēēm Hans mit'e Fleut, dènn pedden |stampften süm|se[X04] ōōk wull èn Danz af. ▪ Un achter Peermârkt[X77] in Heid, dènn ōben |übten süm|se[X04] hier sik de Lēder.

Jüst as Anngrēten noch snack |redete, dō schâll |scholl dor an't Finster èn Fōōttritt. ▪ Dènn knârren |knarrten de Klink un de Döör, un èn Bassstimm tramp |trat sik dèn Snēē af, ▪ grabbel

|tastete no'n |zum Dreiher |Drücker, pedd in |trat ein un stunn as én Bōōm vör de Stubendöör. ▪ „Hattwig!" – „Gō'n[x50] Obend, Anngrēēt! Gârdruudjen, wat is dat én Snēējagd |Schneesturm! ▪ Datt di …! |Dass dich …! De Düvel swingt |schwingt Flass |Flachs un smitt |schmeißt uns dat Scheev* |die Schäben (Holzanteile) um'e Ōhren. ▪ Süh doch! Jan-Paul-Ōhm[x13] |-Onkel ōōk dor? De Haspel |(Gerät zum Aufwickeln) is ümmer[x21] bi't Spinnrad!"

„Hatti", fâllt Grēēt ém in't Wōōrt, „ik bee'|beed |bitte eben ōl' Gârden um én Märken, ▪ over sē is stumm as én Fisch |›Stock‹, sē hett wull vundoog ni[x20] ehrn Gōden[x50] |ist nicht bei Laune." (GrK1.1.038) ▪ „Märken?", lacht Hattwig, „man tō! Man recht én ōōl[M3] Stück ut de Muuskist |Mottenkiste! ▪ Wēēt sē noch, Gârden? Sōōn Dööntje |Schnurre as dat vun de Dēērn, dē sik dōōtwēēn |totweinte, ▪ ōder as dat, wō de Keerl mit blödige |blutigen Tronen noch én Brēēf schrēēv! ▪ Och, dat is sō rōhrig |rührend tō hōren, vör âllen |vor allem, wénn ēēn[x29a] doran wackelt |rüttelt ▪ un wénn Anngrēten dat Kluun |Knäuel söcht un gau ünnerwegens de Ōgen wischt. ▪ Och, sōōn bârmhattig[M3] Geschicht |Jammergeschichte is sōter as Zucker un Tittmelk |Muttermilch!"

Dorbi vertrock |verzog hē dén Mund un schüür |scheuerte sik de Nöös mit sien Jackslipp |Jackenzipfel. ▪ Grēten smēēt |warf snippsch |schnippisch mit dén Kopp un Paul mook én Fliep |saß da mit hängender Unterlippe (mit weinerlichem Gesicht) as én Gēēstruun |Geestwallach. ▪ Over Gertrude worr dull |böse un scholl |schimpfte op dén wehligen |ausgelassenen Unchrist |Spötter: ▪ „Schoom |Schäme di wat, Hattwig, du Slēēf |Flegel! De Spott |Spiet is dén Bōsen |Düvel sien Angel! ▪ Ménnig ēēn |Manch einer stickelt |stichelt sō lang, bet ém sülben mool de Nodel in't Hatt stickt |steckt: ▪ Footst |Fasst du ehr an, geiht sē dēper, un treckst du ehr ruut, sō blöddst |blutest du! ▪ Loot |Lass di noch wohrschuen |warnen in Tieden |beizeiten: De Övermōōt kummt **vör't** Fâllen! ▪ Dénk an dén Püttjer |Töpfer sien Hans! Dat wēēr ōōk ümmer[x21] sōōn

Wiessnuut |Klöökschieter, ▪ rappmulig |geschwätzig wēēr hē un spöttsch un ümmer[x21] vull Witzen un Faxen. *(GrK1.1.039)* ▪ Drill |Triezte hē de Dēērns bi dėn Danz, sō brüü'|brüüd |ärgerte hē de Ōlen bi de Ârbeit. ▪ ›Lēver tō Mârkt[x77] |Jahrmarkt as tō Kârk!‹, un sien Glōōv |Glaube wēērn sien deftigen |derben Knoken. ▪ ›Hōōl |Halte di an Tuun |Hecke‹, wēēr sien Wōōrt, ›de Heben is doch ni[x20] tō recken |unerreichbar!‹ ▪ Over nu ›höllt |hält‹ sik dat wat! Nu humpelt hē lohm un an Krücken.

Doch du büst ni[x20] sō slimm, di steekt |stechen man mitünner de Fettdunen |stechen die Fettfedern (sticht nur mitunter der Hafer). ▪ Fastlobend |Fastnacht, dat wēēr di sōōn Tog |›Streich‹, dėn Snieder in' Kōhlhoff |Gemüsegarten tō smieten! ▪ Hârr |Hätte hē de Leden |Glieder verwrickt |verrenkt, sō worr |würde hē di kniepen in ėn Zwickmöhl |hârr hē di schōōn in de Kniep! ▪ Sünd junge Lüüd! Gottsleider |Leider, süm|se[x04] wēēt ni[x20] vör Wehl |vor Übermut, wat süm|se[x04] opstellt |anstellen (anrichten). ▪ Un wi, wârrt wi stukelig |gebrechlich un ōōlt, sō sünd wi tōfreden, wėnn wi uns' Rōh[x52] hebbt!" –

Dat sä sē, as wēēr |wäre sē allēēn un snack |redete mit ehr ēgen Gedanken, ▪ mummel |murmelte un schüdd mit dėn |schüttelte den Kopp un nüül sik |kauerte tōhōōp in ehrn Löhnstōhl. ▪ Ünner dat Koppdōōk kēken poor Spielen |Spitzen vun iesgraue Hoor ruut. ▪ Âll de Schrumpeln |Runzeln worrn |wurden dēper, as jüst dat Licht op'e Back schien ▪ un as dat knökerige Kinn in de knökerige |magere Hand op'e Bost |Brust full. ▪ Rein |Schier verdēēpt in sik sülben, sō huck sē in' Dutten |hockte sie kauemd un gruvel |grübelte, ▪ mummel un schüddel |murmelte & schüttelte dėn Kopp un krau |kraulte sik de Back mit'n Finger.

Hattwig sett |setzte sik an' Disch, un Grēten knütt|strich |strickte as ėn Klockwârk |Uhrwerk, ▪ sēhg |sah sik ni[x20] op un ni[x20] um un hōōr[x65] |hörte ni[x20], wat Hattwig ehr tōpuust |zuflüsterte. *(GrK1.1.040)* ▪ Gârderud kėnnen |kannten süm|se[x04] op'n Prick |auf den Punkt, dē lēten |*ließen* süm|se^[X04] ruhig betemen |*gewähren*. ▪ Hârr dē ehrn Schuur |*Schauer (Anfall)* överstohn, sō richt |*richtete* sē sik op as ėn Wichel |*Weide*: ▪ ›Bōōgt |*Beugt* sē sik, brickt sē doch ni^[X20], un will sē sik richten |*aufrichten*, sō knârrt sē.‹

„Gören |*Kinder* wēēt |*wissen* ni^[X20], wat süm|se^[X04] bedriebt |*treiben*, un jammert |*jammern* dėnn, wėnn dat tō loot |*spät* is! ▪ Ēērst stōōt |*stoßen* süm|se^[X04] dat Glück mit de Fōōt un sammelt |*sammeln* de Stück'|*Stücken* dėnn mit Tronen. ▪ Over de Ōlen wârrt |*werden* ni^[X20] hōōrt |*gehört*!", un dorbi gluup |*blickte* sē no Hattwig, ▪ wo |*wie* hē dor sēēt |*saß* as ėn Ēēk un bi ėm Anngrēēt as ėn Hoffrōōs |*Gartenrose*. ▪ Ehr ōlen Ōgen worrn blank nu, de schrumpeligen |*runzeligen* Backen worrn glatter.

As ik noch jung wēēr, sō klöön |*plauderte* sē, un âllnogrood |*allmählich* richt |*richtete* sē sik hȫger, ▪ lēpen wi ümmer^[X21] |*wēērn wi ümmer veel* bi'n Discher un spunnen |*spannen* unsen Flass |*Flachs* in'e Wârksteed. ▪ Dor hârrn wi't Riek dėnn allēēn |*das Reich für uns*, wėnn de Ōlen in'e Döns |*Wohnstube* al tō Bett wēērn. ▪ Dat's nu al mėnnig Dag |*manchen Tag (viele Tage)* her, al lang vör dėn Brand in'e Buurstroot |*Bauerstraße*.

Wō nu de Kaspelvoogt |*Kirchspielsvogt (kgl. Verwaltunsbeamter)* wohnt, stunn dō ėn stootsch^[M3] |*stattliches* ōōl^[M3] Buurhuus |*Bauernhaus*, ▪ orri |*sogar* ėn Pump in'e |*an der* Stroot un ėn Blōmenhoff |*Blumengärtchen* vör't Finster, mit Stackelsch |*mit Staket*. ▪ Un witt as Kried wēērn de Stiepers |*Stäbe* un jēēdēēn mit Grȫȫn op'n Tippel |*an der Spitze*. ▪ Un op'e Pump wēēr ėn Steern un boben an' Gevel |*Giebel* ėn Inschrift. ▪ Wēēr ōōk ėn Kastanje vör Dȫȫr, mit ėn Bank rum, in' Schadden tō sitten. *(GrK1.1.041)*

Kēmen wi in't Fröhjohr vun't Feld, sō sēhgen |*sahen* wi dėn Bōōm al vun fēērns |*von weitem*, ▪ dicht besett vun'e Blōōm |*Blüten* un rund as in' Winter ėn Snēēbârg |*Schneewehe*. ▪ Gungen wi dènn dwēēr |quer över'n Kârkhoff |Friedhof (um die Kirche!) un kēken bi'n Stēēn dör de Pōōrten |Pforten, • sēhgen wi sō seker as wat (as |wie boben an de Kârkwand de Sünnenklock |›Sünnuhr‹), • ünner dèn Bōōm op'e Bank ōl' Mumme |(evtl. Mommsen) allēēn mit de Kâlkpiep |Tonpfeife. • Hē hârr uns bannig in Schock |flößte uns gewaltig Respekt ein, dènn plücken |pflückten wi Blōōm |Blumen in sien Grashoff |Vorgarten, • sō stōōv |stob hē heruut un smēēt |schmiss no uns Dēērns mit de Nachtmütz. • Ik wēēr noch èn Kind un wēēr schu |scheu, un hōōr^{x65} |hörte ik èm slurren |schlurfen op sien Tüffeln |Pantoffeln, • flōōg ik, as hârr ik èn Spōōk* |Gespenst sēhn |gesehen. − Ik sēh|sēhg^{x58} èm noch ümmer^{x21} in Knēēbüx |Kniehose, • sülverne Spangen an'e Siet un de Strümp as èn Dischdeek |Tischdecke sō rentli |sauber. • Hē goll för |galt als riek as èn Stēēn |steinreich un wēēr seker |sicher èn schävigen |schäbiger Kniesbuck |Geizhals. • Lütte Lüüd trocken |zogen süm|ehrn^{x06} Hōōt bet no Ēēr, wènn hē blōōts an'e Mütz tück |zupfte. • Bi èm |Zu ihm kēēm ōōk kēēn Minsch, blōōts dènn un wènn |dann und wann de Persetter* |Lehrer. • Luut snack |sprach hē veel mit sik sülben un krau |kraulte sik mit'e Kâlkpiep in't Nackhoor, • schōōv sik de Mütz in't Gesicht un rēēv |rieb sik de Stēērn mit de Fingern. • Ōle Lüüd hebbt |haben ümmer^{x21} seggt, hē rēēv |riebe sik sien Fru in't Geweten |Gewissen. • Dē wēēr vör Johren al storben, Lüüd mēnen |meinten, vör Kummer un Hattlēēd |Herzeleid, • over de Ârmen un Swacken, dē drögen |behielten ehr noch lang in't Gedènken |Gedächtnis. (GrK1.1.042) • Sē wēēr èn feinere |feinere (kultiviertere) Fru, as sunst sik no'n Dörpen |aufs Land heruutfinnt |hinausfindet, • Hōōchdüütsch kunn sē un âll |und mehr, un liedsoom |umgänglich wēēr sē un wēēkli |weichherzig, • rein sō blēēk |blass (damals modern!) as èn Liek |Leiche un swattli |dunkel vun Hoor un vun Ōgen. • Mellersche^{x14} |Tante plegg |pflegte mi tō sèggen, sē wēēr as èn *Mutter Maria.*

Wat ehr Famieln |*Familie* wēēr, dat krēgen wi nümmer |mien Doog ni tō weten: • Mumme wēēr frȫher op Schōlen |*hat früher studiert* un broch |*brachte* ehr mit sik ut Düütschland. • Överflōōt hârr sē nōōg, doch man wēnig gōōt[X50] |*doch nur bitter wenig* vun ehr Leben: • Welk |*Welkte* sē doch hèn as èn Lielg |*Lilie* in't fette Land sünner |*ohne* Regen.

Ēēn lütt' Dēērn lēēt sē no |*hinterließ sie*, dē wēēr as ut' Gesicht ehr wull sneden |*geschnitten*: • Jüst sō düüster vun |*(das)* Hoor un smeetsch |*schlank* un rank as èn Pöppel|*Pappel*, • un vun |*(die)* Backen sō fien |*fein (zart)* as èn Blatt ut èn Knupp |*Knospe* vun èn Moondrōōs |*Monatsrose*. • Mumme nȫȫm* |*nannte* ehr Johanna, un wi sään |*sagten* wull Hann*chen* ut Frankriek. • Ōh, wat wēēr dat èn Dēērn, wo kunn sē lesen un beden |*beten*! • Un wat hârr sē èn Stimm un wo stunnen ehr de Knōren |*Knöchel (Füßchen)* tō'n Danzen! • Over sē hârr je ōōk wat kost |*gekostet*, âll dat Papier un de Bȫker, • un bi Persetter |*Lehrer* dènn noch, ik lȫȫv |*glaube*, hē nȫȫm |*nannte* dat Privootstunn. • Noch no de Kunfermatschōōn, dat wēēr uns mien Doog noch ni[X20] |*uns noch niemals* vörkomen |*vorgekommen*, • gung sē an' Obend no Schōōl |*zur Schule* un drōōg langs dat Dörp mit ehr Bȫker. • Schrēēgȫver |*Gegenüber* de Schōōl wohn |*wohnte* de Discher, de Wârksteed gung no de Stroot ruut. • Sēten |*Saßen* wi dor dènn in'e Schummern |*in der Dämmerung*, sō kēken |*blickten* wi röver dör't Finster. • Dor sēēt |*saß* sē ieverig* |*eifrig* un lees |*las*, un Persetter lä |*legte* ehr de Schrift ut, • wies |*zeigte* mit'e Fingern in't Bōōk un gruvel |*überlegte* un tēēk |*zeichnete* ōōk Figuren, • fecht |*focht* mit de Ârms, stunn op un tippel |*tätschelte* ehr nȫȫss' |*dann* op'e Backen. *(GrK1.1.043)* • Kēēk |*Sah* sē dènn op no dèn Ōlen, sō wēēr sē doch jüst as èn Èngel, • un de Persetter sō blied |*froh*, as hârr hē èn Nârren an ehr freten |*als wäre er in sie vernarrt*.

Spelen dä |*tat* sē wēnig as Kind, dat kunn ōl' Mumme ni[X20] lieden. • Utgohn, dor gēēv hē nix um |*davon hielt er nichts*, un sien

Huus, dor wēēr uns dat grulig |unheimlich. • As kunfermēērt wi nu wēērn (Johanna wēēr wücke |einige Johr jünger!), • krēgen wi ehr kuum mēhr tō sēhn, as |außer loter an' Oḃend bi'n Persetter • un op'e Stroot af un an, wėnn sē hėngung ōder tō Huus lēēp. • Vörjohrs |Im Frühjahr (dat twēte dorno, sē wēēr winters |im Winter tövör kunfermēērt worrn) • sēten |saßen wi ōōk |(mal wieder) in'e Schummern tō spinnen. Dat wēēr jüst sō lurig |milde in't Wedder^X41d, • Summer un Winter, dē schēden |schieden sik. An' Heḃen hung swoor ėn Gewidder • (dat's mi noch jüst as vundoog |als wär's heute) un âll de Finstern wēērn open. • Wi sungen: *„Willkommen, oh seliger"* (dat wēēr dō vör kotten ēērst opbrocht) • un süh |siehe, dor kēēk ēēn in't Finster! Un jēēdēēn rēēp: „Hann*chen* ut Frankriek!"

Âll wēērn wi still as ėn Muus, un dat Singen kēēm opmool recht in't Stocken, • over sē bee'^X60|beed |bat uns dėnn fōōrts, wi muchen |möchten dat Lēēd doch tō Ėnn bringen.

„Hannemuus |Hannemäuschen, koom doch mool rin!", rēēp dō dėn Möller sien Trinken |Trinachen. • „Süh, dat Gewidder kummt op |zieht herauf, dėnn höllt |hält de Persetter kēēn Lēhrstunn. • Hier sünd wi hattli |herzlich vergnȫȫgt, dėnn wüllt|wȫȫt|wȫȫ'^X63 wi dat Lēēd ōōk tō Ėnn singen." • Dormit lēēp Trina* ruut un trock ehr an' Ârm in'e Wârksteed. *(GrK1.1.044)* • „Na, dėnn man lōōs |dann nur zu!", sä dē dėnn, un sett |setzte sik in'e Eck op'e Snie'bank^X60 |Sniedbank |Schnitzbank. • Un as wi annern sungen, dō hȫȫr^X65 |hörte sē un wisch |wischte sik de Ōgen. • „Wat's dat doch ėn köstli^M3 Lēēd!", sō freu |freute sē sik, as wi dat uthârrn. • „Over nu mutt ik tō Stunn, dat Wedder^X41d brickt doch nu ni^X20 ut, • un Persetter wârrt bȫȫs, wėnn sōōn grōte Schōōldēērn noch blaumookt." • Dormit wünsch |wünschte sē ›Gō'^X50 Nacht‹ un trippel |tippelte schrēēg över de Stroot weg, • sä |sagte ōōk, wėnn't wedder^X41a sō pass |passte, sō kēēm |käme sē ėn Oḃend |abends mool wedder^X41a.

Mang uns junge Lüüd, dē dor kēmen, wēēr ōōk dėn Möller sien Vetter, ▪ ėn Bėngel, as wēēr hē di dreiht |gedrechselt (gedreht an der Drehbank) un smuck, as ut Kōkendēēg wültert |aus Kuchenteig gewälzt. ▪ Börtig |Gebürtig wēēr hē ut Meldörp un gung dor ōōk Johren op Schōlen |aufs Gymnasium; ▪ over sien Mōder[X12] wēēr storben, un nu wull |wollte hē op Tierdokter lēhren* |lernen. ▪ Bi sien Vetter, dėn Möller, dor kēēk hē no't |beaufsichtigte er etwas das Plōgen un Seien|Seiden |Säen, ▪ un bi dėn Mekelborgschen Smitt |Schmied, dor ō̄ōv |übte hē sik in op dat Smeden |Schmieden. ▪ No un no kėnnen |kannten ėm de Lüüd un hē kēēm mitünner bi'n Discher, ▪ beschēden un nett, un lēhr* |lehrte uns de nüüdlichsten Lēder. ▪ Ümmer gung hē in' Rock un mit ėn goldrōōt[M3] Band um'e Mütz rum, ▪ tōēērst ōōk mit ėn Snurrboort, man hârr hē dėn loter doch afnohmen |abgenommen. ▪ Trinaken much |mochte ėm wull lieden, un ümmerlōōs |ēhrumlütt sä sē ›mien Vetter‹. (GrK1.1.045) ▪ Un wi överigen mēnen |meinten, dat worr |würde mit de Tiet wull ėn Bruutpoor: ▪ Trina wēēr drâll |rund un adrett, ehrn Voder[X11] wēēr Möller un Krōōgwēērt |Gastwirt. ▪ Gēēv |Gab hē ėm Geld tō studēren, sō gēēv |gäbe hē ėm seker sien Dochter! ▪ Kēmen süm|se[X04], sō kēmen süm|se[X04] tōsomen, un gungen süm|se[X04], sō gungen süm|se[X04] mitėnanner. ▪ ›Trinaken‹ achter un vör |hinten & vorne; mitünner ōōk ›lüttje Kusien‹.

Obends dorop, as wi spunnen, wokēēn[X29c] |wer wedder[X41a] kēēm, wēēr uns' Hannchen, ▪ sēēt in'e Eck op'e Bank un hō̄ōr[X65] |hörte no uns Pappeln |Schwatzen un Lachen, ▪ plöter |plauderte ōōk sülben mool mit un dä |tat, as wėnn sē dormanghō̄ōr[X65] |dazugehörte. ▪ Hermann un Trina kēmen ōōk, un Trina bi Hannchen tō fiecheln |kosen. ▪ Bâld kēēm kēēn Schummern in't Land, wō dat Poor ni[X20] kēēm achter'n Diek |Teich rum. ▪ Hanne gung linglangs de Stroot |die Straße entlang un süm|se[X04] drēpen sik jüst bi dėn Discher.

Och, wat wēērn dat för Obends, wo wēērn wi fröhli un glückli! ▪ Âll wēērn noch junġ, wēērn vergnȫȫgt, un kėnnen |kannten kēēn Grappen |›Grillen‹ un Sorgen! ▪ Ümmer ēēn Snacken un Lachen, as wėnn dor kēēn Tâll |Zahl un kēēn Ėnn wēēr. ▪ Hann*chen* hârr allerlei leest |gelesen un snack |redete mit Hermann ut |über Bȫker. ▪ Süm|Se^X04 vertellen |erzählten sik de ›Rȫver‹, dat wēēr je ėn grulig^M3 |grausiges ōōl^M3 Schuspeel. ▪ Hann*chen* hârr dat man leest |gelesen, un Hermann hârr't sēhn |gesehen op't Thēoter: ▪ – Wo |Wie dor ėn Brȫder dėn Brȫder bedrȫȫvt |betrübt (kränkt), bet de ēēn in dėn Krieg geiht. ▪ – Wat |Wie sien Bruut tō Huus wēēnt un wat |was de anner mit Listen |listig ehr vörsnackt |einredet. (GrK1.1.046) ▪ – Wo hē sik schändli verstellt un sien liefligen |leiblichen Voder^X11 in' Tōōrn |Turm smitt |wirft, ▪ datt dē dor lebennig verhungert. – Un wo nu de anner tō Huus kummt, ▪ as Rȫverhȫȫftmann, un wo hē ėm finnen deit un ruuttreckt |herauszieht, sien Ōlen |Vater. ▪ – Un wo de Bedrēger |Betrüger sik dōōtstickt |ersticht un dorop lebennig no Höll fohrt! ▪ Ōh, dat wēēr grulig |grauslich tō hȫren, ēēn |einem krȫpen |krochen de Gresen |Schauder dėn Rüch |Rücken langs …

Wat ik man sėggen wull |nur erwähnen will: Mitünner sungen de beiden ėn Stückschen, ▪ Hann*chen* sō fien as ėn Swülk |Schwalbe, un Hermann mit ėn Stimm, datt de Stuuv klung |die Wände wackelten. ▪ Âlltōsomen |Alle hȫren^X65 |hörten wi dėnn tō, un wunnern |wunderten sik|uns^X07, wo |wie dat doch mȫȫgli.

Gēgen de Oorn ruut |Um die Erntezeit muss |musste Trina ėn Tietlang tō Huus blieben. ▪ Dėnn ehrn Voder^X11 wēēr Möller un dē Tiet |zu dieser Zeit gewȫhnli no de Heid |nach Heide ▪ ōder no Meldörp tō Mârkt^X77, un mittweeks |mittwochs no de Masch |in die Marsch op dėn Hannel |zum Handeln. ▪ Ōōk wēēr dor sunst wat tō dōōn, un ēēn hârr al nȫȫg an de Wēērtschop |Gastwirtschaft. ▪ Hermann stell |stellte liekers |dennoch sik in, un wi annern âll as gewȫhnli. ▪ Hann*chen* ehr Mōōd dat al wēēr |war es schon gewöhnt, tō Huus |*auf dem Heimweg* mit de beiden achter'n Diek rum. • Un as Trina nu fehl |*fehlte,* spazēren |*spazierten* de twēē dor mitėnanner, • Hann*chen* an Hermann sien Ârm, un snacken |*redeten,* as junge Lüüd Bruuk is |*wie bei jungen Leuten üblich.*

Ēēnmool, dō gungen süm|se[X04] ōōk weg, dat wēēr op'n Sünndag vör'n Johrmârkt[X77], • och, ik wēēt dat noch sō gōōt[X50]! Wi snacken |*redeten* an' Ōbend vun't Danzen, • wo |*wie* wi no'n Möller hėnwullen |*hinwollten,* un wonēhr[X32] |*wann* un wosück[X30] un wodennig[X30] |*2x wie.* *(GrK1.1.047)* • Un wi stickeln |*sticheltn* op Hermann, watt[X25] dē uns dėn Block ōōk wull afnēhm |*ob der uns wohl zum ersten Tanz auffordern würde.* • Wi duren |*bedauerten* ōōk âll över Hanne, datt sē an' Ōbend ni[X20] ut' Huus kunn |*konnte.* • Pēter Willem, dē loter mien seligen Mann wēēr, un ik, • wi sēten |*saßen* noch ruhig[X52] tō snacken. Dē twēē gungen je ümmer[X21] wat frōher, • datt ōl' Mumme sik inbill |*einbildete,* sien Dochter kēēm |*käme* vun Persetter! • Wi sēten noch ruhig tō klönen |*und plauderten* — mitmool flōōg di open de Döör, • stört |*stürzte* dor ēēn rin no de Stuuv un lingelanġ |*der Länge nach* hėn op'n Fōōtbornn |*Fußboden,* • lēēg |*lag* dor un wülter |*wälzte* sik rum un schrēēg |*schrie* un hârr |*gab* sik vertwiefelt. • Willem rēēp: „Hermann, wat is di! Wat fehlt di, wat hett di bedropen |*ist dir passiert?* • Koom in'e Hōōchd un stoh op un segg uns, wat is dor för ėn Unglück? • Is dor ēēn dōōt ōder krank? Is Trinaken Möllersche[X16] dōōtbleben |*gestorben?*“ • Dormit brōōk dat dėnn ruut |*brach es heraus:* „Johanna!“ un „Hanne! Mien Hanne!“ • Hē wēēn |*weinte* je luut as ėn Kind un wēēr doch ėn Keerl as ėn Ēēkbōōm |*Eiche,* • snucker |*schluchzte* un kunn sik ni[X20] foten |*fassen* un wanner |*wanderte* dor rum in'e Wârksteed. • Willem, dē hârr sik verjoogt |*war erschrocken,* doch ik hârr al lang de Gedanken, • dach |*dachte* un dicht in mien Sinn |*reimte mir zusammen,* wėnn dat man ėn glückli[M3] Ėnn nēhm |*nähme!* • Och |*Ach,* nu hârrn wi de

Nōōt |(die Bescherung) un dat Unglück pedd |trat över'n Drüssel |die Schwelle!

Âllnogrood |Allmählich kēēm ėm de Sprook |Sprache, un hē sä uns de hēle[X29b] Geschicht: • Hann*chen* un hē wēērn sik gōōt[X50] |liebten sich un hârrn sik dat lang openboort |gestanden. (GrK1.1.048) • Trinaken wuss |wusste nix dorvun af, hē hârr ehr bether achter't Licht fȫhrt |getäuscht. • Geld muss |müsste sien Vetter ėm geben, sunst kunn |könnte hē op Schōlen kēēn Land sēhn |nicht weiter studieren. • Hârr hē |Hätte er dann wat lēhrt |gelernt un wēēr Tierdokter worrn |geworden, sō dach |dachte hē, ėm tru tō betohlen. • Over sien Dochter tō nehmen, dat wēēr ėm vun Hatten ni[X20] mȫȫgli. • Mumme? Dor wēēr ni[X20] an tō dėnken, datt hē ėn Mann wēēr |wäre, dē Brōōt hârr |hätte. −

Eben wēērn süm|se[X04] nu beid' achter'n Diek |Teich gohn |gegangen un hârrn dat besproken. • Gungen bet no de Möhl an'e Brüch, wō dicht dor an't Stegelsch* |Trittbrett de Bank steiht, • setten |setzten sik dool in Gedanken un buen|buden[X55] |bauten sik ėn glücklige Tōkumst, • hēēl[X29b] un dēēl |ganz & gar selig un vergeten |vergessen, ēēn mit dėn Ârm um dėn annern. • Mutt dor ni[X20] jüst de Bȫse |Teufel de Trina no'n Woterbeek ruutfȫhren, • ȫder sōōn Sludertasch |Fiekenvertellersch |Klatschweib, dē Annerlüüd |allen dat Niedste |Neueste fōōrts tōdriggt |sofort zuträgt!? • Seker kunn hē't ni[X20] sėggen, doch hȫȫr[X65] |hörte as in' Drōōm hē ėn Ammer! • Dėnn stunn in' Moonschien ėn Schadden, dėnn |dann vȫr ėm sien Vetter, de Möller: • ›Hest du mi, kannst du mi! Süh!‹, un lacht as de Düvel bi'n Schandpohl |Pranger, • fangt an tō schafutern un schimpen |2x schimpfen un „Koom mi man ni[X20] |bloß nicht över'n Drüssel |in die Tür!“

Ruhig[X52] hȫȫrt hē ėm an, as ėn Sünner dat Heider Cunstōren |Consistorium (geistliches, öffentliches Gericht). • Doch as dē Hann*chen* beschimpt, ehr brēēt vȫr't Stegelsch* |Trittbrett in' Weg pedd, • as hē ehr ›Minsch‹ |Person nȫȫmt* un ›Sō ēēn‹ un

Trina ehrn Kopp um'e Eck schuult |lauert, ▪ dō stiggt ėm de Gâll in'e Bost un löppt ėm de Luus langs de Lever. (GrK1.1.049) ▪ Hē kriggt dėn Möller tō foten un smitt |schmeißt ėm koppheister |kopfüber in' Möhlenbeek |Mühlbach. ▪ Hanne schriggt |schreit op un dorvun, un hē löppt in' sien Rosen |Raserei no'n Discher.

Nu wēēr gōden[X50] Root düür! De Möller kunn jüst ni[X20] verdrinken, ▪ over de Unglückskinner un âll dat Jammern un Hattlēēd!

Mumme worr je kathōōlsch |würde ja toben, dėnn de Möller worr je ni[X20] swiegen! ▪ Un wi dachen |dachten an Hanne ehr unglückselige Mōder[X12]. ▪ Worr |Würde ehr dat ebensō gohn, sō lēēg |läge sē wull bâld op'n Kârkhoff.

Over de gröttste Nōōt, dē wēēr mit dėn dullrosen |rasenden Hermann! ▪ Kuum mit' Vertellen tō Ėnn, sō smēēt |warf hē sik över de Snie'bank |Sniedbank. ▪ Dėnn sprung hē op un lēēp rum un sä, hē wull gliek no ōl' Mumme. ▪ Wârrn |Werden kunn nu doch nix ut ėm, sō wull hē dėnn Bōs'|Bōses un Gewâlt dōōn.

Willem tüsch |beschwichtigte ėm un bee'|beed |bat ėm, un ik weck dėn Discher sien Voder[X11]. ▪ Dē hârr ėn ansläägschen |klugen Kopp, hârr reist, wēēr ōōlt un vernünftig. ▪ Ik sä ėm gau de Geschicht un vertell ėm dat, as hē sik antrock, ▪ bee'|beed |bat ėm vun Himmel tō Ēēr; hē schull doch sien Best |sein Bestes dōōn, wat mōōgli.

Gōōthattig[X50] |Gutherzig hōōr[X65] |hörte hē mi an, doch schüddel |schüttelte hē foken |oft dėn Graukopp, ▪ gung dėnn over rin no de Wârksteed un söch |versuchte ōōk, Hermann tō trōōsten. ▪ „Ni[X20] tō hastig, mien Söhn, 'kēēn[X29c] |wer wēēt, wo |wie âllns sik dreihen kann!", ▪ sä hē un foot |fasste ėm de Hand un tippel |tätschelte (mit den Fingerspitzen) ėm sacht op'e Backen. (GrK1.1.050) ▪ Ēērsten |Zuerst wēēr Hermann ōōk still, man full |fiel hē doch bâld wedder[X41a] in't Rosen |Rasen, ▪ slōōg sik un flōōk |fluchte op sik sülben un hârr |gebärdete sik, as wull hē sik umbringen.

Ėndli kēēm hē tō Rōh[X52], un wi mēnen |*meinten*, nu kunn dat noch gōōt[X50] wârrn, ▪ dachen |*dachten* gor ni[X20] doran, wo veel dor sunsten noch tōhōōr[X65] |*zugehörte*. ▪ Blēēk as ėn Liek |*Leiche* sēēt hē dor un trock sik de Mütz in'e Ōgen, ▪ stunn dėnn je op un gung ruut. Wi lēten |*ließen* ėm ruhig[X52] betemen |*gewähren*, ▪ dachen |*dachten*, hē worr |*würde* sik besinnen un sēten |*saßen* gedüllig tō tōben |*und warteten*.

As wi sō luren |*warteten* un luren, de Tiet worr länger un länger, ▪ Hermann kēēm ni[X20] tōrüch, (wi wussen |*wussten* ni[X20], wo |*wie* dat wull tōgung), ▪ dō schicken |*schickten* wi Willem heruut, datt hē nosēhg |*nachsähe*, wō hē doch afblēēv |*bliebe*. ▪ Willem dėnn ruut un kēėk un söch |*suchte* un nōōm ėm |*nannte seinen Namen* un rēėp ėm, ▪ gung noch dėn Hoff |*Garten* langs un grööl |*grölte* – dē ni[X20] antwōren dä |*antwortete*, dat wēēr Hermann. ▪ Weg wēēr hē, weg as |*wie* wegweiht |*verweht*, Gott wuss, wō |*wohin* hē stoben ōder flogen |*gestoben oder geflogen* wēēr. ▪ Annerndoogs |*Am nächsten Tag* dėnn frogen |*fragten* wi rum un söchen |*suchten* in Sōōd |*in Brunnen* un in' Diek |*im Teich* no, ▪ dachen |*dachten* noch ümmer[X21], hē kēēm |*käme*, verfēren sik|*uns*[X07] |*erschraken*, wėnn obends de Döör gung, ▪ snacken |*sprachen* vun nix as vun ėm; dē ni[X20] wedderkomen[X41a] dä |*wiederkam*, dat wēēr Hermann.

Ēērst wēērn wi âll as verloten |*verlassen*, dėn Discher sien Wârksteed as utstorben. ▪ Âllnogrood |*Allmählich* kēmen wi wull wedder[X41a], doch wull dat mien Doog ni[X20] mēhr |*nie mehr* fluschen |*lodern (Leben bekommen)*. ▪ Nōōssen |*Später* vertell |*erzählte* uns ėn Slachter, dē fette Ossen heropbroch |*anlieferte, (GrK1.1.051)* ▪ hē hârr in Hamborg ēēn sēhn |*gesehen* vun Buoort |*Wuchs* jüst as de ›Tierdokter‹ ▪ (sō worr hē nōōmt* |*genannt* vun de Lüüd), man hē wēēr ėm bi ėn Eck ut' Gesicht komen.

Hann*chen* wēēr ōōk as verswunnen un kēēm mit kēēn Fōōt över'n Drüssel |*Schwelle*. ▪ Wi hârrn ėn Schrecken un Angst, ōl'

Mumme much |*könnte* ehr wat tōnēēgdōōn |*antun.* • Krüschan |*Christian,* de Fârver |*Färber,* de Ōl', dē nu sō krumm un sō stief is, • wēēr dō |*damals* ėn hännigen |*behänder, gelenkiger* Jung un flink op'e Bēēn, as ėn Vogel. • Dē muss |*musste* dėnn af un an rop un rin no de Kastanje tō luren |*um zu spähen.* • Dėnn vör de Wohnstuuv wēērn Luken |*Fensterläden,* un dicht bi de Pump lēēg de Kedenhund |*Kettenhund.* • Nix wēēr dör't Lichtlock |*Lichtloch (in den Läden, zumeist herzförmig)* tō sēhn as |*außer* Mumme sien Mütz un de Kâlkpiep |*Tonpfeife,* • ümmer[X21] in'e Eck op sien Stōhl, un âllns sō still as in't Bēēnhuus |*Beinhaus (Gebeinehaus).* • Mumme sien Knechten un Dēērns hârrn süm|ehr[X06] Stuuv no'n achtern bi'n Pēsel |*Wohnstube,* • dē kunnen uns ōōk nix vertellen, un ēēn ârme Dēērn muss |*musste* wull swiegen. • Dat wēēr ėn Stukel |*Krüppel* un dōōf |*taub,* wietleftig |*weitläufig* vun Mumme sien Famieln|›Fründschop‹ *(Verwandtschaft),* • kēēm dat hēle Johr ni[X20] tō Stroot un ēėt |*aß* ehr bârmhattig[M3] Gnoodbrōōt. • As ik ehr doch mool drēēp |*traf* bi'n Kōōpmann, wō[X31] Mumme Tobak hool |*holte (kaufte),* • wink |*winkte* ik ehr tō mit'e Hannen un schrēēg |*schrie* in'e Ōhren: ›Johanna!!‹ • Och, wat mook |*machte* sė ėn Gesicht un kēėk, as wėnn sė verblixt |*vom Blitz gerührt* wēēr. *(GrK1.1.052)* • Sė nēhm dėnn de Eck vun'e Schört un wisch sik de Ōgen un sä dėnn: • „Wēēnt jümmerlōōs[X21], jümmerlōōs[X21]." Un dormit strēēk |*eilte* sė ut Huus ruut.

Sō vergung wull ėn Johr, mien Willem un ik gēben Hochtiet. • Grōōtvoder[X11] Discher blēēv dōōt |*starb,* un de Möller trock röver no't Holsten |*no Holstēēn.* • Âllns worr anners un still, un bi Mumme dor grō̄ō̄n |*grünte* de Kastanje. • Ik un mien Mann wēērn tōfreden un ümmer[X21] dėn Dag lang bi't Ârbeiden |*Ârbei'n,* • snacken |*redeten* ōōk knapp |*selten* mool vun Hanne: Dat wēēr uns, as wėnn sė begroovt |*begraben* wēēr. • Dō mool ēēn Morgen |*Da, eines Morgens,* noch frōh, ik stunn |*stand und wusch* bi de Tassen tō waschen, • kummt dor de junge Barbēēr, dē sik hier in' Winter ēērst sett |doolloten hârr. • Kummt un löhnt |lehnt sik an't Schapp |Schrank, mien Mann wēēr ōōk vun sien |einer seiner Kunnen, • hett |gebärdet sik un deit |macht sik sō wichtig, as wėnn hē dėn Freden in' Sack hârr, • un seggt: „Nu wēēt ik wat Nies: Ōl' Mumme sien Dochter schåll ėn Mann hėbben." • Slōōg |Schlug mi dat doch op dat Hatt as de Dunner bi helligen Sünnenschien! • Full |Fiel mi de Tass ut de Hand un ōōk twei |in Scherben, un ik froog |fragte ėm: Wokēēn |Wen dėnn? • „Roo'[X60]|Rood |Rate mool!", seggt hē un grient |grinst, un no Nölen |Zögern un Dwēren |Hin- und Herreden un Quälen • kēēm dėnn doch ėndli de Koter tō'n Sack ruut |die Katze aus dem Sack: Dėn Vullmacht* |(etwa Bürgermeister) sien Stēēfsöhn! • Dat wēēr kēēn bōōshaften |bōōshaftigen Minschen, doch mi wēēr dat ėn Bėngel tō'n Breken |zum Kotzen, (GrK1.1.053) • dröhnig un tauelig un tösig |dröhnig, träg, schleppig un recht as ėn vulle Verstandskist |und jedenfalls ein Klugscheißer. • Gras hōōr[X65] |hörte hē wassen |wachsen, un Geld kunn hē rüken un muss |musste ållns besabbeln |beschwätzen. • ›Nööswoter‹ |Nörgler nōmen |nannten wi ėm ümmer[X21] un ōōk wull ›Herr Vullmacht sien Handlamm‹ |Vollmachts Handlämmchen. • Dē un uns' Hannchen? – Dat wēēr mi, as krēēg |bekäme de Prinzess nu dėn Kōhhârr |Kuhhirten, • as |wie uns wull Märkens vertellt |erzählen, wō de Kōhhârr sik over verwannelt. • De hiere |Dieser sēēt |saß fast |fest in sien Huut, dē worr sik förwiss |gewiss ni[X20] mēhr pöppen |verpuppen, • wēēr al sō drōōg in'e Wickeln |Windeln as anner' Lüüd hōōch in'e Fofftig. • Over de Bėngel hârr Geld un Utsicht tō ėn wichtige Ârvschop. • Un Mumme bereek |berechnete wiss |sicher sien Tinswēērt |Zinswert un kēēk no't Gesicht |Zahlenseite vun'e Dolers.

Doch ik much dichten un dėnken |hin- und herdenken, un datt't ni[X20] mōōgli un |und doch mōōgli! • Man wücke |Nur einige Weken dorop, dō stunnen süm|se[X04] tōsomen vör'n Altoor.

Brekenvull |*Brechend voll* wēēr de Kârk, süm|se[X04] stēgen op Stȫhl un op Banken |*Bänke*, ▪ Kopp an Kopp bet no'n Chōōr, un Persetter |*der Lehrer*, dē speel op'e Orgel. ▪ Hanne kunn ik ni[X20] sēhn vör âll de |*vor lauter* Minschen un Kinner. ▪ Over as sē tōrüchkēēm un langs dėn Stieg |*Gang* no de Döör gung, ▪ dō sään de Kinner: „Wo witt!" Un wücke sään: „*Mutter Maria!*" ▪ Och, dat drēēp |*traf* mi |*mir* de Sēēl, un ik slōōg de Ōgen no'n boben. ▪ Süh, un ik sēhg dėn Persetter, dē över't Gelänner herafkēēk. ▪ Och, wo |*wie* schōōv |*schob* hē sien Kapp, de ōl' Mann, un wo |*wie* bitterli wēēn |*weinte* hē! ▪ Un as süm|se[X04] âll ruut wēērn, dō speel |*spielte* hē noch liesen: „*Was Gott tut,....*"
(GrK1.1.054)

Johren verlēpen un kēmen, dat wēēr in'e grulige |*grässlichen* Kriegstiet. ▪ Nix as vun Krieg un vun Krieg, vun Bonapârt |*Napoleon* un âll, dē hē dōōtslōōg. ▪ Ēērst ut de Fēērn, ut de Blööd |*Zeitungen*, un bâld dorop nēger |*näher* un nēger. ▪ Dėnn kēēm de schreckliche Winter vun Vēērteihn |*1814* un mit ėm de Russen, ▪ nōōssen |*danach* de Düütschen un Spoonjers |*Spanier*, Franzōsen un âll, wat ėn Noom hârr. ▪ Nârms noch ėn blieben Steed |*Stätte von Bestand*, un dat Volk, as wėnn't jümmerlōōs[X21] umtrock |*umzog*. ▪ Dėnn kēēm de Brand in'e Buurstroot |*Bauerstraße*, dē't hâlve Dörp in'e Asch lä. ▪ Mumme sien Huus brėnn ōōk af, mitsamts de grōte Kastanje. ▪ Mumme wēēr al begroovt |*begraben* bi dėn Stēēn, wō ik sunst dör de Pōōrt |*Pforte* kēēk. ▪ Un unsen Vullmacht sien Stēēfsöhn, dē krēēg tō veel |*drehte durch* bi dat Redden. ▪ Kümmerli süük |*siechte* hē dorhėn un lēēg ōōk bâld op'n Kârkhoff. ▪ Gott heff ėm selig dorno! Op Ēērn hârr hē man wēnig Vergnōgen! ▪ Mumme bruuk ėm as Knecht un stött mit ėm rum as mit ėn Tüffel |*Pantoffel*. ▪ Hann*chen* much |*mochte* ėm ni[X20] lieden un dach |*dachte* wull noch ümmer[X21] an Hermann. ▪ Kinner hârrn süm|se[X04] ōōk ni[X20], dē sunst doch de Hatten tōhōōphōōlt |*zusammenhalten*. ▪ Un bi âll sien Grips un Plie |*Vernunft*, bi âll sien Knickern |*Knausern* un Schropen |*Horten*, ▪ as de kruse |*wirre* Tiet dor kēēm, verlōōr hē sien Kopp un sien Riekdōōm. ▪ Mumme hârr sülben ni[X20] sō veel, as wi tōvör sik|uns[X07] wull inbillen |*einbildeten*. ▪ Ârvschop un âllns blēēv ut un de Lasten stēgen un stēgen, ▪ trüchwârts gung dat un trüchwârts, bet Fȫhr un Fähr |*Fuder und Fähre (die ganze Wirtschaft)* op'n Sand sēēt: ▪ Hann*chen* hârr kuum noch tō leben, as èndli de Buursteed |*der Hof* verkofft worr.

Hârvsttiet dorop mool èn Dag |*Eines Tages im nächsten Herbst*, dō hēēs[X64] dat, nu kēmen |*kämen* dor Suldoten, ▪ èn hēēl[M3] Regiment un sō veel, as wi wiss mien Doog noch ni[X20] |*sicher noch niemals* sēhn hârrn. *(GrK1.1.055)* ▪ Ik stunn jüst vör de Döör, dat wēēr èn mullerig[M3] |*trübes, feuchtwarmes* Wedder[X41d], ▪ gēgen |*so um* Martini un sō |*herum*, de Kreihen spazēren |*spazierten* op'e Stroten. ▪ As ik sō stunn un wat hȫȫr[X65] |*hörte* un jüst nix Wichtigs tō dōōn hârr, ▪ dō nēhm ik mien Knütttüüg |*Strickzeug* tō Hand un gung dènn rop no dèn Kârkhoff. ▪ Dor wēēr dō |*damals* wiethèn èn Utsicht, as Mumme sien Huus noch in' Dutt |*im Schutt* lēēg, ▪ wiet an de Landstroot langs |*entlang* bet boben no't Holt |*Gehölz* an dèn Heidbârg |*Heideberg*. ▪ Richtig! Dor wēērn süm|se[X04] tō sēhn, vun' Nōōrwōōld |*Norderwald (bei Tellingstedt)* bet dool |*hinunter* no de Dēpen |*Lunken* |*Senken*, ▪ jüst as èn Keed sünner |*ohne* Ènn, dē de Schipper ut' Woter wull ruuttreckt. ▪ As al de vörsten |*vordersten* verswunnen (för |*wegen* de sottigen |*rußigen* Muren un Bâlken), ▪ kēmen wedder[X41a] niede ut' Holt, dē eben |*gerade* de Ōgen noch recken |*erreichten*. ▪ As ik sō kēēk in'e Fēērn, watt[X25] noch ni[X20] de letzten tō sēhn wēērn, ▪ klabastern |*stampften* al Peer op'e Brüch, wō de Beek achter Mumme sien Hoff lēēp. ▪ Un al èn lütten Stōōt |*Augenblick* loter, dō kēmen ōōk de ēērsten tō'n Vörschien, ▪ twischen dèn Prēēster |*Paster* un Mumm', wō de ènge Stroot no dèn Weg fȫhrt. ▪ Hōōch tō Peer un bestoben |*verstaubt*, mit rōde Röck un mit Sovels |*Säbeln*, ▪

Aussprachehilfen für ō, ē, ȫ, â, è, ġ, b̄: siehe auf Seite 5 UND Buchdeckel!

rēden |*ritten* süm|se[X04] ran no de Muur un hēlen |*hielten* mi tō Fōten |*zu Füßen* an' Kârkhoff. ▪ Ēēn dorvun smēēt |*schmiss* sik vun't Peerd un gēēv ėn annern sien Tögel. ▪ Hē stēēg dėnnsō |*dėnn* rop no de Pōōrt |*Pforte*, as wull hē sik hier ōōk mool umsēhn, ▪ kēēm liek |*direkt* op mi tō, dėnn ik stunn op dėn Stēēn dicht achter de Müür |*Muur*. ▪ Hē wēēr ėn Keerl as ėn Esch |*Esche*, mit rōde Backen un Snurrboort. ▪ Langsoom pedd|tree' |*trat* hē nu rin un kēēk sik um, ümmer[X21] wedder[X41a], ▪ in't Westen un Süden un Nōōrn, un hârr |*gebärdete* sik, as wēēr hē verbiestert |*verirrt*. *(GrK1.1.056)* ▪ Hē sōch |*suchte* wat un kunn dat ni[X20] finnen un wuss |*wusste* doch, wō hē dat verloren hârr. ▪ Ėndli kēēk |*sėhg* hē op mi un dėn Liekenstēēn, wō ik hėndoolkēēk. ▪ Mumme sien Fru lēēg dorünner un slēēp |*schlief* ehrn seligen Dōōdssloop. ▪ Un ehrn Noom stunn dorop, doch lēēg dor nu Stēēngruus un Schutt rum, ▪ vun dėn gruligen Brand un vun âll dat Fohren un Smieten. ▪ Hē tree'[X60]|treed |*trat* an mi ran un lees mit düütlige Wōōr |*Worten*: „Johanna …" ▪ ›Mumme …‹, dat kēēm dor ni[X20] ruut, sō fullen ėm de Ârms no de Knēēn |Knēden |*Knie*, ▪ un sack |*sank* ėm de Kopp op de Bost, un hē mummel |*murmelte*: *So ruhe denn selig!"* ▪ Dėnn kēēk hē op no dėn Heben un stunn mi jüst pâll |*steil* vör de Ōgen.

Herr du mein Gott noch mool tō |*nochmal!* — as wēēr |*wäre* hē eben |*soeben* lebénnig ▪ ünner mien lébendigen|leemdigen |*lebenden* Fōōt ünner'n kōlen Liekenstēēn ruutkomen: ▪ As ik de Ōgen ankēēk|ansėhg, sō blau, un dėn brüünligen Snurrboort — ▪ Hermann, de Tierdokter wēēr dat!

Ik full ėm tō Fōten in't Stēēngruus, ▪ grabbel |*kratzte* dėn Sand vun de Schrift un wies ėm: ›*geborene Weinberg*‹. ▪ „Gârderud", rēēp hē un kėnn |*erkannte* mi, „och, Gârderud, segg mi doch, leevt sē?" ▪ Over wat kunn ik wull sėggen, ik ōl' Stackelsminsch |*erbarmungswürdiger Mensch* un Sünner? ▪ Stunn ik doch sülben un snucker |*schluchzte* un wisch

|wischte mi de Ōgen mit'n Ploten |Schürze. ▪ Ik foot |fasste ėm an' Ârm, as wēēr'k stumm, un trock ėm in Biestern |verwirrt vun' Kârkhoff, ▪ liek |gerade över'n Damm dör dėn Grasweg, achterum dör bi dėn Bäcker, ▪ dool |hinunter no de niebuten |neu gebauten Hüüs, wō Johanna dėn Summer tō Hüür |Miete wohn, (GrK1.1.057) ▪ rēēt |riss ėm de Strotendöör open, de Stubendöör, ēēn mit ėnanner |fast zugleich. ... ▪ Noch ėn lütten Stōōt |Augenblick loter, dō hēlen |hielten süm|se[X04] sik beid' in'e Ârms." –

Gârden sack wedder[X41a] tōhōōp un bever |zitterte un sä man |nur noch liesen: ▪ „Bâld worr de Freden ōōk sloten, un âllns kēēm wedder[X41a] in't Ōle |ins Lot. ▪ Un de Regiments-Tierdokter hool dėnn sien ›Hanne ut Frankriek‹, ▪ fohr mit ehr weg in'e Kutsch un leev |lebte mit ehr glückli in Preussen."

Rohm

Gârderud swēēg un sēēt still, de Wächter tuut |blies eben tō negen. ▪ Grēten hârr Tronen in'e Ōgen un wümpel|rull |rollte ehr Knütttüüg tōhōpen. ▪ Hattwig stunn op un wull gohn, wēėr still un dēēp in Gedanken, ▪ over Jan Paul op'e Bank sēēt stramm un snurk |schnarchte as ėn Stâllkōh. ▪ Grēten sä: „Loot ėm slopen, du kannst mi je ōōk wull tō Huus bringen?" ▪ Dorbi kēēk sē ėm an, as dä |täte sē ėm Afbeed |bäte sie ihn um Verzeihung för ėn Unrecht. ▪ Hattwig wēēr still as ėn Lamm, sä liesen: „Gō[X50] Nacht, Mümme[X14] |Muhme Gârden!" ▪ Hē pedd |trat dėnn ruut in dėn Snēē un hēēl Anngrēten sien Hand hėn. ▪ Doch bi dėn Fârver sien Eck, dor drück |drückte hē ehr fast an sien Bossen |Brust, ▪ un sä: „Anngrēēt, wullt' mi gōōt[X50] ween[X82]? Sō büst du mien Anne ut Frankriek!"

Kedenriem

|Kettenreim

(GrK1.1.057 – Kiek ōōk GrK5.1.084 un ōōk GrK2.130!)

Nun hört, ihr lieben Leute,
  gestern ist nicht heute.
Heut' ist nicht morgen,
  dat Künftig' is verborgen.   *(GrK1.1.058)*
Verborgen is dat Künftig',
  dėnken is vernünftig.
Vernünftig is dat Dėnken,
  ėn Keed, dē hett ehr Lėnken. |Kette ... Kettenglieder
Ehr Lėnken hett de Keed,
  ehrn Hoken hett de Reed. |Haken ... Rede
De Reed, dē hett ehrn Hoken,
  de Wien, dē wasst an Stoken. |Holzstangen
An Stoken wasst de Wien,
  un de Kraft, dē sitt dorin.
Binnen sitt de Kraft,
  un in't Hatt, dor sitt de Macht. |Herz
Un in't Hatt, dor sitt de Mōōt, |Mut
  un dat Letzte is de Dōōd.
Doch âll Ėnn un Anfang is bi Gott.

Priomeln

|Priameln

(GrK1.1.058 – Kiek ōōk GrK5.1.085 un ōōk GrK2.132!)

De Knecht un de Moogd,	*|Magd*
de Schriever un de Voogt,	*|Amtsschreiber |Amtsvorsteher*
de Brénner un de Bruer	*|Brenner & Brauer*
hōōlt tōsomen vun Natuur.	*|halten zusammen*

———————

Èn Anstrieker un èn Moler,	
èn Preußen un èn Doler,	*|2x preußischer Taler*
èn Boortscheer' un èn Putzbüdel,	*|2x Barbier (Frisör)*
èn Opsnieder un èn Windbüdel,	*|2x Leichtfuß*
èn Slōpendriever un èn Slēēf,	*|Rumtreiber & Schlingel*
èn Spitzbōōv un èn Dēēf,	
Aftēker un èn Ploosterkoker,	*|Pflasterkocher (GrK1.1.059)*
èn Koppschōōster un èn Hōōtmoker,	*|Kopfschuster & Hutmacher*
èn Tapperduuv un èn Prüker,	*|2x Haubentaube*
èn Nöös un èn Rüker,	*|Nase & Riecher*
èn Ech|Egg un èn Ei:	*|2x Egge*
Dat is twēē un twēē ēnerlei.	

———————

Aussprachehilfen für ō, ē, ō̄, â, è, ġ, b̄: siehe auf Seite 5 UND Buchdeckel!

Smucke Dēērn un niet[M3] Klēēd, |*hübsches Mädchen* & *neues Kleid*

helle Stimm un nett[M3] Lēēd, |*schönes Lied*

veel Döst un gōōt[X50|M3] Drinken, |*Durst* | *... tüchtig Trinken*

grȫne Ârfen un rōgen Schinken, |*roher Schinken*

groben Klutz un glatten Kiel, |*grober Klotz & glatter Keil*

hatt[M3] Holt un schârp[M3] Biel, |*hartes Holz & scharfes Beil*

raschen Smitt un glȫhnig[M3] Iesen, |*fixer Schmied & glühendes Eisen*

bȫsen Krieg un gōde[X50] Avisen, |*schlimmer Krieg & gute Nachrichten*

ōle Juden un lütten Kroom: |*Kleinkram (womit Juden handelten)*

Dat passt twēē bi twēē gōōt[X50] tōsomen.

Ėn Klock, dē ni[X20] geiht, |*Uhr*

ėn Putt, dē ni[X20] steiht, |*Topf*

ėn Doler, dē ni[X20] gellt, |*Taler, der ungültig ist*

ėn Hund, dē ni[X20] bellt,

ėn Dēērn, dē ni[X20] feegt, |*Gehilfin*

ėn Hehn, dē ni[X20] leggt, |*Henne*

ėn Katt, dē ni[X20] muust, |*maust*

dē lettst du beter buten Huus. |*lässt du besser außer Hauses*

Gedülligen Herr un ēhrligen Knecht,

ėn Dagblatt, dat de Wohrheit seggt, |Zeitung

ėn jungen Dokter, dē ėn Christ,

ōle Jümfer, dē ni[X20] wrantig is, |Jungfer ... mürrisch

Afkoten, dē an Wârkdoog beedt, |Advokaten, die an Werktagen beten

ėn Prēēster, dē man sünndoogs reedt, |Priester, der nur ... redet

twēē Festdoog un kēēn Överdruss, |Festtage ... Überdruss

veel Fründschop un kēēn Lârm in't Huus, |Verwandtschaft (GrK1.1.060)

kēēn fâlschen Schilling manġ sien Geld, |zwischen

kēēn brannig Ohr in't Wētenfeld |brandige Ähre (Mehltau, Rost)

un kēēn Kantüffel mit ėn Muuk, |mit ėn Steed (schadhafter Stelle)

kēēn Unfâll un ėn Kellerluuk,

frie[M3] Wōōrt un gor kēēn blauen Dunst, |Geschwafel??, Tabaksqualm??

de rechte Mōōt un echte Kunst, |wirklicher Mut

ruum[M3] Hatt, kloor[M3] Ōōg un sunnen[X38] Verstand: |weites ... gesunder

Dat Kruut is roor in jēēdēēn Land. |ist rar (selten)

Bispeel

(GrK1.1.060 – Kiek ōōk GrK5.1.087 un ōōk GrK2.136!)

De Mann, dē wull liggen,
de Koter wull singen.
Dō nēhm hē dėn Koter — |*Da nahm er den Kater*
un smēēt ėm in't Woter: — |*schmiss ihn*
Ik will di doch wiesen, — |*zeigen*
'kēēn^{X29c}|wokēēn Herr in mien Hüsen! — |*wer Herr bei mir zu Hause*
Dō lä hē sik dool — |*Da legte er sich nieder*
un slēēp as ėn Pohl. — |*schlief wie ein Pfahl*

Dō kēmen süm|se^{X04} hēēl^{X29b} liesen — |*ganz leise*
in Schüün un in Hüsen|Hüüs — |*in Scheune und Haus*
un piepen sō liese — |*piepten so leise*
un gnappern, de Müse|Müüs, — |*knabberten, die Mäuse*
un gnippen un gnappen — |*2x knabberten*
un slicken un slappen — |*2x schleckten*
op Bōōr un in Schappen — |*auf Borden und in Schränken*
vun Schöttel un Teller, — |*von Schüssel und*
tō Böhn un in' Keller. — |*auf dem Boden und*
süm|se^{X04} ēten sien Speck, — |*aßen seinen*
torēten sien Säck, — |*zerrissen seine (GrK1.1.061)*
süm|se^{X04} ēten sien Metten — |*aßen seine Mettwürste*
un kēmen in sien Bedden: — |*in seine Betten*
Dor bēten de Öös — |*Da bissen die Miststücke*
dėn Mann in'e Nöös! — |*Nase*

|*Beispiel*

Oonten in't Woter

|Enten im Wasser

(GrK1.1.062 – Kiek ōōk GrK5.1.090 un ōōk GrK2.140!)

Oonten in't Woter,   *|Enten im Wasser*
wat för èn Gesnoter!   *|welch ein Geschnatter*
Oonten in' Diek,   *|Enten im Teich*
wat för èn Musik!

De Woort is wat hēēsch: Wat wat wat schüllt wi eten? *|Erpel … heiser*
Mudd, in'e Mudd, in'e Grund is dat fett!   *|im Morast, Schlamm*
Hõjo! De Graue fangt luut an tō reden:
Quârk un wârm^{M3} Woter! Un âll rōōpt süm|se^{X04} mit. *|Entenflott &*

Oonten in't Woter,
wat för èn Gesnoter!
Oonten in' Diek,
wat för èn Musik!

Dèn Rünnstēēn nu langs, âll in't Trüddeln un Snabbeln!
    Rinnstein entlang, alle trottelnd und schnappend (gleichzeitig schnatternd)
Bârbēēnt un plattfõõt un ümmer^{X21} vergnõõgt! *|Barfuß & plattfüßig*
Hier is de Kökenguss! Bēērsupp mit Appeln! *|Küchenabfluss*
Wackelig, gackelig – süh, wo süm|se^{X04} sõõkt! *|wie sie suchen*

Oonten in't Woter,
wat för èn Gesnoter!
Oonten in' Diek,
wat för èn Musik!

Nu op'n Wâll! Un nu rōōpt wi de Günner! |*rufen wir die da drüben*
Nu koomt süm|se^{X04} an, un nu gifft dat ên Snack. |*kommen … Plauderei*
Nu flēēġt wi dool, un nu duukt wi sik|uns^{X07} ünner! |*fliegen … tauchen unter*
Âll dat wârm' Woter löppt blank vun'e Nack!   (*GrK1.1.063*)

      Oonten in't Woter,
      wat för ên Gesnoter!
      Oonten in' Diek,
      wat för ên Musik!

Wat wat wat wüllt|wöö'^{X63} wi? Nu wüllt|wöö' wi no'n Misten. |*Misthaufen*
Hōōr! süm|se^{X04} döscht Wēten! Wi kruupt dör de Rill! |*dreschen … kriechen*
Koomt man! Man sachten! Op Tōōntjen! Mit Listen! |*auf Zehen & listig*
Nückt mit dên Kopp un eet gau un swieġt still! |*Nickt … esst … schweigt*

      Oonten in't Woter,
      wat för ên Gesnoter!
      Oonten in't Strōh,
      wat för ên Hallō!

Dor kummt de Kööksch^{X16}! Neiht man ut, bruukt de Flünken!
                 |*Köchin! Reißt bloß aus, gebraucht die Flügel!*
Hōōch över'n Tuun un koppheister no'n Diek! |*über die Hecke … Teich*
Swimmen as de Poggen|Pöġġ un flēgen as Lünken, |*Frösche … Spatzen*
klōōk as ên Minsch – un sō dick! Un sō dick! |*klug wie*

      Oonten in't Woter,
      wat för ên Gesnoter!
      Oonten in' Diek,
      wat för ên Musik!

Lünk |*Spatz*

(GrK1.1.063 – Kiek ōōk GrK5.1.092 un ōōk GrK2.142!)

„Lütt' Ebbe, koom rop hier, hier boben no'n Föst,
>|*Kleine Elisabeth … oben zum First*

kruup ünner, jo, kiek mool, hier buut wi ėn Nest.
>|*krieche hier unter … hier bauen wir*

Du sittst as Gârdruudjen ehrn Hohn ünner't Bett,
>|*wie Gertrudchens Hahn unterm*

as ėn Muus in ėn Hēēddies*, wo nett, ōh wo nett!"
>|*im Werghaufen … wie (GrK1.1.064)*

„Du Spitzbōōv, du Gaudēēf, man weg, goh man weg!
>|*du Gaudieb … nur weg, geh bloß weg*

Wēētst du noch letzt^{M3} Johr? Ōh, wo slecht, ōh wo slecht!
>|*Weißt du noch letztes Jahr? Oh, wie*

Wo sēēt ik un brōō'^{X60}|brōōd, hârr ni^{X20} Kōōrn ōder Krōōm,
>|*brütete … weder Korn noch Krumen*

un Lünk flōōg tō Dörp, räsonēēr in'e Bōōm.
>|*flog … schimpfte in den Bäumen*

Du Spitzbōōv! Du Gaudēēf!" –
„Lütt' Ebbe, swieg still,
>|*Kleine Elsabe, sei still*

vuntjohr wârrt't hēēl^{X29b} anners: Will mi betern – ik will!
>|*dieses Jahr wird's … Will mich bessern*

Mi stēken de Fettdunen – koom, kiek mool, wo schōōn!
>|*Mich plagte der Übermut (Fettfedern)*

Vuntjohr wârrt dat anners, schasst^{X62b} sēhn, schasst man sēhn!
>|*Dies' Jahr wird's anders, sollst sehen!*

De Hoddboor kummt bâld, wohnt uns dicht över'n Kopp,
>|*Der Adebar (Storch) kommt bald*

buut ėn Huus as ėn Korf, stellt sik boben dorop,
>|*wie einen Korb, stellt sich oben drauf*

op ēēn Bēēn, op't anner, de Nöös in'e Flünk!

|auf einem Bein … Nase unterm Flügel

Wo klappert hē fründli: Gō'n[X50] Morgen, Nover Lünk!

|Wie klappert er … Guten … Nachbar

Un dėnn schient de Sünn hier lanġ't Dack rein sō blank,

|am Dach entlang … so glänzend

un dėnn treckt de Rōōk hier vun' Schöstēēn hentlanġ.

|zieht der Rauch vom Schornstein

Un dėnn kummt Annstina mit Wēten un Kaff:

|Anna Christina mit Weizen & Spreu

Tuck, tuck! – Kikriki! Un wi beid' krieġt wat af.

|Und wir bekommen etwas ab

Ōōk heff ik man sēhn, hier de Koppel in't Gras:

|hier dėn Krōōg schōōn in't Gras

Nover Anton will Rogg seien, dat kummt uns tōpass.

|Roggen säen … kommt uns gelegen

Un dėnn hier de Bōōm, för uns' Kinner tō flēgen,

|dann hier der Baum … zum Fliegen

un wi dor merrnmanġ, wat ėn Vergnō̄gen, wat ėn Vergnō̄gen!"

|wir mittendrin … welch ein Vergnügen

„Du Spitzbōōv, loot sēhn: Dat's dat Nest? Dat's dat Nest?

|lass sehen … Das ist das Nest?

Mook tō un hool Feddern[X41e] un Dunen, dat's dat Best!

|Beeil' dich … hol' Federn und Daunen

Ōl' Anton sien Pudelmütz liggt günt achter'n Tuun:

|liegt da drüben hinter der Hecke

Plück af, mook man tō, loot's[X07b] man buen, loot's[X07b] man buen!

|Heb' sie auf, beeil' dich, lass uns

Matten Hoos

|Martin-Hase

(GrK1.1.061 – Kiek ōōk GrK5.1.088 un ōōk GrK2.138!)

Lütt' Matten, de Hoos,　　　　　　　　|Klein' Martin, der Hase
dē mook sik ėn Spoos,　　　　　　　　|der machte sich 'nen Spaß
hē wēēr bi't Studēren,　　　　　　　　　|beim Studieren
dat Danzen tō lēhren,　　　　　　　　　|zu lernen
un danz hēēl[X29b] allēēn　　　　　　　　|tanzte ganz allein
op de achtersten Bēēn.　　　　　　　　|auf den hinteren Beinen

Kēēm Reinke, de Foss,　　　　　　　　|Da kam Reineke, der Fuchs
un dach: ›Dat's ėn Kost!‹　　　　　　　|dachte: ›Das ist ein Essen!‹
Un seggt: „Lüttje Matten,　　　　　　　|„Kleiner Martin
sō flink op'e Padden|Pōten?　　　　　　|auf den Pfoten
Un danzt hier allēēn
op'e achtersten Bēēn?　　　　　　　　|auf den Hinterbeinen

Koom, loot uns tōsomen!　　　　　　　|Komm, lass uns zusammen!
Ik kann as de Domen!　　　　　　　　|wie die die Damen!
De Kreih, dē speelt Fiedel,　　　　　　|Die Krähe … spielt Geige
dėnn geiht dat kandidel,　　　　　　　|geht es lustig
dėnn geiht dat mool schȫȫn,　　　　　|es nochmal so schön
op de achtersten Bēēn!"　　　　　　　

Lütt' Matten gēēv Pōōt.　　　　　　　　|gab Pfote
de Foss bēēt ėm dōōt　　　　　　　　　|biss ihn tot
un sett sik in' Schadden,　　　　　　　|setzte sich
verspies dėn lütt' Matten:　　　　　　|verspeiste
De Kreih, dē krēēg ēēn　　　　　　　|bekam eines
vun de achtersten Bēēn.

　Aussprachehilfen für ȫ, ē, ō̄, â, ė, ġ, ƀ: siehe auf Seite 5 UND Buchdeckel!

Pēter Kunrod

|Peter Konrad

(GrK1.1.065 – Kiek ōōk GrK5.1.094 un ōōk GrK2.146!)

De Summeroßend lockt Herr Paster ruut. • Hē stoppt ėn Kâlkpiep, treckt de Nachtmütz dēper • un slârrt |schlurrt vör Döör |vor die Tür un sett |setzt sik ünner'n Linnenbōōm. • De Schadden reckt |reicht al langs |hin bet an'e Kârk. • De Mōōrlüüd goht |gehen, süm|ehr[X06] Körv un Kruken lerdig |leer, • mit blanke Schüffeln op de brēden Schullern, • in mōden Schritt un krumme Knēēn |krummen Knien tō Huus. • Ōōk klappert |klappern al de Ammers um de Eck: • Dat Mäden |Magd kummt mit blōte Fōōt vun't Melken. • De Backen glōht |glühen ehr vun de swore Dracht |Traglast (Schulterjoch mit Ketten, daran die Eimer): • Sē bōōgt |beugt de Tōhn |Zehen vörsichtig över'n Drüssel |Schwelle • un liesen glidd |gleitet sē sietwârts in'e Döör.

Un binnen hōōrt ēēn[X29a] hell ėn frische Stimm, • sē lacht un snackt, dat Sēēl |Eimerhenkel in' Ammer klötert |scheppert. • Dėnn trillert sacht ėn Lēēd |Lied de Deel hentlang, • un wedder[X41a] kummt ėn liesen Schritt vör Döör. • Kiek|Süh hėn! Wēēr dat ėn Rōōs, dit is ėn Lielg |Lilie, • sō fien un witt un doch in vulle Blōōt |Blüte. • Ēēn[X29a] mēēn |meinte, ēēn[X29a] sēhg |sähe ėn Drōōm mit woken |wachen Ōgen, • un dach |dachte, sē worr |würde verflēgen un verswinnen. • Doch swinnt sē ni[X20]; sē trippelt no de Bank • un foot |fasst dėn ōl' Herr Paster um dėn Hâls • un fiechelt |streichelt ėm un kloppt ėm op'e Backen. • Dat mook sik |wirkte jüst as Winteries un Vörjohr |Frühjahr, • de Ōle mit de dēpen düüstern Schrumpeln |Runzeln • un Lotte mit de witten glatten Hannen. • Hē dau |taute ōōk richtig op vun âll dat Kluckern |Liebkosen, • dat helle Woter stunn |stand ėm in'e Ōgen.

Wi günnen |*gönnten* dat uns wull lēver as dėn Ōlen • (mien Leser un ik sülben), doch hârr sē recht! • Hē wēēr ėn Sēēl |*Seele*, sō gōōt[X50], ehrn lēben|lēven[X59] Voder[X11]. *(GrK1.1.066)* • De Ōle |*Alte (Vater)* rück ėn beten an'e Siet, • doch Lotte lēēp noch wedder[X41a] rin in't Huus. • Sē broch |*brachte* ėn Sett |*Setze (niedriges Tongefäß)* mit junge Zuckerârfen |*Zuckererbsen* • un sēēt |*saß* un pool |*palte* süm|ehr[X05] ut mit flinke Fingern.

Dō kēēm de Stroot tōhōōch bi'n Woterbeek |*Bach*, • wō witt as Snēē de Sirēnenbüsch |*Fliederbüsche* dor blōhen |*blühten*, • de ōle Vullmacht* |*Gemeindevorsteher* rop in blanke |*blank geputzten* Tüffeln |*Pantoffeln*. • Sien Kopp wēēr meist |*fast* noch witter as de Blōōm |*Blüten*, • de Rüch sō krumm, as wēēr hē ėn Ellhōōrnstubben |*Holunder-Baumstumpf*. • Hē much |*mochte* dat ōōk wull bi sik sülben sō dėnken, • hē stütt |*stützte* sik op sien Stock un richt |*richtete* sik op, • kēēk no de Blōōm un schüdd |*schüttelte* de grauen Lucken. • Dėnn krōōp |*kroch* hē âllnogrood |*langsam* de Stroot tōhōōch, • Herr Paster gung ėm wücke |*einige* Schreed tōmōōt |*entgegen*, • gēēv ėm de Hand un trock ėm no de Bank. – • Dor sēēt |*saß* hē, twischen Lotte un Herr Paster.

Ēērst wēēr hē wat verpuust |*aus der Puste* un sünner |*ohne* Oten |*Atem*, • doch kēēm hē no un no tō Stimm un Wōōrt • un snack |*plauderte* sō munter, wēēr sō frisch un risch |*aufgedreht*, • as stunn |*stünde* hē achtteihn nēger |*näher* as de tachentig. • Hē mēēn |*meinte*, hē blōh |*blühe* nu as de Flēderbōōm |*Holunder (eher als Flieder)* • un nēēgstens worr hē rōōtli as ėn Appel. • Un wėnn lütt' Jümfer |*Jungfer* sō lang tōben |*warten* wull, • sō worr |*würde* hē noch sien Danzschōh wedder[X41a] sōken. • Hē wēēr man blōōts |*nur* ni[X20] seker vör dėn Dokter, • dē jüstemang |*gerade* ėm ümmerlōōs[X21] verdwēērlēēp |*in die Quere lief* • un nu al wedder[X41a] no dėn Paster stüür |*sich dem Pastor zuwandte*, • as wull |*wollte* hē ēēn vun unse drēē tō Bett bringen; • hē much wull weten, wokēēn[X29c] |*wer* dat ween[X82] schull! • Un dorbi lach |*lachte* de

Grieskopp |*Graukopf* as èn Spitzbōōv, • datt hē vör Hossen |*Husten* sticken schull |*fast erstickte* un rōder |*röter* • noch as Lotte worr |*wurde* un as èn Bunkerappel |*(großer rotwangiger Apfel)*. (GrK1.1.067)

De Dokter stüür |*steuerte* ōōk richtig no süm|ehr[X05] tō, • hē grött |*grüßte* de drēē un wünsch |*wünschte* èn gōden[X50] Obend. • Un as Herr Paster sä |*sagte*, hē much |*möge* sik setten, • dō trock hē sik èn lütte Bank tōrecht • un sett sik sō lieköver |*gegenüber* vun de annern. • Herr **Vullmacht** hârr de Puust |*Atem* noch ni[X20] in't Spōōr, • hē hēēl de Knēēn un hoss |*hustete* un kēēk no Lotte, • dē wēēr noch rōōt un drōh[X53] |*drohte* èm mit'n Finger.

De Dokter dä, as wuss |*wüsste* hē nârms wat vun |*von nichts*, • hē froog |*fragte* Herr Vullmacht, watt[X25] de Bost |*Brust* noch gōōt[X50] wēēr |*wäre*, • un wo |*wie* dat sunsten stunn |*stünde* mit de Gesundheit.

„Herr Dokter", sä de Ōl' un richt |*richtete* sik hōger, • „de Bēēn wüllt |*wollen* man ni[X20] ümmer[X21] as de Kopp, • doch is dat Hatt noch sund[X38] |*gesund* as Fisch in't Woter. • Man âllns in âlln, dat mutt ik reinut |*offen* sèggen, • de Dokters sünd mi as èn Dōōrn in't Ōōg, • ik lōōv|glōōv |*glaube*, dē hebbt de Krankheit in süm|ehr[X06] Kruken |*Salbtöpfen*. • Dènn, nix för ungōōt[X50] |*Verzeihung!*, nehm ik èm man |*nur* sülben, • hē is ēērst wücke |*einige* Weken hier in't Kaspel |*Kirchspiel*, • un nu kummt dor èn Koppel |*Haufen* Krankheit achterno |*im Gefolge*! • Wat wussen |*wussten* wi vun Gripp un gâlstrisch[M3] Fēver |*gastrischem Fieber (fiebrigem Magenkatarrh)*, • vun Reimertissen |*Rheuma* un de annern Dinger! • Hârrn wi mool Snööv |*Schnupfen*, sō nēhmen wi wat tō swēten |*schwitzen*, • dat Lie'wēh|Liefwēh |*Leibweh* ēēt ēēn[X29a] |*aß man* weg, för Koppwēh slēēp ēēn[X29a] |*schlief man*, • un gēgen Anwass |*Magenleiden (oder Gewichtszunahme?)* holp |*half* èn iesen Spoden

|*eiserner Spaten (körperliche Arbeit)*! ▪ – Wo |*Wie* is dat nu mit Dovid achter'n Diek?"

De Dokter kēēk verlegen no sien Fōōt, ▪ as wull hē ut de Ēēr ėn Antwōōrt sōken. ▪ Doch **Lotte** kēēm ėm mit'n Mund tōvör: *(GrK1.1.068)* ▪ „Hett Obbe |*Opa* noch ni[X20] hōōrt – verleden |*letzte* Nacht? ▪ Süm|Se[X04] holen |*holten* Vadder[X15] |*Gevatter (Pate)* güstern noch in' Düüstern."

„Dē is bi Gott dėn Herr", sä dō de **Paster**. ▪ Dat ōl' Gesicht, dat ēērst sō fründli lach |*lachte*, ▪ worr dō mit ēēnmool schrumpelig |*runzelig* un düüster, ▪ un trurig sä hē sachten |*sanft*: „Hē is dōōt! ▪ Dat wēēr de letzte vun mien Schōōlkameroden. ▪ Nu kummt wull ōōk an mi nogrood |*allmählich* de Rēēg |*Reihe*. ▪ Wo mėnnig Spoos hebbt |*haben* wi tōsomen beleevt! ▪ Hē wēēr je ėn Stukel |*Krüppel* mit ėn swacke Bost, ▪ doch vull vun Kneep |*Kniffen (Künsten)* un luter dulle Faxen. ▪ Wi mēnen |*meinten*, hē hârr |*hätte* man kuum dat Lebenslicht, ▪ un dachen |*dachten* veelmools, hē worr in't Lachen sticken |*ersticken*. ▪ Doch hett dat meist noch brėnnt an längsten! ▪ Un ik bün nu de Stummel op't Profitjen |*Leuchterknecht (zum Abbrennen von Lichtstummeln)*, ▪ de nēēgste Windstōōt weiht mi ōōk wull ut."

„Dat wēēr ėn ėgen |*eigenartiger* Mann", sä dō de **Dokter**, ▪ as duur ėm |*als täte ihm leid*, datt de Ōl' sō trurig tōsēēt |*litt*, ▪ as söch |*versuchte* hē, ėm in ėn anner Spōōr tō bringen, ▪ „wat hârr dē âll in' Kopp un in'e Fingern, ▪ un âllns stunn ėm drullig ēērnsthaft an |*zu Gesicht*. ▪ Hē full mi gliek in't Ōōg, noch op'n Wogen, ▪ as ik ut Kiel, vun'e Gündsiet |*von der anderen Seite*, röverkēēm. ▪ Süm|Se[X04] hârrn hier jüst ėn lustig[M3] Schießenschēten ▪ un trocken mit ėn Trummel langs de Stroot: ▪ Dō streev |*schritt* de lüttje Dovid krumm vöröp, ▪ de Bost behungen |*behängt* mit Keden un ėn Schild, ▪ sō grōōt un brēēt, datt ėm dat meist verstēēk |*versteckte*. ▪ Man eben |*Nur* knapp gluup |*guckte* de Kopp dor överweg, • sō listig as ėn Muuskopp ut ėn Kēēs |*Käse.* • Un achter ėm de grōte dumme Smitt |*Schmied,* • as Gârden |*Gertrud* sä, de grōte ›Riesenbieter‹ |*Riesenbeißer.* — *(GrK1.1.069)* • Ik mēēn |*meinte,* ik sēhg |*sähe* dat ōle Testament • un Gōliath un Dovid hier in Fründschop. • Un as de Lütt' mi majestäätsch begrött |*begrüßte* • un Gōliath de Fohn gewâltig swunk |*schwenkte* • (hē hârr |*hätte* mi meist |*fast* vun' Wogen rünnerrookt |*herabgerissen*), • dō mēēn |*glaubte* ik meist, ōōl^{M3} Büsum stēēg |*stiege* ut' Haff |*Wattenmeer* • un Wooghâls trock dor rum mit âll sien Kâlver |*(Sinnbild für die Büsumer als Schildbürger Dithmarschens)*!"

Herr **Paster** grien |*grinste* un krau |*kraulte* sik mit'e Piep: • „Jo, dat is wohr, hē wēēr ėn rechten Kōbold! • Much |*Mochte* nix dor lōōs ween^{X82}, ōl' Dovid wēēr dormang, • bi Nacht un Dag, in' Gōden^{X50} |*im Guten* un in' Slechten. • Un speel blōōts Lieschen Allerlei |*bekannte lärmende Frauensperson* mool ruug |*machte Lärm* • sō stunn hē gliek, as wėnn hē't rüken kunn, • mit beide Hannen hōōch in'e Jackentaschen • (ōl' Gârden sä ›de griese Hangelputt |*Henkeltopf*‹) • un hōōr^{X65} |*hörte* andächtig tō as in'e Kârk. • An' Morgen, wėnn de Dag man ėben grau |*graute*, • dėnn fecht hē |*strebte er, die Arme schwenkend* al tō Wârksteed no dėn Discher, • de Fingern hungen meist bet an'e Ēēr. • Man reck |*streckte* hē dėnn de langen Ârms heruut • un weih |*fuchtelte* dormit, as't sien Gewōhnheit wēēr, • sō lēēt |*wirkte* hē as ėn Buckmöhl |*Bockmühle* mit ēēn Rōōt |*einer Rute (nur zwei Flügeln),* • Tierdokter nööm |*nannte ėm ümmer*^{X21} ›Telegroof‹!"

„Ōh nä!", sä **Lotte**, „Voder, wēētst du noch?" • Un dorbi lach |*lachte* sē hattli, datt dat schâll |*schallte.* • „An dullsten wēēr dat bi de Chōlera. • Dō hüür |*mietete* hē sik in' Tōōrn de Klockenstuuv |*(darin das Kirchturms-Uhrwerk)* • un lēēt sik in'e Heid ėn Antog moken, • jüst as dat Bild, wat du vun Hamborg krēēgst. • De Hōōt un Büx un Handschen |*Handschuhe,* âllns vun Ledder^{X41f},

(GrK1.1.070) ▪ de Jungs, dē rēpen ›Dovid in' Hanssupp‹ |*Strampler*!
▪ För Mund un Ōgen wēērn dor runne Löcker, ▪ ėn mischen
Füürstoov |*messingnes Fußstövchen* hârr hē in'e Hand, ▪ mit ėn
lange Piep, sō stēēg |*stiefelte* hē hėn tō Kârk. ▪ Ōl' Gârden stunn
hier jüstemanġ |*gerade* vör Döör, ▪ sē sett |*setzte* ehrn Bandputt
|*Henkeltopf* mit de Melk no Ēēr, ▪ un böör |*hob* de Krücken över'n
Kopp tōhōōch ▪ un sä: ›De leddern^{x41f} |*lederne* Jung stiggt rop
no'n Heben |*Himmel*!‹ ▪ Wo |*Wat* hebbt wi lacht! Ik wēēr je gresig
|*schrecklich* bang, ▪ doch dō vergēēt |*vergaß* ik Chōlera un âllns."

De Dokter lach |*lachte*, un ōōk de Paster smuuster |*schmunzelte*, ▪
de **Vullmacht** smuuster blied |*freundlich* un smerig |*schmierig* mit.
▪ „Na, na! Gott heff ėm selig", sä hē dėnn, ▪ „dördreben
|*durchtrieben* wēēr hē, doch sien Doog ni^{x20} |*niemals* slecht. ▪ Hē
stēēk |*steckte* ōōk vull vun gottsvergeten |*üblen* Kneep |*Einfällen*, ▪
in jüngern Johren wēēr hē würkli |*rėdig* dwatsch |*verrückt*! ▪ Ik
wēēt noch, ēēnmool wull hē Jäger spelen |*sein*, ▪ doch lēēp hē
swoor un rieden kunn hē gor ni^{x20}. ▪ Sō mook hē sik in' Diek
|*Teich* ėn Hütt ut Rēēt. ▪ Dor hârr hē nu ėn Rēēg vun Flintenlōōp
▪ ut ōle Knappers |*Büchsen* vun dėn Büssensmitt |*Waffenschmied*. ▪
Ik lōōv |*glōōv*, hē sä, dat wēēr |*wäre* ėn Batterie, ▪ un dormit
schull |*sollte* dat op de Oonten |*Enten* lōōs.

Op ēēnmool obends in'e Schummertiet |*Dämmerung*, ▪ Perdauz!,
dō hōōrt |*hören* wi ėn Knappern |*Knattern* un ėn Knâllen, ▪ un alle
lōōpt |*laufen* wi ruut un no de Möhl: ▪ Dor drifft |*treibt* de Hütt in
Stücken rum op't Woter, ▪ un ut de Rüüschen |*Binsen* quääkt
|*quakt* ėn lüttje Stimm, ▪ meist sō as vörjohrstiets |*im Frühjahr* ėn
Hasselpoġġ |*Laubfrosch*. ▪ Dėnn pâlscht |*planscht* dor wat dör Slick
un Slamm hėndör, ▪ un dormit kruppt |*kriecht* ėn Dings tō't
Woter ruut. *(GrK1.1.071)* ▪ De Dēērns, dē schrēgen: ›Herrjē!
Dat's Otter Büngel*!‹ ▪ Doch Dovid wēēr dat, natter as ėn Katt,
▪ un swatter as ėn Schöstēēnfegerjung |*Schornsteinfegerlehrling*. ▪
Un mit dat Jogen hârr dat nu ėn Ėnn.

Doch nu verfull hē jieperig |gierig op de Bȫker, • un sēēt bet över Nöös un Ōhren dorin, • noch dēper, lȫȫv|glȫȫv |glaube ik, as in' Möhlendiek |Mühlteich. • Hē söch |suchte no ōle Stēēn un Dinger rum, • un sammel |sammelte sik ėn Tünnssack |Doppelzentnersack vull vun Rümpelsch |Gerümpel.

Wi hârrn tō Huus ėn ōlen verrusten |verrosteten Slötel, • dėn gēēv ik mool an Krüschan Timm sien Hans. • Dē broch |brachte ėm dėnn an' Obend hėn no Dovid • un sä, hē hârr ėm dicht bi Tielen* funnen, • dor wēēr hē ut ėn dēpe Grȫȫv[X75] |Graben ruutkleit |ausgegraben. • Wat gēēv dat nu ėn Leben! Dovid muss |musste je lōōs • un söch |suchte bi Tielen vēērteihn Doog dat Slott • un schrēēv no Kiel un Gott wēēt wō noch hėn, • hē hârr dėn Slötel vun de Tielenborg, • un nēēgstens worr |würde hē ōōk dat Slott noch finnen.

De Tieden wârrt nu anners, sä de Ōl'. • Ik wēēt ni[X20], wat ik sėggen schâll tō de Welt, • gelēhrter wârrt sē, over ōōk sō stumm, • sō ōōlt un sō vernünftig un sō lerdig |leer! • An't Ėnn hett ōl' Gârden doch noch recht, • sē seggt: ›De Minschen mookt |machen nu âllns eben, • süm|se[X04] fohrt |fahren de Bârgen af, de Löcker tō. • Un sünd süm|se[X04] mool mit âll de Ârbeit kloor |fertig, • sō stött |stößt uns Herrgott âllns över'n Hupen.‹ (GrK1.1.072)

Nä! nä! Dō wēēr dat frȫher ėn anner' Tiet, • dō sungen doch ni[X20] in't Vörjohr |Frȫhjohr al |schon de Grashüppers |Grillen! • Un de Verstand, dē kēēm ēērst mit de Johren, • as Pēter Buur noch leev |lebte, de Dubenkȫnig |Tauben-, • un Bummeln Hans (Bummelhans??) un Krüschan Piependeckel |Christian Pfeifendeckel • (Buur Pēter sä vun ėm ni[X20] anners as ›de Hööv |Habicht‹; • wo foken fung hē ėm ėn smucken Prüker |Haubentaube weg!) • un Grōten Joob |Jokob (dē lēver Hȫhner grēēp). • Wat wēēr't ėn Tiet, wat wēēr dat dō för ėn Leben! • De grōte Joob wohn

|wohnte bi dėn Pōhl |Teich (Pfuhl) in't lütte Huus. · Dor wussen dōmools grōte Eschen rum, · un um dėn Kruuthoff |Gemüsegarten hârr hē ėn hōgen Wâll. · De Jokob sä, dat wēēr |wäre sien *feste Burg.* · Hē wēēr ēēn vun de groben Överelvschen |Hannoveranern · un hârr ėn hēēl|›heel‹ |ganz verdreihte |verrückte, dwatsche |verschrobene Sprook, · snack |sprach ümmer[x21] vun sien ›Wörteln |Wuddeln |Möhren‹ un ›Artüffeln |Kantüffeln‹. · Dor sēten wi in' Summer op'e Grasbank, · un Pēter Buur un Krüschan strēden |stritten sik. · Grōten Joob vertell |erzählte uns Dööntjes |Schnurren merrn dormanġ · un putz |putzte sien |seine holten Slēēv |Kochlöffel un Spillbōōmlepels |Spindelbaumlöffel (Pfaffenhütchen-). · Ik sä mitünner ›Jokob Lepelfreter‹. · Dėnn worr hē splitterhogelrosendull |rasend · un scholl |schimpfte – ėm kunn de Düvel ni[x20] verstohn. · De junge Welt is dörgohns anners worrn, · dē leest |liest dat Dagblatt, speelt |spielt in't Wēērtshuus Koorten. · Dor is kēēn rechte Lust, dē hebbt kēēn Leben, · dē sünd al vör de Johren ōōlt un kōōlt!"

„Herr Vullmacht hett ni[x20] unrecht", sä de **Dokter**, · „mi dünkt dat ōōk, de Welt wârrt ümmer[x21] kōler. · Echte Bruusköpp |Hitzköpfe sünd opstunns* |heutzutage man dünnseit |selten, · un âllens wârrt vernünftig, still un ōōlt." *(GrK1.1.073)* · „Herr Dokter", sä de **Paster**, „ni[x20] sō rasch! · Sē sünd noch junġ, Sē kėnnt |kėnnen[x10] uns noch ni[x20] recht. · Doch dach |dachte ik ēhr, Sē strēden |stritten för dėn *Fortschritt*, · dat is je Mōōd in disse klōke Tiet."

„Ik lȫȫv |glȫȫv ōōk, datt dat vörwârts geiht, Herr Paster", · sä dō de **Dokter**, ėn beten rōōt um' Kopp. · „Doch stoht |stehen wi nu jüst in dėn Överganġ, · dat Ōle fâllt un Nies is noch ni[x20] dor. · Dat schient mi würkli gēgen frȫher kohl, · as jēēdēēn noch för sik leev |lebte frisch un frȫhli."

Dō nēhm Herr **Paster** wedderum[X41a] dat Wōōrt: · „Mien lēve Dokter", sä hē, „ni[X20] för ungōōt[X50] |*Verzeihung*, · wat ēēn[X29a] ni[X20] kėnnt, dat schull ēēn[X29a] ni[X20] verdammen. · Ėn jēden Stand hett doch sien ēgen Welt, · un jēēdēēn Lebenstiet ehr ēgen Form. · Un pedd ēēn[X29a] ruut un steiht dėnn butenvör, · sō mēēnt hē, binnen is âllens still un dōōt. · Un doch is binnen dat Leben sō as sunst, · un âllens hett sien Dēēl |*Anteil* an Freud un Hattlēēd |*Leid*, · un lerdig |*leer* geiht kēēn Hatt |*Herz* dör disse Welt. · Herr Vullmacht süht vundoog man ėn beten düüster |*schwarz*, · sunst worr hē eben sō snacken as ik sülben. · De Buur hett ōōk sien ēgen lüttje Welt; · wokēēn[X29c] |*wer* ehr sēhn will, dē mutt Ōgen hėbben. · Un is sē ni[X20] sō luut as sē frōher wēēr, · sō kiek |*sehe* hē sōveel |*um so* dēper, nieper |*genauer* tō. · Un hett hē dėnn ėn Hatt för ehr in't Lief |*Leib*, · sō wârrt hē finnen, de Welt is noch sō vull, · sō selig, un sō vertruut un bunt, · as uns de besten Schriften man vertellt |*berichten*."

Herr Vullmacht sēhg |*sah* noch ėn beten düüster ut, · doch nück |*nickte* hē stumm sien Bifâll tō Herr Paster. · Un meist |*fast* in Iever |*Eifer* fohr Herr **Paster** fōōrt: · „Vör kotten ēērst passēēr |*geschah* hier ėn Gechicht, · dē mutt |*muss* ik Sē |*Ihnen*, Herr Dokter, doch vertellen. *(GrK1.1.074)* · Herr Vullmacht kėnnt ehr ebensō gōōt[X50] as ik! · Dėnn stimmt |*stimmen*[X10] Sē doch an't Ėnn noch mit mi in: · Junge Lüüd hebbt |*haben* noch ni[X20] tō veel Verstand · un sünd, as wi wull sėggen worrn, tō romantisch."

De Paster vertellt vun Pēter Kunrod:

Hier wēēr mien Leevdag noch kēēn Schuspeel ween[X83], · dō hēēs[X64] dat mool ēēn Dag: ›Nu kummt Komedi |*Theater*!‹ · In Discher sien Pēsel |*hier: Wohnsaal an der Dreschdiele* schull |*sollte* dat Thēoter stohn, · ›Driadrium |*Atrium*‹, as Gârderud sik utdrück |*ausdrückte*. · Dat wēēr ėn lüttje Bann |*Bande* vun wücke |*einigen* Mann |*Leuten*, · dē in'e slechste Tiet op Dörpen |*auf dem Lande* speel |*spielte*. ▪ An' Sünndag strööm |*strömte* dat no de Kegelbohn ▪ (dèn Moondag wēēr de Anfang vun't Thēoter!), ▪ dat Jungvolk, wat man |*nur* Bēēn |*Beine* hârr, wēēr tō Gang |*unterwegs*, ▪ um sachs |*wohl* ėn Gluup |*Blick* vun't Wunnertier tō kriegen. ▪ De Pēselfinstern wēērn mit Säck behungen |*verhängt*, ▪ de glosen |*gläserne* Döör sōgor noch mit ėn Loken. ▪ Dènn binnen buen |*buden*^[X55] |*bauten* süm|se^[X04] âll de Wunner op! ▪ Dor gnasch |*knirschte* un brasch |*krachte* dat, bâllern |*knallten* Biel un Homer, ▪ un Soog un Hövel |*Hobel* moken |*machten* grōten Lârm. ▪ De Jungs, dē luren |*lauschten* sachten |*andächtig* dör de Reten |*Ritzen* ▪ un rēpen af un an: ›Nu kiek! Dor is ēēn!‹ ▪ Dat Kegeln un dat Speel worrn rein vergeten. ▪ ›Ruum |*Räume* alle negen!‹, dat mook vundoog kēēn Indruck, ▪ de Ōgen kēken rüchwârts över de Schullern.

Kiek dor! Dor kēēm ėn swatten Kruuskopp |*Wuschelkopf* ruut, ▪ hėmdsmauen |*in Hemdsärmeln* un op Tüffeln, flink un fründli, ▪ un snack |*redete* un dä |*tat*, as hōōr^[X65] |*gehörte* hē merrn |*mitten* dormanġ |*dazu*: ▪ Un doch sō hōōchdüütsch, orri brēēt |*wichtig* un vörnehm, ▪ recht över de Bost |*sich in die Brust werfend*, de Tüffeln wiet vunēēn |*breitbeinig*! ▪ Hē snack |*redete* vun Bohn un Kegeln as ėn Kėnner. *(GrK1.1.075)* ▪ De Jungs, dē drängen |*drängten* sik as ėn Kluun |*Knäuel* umrum, ▪ un alle stârren |*starrten* ėm pielliek |*direkt* in't Gesicht. ▪ Doch stunn hē dor ėn lütten Stōōt |*Augenblick* man |*nur*, ▪ dėnn bruus |*strich* hē sik de Hoor op mit de Hannen ▪ un witsch |*schlüpfte* wedder^[X41a] rin no Döör un snapp ehr tō |*ließ sie zuschnappen* — ▪ un âll de Herrlichkeit wēēr achter't Loken.

Dor sēēt |*saß* vundoog ėn Bėngel manġ dėn Tropp |*in der Schar*, ▪ dē sunst ni^[X20] gēērn de Kegelbohn besöch |*besuchte*. ▪ Hē stell |*stellte* sik, as de Kruuskopp ruutkēēm, ▪ wat an'e Siet, un hēēl |*hielt* de grōten Hannen ▪ tōrüch un dat Gesicht nieschierig |*neugierig* vörwârts. ▪ Dat Kinn wēēr ėm noch länger as gewöhnli, ▪ as hē sik as ėn ›Hoddboor |*Adebar* Lanġhâls‹ reck

|reckte, ▪ de grōten Backen |Wangen boben de annern Köpp, ▪ un Mund un Ōgen open as Spiekerluken |Speicherläden. ▪ As Kruuskopp wegwitsch |wegschlüpfte, sēēt hē op'e Bank ▪ un sä kēēn Wōōrt, as |wie hē gewŏhnli dä.

Sien Voder[X11] wēēr al lange Johren dōōt, ▪ sien Mōder[X12] leev |lebte as Weetfru op de Steed |Landstelle: ▪ Dor steiht dat Huus, tō Süden an'e Brüch. ▪ Süm|Se[X04] hârrn süm|ehr[X06] Brōōt |Auskommen un leben |lebten still un ēnig, ▪ Denn ârbeiden kunn un much |mochte hē as ėn Peerd, ▪ un sunsten kēēm hē knapp mool ut de Döör. ▪ De jungen Bengels hēlen |hielten ėm veel tō'n Besten, ▪ hē gung je ni[X20] tō Danz un tō Gelagg |Fest. ▪ De Mädens |Dēērns nŏmen |nannten ėm dorum ›sünnern Kloos* |einen Sonderling‹, ▪ ›Füürbŏter |Hirschkäfer (Heizer)‹ ōōk wull för |wegen sien rōden Hoor. ▪ Doch sään süm|se[X04] dat ni[X20] gēērn, datt hē dat hōōr[X65] |hörte. ▪ Denn moolēēns |einmal op ėn Kranzbēēr* bi dėn Püttjer |Töpfer (GrK1.1.076) ▪ kēēm Juchen Groffsmitt krötig |herausfordernd op ėm tō ▪ (dē Stenkerbüdel |Stänkerer, as ümmer[X21] duun un netig |nissig, i.ü.S. zänkisch!) ▪ un sä tō ėm: ›Füürbŏter, brennt de Kopp?‹ ▪ Mitmool |Plötzlich over hârr de Kunrod ėm bi'n Krips |beim Kragen ▪ un smēēt |warf ėm över'n Disch weg ünner de Bank, ▪ un nēhm |nahm sien Piep un sä |sagte kēēn Wōōrt un gung.

Vundoog wēēr hē de Ēērste ni[X20] vun' Platz |ging er nicht als Erster. ▪ Hē sēēt un hōōr[X65] |hörte noch no dėn hinken |hinkendem Soodler |Sattler, ▪ dē vun't Theoter un vun Wien vertell |erzählte. ▪ Dē wēēr bet Ungern un de Törken reist ▪ un kēēm no vele Johren lohm tō Huus. ▪ Sien Brōder mēēn |meinte (de lütte dicke Brücher |Steinsetzer), ▪ de Willen |Wilden hârrn |hätten sien Knŏŏp |Knöpfe för Gold ansēhn |gehalten ▪ un mit ėn Biel sien linke Hacksehn |Achillessehne afhaut. ▪ Dē snack vun' Wiener ›Brader‹ un dat Theoter, ▪ vun Willem Tell un âll dėn grōten Stoot |Pracht ▪ un vun de Krōōnlamp |*Kronleuchter* mit de dusend Lichten. ▪ Un Kunrod hōōr[X65] |*hörte* êm niep mit Lüsten |*genau und gern* tō.

Dèn Moondagobend gung't dènn richtig lōōs. ▪ De grōten Schōōljungs hârrn |*hatten* de Zeddels schrèben, ▪ mit prènte Bōōkstoben |*Druckbuchstaben*: *Die geraubte Jungfrau*. ▪ Èn keiten |*kecker* Burschen mit èn Zuckerhōōt ▪ verdēēl |*verteilte* dē al an' Morgen Huus bi Huus ▪ un sä, dat Stück wēēr dörweg |*gänzlich* wunnervull.

An' Obend trock dat langs de grōte Stroot, ▪ de Dēērns mit de blanken Sünndagsmützen, ▪ de Bèngels âll in Wichs |*Ornat* un mit'e Piep. ▪ Dat drēēv |*trieb* dor lang, as wènn dat Johrmârkt[X77] wēēr, ▪ un âllens bōōg |*bog* bi'n Discher um'e Eck. ▪ Ōōk Pēter Kunrod ârbei'|*ârbeid* |*strebte* langs de Stēēnbrüch |*Steinpflaster* ▪ un trock de grōten Bēēn un hârr dat hild |*eilig*. *(GrK1.1.077)*

As ik dor kēēm, dō wēēr hē al an' Platz. ▪ Hē stunn mit beide Ârmens op'n Rüch ▪ un kēēk mit grōte Ōgen no dèn Vörhang. ▪ Dē wēēr mit blaue Wulken dick bemoolt ▪ un in'e Merrn èn witte Fruunspersōōn, ▪ dèn rechten Ârm tōhōōch, as wènn sē wink |*winkte*, ▪ dèn spitzen Fōōt vöruut, as wènn sē flōōg. ▪ Un dör de Röck |*Rocken*, dor blitzen |*blitzten* ehr de Lichten, ▪ dor wēērn wull hèn un wedder[X41a] Löcker in. ▪ Mitünner swunk |*schwankte* un weih |*wehte* sē hèn un her, ▪ dènn gungen de Lichten ut, de Löcker tō, ▪ un dör de Schuller blènker |*glänzte* dènn èn Ōōg. ▪ Dènn rēēp |*rief* dat Lüttvolk op'e letzten Plätz: ▪ ›Hē kickt! Hē kickt!‹ Un âll de Dēērns, dē lachen |*lachten*.

Doch Kunrod stunn un ripp un rōhr |*bewegte* sik ni[X20]. ▪ Hē hōōr[X65] |*hörte* ni[X20] mool, wat blinnen Pēter speel |*spielte*, ▪ dèn *Sehnsucht*swâlzer un de schōōnsten Pulkas, ▪ wō |*wo* liesen âll de Fōōt dèn Takt tō slogen, ▪ sōdatt de hēle[X29b] Opbu danzen dä. ▪ An't Ènn dènn worr dor ēēnmool, twēēmool bimmelt |*geklingelt* ▪ un blinnen Pēter speel dat Mantellēēd

|›*Schier 30 Jahre bist du alt‹*. ▪ Dėnn noch ēēn Mool — Thalia flōōg tōhōōch, ▪ un vör uns stunn de Welt un noch ėn Dörp.

Wo |Wat wēēr dat schȫȫn! Wo |Wie wēēr dat âll natüürli! ▪ Un Hinnerk Kiek |*Guckkastenmann* sien Kasten nix dorgēgen. ▪ Sōgor dat splinterniede |*nagelneue* Poppenspeel, ▪ wat Willem Reimers op'n Heider Peermârkt[X77] wies |*zeigte*, ▪ de Riesenfru |Resenfru, dē in't Hoor ėn Ambult |*Amboss* drōōg, ▪ de Deklamōōr |*Deklamator*, de Blie- un Füürfreter |*Blei- & Feuerschlucker*, ▪ dat wēēr dorbi âllns as Moonschien bi |*neben* de Sünn, ▪ Koppschōōster |*Hutmacher* Hans bi Kȫnig Solomon!

De Kruuskopp mook |*spielte* dėn willen Rȫverhȫȫftmann ▪ un snack vun Mōōrd un Dōōtslag as ėn Spoos (GrK1.1.078) ▪ un hârr ėn Boort un wēēr mit ēēn Wōōrt gresig |*schauderhaft*! ▪ De Bursch, dē speel ėn flinken Sniederjung |*-lehrling*. ▪ Hē sēēt un neih |*nähte* – de Rȫver kēēm dėnn rin –, ▪ hē sēēt un drȫȫm |*träumte* un worr ėm gor ni[X20] wies |*bemerkte ihn gar nicht*. ▪ De Rȫver stött |*stieß* dėn Disch um, wō hē op sēēt: ▪ Dō glitsch |*rutschte* hē an'e Ēēr un neih noch fōōrt. ▪ Doch as de Rȫver grööl |*brüllte* un hē tōhȫȫchkēēk: ▪ Herrjēmine, wat mook hē för ėn Gesicht! ▪ Un flōōg, as wēēr hē ėn Vogel, op dat Eckschapp |*Eckschrank*. ▪ De Bėngels lachen |*lachten*, datt de Pēsel dröhn |*dröhnte*.

De Hȫȫftpersōōn, dat wēēr de Sniedersdochter, ▪ ėn junge Dēērn vun foffteihn, süssteihn Johr. ▪ Ik wēēt ni[X20] recht mēhr, wo dat Stück tōhōōphung |*zusammenhing*, ▪ kottaf |*genug*, sē kēēm ni[X20] gliek bi'n ēērsten Optog. ▪ De Pēsel wēēr noch luut un vull in't Lachen, ▪ dō kēēm sē – un mitmool |*mit einmal* dō worr dat still, ▪ as flōōg dor, as ēēn[X29a] seggt, ėn *Geist* dör't Huus. ▪ Ik mutt |*muss* je sėggen, mi sülben worr sō tōmōōt. ▪ Ik kēēk mi gau mool um, watt |*ob* ik ni[X20] drȫȫm |*träumte*: ▪ Dō stunn de ârme Kunrod rein verblixt |*vom Blitz gerührt*, ▪ de Hannen |*Hände* tōhȫȫch un Mund un Ōgen open, ▪ as kunn hē't ni[X20] begriepen un ni[X20] foten |fassen.

De Lütte wēēr ōōk recht ėn Unschuldsbild. ▪ De Ōgen lachen |lachten bi de swatten Hoor, ▪ sē snack |redete sō schu |scheu un schüchtern un sō ēhrbor, ▪ sē wēēr sō flink, sō blōōd* |tōrüchhōlern |bescheiden un doch sō nüüdli, ▪ sē speel de Rull, as wēēr dē fōr ehr mookt: ▪ Förwiss |Fürwahr, dat wēēr de wohre reine Unschuld.

Ik schâll ni[X20] sėggen, wat Pēter Kunrod dach |dachte, ▪ hē stunn dat hēle[X29b] Stück lang as verbiestert |verwirrt. ▪ Un as de Rōverhōōftmann ehr dėnn wegdrōōg, ▪ dō glinstern |glänzten ėm de Pârlen vōr dėn Kopp. ▪ Hē bōōr |hob dėn Fōōt, as wull hē achterno |hinterher, ▪ un bâll |ballte de Fuust − doch gliek besunn |besann hē sik ▪ un stell |stellte sik an'e Wand hėn as ėn Pohl |Pfahl. (GrK1.1.079) ▪ Sō stunn hē noch, as al dat Stück tō Ėnn wēēr ▪ un âll de Lüüd sik ut dėn Pēsel moken |machten. ▪ Op ēēnmool grēēp hē ėndli no sien Mütz ▪ un trock ehr in'e Ōgen un dräng |drängte sik ruut ▪ un slunter |dammel |schlenderte achter'n Diek |Teich allēēn tō Huus.

De Spelers blēben länger, as süm|se[X04] dachen |dachten, ▪ süm|se[X04] hârrn ėn gōōt[X50|M3] Geschäft un schōne Innohmen. ▪ De Buern kēmen vun âll de Dörpen her, ▪ sōgor de klōken Heiders lēpen ruut, ▪ dėn Kruuskopp un dat smucke Kind tō sēhn. ▪ Un sünndoogs wēēr dat vull vun Wogens un Peer, ▪ dat Dörp wēēr rein verännert un verwannelt. ▪ De Woterbörsen* flōgen op un âllns, ▪ ōōk Danzgelagg un Kranz*- un Finsterbēēr*: ▪ Dor worr vun nix mēhr snackt as vun't Thēoter.

Ut Pēter Kunrod worrn wi gor ni[X20] klōōk |schlau. ▪ Hē krēēg ėn nieden Rock |Anzugjacke, ėn niede Mütz, ▪ un fōr |statt de smeerten |trangeschmierten Schōh nu blanke Steveln, ▪ un blēēv doch still un ârbeitsoom as anners |*sonst.* ▪ Doch jēēdēēn Oḃend, wėnn't Komedi |*Aufführung* gēēv, ▪ sō mook |*machte* hē sik al tiedig |*zeitig* op'e Bēēn ▪ un stell |*stellte* sik ünner'n Lüchter |*Leuchter* an'e Wand ▪ (De Burschen nȫmen |*nannten* ėm hēēmli Lichtenpohl |*Laternenpfahl!*), ▪ un wēēr dat ut, sō gung hē still tō Huus.

De Kruuskopp mook |*machte* sik bâld in't Dörp bekannt, ▪ un alle sään |*sagten*, hē lēēt |*schien...zu sein* ėn netten Minschen, ▪ sō orntli un beschēden un vernünftig ▪ un gor ni^{x20} as't |*wie's* tō'n Slȫpendriever |*Rumtreiber* hȫȫr^{X65} |*gehörte* ▪ un as ēēn^{X29a} dat vun Komedijanten dacht hârr. ▪ Hē lēēp |*zeigte sich* hier veel bi Nikloos an'e Brüch |*Brücke*, ▪ wō Pēter Kunrod oḃends gewȫhnli sēēt. ▪ Ȫȫk anner' Bėngels kēmen dor no un no, (GrK1.1.080) ▪ un unsen Kruuskopp wēēr dėnn an't Vertellen. ▪ De annern swēgen still un hȫren^{X65} |*hörten* tō.

'kēēn^{X29c} |*wer* schull dat dacht hėḃḃen? Kunrod worr sō driest |*mutig* ▪ un froog |*fragte* ėm bâld no dit un dat un âllns, ▪ as wēēr ėm nu de Kekelrēēm |*Zungenband* ēērst sneden |*gelöst worden.* ▪ Süm|Se^{X04} sään |*sagten*, hē wēēr |*wäre* sō dumm ni^{x20}, as süm|se^{X04} mēnen |*meinten*, ▪ un wussen |*wussten* ni^{x20}, wō |*wo* hē dor bikomen |*dazu gekommen* wēēr. ▪ Dėnn in de Schȫȫltiet hȫȫr^{X65} |*gehörte* hē tō de Slechsten. ▪ Hē froog |*fragte* sōgor mool no ėn Komedi'enbōōk! ▪ Un as de Kruuskopp sä, hē schull man hėnkomen, ▪ dō sä |*sagte* hē richtig tō |*zu*, hē wull dat holen. ▪ Hē gung ȫȫk würkli rop dėnn no't Rundēēl |*Rondell* ▪ (dor hârrn süm|se^{X04} bi dėn Fârver süm|ehr^{X06} Quartēēr!) ▪ un kēēm ēērst loot an' düüstern Oḃend wedder^{X41a}. ▪ Ȫȫk blēēv dat ni^{x20} bi ēēn Mool un dat anner: ▪ Hē hârr an' Oḃend bâld sien Stieg |*(gewöhnlichen) Gang* dorhėn, ▪ un mit dėn Kruuskopp worr hē hēēl^{X29b} vertruut.

Dat stille Woter hett ėn dēpen Grund! ▪ De Tieden lōōpt |laufen, de Winter kēēm dor ran, ▪ Thēoter un Komedi worr wat Ōles. ▪ Dat Dörp worr still, de Buern blēben tō Huus. ▪ De Spelers packen |packten in un trocken weg, ▪ un âllens gung sien ōlen vertruten Gang. ▪ Doch hârrn süm|se[X04] seggt, tō Summer kēmen |kämen süm|se[X04] wedder[X41a].

Uns Kunrod wēēr de ōle sünnern Kloos*. ▪ Hē gung un drȫȫm |träumte un ârbei' |ârbeid as gewȫhnli. ▪ Sien Mōder[X12] sä, hē sēēt |säße dėnn obends un lees |lese. ▪ Hē krēēg |bekäme an' Sünnobend Bȫker ut de Heid |aus Heide, ▪ ōōk wull ėn Brēēf, sē wuss |wüsste ni[X20] vun wokēēn |wem, ▪ dėn hârr |hätte hē ümmer[X21] bi sik in'e Tasch. ▪ De Bėngels sään |sagten, hē wull studēren lēhren, ▪ de Ōlen mēnen |meinten, hē wēēr |wäre ni[X20] recht bi Trȫȫst. ▪ Dat worr |würde ėm gohn as Hanssen vun Sünt Ann' |St. Annen ▪ un as Kloos Grōth ut Holm, de Rekenmeisters. (GrK1.1.081) ▪ Dē sēten ōōk tō lesen |und lasen un tō reken |und rechneten ▪ un reken |und rechneten sik vun Huus un Kluus dėnn raf |um Haus und Hof. ▪ Kloos Grōth* wēēr mool bi't Haufohren |Heufahren op'e Wisch, ▪ hē stunn un fork |forkte, sien Fru wēēr boben un loo'[X60]|lood |lud: ▪ Opmool, dō fâllt ėm dat Exempel |Beispiel in, ▪ wat de Professer ut Berlin ėm schickt hârr. ▪ Dō grippt |greift hē no sien Jack un no sien Hōōt ▪ un löppt |läuft tō Huus un slutt |schließt sik in'e Komer ▪ un kummt in wücke |einigen Doog ni[X20] wedder[X41a] ruut. ▪ Sien Fru sitt |sitzt boben op't Fōhr |Fuder un röppt |ruft un schriggt |schreit. ▪ Hē hȫȫrt dat ni[X20] un süht ni[X20] op noch um, ▪ bet wücke vun de Novers |Nachbarn ehr tō Huus hölpt |helfen.

Mool drēēp ik Kunrod sünndoogs no de Predigt ▪ un froog |fragte ėm, wo dat gung |wie es ginge un wat hē mook |machte. ▪ „Recht gōōt[X50]", sä hē, „Herr Paster!" Un ik froog ėm ▪ no dit un

Aussprachehilfen für ō, ē, ȫ, â, ė, ġ, b: siehe auf Seite 5 UND Buchdeckel!

dat un wat hē lesen dä. ▪ Dō mârk ik wull, dat gung dor bunt |wirr hėndör. ▪ Hē kloog |klagte mi, datt hē gor tō wēnig lēhrt hârr |gelernt hätte ▪ un datt ēēn[X29a] dat ni[X20] in'e Schōōl bedach |bedachte. ▪ Ik sä ėm, wėnn hē Lust tō lesen hârr |hätte, ▪ sō wull ik ėm wat gében, wat hē verstunn |verstünde. – ▪ Nu kēēm hē dėnn ōōk bâld un hool |holte sik wat ▪ un snack |sprach vernünftig, driest |mutig un frie un nett. ▪ Un wėnn hē't dörhârr, bee'|beed |bat hē um wat Nies |Neues ▪ un froog no dat, wat hē ni[X20] recht verstunn.

Sō gung de Winter hėn, dat Vörjohr |Frühjahr kēēm, ▪ un Pēter muss |musste bi't |ans Plȫgen un bi't Seien|Seiden |Säen. ▪ Ik sēhg |sah ėm knapp mool anners as |außer in Kârk, ▪ doch gung hē ōōk wull no de Kegelbohn. ▪ Dat Nârren un Drillen |Necken wēēr over hēēl[X29b] vörbi. ▪ De Dēērns sään, Füürbȫter wēēr kēēn Dutt |Kerlchen, (GrK1.1.082) ▪ wėnn hē man blōōts noch ėn beten danzen lēhr |lernte ▪ un dėnn dat Drȫmen an' helligen Dag nolēēt |unterließe.

In' Summer wēēr de Kruuskopp wedder[X41a] dor. ▪ Hē kloog |klagte, de Winter hârr |hätte süm|ehr[X05] bannig mitnohmen |zugesetzt. ▪ De niede |neue Sammtrock vun verleden |vergangenem Johr ▪ hârr kohle |kahle Steden |Stellen un wēēr orri |bȫȫs dröhtig |fadenscheinig. ▪ De krȃlle |stramme Bursch mit dėn Zuckerhōōt ▪ hârr |hatte lange un dünne Bēēn un kotte Büxen |Hosen.

De Kruuskopp söch |suchte de ōlen Bekannten op. ▪ Dat ēērste Huus wēēr Pēter Kunrod sien. ▪ De Süster |Schwester un de Mȫder[X12] hēlen |hielten sik binnen |drinnen (auf), ▪ ōōk kēēm dor vun't Thėoter nix tō sēhn. ▪ Dat munkel |Es wurde gemunkelt, datt süm|se[X04] ȃll süm|ehr[X06] Tüüg verkofft hârrn |verkauft hätten ▪ un rein |schlicht in Nōōt un dēēp in Ȃrmōōt wēērn. ▪ Süm|Se[X04] sään sōgor, Pēter Kunrod lēhn |liehe süm|ehr[X05] Geld ▪ un broch |brächte süm|ehr[X05] hēēmli Brōōt un Botter hėn. • Hē sēēt dor veel noch loot |spät bet in'e Nacht.

Opmool |Auf einmal, dor löppt dat as ėn Füür dör't Dörp: • ›Pēter Kunrod schâll ėn Komedijantsche[X16] |Komödiantin hėbben, • de junge Dēērn vun dörteihn, vēērteihn Johr!‹ • Hans Köster kēēm un broch |brachte mi wârm de Noricht. • Ik sä, dat is ėn dumme Klönerie |Klatsch! • Kunrod is klōker as dat hâlve Dörp. • Jēēdēēn schull |sollte sien ēgen Drüssel |Schwelle fegen, • wi annern hârrn wat anneres tō dōōn.

As ik noch scholl |schalt, kēēm Kunrod sien ōl' Mōder[X12] • un wēēn |weinte un schrēēg |schrie un kloog ehr grōte Nōōt. • Sien Voder[X11] worr |würde sik noch in' Sârg umkēhren |umdrehen, • wėnn Pēter de Komedispelersch[X16] nēhm. • Sē hârr |hätte ėm âlls seggt un wēēnt un schregen |geschrieen • un hârr ėm beedt |gebeten vun Himmel bet tō Ēēr, • Un âllens wēēr umsunst. Ik much |möge doch hėnkomen • un ėm mool Schimp un Schann un Schoom |Scham vörhōlen |vorhalten! (GrK1.1.083) • As ik dor kēēm, dō froog |fragte ik, watt |ob dat wohr wēēr. • Dō sä hē: Jo, hē wull |wolle dat Mäden hėbben, • hē much ehr lieden, de Dēērn wēēr gōōt[X50] un broov.

Dō fung sien Mōder[X12] an: ›Mien Söhn, mien Söhn, • dien Voder[X11] blödd |blutet dat Hatt |Herz noch in'e Ēēr! • Dėnk an dien Mōder[X12] un ehr graue Hoor • un loot mi doch de Schanddēērn buten Huus |draußen!‹

Hē sä ehr ruhig: ›Mōder[X12], wees |sei man still. • Schâll sē ni[X20] rin, sō goh ik sülben ruut!‹ • Ik wuss ni[X20], wat ik sėggen schull tō dėn Minschen! • Hē stunn sō fast un seker as ėn Bōōm. • Dē lēēt sik vun Vermohnen |Ermahnung un Wēnen ni[X20] schüddeln, • dor muss Verstand un Överlėggen |Überlegung ran. • Ik bee'|beed |bat de Ōōlsche[X16], datt sē uns allēēn lēēt, • un nēhm |nahm ėm ruhig un vernünftig vör.

Aussprachehilfen für ō, ē, ō̂, â, ė, ġ, ƀ: siehe auf Seite 5 UND Buchdeckel!

Hē sä, dē Lüüd wēērn |*seien* in de gröttste Nōōt. • Süm|se[X04]
hârrn |*hätten* nix mēhr tō bieten un tō breken |nix mēhr in de Melk tō
krȫmeln • un âll süm|ehr[X06] Tüüg |*Kleidung* un Soken lang |*längst*
verkofft. • De Kruuskopp wull afsluuts |*unbedingt* no ėn gröttern
Ōōrt, • de annern wussen |*wüssten* dėnn ni[X20] ut noch in |*nicht ein*
noch aus. • Dē Bursch schull man |*sollte doch* ėn orntli[M3] Handwârk
lēhren! • De Mōder[X12] kėnn |*kannte* dat Sticken un dat Neihen •
un kunn sik nähren |*ernähren*, wėnn hē ehr ėn beten holp. • De
Dēērn wēėr gōōt[X50], hē wull un muss |*musste* ehr hėbben! • Hē
worr |*würde* sik umbringen, wėnn hē ehr ni[X20] krēēg!

Ik stell |*stellte* ėm âllens vör |*malte ihm alles aus*, wat mȫȫgli wēėr, •
un sä, dat kunn |*könnte* un worr |*würde* sien Doog ni[X20] |*niemals*
gōōtgohn[X50], • hē lēėp |*liefe* mit woken Ōgen rin in't Unglück. •
Gōōt[X50] much |*mochte* sė ween[X82], man sė wēėr för ėm ni[X20] passli,
• un dit un dat un wat ik âllns noch sä.

›Herr Paster‹, sä hē, ›dat's nu âll tō loot |*spät.* • Ik mag ehr
lieden, ik kann ni[X20] ohn ehr leben. • Un wat ik tōseggt heff, dat
will ik hōlen.‹ *(GrK1.1.084)* • Nu sēhg |*sah* ik sülben, dat Snacken
kēēm tō loot, • de Sook |*Angelegenheit* muss nu ehrn Lōōp sō
hėbben, as sē lēėp, • an Hōlen |*Halten* un Stüren |*Lenken* wēėr
ni[X20] mēhr tō dėnken. • Dō sä ik dėnn, sē wēėr je noch sō junģ,
• hē much |*möge* sik doch man jo ni[X20] |*auf keinen Fall* överielen
|*übereilen*, • hē schull sik Tiet nehmen un sik recht bedėnken. •
›Dat kēēm dor ni[X20] op an |*Das wäre kein Problem*, dat wull hē dōōn.
• Doch hârr |*hätte* hē dat bedacht un överleggt, • un anners‹, sä
hē, ›worr't sien Doog ni[X20] |*niemals* wârrn.‹

Wat gēėv dat nu för ėn Snötern |*Klatschen* un Vertellen! • Dat
wēėr dat hēle[X29b] Dörp sien Ēhr tō nēēg |*ging ... an die Ehre.* • De
ōlen Wiever hēlen de Köpp tōsomen, • bi jēėdēēn Sōōt |*Brunnen*
un Stegelsch* stunn ėn Poor. • Wo hekeln* |*hechelten* süm|se[X04]

de ârme Dēērn hendör! ▪ Nix blēēv dor no as luter Scheev* |die Schäben (Holzteilchen-Abfall beim Flachs) un Schinn |Kopfschuppen, ▪ kēēn ēhrli[M3] Druppen Blōōt un kēēn nütt[M3] |brauchbares Hoor. ▪ De Dēērns sään, sē wēēr |wäre en ōl' Postüür |aufgeputztes Weib ▪ un ni[X20] mool smuck, man |nur en beten opfiguurt |aufgetakelt ▪ mit Slant un Trant |mit Lumpen und Zierkram, un ni[X20] mool hēle Strümp! ▪ Un wēērn |wären süm|se[X04] ni[X20] vör Pēter Kunrod bang ween[X83], ▪ süm|se[X04] hârrn |hätten ehr seker uteekt mit'n Finger |schadenfroh ›Ätsch, ätsch!‹ gemacht.

Dē gung sien Weg (as wenn em dat ni[X20] rook |kratzte) ▪ an' Obend ümmer[X21] ruhig[X52] no't Rundēēl, ▪ an' Johrmârkt[X77] mit ehr driebens |schnurstraks ut tō Danz. ▪ Ik sēh em noch (wo sēhg hē glückli ut!) ▪ bi helligen Dag dor lingelang |entlang de Stroot; ▪ hē snack |sprach mit ehr un hârr ehr bi de Hand ▪ un schoom |schämte sik ni[X20], as wēēr't sien lüttje Süster. ▪ Un richtig hōōch un stolt, ēēn[X29a] kenn |kannte em kuum |kaum, ▪ sō lachen |lachten em de Backen un de Ōgen! (GrK1.1.085)

Dat Mäden grött |grüßte beschēden hen un her. ▪ De Mannslüüd sään, sē wēēr doch würkli smuck. ▪ Wat hârr sē witte Tähn un rōde Backen! ▪ Un wēēr sē ōōk man lütt gēgen Pēter Kunrod, ▪ sē wēēr doch smeetsch |schlank un as en Swülk |Schwalbe tō Fōōt. ▪ Sē hârr ōōk obends as en Vogel danzt ▪ un wēēr sō nüüdli un sō ēhrbor |untadelig ween[X83] ▪ un sō vergnōōgt un hârr sō hattli |herzlich lacht. ▪ Sōgor Anngrēten Möllersch[X16] much ehr lieden ▪ un bi den Fârver wēēr sē as tō Huus. ▪ Un as de Kruuskopp mit den Bursch denn wegtrock ▪ un as de Ōōlsch[X16] sik inhüür |einmietete in'e Heid, ▪ dō leev |lebte sē bi den Fârver as sien Dochter ▪ un wusch un feeg |fegte un schrubb |schrubbte un lēhr |lernte dat Melken ▪ un dreih |drehte sik keit |keck ōōk in ehrn Linnwullenrock. ▪ Sōgor ōl' hinken |hinkende Kunrodsche[X16] besunn sik ▪ un sä, wat ween[X82] schull, lēēt sik doch ni[X20] ännern. ▪ Vellicht worr't ōōk je beter, as sē dacht hârr. • An't Ėnn kēēm doch dat hēle[X29b] Dörp tō Rōh[X52], • blōōts wücke |einige Ōle schüddeln |schüttelten noch dėn Kopp.

Sō kēēm tōletzt |schließlich de Hochtietsdag heran. • Dē selig wēēr, dat wēēr uns' Pēter Kunrod, • de grōten Backen stunnen ėm vull Tronen. • Dat hēle[X29b] Dörp wēēr vull ›Gottloff!‹ un Freud. • De Büssen |Büchsen knappen |knatterten, obends gēēv dat Danz, • un âllens hōōg |freute sik an de smucke Bruut, • un âllens gung as sunsten hier op Dörpen.

Dat wēēr nu jüst de Dag no't Heider Peermârkt*[X77]. • Wi sēten op'e Grōōtdeel |Dreschdiele rund umrum, • vör Bōōs |Kuhstall un Afsiet |Abseite hungen dor witte Lokens |Laken, • de Schaffners |Kellner gungen mit witte Plotens |Schürzen rum. (GrK1.1.086)

Opmool schâllt dor ėn Orgel vör de Döör. • Dat duurt ni[X20] lang, sō speelt ėn Vigelien |Violine, • dėnn kummt ėn Hârf, Gesang un noch wat anners. • Ik sēēt jüst lieköver |gegenüber vun dat Bruutpoor. • Mitmool worr sē dor as de kâlkte Wand |blass wie eine gekalkte Wand, • un Kunrod rein verheespeest un vertünnelt |2x verwirrt. • Ik mēēn |meinte, dor wēēr wat lōōs un kēēk mi um – • Dor stunn de hēle[X29b] Sippschop in'e Döör! • De Orgeldreiher mit dat hâlve Bēēn, • de Ledenrenker |Gliederrenker mit sien beiden Kinner, • de Taschenspeler mit sien witte Mütz, • de Füürfreter |Feuerschlucker mit dėn Zegenboort, • wat achtertō |im Hintergrund de gele Borentrecker |Bärenzieher, • sōgor de griese Jung mitsamts sien Oop |seinem Affen, • dē hōōch un klōōk ėm vun de Schullern kēēk. • Süm|Se[X04] stellen |stellten sik sachten in ėn runne Rēēg. • De Stumme, dē op'n Mârkt[X77] mit Lēder hannelt • un de Buern gewȫhnli anfoot |anfasst bi de Knōōp |Knöpfen • (Hē wēēr ėn blēken |bleicher Mann mit lange Hoor. • Dē schüdd |schüddel hē ümmer[X21], wackel |wackelte mit dėn Kopp • un hēēl de Lüüd sien lütten Packen |Blätterstoß hėn. • De

Jungs, dē sään ›de stumme Hârfenspeler‹.), ▪ dē tree'|treed |trat heruut un hēēl ėn Oort vun Reed, ▪ in Däänsch un Hōōchdüütsch un in anner' Sproken, ▪ un sä, süm|se^{X04} wünschen |wünschten Glück un âllens Gōde^{X50} ▪ un beden |bäten um ėn lütten wârmen Drunk.

De Dörpslüüd flōgen âll verblixt |erschrocken tōhōōch, ▪ un Kunrod wēēr verbiestert |verwirrt un bestört |bestürzt. ▪ Sien Bruut worr witt un rōōt vör Schoom un Unglück, ▪ un Mōder^{X12} Kunrodsch^{X16} slōōg de Hannen tōsomen. ▪ De Swiegermōder^{X12} foot sik noch an ēērsten. ▪ Sē gung no Kunrod, puust |blies ėm wat in't Ōhr, ▪ dėnn no dėn Stummen, gēēv ėm frech de Hand ▪ un stell sik manġ de annern hėn un snack. *(GrK1.1.087)*

Wat wēēr tō dōōn? Süm|Se^{X04} krēgen wat tō leben |wurden bewirtet. ▪ Doch mit de Hochtiet wull dat ni^{X20} mēhr flutschen |laufen, ▪ de Bruut wēēr weg un Kunrod stuur un stumm. ▪ Dat duur |dauerte ni^{X20} lang, sō worr de Sippschop luut, ▪ süm|se^{X04} moken |machten Lârm un fōhren |führten dat grōte Wōōrt, ▪ dat sēhg |sah ėn Komedi lieker |ähnlicher as ėn Hochtiet. ▪ De Stumme fung noch wedder^{X41a} dat Reden an, ▪ verdreih |verdrehte de Ōgen un schüdd |schüttelte de langen Hoor. ▪ De Ledenrenker krēēg sien Kind tōfoten ▪ un hung dat as ėn Wründel* |Kopf-Tragwulst um'e Nack. ▪ De Borentrecker sung un dreih |drehte de Orgel. ▪ Dėn griesen Burschen lēēp sien Oopkatt |Affe weg ▪ un krabbel |krabbelte dör dat Loken no de Afsiet. ▪ De Dēērns, dē schrēgen |schrieen, âllens kēēm tō Ėnn, ▪ un Kunrod lēēp verdrēētli |verdrießlich hėn un her.

Ik gung tō Huus un sēhg |sah ni^{X20}, wo |wie dat bilēēp |ausging. ▪ Doch hōōr^{X65} |hörte ik anner'ndoogs |am nächsten Tag vun Hans Köster |Hans (dem Küster), ▪ dat wēēr tōletzt noch ümmer^{X21} ârger worrn, ▪ bet Kunrod süm|ehr^{X05} mit Sack un Pack dėnn ruutjoog |rausjagte. ▪ De Bruut hârr wēēnt, de Swiegermōder^{X12} schollen

Aussprachehilfen für ō, ē, ō̄, â, ė, ġ, ƀ: siehe auf Seite 5 UND Buchdeckel!

|geschimpft, ▪ de Lüüd wēērn |wären ebensō gōōt[X50] as âll de annern!

De Ōlen sään, dat wēēr je en Schimp un Schann, ▪ dat wēēr je en rechte Orgeldreiher*zunft*, ▪ dor kunn je âll sien Doog nix |niemals etwas Gōōds[X50] vun wârrn, ▪ dat wēēr je en Himphamp |Wirrwarr as en Diessen Hēēd* |Haufen Werg (Hechelabfall), ▪ tō Rad un Gâlgen wēēr dat je de Anfang!

Dat kēēm an't Enn doch âllens tō sik sülben |beruhigte sich, ▪ Pēter Kunrod leev |lebte un ârbei' |ârbeid as gewȫhnli. ▪ Doch kēēm sien Fru man knapp noch ut de Döör. ▪ De Hochtiet hârr ehr bannig Schoden doon |geschadet, *(GrK1.1.088)* ▪ ›Komedijantsche‹ hēēs[X64] un blēēv sē ümmer[X21]. ▪ Süm|Se[X04] hârrn an lēēvsten nix mit ehr tō dōōn, ▪ süm|se[X04] sään, sē much ni[X20] spreken un ni[X20] breken |wäre total wortkarg & gleichgültig, ▪ wēēr |wäre orri stolt un wuss |wüsste ni[X20], wat sē wēēr |war. ▪ Mit Mȫder[X12] Kunrodsch kunn sē sik ni[X20] stellen |kēēm sē ni tōrecht. ▪ Süm|Se[X04] munkeln |munkelten gor, de Ōōlsche[X16] hârr ehr gnübbelt |geknufft, ▪ un sään, sē sēēt |säße den hēlen[X29b] Dag tō wēnen |und weinte. ▪ Kunrod worr bâld noch stiller as tōvör, ▪ sien grōten Schreed |Schritte worrn ümmer[X21] sworer gohn |gegangen. ▪ De Backen worrn em krökelig |faltig un infullen |eingefallen, ▪ dat lange Kinn worr länger as gewȫhnli. ▪ Hē wēēr tōletzt as Schadden an'e Wand |Schatten seiner selbst, ▪ de Rock hung op'e Ârms as op'e Stöcker |wie auf Stöcken.

Dō hēēs[X64] |hieß dat mool, de Kruuskopp wēēr dor wedder[X41a], ▪ in' Sammtrock, dörweg |völlig as de feinste Herr, ▪ mit grauen Hōōt un golle Klockenkeed |Uhrkette. ▪ Hē wēēr vun Hamborg ōder Lübeck komen, ▪ in' Düüstern, un denn fōōrts no Kunrod gohn |gegangen; ▪ dor hârrn de hâlve Nacht noch Lichten brennt

|gebrannt. ▪ De Wächter hârr ōōk hōōrt |gehört, wo |wie süm|se^X04 dor snacken |sprachen, ▪ ēēn bannig |sehr luut, un ēēn hârr wēēnt |geweint un snuckert |geschluchzt. ▪ Sēhn |Gesehen hârr hē nix, de Finstern wēērn behungen |verhängt. ▪ Doch veelmools sēhg hē ėn Schadden, dē dor fecht |gestikulierte ▪ un snack |redete, un dėnn wēēr âllns dōōt un still. ▪ Sō munkel |munkelte dat dėn annern Dag in't Dörp.

Dėn drüdden Morgen kēēm ik vör de Döör, ▪ as mien Gewōhnheit is, noch orri tiedig |recht zeitig, ▪ un hool |holte mi ut de Pump ėn Glas vull Woter. ▪ Dō kummt dor ėn Wogen rop vun Pēter Kunrod. ▪ Ik stoh un pump, dō kummt hē jüst tōhōōch. ▪ Vörtō |Vör sitt |sitzt Pēter Kunrod mit dėn Kruuskopp (GrK1.1.089) ▪ un merrn in sitt |binnen sitt |drinnen sitzen sien Fru un Swiegermōder^X12 ▪ mit Kisten un mit Kasten un mit Soken |Sachen.

De Kruuskopp un de Mōder^X12 grōōt |grüßen mi frech, ▪ de Fru sēēt nüül |gesenkten Kopfes mit beide Hannen vör de Ōgen ▪ un Kunrod mit dėn Hōōt dēēp in't Gesicht. ▪ Wo |Wie sēhg hē gottsbedrōōvt |betrübt un slogen ut! ▪ Hē hēēl dat Leit |die Leine, as fohr |führe hē sik no'n Richtplatz. ▪ Ik mēēn |meinte, ik sēhg |sähe dėn Dōōd mit Sweep un Pietsch |2x Peitsche. ▪ Hē sä kēēn Wōōrt un trock man knapp |kaum dėn Hōōt. ▪ Ik wuss |wusste ni^X20, wat ik sėggen un dėnken schull, ▪ un stunn noch lang un kēēk süm|ehr^X05 achterno, ▪ bet mi de Fingern vun dat Woter frōren.

Ik gung dėn Morgen no Mōder^X12 Kunrodsche ▪ un wull ehr frogen, wat sē mook un dä |2x machte; ▪ mi düch |mir schien, ik kunn |könnte dat ni^X20 mēhr ruhig^X52 mit ansēhn.

Dē hink |hinkte mi in de Mōōt |entgegen al bi de Döör ▪ un wisch |wischte sik mit dėn Ploten |Schürze dat Gesicht ▪ un sä, as ik ehr froog |fragte: ›Dat Unglückskind! ▪ Och Gott, du lēve Gott, wo schull't |wie sollte es wull gohn! ▪ Süm|se[X04] süken |siechten hier je bi'énanner hén! ▪ Mien Pēter höllt |hält dat Stück förwiss ni[X20] dör! ▪ De ârme Dēērn! Och Gott, sē wēēr ni[X20] slecht! ▪ Ik heff je ümmer[X21] seggt, dat kunn |könnte ni[X20] angohn |gehen, ▪ süm|se[X04] worrn |würden dat noch beleben un befinnen |2x erleben! ▪ De slechten Minschen un de Sluderie |der Tratsch! ▪ De ârme Dēērn, sē kunn dat je ni[X20] uthōlen! ▪ De Ōōlsche[X16], nä, dē is an âllens schuld! ▪ Ik heff kēēn Schuld! Förwiss ni[X20], Herr Pastōōr |Paster!‹

Ik froog |fragte ehr, wat för én |welche Schuld un wat för |welche Lüüd, ▪ un wat sē mēēn |meinte, wō Pēter Kunrod hén wēēr |wäre? ▪ ›Och Gott‹, sä sē, ›de bringt sien Fru je no de Heid, ▪ dē will je mit ehr Mōder[X12] weg no Hamborg, (GrK1.1.090) ▪ ik wēēt ni[X20], watt |ob sē op't Thēoter schâll? ▪ Dē hett je sō veel klöönt |gefaselt, bet sē't dénn twei |kaputt hârr! ▪ Dē drückt mien ârmen Söhn dat Hatt noch af!‹

Dat dach |dachte ik ōōk. Doch hier wēēr âllns tō loot, ▪ hier wēēr wull nix tō trȫȫsten un tō hölpen.

An' Noméddag kēēm Pēter Kunrod wedder[X41a], ▪ ik sēhg |sah ém noch, wo hē in' Wogen hung, ▪ ēēn[X29a] wuss ni[X20] |wusste nicht, watt hē dōōt wēēr ōder lébendig |lebend. ▪ Hē sēhg rein schreckli, gottsbârmhatti ut! ▪ Hē grött |grüßte mi ni[X20] un sä kēēn Stârbenswōōrt. ▪ Un as ik héngung, tuck un muck hē ni[X20] |ließ er sich nichts anmerken ▪ un wēēr, as wénn nix lōōs wēēr, bi de Ârbeit. ▪ Hē kēēk mi fast un ruhig[X52] in'e Ōgen, ▪ – ik wuss |wusste ni[X20], wat ik séggen schull tō dén Minschen! ▪ Hē wēēr sō blēēk |bleich, as kēēm hē ut de Ēēr, ▪ un as ik anfangen wull un wull ém trȫȫsten, ▪ dō foot |fasste hē mi an' Ârm un sä: ›Herr Paster, ▪ Sē mēēnt |mēnen[X10] dat gōōt[X50], doch nu is âllns tō loot.‹ ▪ Wat schull ik dōōn? Ik sēhg |sah, hē hârr wull recht, ▪ un dach |dachte, de stille Ârbeit much ém trȫȫsten.

Hē rēē'[X60]|rēēd |ritt ōōk ut tō plȫgen as gewȫhnli, • doch hung hē op'e Peer, as wēēr hē duun. • Un obends kēēm hē wedder[X41a], gung tō Bett. • – Un lēēg man wücke |nur einige Doog, dō wēēr hē al ėn Liek, • un liggt un slȫppt hier ėn beten wieder hėn. • Herr Dokter hett dėn Liekenstēēn wull sēhn, • dor steiht sien Noom, un ünner: *Treue Liebe*.

Herr Paster wisch |wischte ėn Troon ut beide Ōgen. • De **Dokter** sä: „*Mein Gott*, wo |wie is dat mȫȫgli!" • „Jo, jo!", sä dō de **Vullmacht**, „sō wēēr't, förwiss, • de Kunrod wēēr mien ēgen Brȫdersöhn." *(GrK1.1.091)*

De **Dokter** kēēk verlegen op no Lotte: • Dē pool |palte un hârr de Ōgen in'e Sett |Satte, Schüssel. • Hē kēēm tōhȫȫch un mook |machte ėn dēpen Dēner • un holp |half dėn ōl' Herr Vullmacht vun de Bank • un sä „Gō'[X50] Nacht!" un foot |fasste ėm ünner'n Ârm • un trock dėn Ōlen langs de Stroot hėndool.

Herr **Paster** gung mit Lotte rin in't Huus, • doch kēēk hē noch de beiden no un sä: • „*Von allen Erdenwundern ist das größte* • *ein Menschenherz voll Liebe oder Schmerz.*"

116   **Aussprachehilfen für ō, ē, ȫ, â, ė, g̣, ƀ**: siehe auf Seite 5 UND Buchdeckel!

Schietkrööt |Klugscheißer, Scheißer (auch: Knirps)

(GrK1.1.092 – Kiek ōōk GrK5.1.125 un ōōk GrK2.206!)

Nu kiek dėn lütten Brösel, |kleine Pfeife (hier: Wichtigtuer)
wo hē dor smȫȫkt un snackt! |wie er … raucht & schwatzt
Pafft hē ni[20] vör dėn Kösel, |Häuschen (Kate)
as wėnn ėn Lüttmann backt? |einfacher Mann (Kätner)

Wo smeckt de Piep wull prächti, |Wie
wat mookt hē ėn schėve Snuut |schiefes Maul
un suggt tōhȫȫch, un mächtig |saugt hoch
spiggt hē dėnn sietwârts ut! |speit (spuckt) (GrK1.1.093)

Hē is förwohr ėn Knevel, |Knebel (i.ü.S.: Held)
vēēr Fōōt un doch kēēn Knast! |vier Fuß und ohne Knorren
Wo blank is ōōk sien Stevel,
de Fōōt sō recht verdwass! |so richtig breit gestellt

Vēērschrȫtig, as ėn Snieder, |Kraftstrotzend
wâllbēnig as ėn Tachs, |säbelbeinig wie ein Dachs
mit Swevelstickenglieder-leden, |Streichholzgliedern
mit Kēben as ėn Lachs. |Kiemen (hier: mit Kiefern)

Hett Ōgen rund as Hogel, |rund wie Schrotkörner
ėn Klȫȫr as Bottermelk. |Farbe
Hē danzt di as ėn Vogel
Un suppt di as ėn Ėlk. |säuft … wie ein |Iltis (als sprichw. Blutsauger)

Hėmdsmauen un eben hekelt*, |Hemsärmlig … gehechelt (gestriegelt)
de Börsten in ėn Tuut. |die struppigen Haare wie in 'ner Tüte
Kiek, wo hē wichtig schrökelt, |wie er wichtig watschelt
as dach hē Bȫker ut! |als dächte

Hē lett de Steveln glinstern |lässt … glänzen
un puust dėn Rōōk in' Wind! |bläst den Rauch
Jüm|Ji|Ju[01] Dēērns dor in de Finstern, |Ihr Mädchen
kiekt sik|ju[08] de Ōgen ni[20] blind! |guckt euch

Aftēker in't Mōōr

|Apotheker im Moor

(GrK1.1.091 – Kiek ōōk GrK5.1.123 un ōōk GrK2.204!)

Moin, lütten Aftēker,
moin, grōte blickern Büss! *|Blechbüchse (Botanisiertrommel)*
Wat wullt du Puttenstöker *|Topfstocherer*
hier manġ de Heilōhknüss? *|zwischen den Heidehügeln*

Hier wasst kēēn Mogenpillen *|wachsen*
un Brumbein sünd noch ni[X20] zoort! *|Bromberen*
Hier is nix för Handsch un Brillen *|Handschuh*
un Snurr- un Zegenboort! *|Schnurr- und Ziegenbart*

Nä, bliev du bi dien Buddeln *|bleibe ... Flaschen*
un rōhr dėn Mōser um! *|Mörser*
Hier stiggst du manġ de Dutteln *|steigst ... zwischen den Sumpfbinsen*
as Poġġ in' Moonschien rum. *|wie der Frosch im*

Dat kėnnt de Hoddboor beter, *|Adebar (Storch)*
hett ōōk sōōn dünne Bēēn:
Hē geiht as blinnen Pēter,
as Mullworp manġ de Stēēn. *|Maulwurf (GrK1.1.092)*

Nä, koom man hier tō Sieden, *|zur Seite*
dor geiht ėn Jümfernstieg! *|Jungfernstieg*

Aussprachehilfen für ō, ē, ȫ, â, ė, ġ, ƀ: siehe auf Seite 5 UND Buchdeckel!

Ōōk kummt ėm bâld vun wieden
ėn Wēērtshuus in't Gesicht.

De Infohrt steiht wull open,
dat Huus is passli grōōt! |passend groß
Schusst[X62a] du dat Lock ni[X20] dropen|drepen, |Solltest ... nicht treffen
sō rōōp du man: ›Hölp Gott!‹

Süh sō, nu büst du seker,
nu wisch di man dėn Swēēt, |Schweiß
un nehm dien Mȫserstöker |Mörserstößel (i.ü.S.: Spazierstock)
un acht man op dien Fȫȫt.

Un schull sik dat mool passen
un hest du Stevelsmeer, |Stiefelschmiere (hier i.ü.S.: gut zu Fuß)
un schullen hier Jümfern wassen: |sollten hier Jungfrauen
Sō koom man wedder[X41a] her!

Dagdēēf

(GrK1.1.093 – Kiek ōōk GrK5.1.127 un ōōk GrK2.208!)

Dör Busch un Brōōk tō snekeln, |Buschwald & Bruchwald zu schlendern
mi in de Sünn tō rekeln, |mich ... zu rekeln
dat sünd mien besten Tōōg. |Eigenschaften (›darin bin ich Meister‹)
Un manġ de Blō̄m tō dammeln |zu bummeln (GrK1.1.094)
un op'n Knüll tō rangeln, |Dorfrasen (Rasenhügel)
dat is mien gröttste Hōōg. |Freude (Vergnügen)

In' Krattbusch manġ de Bō̄ken |Im Gestrüpp zwischen den Buchen
in' Schadden liggen un smō̄ken,
dat is mien Huusbedriev. |eigentliches Geschäft
Un lingelang bi'n Quellborn |ausgestreckt an der Quelle
tō drüüsseln ünner'n Slō̄hdōōrn, |schlummern unterm Schwarzdorn
dat quickt mi Sēēl un Lief. |erquickt mir Seele und Körper

Wo nett dat Woter risselt, |Wie angenehm ... rieselt
wo sacht de Blöder pisselt|swiestert, |wie leis' die Blätter flüstern
wat rüükt dat Holt sō grōōn! |wie riecht (duftet)
De Drōōssel fleut sō nüüdli, |Die Drossel flötet
ik reck mi sō gemüütli, |ich recke mich
wat is dat wunnerschō̄ōn! |wie ist es

Un wârrt mi op'e Duur |Und wird mir auf die Dauer
dat Utrōhen[X52] gor tō suur, |das Ausruhen gar zu sauer
un geiht de Sünn tō Bēēr, |und geht die Sonne unter
sō stopp ik noch ėn Brösel |ein Pfeifchen
un schumpel no mien Kösel |schlenkere zu meinem Häuschen
un dėnn – no, dėnn ni[X20] mēhr. |na, dann nicht mehr

Drēēs

|Andreas (eine bekannte Person)

(GrK1.1.094 – Kiek ōōk GrK5.1.129 un ōōk GrK2.210!)

In' Winter, in' Winter, dėnn knackert |knarrt dat Ies, · de Bȫȫm hangt |hängen vull Riep |Reif un de Krȫȫg |Koppeln |Felder sünd gries |grau. · Dėnn nehm ik mien Püüster |Flinte un slenker |schlendere tō Lann' |übers Land, · um'e Ȫhren de Pudelmütz un Fuusthandschen an. (GrK1.1.095)

Frenz Buhmann* hett Eierbēēr |Eierbier, de Kacheloben |-ofen is hitt, · de Sünn schient in't Finster, dat Feld is sō witt. · Dor knappt |knackt wat in' Krattbusch |Gestrüpp, wat gifft dat ėn Schåll! · Frenz, geev |gib mi de Büss |Büchse, dat ik ōōk doch mool knåll |knalle!

Op'e Gēēst is dat lustig, åll de Doog |tagtäglich op'e |auf Jagd! · Dat Hatt |Herz springt as ėn Hund, wėnn de Knappbüssen |Schießprügel kracht |krachen! · De Hoos schütt |schießt koppheister |kopfüber, dat Blōōt sprütt |spritzt in' Snēē, · de Bōōm schüdd |schüttelt dėn Grieskopp |Graukopf, as dä |täte ėm dat wēh.

Dör Mōōr un dör Wischen |Wiesen, liekȫver |geradüber, liekan |geradan, · dör Strünk |Strünke un dör Rüüschen |Binsen, de Stȫver |Spürhund vöran! · De Snēē is sō witt, un dat Ies is sō blank, · ik glitsch |gleite (schlittere) as ėn Dampwoog |Dampfwagen de Grȫben[x75] dor lanġ!

Sitt jüm|jiļju[x01] |Sitzt ihr nur in'e Heid bi jüm|juun[x03] |eurem Dagblatt un Bōōk, · drinkt Tēē mit de Fruunslüüd, in't Landschopshuus |(besseres Wirtshaus in Heide) Groġ · un snackt Politik un speelt L'hombre un Whist! · Ik lach no |auf dėn Nårrenkroom, mien Flint in'e Füüst!

Heff Knoken as Iesen, ėn Moog |Magen as ėn Peerd, · bün wehlig |ausgelassen as ėn Tööt |Stute mit dat Leit |Leine ünner'n Stēērt! · Sloo'|Sloog |Schlage ik mool ut'n Swėngel |über die Stränge, ik koom wull in't Spōōr |finde doch in die Spur. · Hurro, dör dėn Krattbusch |Gestrüpp, dör Wischen un Mōōr!

De Flōōt |Die Flut

(GrK1.1.095 – Kiek ōōk GrK5.1.131 un ōōk GrK2.212!)

De Ōōstsēē is je ėn Pōhl, |ein Teich (Pfuhl)
over de Flōōt, dē is dull! |die ist schlimm (GrK1.1.096)
Dat krēgen wi tō weten. |lernten wir kennen
Wi kēmen vun güntsiet, |von drüben
Schēētprügels mit, |(hatten die) Schießprügel mit
nix vergeten, |nichts vergessen
Steveln bet an't Lief |Stiefel bis in den Schritt
för dėn Slick |wegen des Schlicks
achter'n Diek, |hinterm Deich
Hogelbüdel stief, |Schrotbeutel steif
Pulver ėn Pund,
ōōk ėn Hund.
Gōōt[X50]!

Wi kēmen un gungen ruut
op'n Strand –
kriedenwitten Sand!
Platt as ėn Deel un riffelt, |wie eine Diele, ein Hausflur |und geriffelt
as wēēr dē vun ėn Fliegersche[X16] knüffelt, |Feinwäscherin |plissiert
un wülpt un rillt mit ėn Hârk |gewalzt und gerillt
vun Wōhren bet no de Meldörper Kârk.
Jung, wat ėn Platz tō doben, |welch ein Platz um zu toben
kēēn Stēēn an' Grund,
vun Muscheln âllens bunt,
un de blaue Heben dor boben! |Himmel da oben
Un wō hē sik streckt |Und wo er sich erstreckt
un as ėn Stülper de Ēēr bedeckt, |wie eine Glocke die Erde bedeckt

Aussprachehilfen für ō, ē, ȫ, â, ė, ġ, ƀ: siehe auf Seite 5 UND Buchdeckel!

wō de Welt is tōnogelt mit Breed, |wo … ist zugenagelt mit Brettern
as in Dithmarschen geiht de Reed, |wie in Dithmarschen gesagt wird
dor sühst du ėn blanken Gleem, |da siehst du einen blanken Lichtstreif
ėn sülvern Streem, |einen silbernen Striemen
man blōōts as ėn Schemer vun Licht: |nur wie ein Schimmer von Licht
Dat is dat Haff, |Das ist das Wattenmeer
dat treckt dor heraf, |das zieht dort hinweg (GrK1.1.097)
dat stört dor herop |das stürzt (stürmt) dort heran
in vullen Galopp
un joogt di ėn Hosen tōnicht! |und jagt dir einen Hasen zu Tode

Wi gungen dor spazēren
un dammeln wat umher, |und schlenderten etwas umher
un kēken in'e Fēērn |und blickten in die Weite
un snacken över't Mēēr. |und plauderten übers Meer

Un kunnen dat gor ni[x20] lōben|glōben, |Und konnten es gar nicht glauben
wō nu kēēn Druppen wēēr, |wo nun kein Tropfen war
datt dor vunnacht de Mōben |dass dort heute Nacht die Möwen
schrēgen un fischen in't Mēēr. |schrieen und fischten im Meer

De Prielen drōōg un open, |Die Priele trocken und offen
dor stunn ėn Schipp op' Sand.
De Schipper lēēg tō slopen, |lag und schlief
wi kunnen dor gohn |wir konnten dorthin gehen
bet an dėn Kohn |bis an den Kahn
un recken ėm de Hand. |und ihm die Hand reichen

Wi schōten no ėn Düker, |schossen nach einem Taucher (Taucherente)
wi grēpen no ėn Mōōv, |wir griffen nach einer Möwe
wull ōōk no ėn Regenpieper |wohl auch nach einem Regenpfeifer
un wat dat dor sunsten gēēv. |und was es dort sonst so gab

Wi kēken dor un sammeln | *guckten & sammelten*
sik|uns[X07] Muscheln in'e Sünn,
wi dachen nix un dammeln | *dachten & bummelten*
man ümmer[X21] vör sik|uns[X07] hėn. | *nur immer vor uns hin*

Kiek an! Wat's dat för ėn Leben, | *Sieh an! Was ist das für*
Wat hebbt de Vogeln vör? | *haben die Vögel*
Dē koomt an hēlen[X29b] Heben | *Die kommen am ganzen Himmel*
as graue Wulken her. | *(GrK1.1.098)*

Un kiek, de Gleem wârrt heller, | *der Lichtstreifen*
dat wârrt wull Tiet tōrüch! | *für den Rückweg*
Wat Düvel! Mi's de Queller | *Teufel! ... (Pflanze, hier: Wattinsel)*
je dörweg ut' Gesicht! | *ich sehe (den Queller) gar nicht mehr!*

Ik sēh ni[X20] Schüün noch Hüsen|Hüüs: | *weder Scheune noch Häuser*
Wat? Gungen wi dor ni[X20] ruut?
Wō[X31] is Dieksand un Büsen? | *Dieksand (damals flache Insel) & Büsum*
Jung, Jung, dat is ni[X20] gōōt[X50]!

Kiek dor, dor kummt je liesen
ėn Rill vun wieden an! | *eine kleine Welle*
Dē kann dėn Weg uns wiesen, | *weisen, zeigen*
dē goht wi sacht vöran. | *der gehen wir langsam voran*

Man tō, ni[X20] stohn un snacken, | *Nur zu*
mi dünkt, dat kummt uns op'e Hacken! | *das ist uns auf den Fersen*
Man orri utlangt in dėn Schritt, | *Nur tüchtig ausgelangt*
kiek an, de Bülgen koomt al mit! | *die Wellen kommen schon*
Al links un rechts ėn lange Streek, | *Schon ... ein langer Strich*
dē brēēdt sik ut, as wēēr't ėn Deek. | *breitet sich aus ... eine Decke*
De ēērste glidd | *Die erste (Welle) gleitet*

Aussprachehilfen für ō, ē, ō̄, â, ė, ġ, b̄: siehe auf Seite 5 UND Buchdeckel!

man Schritt för Schritt, |*nur Schritt für Schritt*
doch treckt dē gliek de twēte mit. |*doch zieht die gleich*
De drüdde kummt, as wėnn süm|se[X04] spelen, |*als spielten sie*
as Ârfen trüddelt langs de Delen. |*wie Erbsen rollen … Dielenbretter*
Noch ümmer[X21] ēēn un ēēn un mēhr
un noch ēēn boben doröver her! |*eine oben drüber her*
Koppheister lingelangs in Rēgen, |*Kopfüber längelang in Reihen*
un springen, un op un dool in't Wēgen,

         |*und springend, und auf und nieder wiegend*

un hild un vörwârts âll tōhōpen, |*und ratlos und vorwärts allzumal*
as goll dat, in'e Wett tō lōpen! |*als gälte es, um die Wette*

De ēērste liggt man fingerdick, |*Die erste liegt nur*
de twēte kummt in' Ōgen*blick* |*die zweite (GrK1.1.099)*
un deckt ehr tō un wischt ehr weg. |*deckt sie zu & wischt sie weg*
Un wedder[X41a] kummt ėn hēle[X29b] Rēēg |*eine ganze Reihe*
un boben dorop un langs de Watten |*die Watten entlang*
rasch in'e Fohrt, as flōōg dor ėn Schadden. |*als flöge dort*
Man tō, nu goll dat, ni[X20] tō nölen, |*nu galt es, nicht zu trödeln*
wi fȫhlen dat langs de Steveln schȫlen. |*fühlten es … spülen*
Wi lēpen langs dėn natten Sand |*liefen über den nassen Sand*
in' Droov, de Büssen in'e Hand, |*im Trab, die Büchsen in der Hand*
man ümmer[X21] langs de flackſten Stellen|*flackſten Steden,*
man ümmer[X21] vörwârts as de Wellen|*Bülgen!* |*wie die Wellen*

De ēērsten wēērn al lang ut Sicht, |*außer Sichtweite*
noch ümmer[X21] niede, dicht an dicht. |*noch immer neue*
Wi lēpen as de Schuum, de Blosen, |*wie der Schaum, die Blasen*
wi lēpen as vör'n Hund de Hosen, |*vor'm Hund die Hasen*
un mit de Mȫben, dē dor schrēgen, |*mit den Möwen, die da schrieen*
un mit de Wachen|*Waggen*, dē dor stēgen, |*mit den Wogen, die da stiegen*

bet över'n Fōōt, bet an'e Knēēn,
un nix as Woter mēhr tō sēhn!
Âllns grau un grōōn un Dook un Damp, |und Nebel und Dampf
as kēēkst du över ėn Wētenkamp! |als blicktest du |Weizenfeld
Un ümmer[X21] hōger, Wach|Wagg an Wach, |höher, Woge auf Woge
as Tünns in't Trüddeln, Slag an Slag, |wie Tonnen im Rollen
un Stōōt un Pâlschen gēgen dėn Rüch |Stöße und Platschen
un Schuum un Solt bet in't Gesicht: |Schaum und Salz
Dat is vörbi, dat is de Flōōt! |Es ist vorbei, es ist die Flut
Dor's nix tō höpen as de Dōōd! |Ist nichts zu erhoffen als der Tod

Dat Woter speel uns um dėn Mund, |spielte uns
wi stellen de Flinten in dėn Grund, |stemmten
un gung ėn Wach|Wagg uns över'n Kopp, |und ging eine Woge uns
sō hēlen wi sik|uns[X07] op Tōōntjen op |hielten uns auf Zehenspitzen
un kēken jēēdēēnmool umher, |und blickten jedesmal umher
watt noch de anner lébendig|leemdig wēēr. |der andere noch lebte
Mein Gott, mein Gott! Un noch ni[X20] dōōt?
In't Hoor de Schuum, wō blēēv de Hōōt? |Haar |Hut (GrK1.1.100)
Wi snappt no Luft un streckt de Hannen. |schnappen |strecken
Tō'n Beden? Dor kummt de letzte an! |Beten
In Angsten? Ringst du mit dėn Dōōd, |Voller Angst?
wat gifft't dėnn noch för ėn gröttere Nōōt? |Was gibt es
De Ōgen tō, as schusst[X62a] du slopen, |als solltest du schlafen
un deist süm|ehr[X05] liekers wedder[X41a] open. |machst sie trotzdem

Mein Gott, mein Gott! Wo lang, wo lang? |Wie lange?
Dor is de letzte op'n Gang! |Da ist die letzte wohl unterwegs!
Dėnken? Du snappst man no dėn Wind |schnappst nur nach Luft
un stüttst di wedder[X41a] op dien Flint |und stützt dich
un höllst di op dėn hōōchsten Placken |hältst dich ... höchsten Fleck

Aussprachehilfen für ō, ē, ȫ, â, ė, ġ, ƀ: siehe auf Seite 5 UND Buchdeckel!

un mookst di lang op Tȫhn un Hacken. |auf Zehen und Fersen
Jawull, ȫk dėnkst' an ēēn Gesicht! |auch denkst du an
Voder[X11] sien? Mōder[X12] ehr vėllicht?
Ȫh, wėnn süm|se[X04] wussen? – Hōōl di op! |wüssten |Halte dich oben!
Dē geiht di wedder[X41a] över'n Kopp!

Dō sēhgen wi, datt de hȫȫchste Wōōg |sahen wir |höchste Woge
uns ni[X20] mēhr över'n Kopp noch slōōg, |schlug
de nēēgste ȫk ni[X20], schull vėllicht …? |nächste … sollte
Dē spēēg man ėn beten in't Gesicht! |spuckte nur

Wi hârrn wull in' Kalenner funnen, |hatten … gefunden
de hattste Flōōt, dē duur kēēn Stunn. |härteste … dauerte keine
Doch wuss ēēn[X29a] ni[X20], wo lang 't al wohr, |wie lange es … dauerte
ėn Ogenplink ōder ėn hēēl[X29b,M3] Johr. |Augenblick oder ein ganzes Jahr
Doch richtig! Langsoom kēēm de Ebb, |kam die Ebbe
wi stunnen boben't Woter mit de Köpp. |über'm Wasser
Wi kēken sik|uns[X07] an, wi snacken nich[X20], |sahen uns an … redeten
sēhgen ēēn dėn annern in't Gesicht, |sahen einander ins
blōōts bang, dat Höpen optōwoken |die Hoffnung aufzuwecken
un 't Stârben nochmool dörtōmoken. |und das … durchzumachen

Doch richtig, jo, sē sackt, de Flōōt! |sie sinkt
Herr, du errettest uns aus aller Not!

In Büsum lēpen, as wi kēmen,
de Jungs blōōts weg dör Slick un Lēhm.   (GrK1.1.101)
Wi wēērn ȫk, as wi sik|uns[X07] *betrachten*, |wir uns betrachteten
ėn Poor tō'n Wēnen un tō'n Belachen. |zum Weinen und
Doch hârrn wi lēhrt: Vun Flōōt un Wellen |gelernt
lett sik an besten in' Drȫgen vertellen! |lässt … im Trocknen erzählen

Rumpelkomer

|Rumpelkammer, hier: **Armenhaus**

(GrK1.1.101 – Kiek ōōk GrK5.1.137 un ōōk GrK2.224!)

Vörspann:

Du hest sachs* jichensēēn Eck in't Huus, |wohl irgendeine

sōōn Trummelsool för Rött un Muus, |Trommelsaal für Ratte und

ėn lütt' Kabüüs wō ünner'n Ōōk| Ōken |Kabuff … im Dachbodenwinkel

bi'n Schöstēēn an in Sott un Smōōk, |neben dem … in Ruß & Rauch

wō Weverknecht un Spinnwėbb rēēdt |wirken (eigentl. bereiten)

un Dusendbēēn sien Eier brōōdt, |Tausendfüßler … brütet

wō Dōdenhomer kloppt in' Bâlken, |Totenhammer (Anobium pertinax)

Flēgengerippen hangt in Gâlgen. |hängen in

Dor lieġt de Nogels sünner Köpp |liegen die Nägel ohne Köpfe

un Ârms un Bēēn vun Wiehnachtspöpp|-poppen,

ōle Sogen mit utreten Tähn, |Sägen mit ausgerissenen Zähnen

Grōōtvoderstöhl[X11] mit broken Bēēn, – |-stühle mit gebrochenen

kottaf, sōōn düüstern Rumpelkoben |kurzum … dunkle Rumpelbox

för twei[M3] Geschirr un Iesenkroom, |kaputtes … Eisenkram

ėn Platz, wō summerlang kēēn Gras, |wo im ganzen Sommer

as hōōchstens Stevelspook dor wasst; |Stiefelschimmel wächst

dē wârrt vun Sünn noch Moon ni[X20] hell, |weder von … noch (GrK1.1.102)

ni[X20] Katt noch Hund besöcht de Stell|Steed |weder Katz noch … die Stelle

as hōōchstens mool de Muurgesell. |Maurergeselle

Dat is ėn Platz för Jungs un Mōhmen[X14], |Jungen & Mädchen (hier!)

dor sitt de ōle Tiet tō drōmen, |sitzt die alte Zeit & träumt vor sich hin

dē köönt de *operklärten* Herren, |die können die aufgeklärten

›Gottloff!‹, mi doch ni[X20] *operklären*! |mir doch nicht erklären

———

Du fohrst an Sünnobend hėn tō Mârkt[X77], |zum Wochenmarkt

in' Landweg sühst du hell de Kârk |im Landweg siehst du (dann)

un Woog an Wogen vör di her, |Fuhrwerk an Fuhrwerk vor dir

Aussprachehilfen für ō, ē, ȫ, â, ė, ġ, ƀ: siehe auf Seite 5 UND Buchdeckel!

mit smucke Lüüd un schöne Peer,
de Hüüs an beide Sieden hėn, |Häuser an beiden Seiten
boben över'n Kopp de hōgen Linnen, |die hohen Linden
un nerrn ėn Leben antōsēhn, |unten (zu ebener Erde) ein Leben
du dėnkst, de Heid is wunnerschöön. |(Stadt) Heide ist

Jawull, för ėn Buern dor hėntosmōken |für 'nen Bauern, dahin zu paffen
un Kunnen un gōde[x50] Frünnen besōken! |Kunden & ... besuchen

De Slachter kummt op hâlben Wegen|Weg, |stößt auf halbem Weg hinzu
de Botterhöker kummt entgegen|tōmööt,
de Möller langt di rasch in' Sack, |greift ... in den (das Korn prüfend)
un alle hebbt süm|ehm[x06] Mund vull Snack, |haben ... voll Geplauder
Geld as man Hau, de Tung sō licht, |Geld wie Heu, die Zunge leicht
un luter Sünnenschien op't Gesicht.
Vör Döör un Infohrt steiht de Knecht,
in'e Döns is de Kaffekann tōrecht. |in der (beheizbaren) Wohnstube
De Piep un Kaffe smeckt di guut[x50], |schmecken dir
dėnn wannert wi tōsomen ruut. |wandern wir
Sō süht de Heid in Sünnenschien ut! |Stadt Heide

Brēēt vör de schöne Ȫȫsterstroot! |Österstraße
Tȫȫv hier mool, ēhr wi wiedergoht! |bevor wir weitergehen
Dat gifft hier sō veel Smucks un Nies, |viel Schönes und Neues
ēēn[x29a] wârrt dat mârktdoogs[x77] tomeist ni[x20] wies.   (GrK1.1.103)
Allēē un Jümfernstieg sünd kloor, |Jungfernstieg
ėn Stēēnbrüch leġġt süm|se[x04] tōkomen Johr. |Steinpflaster legen sie
De Pōhl wârrt utdämmt un beplant |Teich wird ... befestigt &
mit Büsch un Bööm un allerhand,
un obends brėnnt dor langs dėn Stieg
an jēēdēēn Pohl ėn glosern Lücht. |an jedem Pfahl eine Glaslaterne
Jo, jo, sō wârrt wi nu polēērt, |verschönert
an âll de Ecken op erklärt! |an allen Ecken aufgehellt

Rumpelkoben: |Armenhaus

Sühst du dat Huus hier wat tōrüch? |Siehst du
Ut' Finster kickt ėn ōōl^{M3} Gesicht. |blickt ein
Ēēn löhnt op Krücken ut de Döör, |Einer lehnt sich auf … aus
bârfōte Jungs, dē speelt dorvör. |barfüßige Jungen … spielen
Ėn Grieskopp wascht sik bi de Pump, |Ein Graukopf wäscht sich
ėn Ōōlsche^{X16} sitt dor still un stump. |eine Alte sitzt da
Dor kummt ėn Reedner an un fecht, |Redner … gestikuliert
kēēn Minsch versteiht ėm, wat hē seggt,
Hē spârrt de nookten|nokelten Fōōt vunēēn, |spreizt … auseinander
de Büxen sünd ėm veels tō klēēn|lütt. |Hosen … viel zu klein
Hē snackt gewâltig tō de annern, |Er redet
dėnn fangt hē mächtig an tō wannern.

Wat is dor lōōs? Wat's dat för ėn Kroom? |Kram (Krempel)
Du, dat's uns' Heider Rumpelkoben! |unser Heider Armenhaus
Dē wârrt vun Sünn noch Moon ni^{X20} hell, |weder … noch vom Mond
ni^{X20} Katt noch Hund besöcht de Stell|Steed |weder … noch Hund
as hōōchstens mool de Dischergesell. |als … der Tischlergeselle
Dor sitt dat vull vun ōle Knoken, |sitzt es voll von alten Knochen
Verstand tōschannen, dat Hatt tobroken. |Verstand kaputt, Herz gebrochen
Dor sitt ėn Welt, sō ōōlt un kruus |sitzt … so alt & kraus
un smōkig as dat ōle Huus, |& rauchig wie
vull Dööntjes, Märken un Geschichten |voller Schnurren
un Hōhnerglōben, bi âll de Lüchten! |Aberglauben (GrK1.1.104)
Dat spōkelt* hier noch openbor |Es spukt … offensichtlich
as dōmools, dō dat opbuut worr. |wie damals, als es

Ēēn^{X29a} feegt sien Huus vun nerrn bet boben. |Man fegt … von unten bis
'kēēn^{X29c} scheert sik um dėn Rumpelkoben? |Wer kümmert sich ums

In Johren kummt't doch mool vėllicht, |kommt's evtl. doch mal vor
datt ēēn^{X29a} ėn Stück to'n Vörschien kriggt: |dass man etwas ans Licht
Ėn Kasten mit ėn ōōltmōōdsch^{M3} Slött|Slott, |mit einem alten Schloss

wormfreten Borrn un hâlf verrött: |wurmstichigem Boden & verrottet
Dor kickt ėn Blatt ruut mit ėn Bild, |Es guckt … raus mit
swiensleddern[X41f] Inband, mool vergüllt, |Einband, einst vergoldet
ėn Dōōs ut Mischen mit ėn Kopp, |eine Dose aus Messing
hollannsche Riemels stoht dorop: |Reime stehen darauf
Mynheer mit Kâlkpiep op'e Tünn, |mit Tonpfeife auf der Tonne
ėn nokelten Nēger in'e Sünn, |ein nackter Schwarzer
ėn Schipp mit Seils dor wiet in't Mēēr; |mit Segeln auf weiter See
ėn Mann mit ėn Mistfork achterher. – |und Neptun hinterher
Wat steiht de Jung dor, drȫȫmt un froogt?
Ōl' Nover snackt ut ōle Doog, |Der alte Nachbar … aus alten Tagen
vun Amsterdam, de rieken Stoten, |von den reichen Staaten (USA)
Pannkōken-Eten op de Stroten,
Bȫȫd an'e Hüüs, un Klockenspill|-speel, – |Boote … Glockenspiel
de Ōle klöönt, de Jung is still. |der Alte plaudert
„Wiedewiedewitt, dor klingt de Klocken, |da klingen die Glocken
wiedewiedewitt, dor danzt de Poppen!" – |da tanzen die Puppen
Hē hȫȫrt dat singen, hē hȫȫrt dat brummen, |hört es summen
sien Hatt fohrt op de Sēē herum. |sein Herz fährt

———

Wat hett dat ōl' Gesicht wull sēhn! |Was hat … wohl gesehen
Nu sitt hē op dėn Eckenstēēn, |Eckenstein (Eck-, Prellstein, Radabweiser)
sien Kopp is blank as Elfenbēēn.
Sō sitt hē mit dėn Stock in'e Hand |sitzt er (GrK1.1.105)
un tēēkt Figuren in dėn Sand, |& zeichnet
de glosern Ōgen wiet umhȫȫch, |die gläsernen Augen weit empor
as wėnn hē dör de Wulken sēhg. |als blickte er durch die Wolken
Wō leevt hē vun? Wō dėnkt hē an? |Wovon lebt er? |Woran denkt er?
Wo höllt hē't ut, de blinne Mann? |Wie hält er 's aus

Ōh Minschensēēl, du Wunnerding!
Kiek an, hē hȫȫrt de Klocken klingen!

„Wiedewiedewitt!" ut Nacht un Smatten|Wēhdoog, |& Schmerzen
„Wiedewiedewitt!" as Dook un Schadden. |wie Nebel & Schatten
Hē horkt un luurt, hē hȫȫrt un süht|kickt: |horcht & lauert ... & sieht
Sien Hatt leevt vun de ōle Tiet.

Sien Novers dōōt, sien Frünnen verswunnen, |Nachbarn tot
Blȫȫm wasst dor, wō sien Löhnstōhl stunn. |Blumen wachsen da
Hē hârr ėn Grasbank um sien Ēēk, |Eiche
sien Weid, dē hârr ėn frisch^M3 rōōt^M3 Heck*. |hatte ... neues rotes Tor
Nu stoht dor Hüüs, ėn hēle^X29b Rēēg, |stehen da Häuser, eine ganze Reihe
de Ēēk is dool, dat Heck* is weg. |Eiche ist abgeholzt ... Tor ist weg
De Sünn schient op ėn anner' Welt:
Hē süht sien Kȫh in't grȫne Feld. –

|Charakters in' Rumpelkoben:

›**Barōōn vun Unruh**‹, vull in Stoot, |stattlich herausgeputzt
kummt nie ohn Handschen op de Stroot, |nie(mals) ohne
de schääfsche Hōōt op't rechte Ōhr, |der schäbige Hut
in' linken Ârm dat spoonsche Rōhr, |den Rohrstock
an jēēdēēn Flicken putzt un böst, |total geputzt und gebürstet
hett ümmer^X21 Hossen, ümmer^X21 Döst, |Husten, immer Durst
is gnädig gēgen Lütt un Grōōt,
huldselig för ėn Botterbrōōt. |beglückt(dankbar)

›**Lütt' Jule**‹ fȫhrt dėn besten Dag, |Julchen hat das beste Leben
sē sitt un plötert, un sē lacht! |sitzt & plappert & lacht
Dōōf is sē, hett kēēn Tähn in' Mund, |Taub ist si e ...Zähne
doch rōde Backen, vull un rund. |rote Wangen (GrK1.1.106)
Sē snackt tō jēēdēēn Kind un Küken,
wiet in'e Fēērn mit Wink un Nücken, |mit Winken und Nicken
un mit de Bȫȫm un mit de Stēēn |mit den Bäumen und den Steinen
un nachtens mit sik sülben allēēn. |und nächtlich

(›**De Dōōd**‹) An't Finster kummt vun Ruut tō Ruut, |von Scheibe zu
as söch hē sik de beste ut, |als suchte er sich

én Kopp un stârrt dor dōōt héndör |starrt da tot hindurch
un pedd tōrüch un kummt no vör: |tritt zurück und kommt nach vorn
Dat Hoor is gries, de Huut is grau,
de Ōgen liegt dor holl un blau. |liegen da hohl und blau
Sō geiht hē ümmer[X21] hén un her,
as wénn't én Parpendikel wēēr. |Perpendikel (Uhrpendel)
Is ünnergohn de Sünn dénn man, |ist untergegangen die ... aber
sünd hier un dor de Lichten an,
sō kummt hē ruut nu lies un sacht, |raus nun leise und sanft
én Schaddenbild vun Dōōd un Nacht,
op leddern[X41f] Slârren, lang un dünn, |auf Lederlatschen
un luurt no âll de Ecken hén. |lauert in alle Ecken rein
Dénn witscht hē an'e Hüüs dor lang |Dann huscht ... entlang
un gluupt in jēēdēēn düüstern Gang |späht in
un mookt um jēēdēēn Minsch én Bogen, |macht
as gung én Gaudēēf ut op't Jogen. |als ginge ... aus auf Jagd

Kēēn Sorg, hē hoolt sik wat tō lesen, |er holt sich
Tutenpapier un ōl' Avisen. |Tütenpapier und alte Zeitungen

Schleif-Scherenschleif is sülben wat stuuf, |stumpf
sien Pudelkopp witt as én Duuv, |Wuschelkopf ....Taube
doch snackt hē gōōt[X50], ›schärft‹ för'n Barōōn, |redet
mookt Piependöpp un Hōōd ut Spōōn, |macht Pfeifendeckel & Hüte aus Span
sien Swevelsticken sünd op schēmisch, |Streichhölzer ... chemisch
gârvt Mullworpshüüd un Rötten sēmisch,
|gerbt Maulwurfshäute und Ratten sämisch (mit Öl oder Tran)
kann Seben binnen un Tassen nēden |Siebe binden ... Tassen nieten
un Proppens ut én Buddel tēhn|trecken. |Stopfen (GrK1.1.107)
An ōle Tēēpütt mookt hē én Nipp |Ausguss (eig. Schnabelspitze)
un sett de Muusfâllen op de Wipp, |macht Mausefallen ›scharf‹
hē lōōdt un smeedt, bōōgt Ōōsch un Hoken,
|er lötet und schmiedet, biegt Öse und Haken
kann mischen Keden sülvern moken, |Messingketten

ōl' Wedderglöös[X41d] un Kaffemöhlen, |*Barometer und*

dē bringt hē as ėn Klock tō'n Spelen. |*wie 'ne Uhr zum Funktionieren*

Ōōk kann hē Spitz un Pudel scheren

un junge Hunnen Anstand lēhren. |*Benehmen beibringen*

An besten is hē doch in' Snack |*im Geschwätz*

un Meister bi dėn Kautobak.

Nu hōōr, wat mookt dat Minsch ėn Quâlm! |*die Person einen Lärm (um nichts)*

Dat's de **Severinsch**[X16] ehrn Morgenpsâlm.

Ōōk mârkt ēēn[X29a] hier al ėn Dunst un Tōōn |*bemerkt … Duft & Ton*

no Iebenkorf[X76] un Kaffebōhn. |*Bienenkorb und Kaffeebohne*

Dat broodt un brōōdt un swârmt ōōk wull, |*brät & brütet & schwärmt*

doch sünd de Nesten ümmer[X21] vull. |*Nester*

De Welt mag buten grōnen un blōmen: |*draußen grünen & blühen*

Hier sitt ėn ēgen Welt tō drōmen. |*sitzt eine eigene Welt & träumt*

Persetter* Joops mit de lange Nöös |*Lehrer mit der … Nase*

böst morgens frōh sien blauen Ponnääs' |*bürstet … polnischen Rock*

un smeert de Schōh un wischt de Brill

un nimmt in' Ârm de Huuspostill. |*Zeitung*

Hē wohnt an'e Weid bi'n Ōōstenpōhl |*beim Ostpool, ›Ostteich‹ (b. Wasserturm)*

un höllt ėn Speel- un Kinnerschōōl. |*betreibt eine*

Hē kann kalennern un punktēren |*(gehört zum Wahrsagen)*

un wēēt Beschēēd vun Moon un Stēērn |*über Mond & Stern*

un Liekdōōrnplooster, Brand bespreken,

|*& Hühneraugenpflaster, Wundbrandbesprechen*

ōōk kann hē gresig schrieben un reken. |*gewaltig (gut)*

De Appelhökersch[X16] Stina Kōōps, |*Obsthändlerin Christina|-ne K.*

dē seggt, hē is klōker as de Prōōpst. |*klüger als der Propst*

De Kârktiet kummt, de schōne Tiet,

wō jēēdēēn Kind ėn Ėngel süht, |*in der jedes Kind (GrK1.1.108)*

de Sēēl sik op no'n boben swingt, |*Seele … auf nach oben*

de Himmel ut de Klocken klingt. |*relig. Himmel … aus den Glocken*

Persetter nimmt sien Bōōk tōfoot |*Buch in die Hand*

un pedd mit Anstand ruut no Stroot. |*tritt … hinaus auf die*

De Kârklüüd koomt âll èm in de Mööt, |*Kirchgänger kommen ihm entgegen*

hē wannert sinnig op sien Fööt. |*Füßen*

Doch wènn de Kârkenklocken swieġt, |*schweigen*

sō pedd hē jüst hier op dèn Stieg. |*tritt er just hier auf den Steig*

Dènn steiht Barōōn un röppt: ›Hē kummt!‹

un de hēle[X29b] Iemkorf[X76]|Iebenkorf is verstummt. |*Bienenkorb*

Doch höört ēēn[X29a] boben över't Dack |*hört man oben überm*

èn Knirren un Knârren un Klacke-klack,

as sleist du èn Kannsputt mit èn Stock: |*schlägst du eine Kanne*

Dat's de ōl' reten Klingerklock. |*alte gerissene Klingelglocke*

Lach ni[X20]! Wullt du de Welt verstohn, |*Willst du … verstehen*

sō musst du ēērnsthaft sōken gohn. |*müsstest … suchen gehen*

Sē is openbor, de Sünn is hell, |*liegt offen vor dir, die Sonne ist hell*

un doch – sō mènnig hēēmli' Stell|Steed, |*so manche heimliche Stelle*

wō alle lōōpt un goht un treedt, |*laufen & gehen & treten*

un nie – bi hellen Dag ni[X20] sēht. |*& niemals … sehen*

An' Obend drippt ēēn[X29a] süm|ehr[X05] wull mool |*trifft man sie wohl mal*

in' Moonschien achter in dèn ›Sool‹. |*hinten im Gemeinschaftsraum*

›**Barōōn**‹, in' Löhnstōhl, hett traktēērt. |*hat doziert(?)*

Süm|Se[X04] snackt un lacht, de ›**Dōōd**‹ studēērt |*reden & lachen*

Avisen, dicht an't Finster löhnt. |*Zeitungen … gelehnt*

Wück' Fruunslüüd huckt in'e Eck un klöönt. |*Einige … hocken … plaudern*

Severinsche[X16] brumm èn Graffgesang, |*summt einen*

›*Schleif-Scheren*‹ mookt èn Klock'keed blank. |*Uhrenkette*

›**Lütt' Jule**‹ lacht un snackt un rötelt |*schwatzt & rappelt & rötert*

andächtig mit dèn Kaffeketel. |*Kaffeekessel*

Dat hölpt nix, Juulken, ut is ut, |*Julchen, aus ist aus*

un wēēr't èn vullen Achendēēlsputt. |*12½-kg-Topf (GrK1.1.109)*

(Rohm:)

De meisten sünd tō Sieden rückt, |*zur Seite gerückt*
uns Herr Barōōn hett gnädig nückt. |*genickt*
Man blōōts twēē Ōle sitt noch dor, |*Nur zwei Alte sitzen*
beid' krumm un stumm, in sülvern Hoor,
de ēēn ėn beten blō̄ōd* tōrüch, |*etwas bescheiden zurück*
un kickt dėn annern no't Gesicht. |*blickt dem andern ins Gesicht*
De öllste sitt un fōōlt de Hannen, |*Der ältere sitzt und faltet die*
de anner' sitt un kickt ėm an: |*der andere sitzt und sieht ihn an*
Dat sünd **Jehann-Ōhm**[X13] un **Jehann**. |*(ehemals Herr & Knecht)*

As noch de Tiet ėn anner' wēēr, |*eine andere war*
dō sēten süm|se[X04] as Knecht un Herr: |*saßen sie als*
De ēēn in Kutsch un Schēēs, sō smuck, |*Kutsche (4- & 2-rädrig)*
de anner' hōōch vöran tō Buck. |*vorn auf dem Bock*
Dat Schicksol rück un rück sō lang, |*rückte und rückte*
nu sitt süm|se[X04] op desülvige Bank. |*nun sitzen sie auf derselben*
Wėnn dat süm|ehr[X05] noch mool dēper sett, |*es sie ... tiefer setzt*
sō liegt süm|se[X04] beid' in't swatte Bett. |*liegen sie ... im schwarzen*
Dor kriggt dat Unglück Rōh[X52] un Freed, |*Ruhe und Frieden*
un Övermōōt desülvige Steed. |*und der Übermut ebenso*

(Jehann-Ōhm:)

Jehann-Ōhm[X13] fangt tō snacken an:
„Wo lang is't nu al her, Jehann? |*Wie lange*
Mi dünkt, as wėnn dat güstern wēēr, |*Mir scheint, als wenn es*
wēētst' noch, mien lustig[M3] Finsterbēēr*? |*(ähnlich dem) Richtfest*
Ik hârr mi jüst mien Spieker buut, |*hatte mir just ... Speicher gebaut*
wat drunken jüm|ji|ju[X01] ėn Kaffe ut!" |*was trankt ihr*

„Jawull, Jehann-Ōhm, dat's ōōk wohr!

Dat wârrt, tō Hauoorn, fofftig Johr. |wird zur Heuernte 50 Jahre

De Kaffe wēēr noch recht wat Nies, |noch ganz 'was Neues

wi drunken ėm gliek ammerwies. |tranken ihn … eimerweise

Grēēt* Unhold kėnn ėm ni[X20] tō koken, |wusste ihn nicht zu kochen

sē wull noch ēērst ėn Bōhnsupp moken. |eine Bohnensuppe draus m.

Wo worr sē dull, wat hebbt wi lacht! |Wie wurde sie böse … haben wir gelacht

Dat wēēr sō wârm de hēle[X29b] Nacht. |die ganze Nacht (GrK1.1.110)

De Döör stunn open vun' Goorn no'n Sool, |Tür … vom Garten zum Saal

Ōhm[X13] gung dor buten op un dool. |(Er,) Ohm ging … auf & ab

Un stēēk Hē mool dėn Kopp in Döör, |steckte Er … in die Tür

sō sä Hē: ›Jungs, wüllt jüm|ji|ju[X01] noch mēhr?‹" |so sagte Er

Jehann-Ōhm sitt un fōōlt de Hannen, |sitzt & faltet

Jehann is still un kickt ėm an, |schweigt & sieht ihn an

dėnn fangt Jehann-Ōhm wedder[X41a] an: |fängt wieder an

„Ni[X20] wohr, Jehann? 'kēēn[X29c] hârr dat dacht? |Wer hätte das gedacht

Dat kann doch komen as Dōōd un Nacht! |wie Tod und

Mien Voder[X11] sä al, Glück un Nōōt, |sagte schon

dē hârrn süm|ehr[X06] Stunnen as Ebb un Flōōt. |hätten ihre Stunden

Nu blitzt de Strand un schient de Sünn, |glänzt der & scheint die

nu geiht de Sēē doröver hėn, |nun geht die See darüber hin

de Wachen|Waggen breekt dör Diek un Land, |Wogen brechen durch Deich

dėnn speelt de Kinner op dėn Strand. |dann spielen die

Wi wohnen bi Büsum, dicht an't Haff, |wohnten … am Wattenmeer

um Huus un Wuurt ėn brēde Graff, |um … & Erdhügel ein breiter Hofgraben

ėn Brüch no Stroot, no'n Diek ėn Steg, |Brücke …, zum Deich ein Steg

dėnn sēhgen wi över de Watten weg. |sahen wir über die Watten

Dor kunn ik dėn hēlen[X29b] Nomėddag stohn |den ganzen Nachmittag
un sēhg dat komen un sēhg dat gohn: |sah es kommen und gehen
Nu schümen de Wachen|Waggen grau un grȫȫn, |Nun schäumten die Wogen
nu wēēr't ėn Deel, sō drȫȫg un schȫȫn. |nun war's eine Diele |trocken
Un wēēg ėn Seil dor stolt un hell, |wiegte ein Segel
sō drȫȫm ik mit vun Well tō Well. |so träumte ich mit
Un lēēg de Strand dor still un witt, |Und lag … still & weiß
sō sēēt un sünn un drȫȫm ik mit. |saß & sonnte & träumte
Dėnn spelen de Mȫben op dėn Slick, |spielten die Möwen auf dem Schlick
dėnn gungen de Schoop an' Butendiek, |Schafe am Außendeich (GrK1.1.111)
dėnn sēhg de Schēper as ėn Pohl |sah der Schäfer wie ein Pfahl
mit Hund un Stock vun' Diek hėndool. |vom Deich hinab

(Jehann-Öhm vertellt vun dėn Fischer un sien Brȫderkind – un vun sik:)

De Fischer wohn dor eben hėn, |wohnte a etwas weiter
hē hârr de Netten in'e Sünn. |Netze
Hē gung no de Heid mit Kraut un Stint, |n. Heide m. Krabben & Stint
de Netten flick sien Brȫderkind. |flickte seine Nichte
Dē höllt ehr Ârbeit op dėn Schōōt, |Sie hält
dē driggt ni[X20] Strümp, dē driggt ni[X20] Hōōt, |trägt keine … keinen Hut
dat grȫne Gras, dat is ehrn Stȫhl, |ihr Stuhl
de swatten Lucken sünd ehrn School. |sind ihr Schal
Sō sēēt sē mėnnig Summerdag |saß sie manchen Sommertag
un flick un stück un triller sacht. |flickte & stückelte & trillerte sanft
Ȫōk flecht sē Körv ut Wichel un Spȫȫn, |flocht … aus Weide & Spänen
wēēr ümmer[X21] schu för sik allēēn. |scheu
Kēēm unversēhns ėn Minsch ehr nēēg, |unverwohrens … ihr nahe
sō schōōt sē as ėn Lamm tōhȫȫch |schoss (sprang) sie … hoch
(Flink wēēr sē as ėn jöhrig[M3] Fohl!) |wie ein einjähriges Fohlen
un flōōg vun' Diek tō Huus hėndool. |flog vom Deich zum … hinab
Doch sēhg ik ehr mitünner sitten |sah ich sie mitunter sitzen
an schȫne Obends still tō knütten|tō strichen, |beim Stricken
wėnn't Woter as ėn Spēgel wēēr |wie ein Spiegel

Aussprachehilfen für ō, ē, ȫ, â, ė, ġ, ƀ: siehe auf Seite 5 UND Buchdeckel!

un Seils dor trocken över't Mēēr: |*Segel da zogen übers*
Dẻnn strēēk sē sik dat Hoor tōrüch |*strich sie sich … zurück*
un hēēl de Fingern boben't Gesicht, |*hielt (beschattend) … oberhalb des*
as wull sē mit in Schipp un Bōōt |*als wollte sie mit*
över dẻn Spēgel, över de Flōōt,
un mit de Sünn, dē ünnergung,
un mit dẻn Swoon, dē liesen sung. |*Schwan, der leise sang*
Dẻnn kunn ik sachten nēgergohn, |*konnte … (mich) behutsam nähern*
dẻnn heff ik fokener bi ehr stohn |*dann … öfter bei ihr gestanden*
un sēhg de Ōgen dēēp un kloor |*sah … tief und klar*
un swatter as dat swatte Hoor, |*schwärzer als das schwarze*
doch stârr, as wẻnn sē drōōm un slēēp |*starr … träumte & schliefe*
ōder sik wegdach no de Scheep. |*sich wegdachte zu den Schiffen*
Doch sä ik noch sō sacht ›Gō'n[X50] Obend!‹, |*sagte ich noch so sanft (GrK1.1.112)*
sō fohr sē mit ẻn Schreck tōsomen, |*fuhr sie … zusammen*
sō schu, as hârr sē wat verschüllt|verschullt, |*hätte sie etwas verschuldet*
un kēēk mi an, as wēēr sē wild. |*blickte mich an, als wäre*
Doch wuss sē bâld, ik mēēn't ni[X20] slecht, |*wusste … meinte es*
un funn sik no un no tōrecht. |*fand sich nach und nach*
Sẻggen dä sē nix, blōōts wẻnn ik froog, |*Sagen tat sie nichts, nur*
doch ik wēēr jung, mi wēēr't je nōōg, |*mir war es ja genug*
ik wull nix weten, wull nix lēhren, |*nichts wissen … lernen (sie nicht aushorchen)*
ik wull man snacken un ehr hōōren. |*wollte bloß … sie hören*
Sē hârr ẻn Stimm, dat beev, dat klung |*es bebte und klang*
mi jümmerlōōs[X21], as wẻnn sē sung. |*mir immerzu, als wenn*
Dat wēēr ni[X20] luut, dat wēēr ni[X20] kloor, |*nicht laut, nicht klar*
ik wēēt ni[X20] – rein sō sunnerbor – – –. |*weiß nicht*
Ik drōōm noch fokens, wo sē sä |*träume noch öfter, wie sie sagte*
opmool dẻnn: ›Nu, Jehann, adē!‹ – |*auf einmal dann*
Ik fohr tōsomen, as wēēr't ẻn Klang – |*als wär's ein Schall*
dẻnn sweev sē al dẻn Diek hentlang |*schwebte … Deich entlang*
un glitsch hẻndool, sō lies un licht, |*glitt hinab*
as wẻnn ẻn Duuv no't Nest hẻn flüggt. |*Taube zum Nest fliegt*

Ik sēhg ehr no un sä ›adē!‹ – |sah ihr nach
Dènn kēēk ik wedder[X41a] op de Sēē, |blickte
mi düch, de Bülgen ōder de Swoon |mir schien, die Wellen
sään ›Adē, adē! Jehann!‹ …" |sagten

(kotten Kummentoor:)

De Ōle snackt wull wat in Drōōm |redet wohl etwas
as obends èn Sülverpöppelbōōm: |wie … eine Silberpappel
De Blööd, dē bevert op un dool, |Blätter … zittern auf und ab
dat pisselt|swiestert (wispert) af un an dènn mool, |es flüstert
dènn kummt dor mool èn Tog vun Luft, |Luftzug
dènn klöönt hē wat vun Vörjohrsduft. |Frühlingsduft (GrK1.1.113)

(wieder mit Jehann-Ōhm:)

„Ik wēēr ni[X20] trurig, as sē gung,
dat wēēr je sō – 'kēēn[X29c], dē dat dwung? |war eben so … erzwingen?
Dat Woter hârr je ōōk sien Will' |Die See … ihren Willen
un kēēm un gung un blènker still. |kam und ging und glänzte
Un Dag un Nacht, dē gungen süm|ehrn[X06] Gang,
un Storm un Lârm un Swoongesang, |& Schwanengesang
un Wintersnēē un Vörjohrssünn, |Frühlingssonne
dē trocken as de Wachen|Waggen hèn. |die zogen wie die Wogen hin
'kēēn[X29c] wull süm|ehr[X05] stüren, wènn süm|se[X04] kēmen, |Wer … lenken
un hōlen, wènn süm|se[X04] Afschēēd nēhmen? |und (zurück)halten
Dat wēēr je binnen sō still un wârm, |drinnen
wènn't buten snie un storm un lârm. |draußen schneite & stümte & lärmte
Dat wēēr dènn schöner butenvör, |noch schöner draußen
wènn Summer lēēg op Strand un Mēēr! |lag auf

Ik söch ehr nie un drēēp ehr doch, |suchte sie nie & traf sie doch
ik dach an nix un hârr ōōk nōōg. |dachte … genug
Ik sēhg man, wo sē grötter worr, |sah nur, wie … wurde

wo fien un blēēk, mit swatte Hoor. |wie fein und bleich, mit
Wo ârm – dat lēēt ik mi ni[X20] drȫmen, |Wie … ließ … nicht träumen
ik broch ehr nix as Strüüsch un Blȫȫm. |brachte … Sträuße & Blumen

Ehrn Ȫhm, dē snack tobroken Platt, |Ihr Onkel … gebrochen Platt
sēhg düüster ut un bruun un swatt, |sah finster aus und
ėn grōten Mann, ōōk sō för sik. |auch so verschlossen
Hē stunn mitünner op dėn Diek,
wēēr in Gedanken rein verdēēpt |ganz vertieft
un stârr in Sēē no Bȫȫd un Scheep. |starrte … nach Booten & Schiffen

(Jehann-Ōhm kummt op'n Punkt mit sien Geschicht:)

'kēēn[X29c] hârr dat dacht? – In' Hârvst, al loot, |Wer hätte das gedacht … schon spät
de Blȫȫd, dē welken op'e Stroot, |die Blätter welkten
de Appeln wēērn al ut dėn Goorn,
wi hârrn dat hild, de Bōhnen tō oornen. |eilig, die Bohnen zu … ernten
De Spinnwėbben glinstern manġ de Stoppeln, |glänzten in den
de Ossen brüllen[X72] vun de Koppeln, |brüllten von den Weiden
dat wēēr sō still, ēēn[X29a] kunn süm|ehr[X05] hȫren |man konnte sie
noch liesen ut de wietste Fēērn. |aus größter Ferne (GrK1.1.114)
De Wogens klötern langs dėn Weg, |klapperten … entlang
un Stuff un Nevel stēgen tōhȫȫch. |Staub und … stiegen auf

Ik fohr uns letzte Fȫhr herop, |fuhr … letztes Fuder rauf
de Knechten lēgen mȫȫd dorop, |Knechte lagen müde
süm|se[X04] snacken lies, as ēēn[X29a] wull deit, |redeten … wie man wohl tut
wėnn wedder[X41a] ėn Summer slopen geiht. |schlafen geht
Doch hȫȫr[X85] ik âllns, ik fohr man sacht, |hörte ich alles … fuhr behutsam
mi wēēr wat swoor dėn hēlen[X29b] Dag, |etwas schwer den ganzen
mi kēēm dat Feld sō lerdig vör, |kam … so leer vor
ōōk duur mi't um de mȫden Peer … |tat's mir leid um die müden

Nȫȫss kēmen wi an' Diek hentlang, |Danach … am Deich
dō lēēg de Sēē dor spēgelblank. |da lag die See dort
Wo mėnnig Mool hârr ik ehr sēhn, |Wie oft hatte … gesehen

doch düch mi, nie sō wunnerschȫȫn, |doch schien mir, nie so
sō sülverglatt, sō blau un blied, |und freundlich
sō as de Heben dēēp un wiet! |so wie der Himmel tief und

Ėn Seil dor blėnker as ėn Mȫȫv, |Segel glänzte wie eine
dē langsoom achter'n Queller sweev.   hinterm ›Queller‹ schwebte
Sunst wēēr dat âll sō still un dōōt, |war alles so
as slēēp de Ēēr mitsamts de Flōōt. |als schliefe
Sōgor de Knechts süm|ehrn[X06] Snack verstumm, |der Knechte Plaudern
as gung dat Swiegen lėbendig|leemdig um. |als ginge das … um

An't Ėnn, dō seggt ēēn:

(Snacker in de Vertellen:)

„Dor süh! |Dor kiek!
Nu sett hē Seils dor ėndli bi. |setzt er Segel da hinzu
Dor buten is noch Ōōsten-Kȫhlen, |Da draußen … noch östl. Kühle
dē schâll dor bâld heruut sik wȫhlen. |wird sich bald … hinauswühlen
Süm|Se[X04] seggt, dat is ėn grōte Koor. |sagen, das sei eine große ›Karre‹
Wo kann't doch gohn, wo sunnerbor! |Wie ist's möglich, wie
Ik rēē'|rēēd hier jüst vunmėddag dool, |ritt hier just heute Mittag runter
dō kēēm dat Bōōt an, wat süm|ehr[X05] hool. |das sie holte
Wi mēnen je, datt dat wull Toters wēērn, |meinten ja, … wohl Zigeuner
tōletzt sünd't doch je feine Herrn. |sind´s doch ja noble (GrK1.1.115)
Worr munkelt ōōk sō af un an, |Es wurde auch mitunter gemunkelt
doch dē süm|ehr[X05] kėnn, 'kēēn[X29c] lȫȫv doran? |sie kannte, wer glaubte
Kottaf, ik sēhg dat Bōōt dor stüren |Kurzum, ich sah
un dėnn dėn Fischer un de Dēērn. |und das Mädchen
Hē hârr je wull al ėn Tēken sēhn, |hatte wohl ein Zeichen gesehen
süm|se[X04] lēgen beide op de Knēēn. |lagen beide
Ik lȫȫv|glȫȫv, sē wēēn, hē lēēg un bee'|beed, |glaube, sie weinte … betete
doch kunn ik ni[X20] ruuthȫren, wat hē sä, |raushören, was er sagte
mi düch, kēēn Düütsch. – Dō lään süm|se[X04] an, |mir schien … legten an
un ruut sprung dor ėn grōten Mann, |heraus sprang da

142   Aussprachehilfen für ō, ē, ȫ, â, ė, ġ, ƀ: siehe auf Seite 5 UND Buchdeckel!

hēēl|›heel‹ fein in' Rock, vun Huut un Hoor, |in sehr feinem Rock
jüst as de Fischer, *ganz* un gor, |ganz wie der Fischer
süm|se^{X04} sään, sien Brōder, dat is wull sō. |sagten … es ist wohl so
Dē sprung in't Flēgen op süm|ehr^{X05} tō |sprang im Fluge
un hârr süm|ehr^{X05} foot in jēēdēēn Ârm |hatte sie umfasst mit jedem
un wēēn, dat much ėn Stēēn *erbârmen*. |weinte, das mochte einen
Dènn gungen süm|se^{X04}, as süm|se^{X04} gungen un stunnen |gingen
un wēērn in't Bōōt un wēērn verswunnen."

———

De Ōle mag wull wedder^{X41a} drȫmen, |Jehann-Ōhm
de anner sitt in Rōh^{X52} tō tȫben. |Jehann *sitzt … und wartet*
Dē hett de Sook wull mēhrmools hȫȫrt |Jehann *hat*
un wēēt al, wo sē wiederfȫhrt. |weiß schon, wie sie

———

(Jehann-Ōhm snackt wieder:)

„Wo ik tō Huus kēēm, wēēt ik ni^{X20} mēhr, |*Wie ich nach Hause kam*
mi düch, wi seilen över't Mēēr. |mir schien, wir segelten
Ik stunn un hârr ehr bi de Hand, |hatte ihre Hand gefasst
dō kēmen wi in ėn herrli^{M3} Land.
De Sēē, dē lēēg dor spēgelblank, |die lag
dat Gras, dat grȫȫn an' Strand hentlang. |das grünte
De Bȫȫm, dē wussen hebenhōōch, |*Bäume … wuchsen himmelhoch*
ōōk wēērn dor Blööd un Blȫȫm je nōōg, |Blätter & Blumen genug
dat wēēr sō frėmd un doch sō blied, |und doch so freundlich
as ēēn^{X29a} wull op de Biller süht. |wie man wohl auf Bildern (GrK1.1.116)

Dènn froog ik ehr un kēēk ehr an: |fragte … sah sie an
Seggst du wull nu: ›Adē, Jehann?‹
Dō schüddel sē de swatten Hoor, |schüttelte sie
doch wēēr sē stumm un sunnerbor.

Sē schuul de Ōgen mit de Hand |schützte die Augen
un stârr dor röver över'n Strand, |starrte hinüber
ik ōōk, hēēl vull vun Angst un Wēh, |voller ... und Schmerz
un sēhg ėn Seil dor in'e Sēē |sah ein Segel
un dėnn ėn Placken, dėnn ėn Bōōt |dann einen Fleck, dann
un dėnn ėn Frėmmen, fein un grōōt, |Fremden, fein & groß
in ėn Rock, mit gneterswatte|pickswatte Hoor |im ›Anzug‹
un as de Fischer *ganz* un gor|op un dool. |wie der Fischer
Dē nēhm ehr foot, mi worr sō wēh, |Der fasste sie, mir tat es weh
dėnn sä sē: ›Nu, Jehann, adē!‹ – – |dann sagte sie

(Weken loter:)

An't Ėnn kēēm ik dėnn tō Besinnen, |zur Besinnung
dō schien de Snēē no't Finster rin.
Süm|Se[X04] sään, dat wēēr je wunnerbor, |Sie sagten, es wäre
datt ik noch leev un beter worr.– – |lebte und gesundete

Dėnn nōōssen gung ik in de Welt |Später
un krēēg mien Dēēl an Gōōt[X52] un Geld |bekam meinen Anteil an
un krēēg mien Dēēl an Hattlēēd un Freud |an Leid und Freud
un as dat kēēm, sō drōōg ik't beid. |wie es kam, so (er)trug ich beides
Dėnn ümmer[X21] wēēr mi sō tō Sinn, |empfand ich
as wēēr kēēn rechten Smack dorin, |fand keinen r. Geschmack daran
dėnn ümmer[X21] wēēr mi sō tōmōōt, |so zumute
as kēēm un gung dat as de Flōōt ..." |quasi schicksalhaft

(lütten Kummentoor tō'n Afsluss vun Jehann-Ōhm sien Vertellen:)

Hē swiggt un nüült dėn Kopp in'e Hand, |schweigt & neigt den
hē drōōmt wull nochmool vun dėn Strand ...
Sō flüggt de Sēēl dör Nacht un Smatten|Wēhdoog |& Schmerzen
un finnt ehr Steed mit Rōh[X50] un Schadden. |Stätte mit Ruhe

---

144   Aussprachehilfen für ō, ē, ō̄, â, ė, ġ, ƀ: siehe auf Seite 5 UND Buchdeckel!

Hõ, hõ! – De annern wârrt noch luut!
Schleif-Scheren putzt wull èn Dööntje ut! |reißt wohl 'nen Witz (GrK1.1.117)
Hē hett sōōn Oort tō ›Segeldrücken‹, |Art ›einen draufzusetzen‹
datt alle lacht, as schullen süm|se^{X04} sticken. |lachen, als müssten sie ersticken
Dènn wârrt dèn **Dōōd** dat gor tō dull, |wird ... es gar zu toll
hē böört de Hannen, vun Dagblööd vull |hebt ... voller Tageblätter
(Wull meist èn Hâlfstieg Johr tō ōōlt!), |½ Stiege Jahre (10 Jahre)
hē böört de Hannen un hett süm|ehr^{X05} fōōlt |hat sie gefaltet
un seggt: „Wo mööġt jüm|ji|ju^{X01} sō vertellen! |Wie mögt ihr
Antwerpen brènnt de Citadellen, |in A. brennen die Festungen
in Frankriek is dat Solt sō düür, |das Salz so teuer
de hēle^{X29b} Süden steiht in Füür! |der ganze Süden ... in Flammen
Dom Michel hett *Dom* Carl *besiegt*, |Miguel I. (Port.), Carlos (V.) (Span.)
dat duurt ni^{X20} lang, sō hebbt wi Krieg!"

Sō streevt hē ruut mit grōte Schreed, |schreitet ... Schritten
ōōk för de annern wârrt dat Tiet.
Doch **Severinsche** singt noch lang |Doch die Severin, die singt
èn Pestilenz- un Kriegsgesang.

Wat sik dat Volk vertellt

|Was sich das Volk erzählt

1. Ōōl Büsum |Alt Büsum

(GrK1.1.117 – Kiek ōōk GrK5.1.155 un ōōk GrK2.260!)

Ōōl Büsen liggt in't wille Haff, |(Insel) im wilden Wattenmeer
de Flōōt, dē kēēm un wōhl én Graff. |kam & wühlte

De Flōōt, dē kēēm un spōōl un spōōl, |kam & spülte
bet sē de Insel ünnerwōhl. |dat Eiland unterwühlte

Dor blēēv kēēn Stēēn, dor blēēv kēēn Pohl, |blieb kein Pfahl
dat Woter schööl dat âll héndool. |spülte alles hinunter (GrK1.1.118)

Dor wēēr kēēn Bēēst, dor wēēr kēēn Hund, |da war kein Rind
dē liéġt nu âll in' dēpen Grund. |liegen … in tiefem

Un âllns, wat dor leev un lach, |alles, was da lebte & lachte
dat deck de Sēē mit dēpe Nacht. |deckte die See mit tiefer

Mitünner in de holle Ebb, |in der hohlen Ebbe (bei niedrigster Ebbe)
dō süht ēēn[X29a] vun'e Hüüs de Köpp. |da sieht man … die Dächer

Dénn duukt de Tōōrn ruut ut'n Sand, |taucht der Turm raus aus
as wēēr't én Finger vun én Hand. |als wäre es

Dénn hōōrt ēēn[X29a] sachs* de Klocken klingen, |Dann … wohl die Glocken
dénn hōōrt ēēn[X29a] sachs dén Kanter singen, |dann … den Kantor

dénn geiht dat liesen dör de Luft: |dann
„Begrabt den Leib in seine Gruft.“

2. Herr Johannis

|Herr Johannes

(GrK1.1.118 – Kiek ōōk GrK5.1.156 un ōōk GrK2.262!)

Tō Lunden vör de Roothuusdöör |Rathaustür
geiht Herr Jehannis hėn un her. |geht … hin und her

Hē geiht hėndool, hē geiht herop: |hinunter, herauf
Kummt kēēn un mookt de Döör ėm op. |keiner und macht … auf

Hē geiht wull op, hē geiht wull dool:
Kummt kēēn, dē ėm herin wull hool. |hereinholte

Dō stiggt de Hitt|Hitten ėm in dėn Kopp, |die Hitze
un ieverig* geiht hē dool un op. |zornig geht er

„Un stoh ik dėnn vör Recht un Root |vor Recht & Rat
as ârmen Sünner op'e Stroot?   *(GrK1.1.119)*

„Un heff ik fehlt vör Volk un Land, |hab' ich gefehlt vor
verlang ik Recht no Rang un Stand! |verlang' ich … nach

Verlang ik Recht no Stand un Ēhr, |nach Stand und Ehre
un wėnn't bi Dōōd un Düvel wēēr!" |und wenn's bei Tod & Teufel

Vör Iever gnisch hē mit de Tähn |Vor Eifer knirschte … Zähnen
un pedd ėn Hōōfies' in'e Stēēn. |trat ein Hufeisen in die Steine

Dō geiht de Döör, hē rin in Wuut[x51],
in' Ōgenplink|Ōgenblick stört hē wedder[x41a] ruut. |stürzt er

Un smitt sik in'e Hast in' Wogen |*schmeißt sich ... Hast ... Wagen*

un lett dėn Kutscher vörwârts jogen. |*lässt ... jagen*

'kēēn[X29c] kėnnt dėn Kutscher op'n Buck, |*Wer kennt*

hē hett dėn Hōōt in de Ōgen tuckt. |*hat den Hut ... gezogen*

Vēēr Hingsten swatt, ohn Prick un Prack; |*ohne jeden Fleck*

wo flēēġt de Mohnhoor um'e Nack! |*wie fliegen Mähnenhaare*

Wo flüggt dat Füür ut Ōgen un Stēēn! |*Wie fliegt das Feuer*

Wo flüggt de Damp um Nöös un Bēēn! |*um Nase und Beine*

Wōhėn? Wōhėn? Segg dat jo ni[X20] no! |*Verrat's bloß nicht*

De Maschlüüd stoht un sēht ėm no. |*Marschleute stehen & sehen*

Dat geiht no Büsum över'n Diek, |*geht nach ... übem Deich*

dat geiht bi Büsum dör dėn Slick. |*durch den Schlick*

Dō wies de Kutscher mit de Sweep|*Pietsch*, |*wies ... mit der*

dō tēēk Jehannis no de Dēēp. |*zeigte ... zu der Tiefe*

Dō jogen süm|se[X04] langs dėn wieden Strand, |*jagten sie*

nix blēēv dor as ėn Spōōr in' Sand. |*blieb ... außer einer Spur*

Nix blēēv dor as de Spōōr in' Stēēn, |*Spur im Stein*

dē kann ēēn[X29a] noch tō Lunden sēhn. |*kann man noch*

3. Hē wook |Er (er)wachte

(GrK1.1.120 – Kiek ōōk GrK5.1.158 un ōōk GrK2.266!)

Sē kēēm an't Bett in't Dōdenhèmd un hârr èn Licht in' Hand,
• sē wēēr noch witter |bleicher as ehr Hèmd un as de witte
|getünchte Wand.

Sō kēēm sē langsoom langs de Stuuv un foot |fasste an de
Gardien, • sē lücht |leuchtete un kēēk èm in't Gesicht un löhn
|lehnte sik överhèn |drüberhin.

Doch hârr sē Mund un Ōgen tō, de Bossen |Busen stunn ehr
still, • sē rōhr |rührte kēēn Lidd |Glied un sēhg |sah doch ut as ēēn,
dē snacken will.

Dat Gresen |Grausen krōōp |kroch èm langs dèn Rüch un
Schuder |Schauder dör de Huut, • hē mēēn |meinte, hē schrēēg
|schrie in Dōdesangst, un broch |brachte kēēn Stimm heruut.

Hē mēēn |meinte, hē grēēp |griffe mit beide Hannen un wehr sik
|wehrte sich vör dèn Dōōd, • un fōhl |fühlte mang âll de
Schreckensangst, hē rōhr |rührte ni[x20] Hand noch Fōōt.

Doch as hē èndli tō sik kēēm |kam, dō gung sē jüst ut' Döör, •
as Kried sō witt, in't Dōdenhèmd, un lücht |leuchtete sik
langsoom vör.

4. Dat stöhnt in't Mōōr |Es stöhnt im Moor

(GrK1.1.120 – Kiek ōōk GrK5.1.159 un ōōk GrK2.266!)

Wat stöhnt dor obends ruut ut' Mōōr? |heraus aus dem Moor

Dat is de Wind in Rēēt|in't Dack un Rōhr. |Schilf & Rohrkolben

Och nä, dat is kēēn Rēēt un Wind,

dor stöhnt èn Fru, dor wēēnt èn Kind! |stöhnt … weint

Dat wimmert obends krank un swach|swack, |schwach

dat snuckert luut de hēle[X29b] Nacht, |es schluchzt laut die ganze

dat flücht sik vör de Morgensünn |es flüchtet vor

as Nevel in de dēēpsten Grünn'. |wie … tiefsten Gründen *(GrK1.1.121)*

Doch wènn de Schēper mèddoogs slöppt, |Schäfer mittags schläft

sō hōōrt hē, wo dat liesen röppt, |wie es leise ruft

sō dēēp, sō dump, sō swack un lēēg, |tief, dumpf, schwach, krank

as gung dor nerrn èn Krankenwēēg. |ginge da unten … Krankenwiege

Dat is èn Sēēl, dē hett kēēn Rōh[X52], |Seele … hat keine Ruhe

dē flücht sik as de Morgendau, |flüchtet wie

dat is èn Sēēl, dē hett kēēn Freed, |keinen Frieden

dē singt un singt èn Wēgenlēēd. |Wiegenlied

Un is dat Mōōr allēēn un kohl, |allein und kahl

un jooġt de Blööd vun't Holt hėndool, |jagen die Blätter vom Wald herab

dėnn flüggt sē mit in Storm un Lârm, |flieht sie mit

ėn blēke Dēērn, ehr Kind in' Ârm. |ein bleiches Mädchen, … im

Op Dubenheid[X59]|›Dubenheid‹, dor is ėn Mōōr, |Heider Straße ›Duvenheide‹

dor stoht de Wicheln kohl un sōōr. |stehen die Weiden kahl & dürr

In Dubenheid, dor is ėn Lunk, |eine Senke

doch schriggt dor nu ni[X52] Poġġ noch Unk. |schreit … weder Frosch noch

Dat witte Wullgras steiht dor rund, |da umher

dor is ėn Döpel sünner Grund, |Tümpel ohne Grund

dat Woter siepert grȫȫn un troog |sickert, tröpfelt … & träge

un kummt bi Broken ēērst tō Doog. |Braaken, OT v. Hemmingstedt

Dat is de Kuhl, dor smitt sē't rin, |Grube, da wirft sie's rein

dat is de Platz, dor mutt sē hėn,

dor steiht un ritt sē sik de Hoor |reißt sie sich

un is verswunnen bet tōkomen Johr. |bis nächstes Jahr

De Wachtel röppt, de Hârvst, dē kummt, |ruft … kommt

de Kukuuk is al lang verstummt –

Nu hȫȫr, wo stöhn dat luut un swoor! |höre, wie stöhnte es … & schwer

Bâld wârrt dat still bet tōkomen Johr. |wird es still bis

5. Dat grulige Huus |Das unheimliche Haus

(GrK1.1.122 – Kiek ōōk GrK5.1.161 un ōōk GrK2.270!)

Dat süht bi Doog |*bei Tage* sō fründli ut mit Döör un Finstern geel |*gelb*, ▪ bi Nacht is dat ėn grulig[M3] |*schauriges* Huus, dėnn slârrt |*schlurft* dat langs de Deel.

Dat slârrt op Tüffeln |*Pantoffeln* Schritt för Schritt, dat slârrt dor hėn un her; ▪ doch wėnn de Dag an' Morgen graut, sō hȫȫrt ēēn[X29a] dat ni[X20] mēhr.

Dat's jüst, as gung |*ginge* ėn ōle Fru un söch |*suchte* de hēle[X29b] Nacht ▪ un kunn |*könnte* ni[X20] finnen un söch |*suchte* un söch bet an dėn hellen Dag.

Dat kummt an' Ōbend ut de Stuuv |*Stube* un wannert langs de Deel |*Diele* ▪ un fȫhlt |*fühlt* herum bi jēēdēēn Döör, as wėnn de Slötel fehl |*fehlte*.

Dat funsselt |*fingert* an de Kökendöör, dat klötert |*klappert* an dėn Ring |*an dem Ring*, ▪ dat kraut un grabbelt |*2x tastet* an de Breed |*Brettern* un rȫhrt an |*greift nach* Slott |*Schloss* un Klink.

Dėnn slurrt |*schlurft* dat wieder an de Wand un ruschelt |*raschelt* in dėn Gang, ▪ dėnn pedd |*tritt* dat langs de Trepp tōhȫȫch |*nach oben* un trufft |*trampelt* dėn Böhn hentlang.

Dor trufft |*trampelt* dat langsoom hėn un her un wȫhlt |*wühlt* in Törf |*Torf* un Kaff |*Spreu*, ▪ dėnn pedd |*tritt* dat wedder[X41a] no de Luuk |*Luke* un kummt de Trepp heraf.

De Sooldöör |*Saaltür* hett ėn iesen Keed |*Eisenkette*, dor ritt |*reißt* dat över Stunnen: ▪ Doch wėnn de Hohn an' Morgen kreiht, is't jēēdēēn Mool verswunnen.

6. De hillige Ēēk |*Die heilige Eiche*

(GrK1.1.122 – Kiek ōōk GrK5.1.162 un ōōk GrK2.272!)

Bi'n Kârkhoff dool |*hinunter*, an't Ėnn vun't Dörp |*tō Ėnn dat Dörp*, dor steiht ėn Bōōm an' Beek |*Bach*, • de Jungs, dē stieġt |*steigen* in âll de Bōōm, doch ni[X20] in disse Ēēk. *(GrK1.1.123)*

Dē steiht dor knurrig |*knorrig* hēēl[X29b] allēēn, ėn Stubben |*Stumpf*, ōōlt un krumm, • un streckt ėn Ast no'n Heben rop, as lang |*langte* dor ėn Ârm herum.

De Jungs, dē stieġt |*steigen* in âll de Bōōm, doch disse steiht in Ruh[X52], • dėnn obends drōht[X53] hē mit sien Ârm un mookt |*macht* süm|ehr[X05] still un schu |*scheu*.

Dėnn obends drōht[X53] hē in dėn Wind un mookt süm|ehr[X05] schu un stumm, • dėnn geiht kēēn Fru, dėnn geiht kēēn Kind allēēn no'n Kârkhoff rum.

De Vogeln flēēġt |*fliegen* in âll de Bōōm un singt |*singen* süm|ehr[X06] Lēēd hėndool: • Hier kummt kēēn Flünk |*Flügel*, hier kummt kēēn Lünk |*Spatz*, un Uul |*Eule* un Kreih |*Krähe* ni[X20] mool.

Hōōch in'e Spitz, dor sitt |*sitzt* ėn Nest, dat wârrt mien Doog ni[X20] |*überhaupt nicht* kloor |*fertig*, • ėn swatten Klunkroov |*Kolkrabe* sitt dorbi un schriggt |*schreit* dat hēle[X29b] Johr.

Hē schriggt sō holl |*hohl* bi Dag un Nacht, de Stimm is hēēsch |*heiser* un drang |*scharf*, • sō schriggt hē dor dat hēle[X29b] Johr al Minschendėnken lang |*schon seit Menschengedenken*.

Süm|Se[X04] seġġt |*Man sagt*, sō schriggt hē hunnert Johr, dėnn flüggt |*fliegt* hē op no't Nōōrn, • dėnn drifft |*treibt* de Bōōm ėn annern Tėlgen |*Ast*, hōōch as de Kârkentōōrn |*Kirchturm*.

Dénn schâll |*wird* én annern |*neuer* Vogel komen, mit Flünken hell un witt, • un sett |*setzt* sik dool un buut dat Nest: Dénn kummt de gōde[X50] Tiet.

Dénn hebbt |*haben* de Vogeln dor süm|ehrn[X06] Platz, de Jungs dénn dor süm|ehr[X06] Freud, • dénn hebbt |*haben* de Ōlen dor süm|ehrn[X06] Trōōst un Rōh[X52] un Ōgenweid. –

De Roov, dē schriggt |*schreit*, de Bōōm, dē drōht[X53], de Blöder |*Blätter* joogt |*jagen* héndool: • Mi dünkt |*scheint*, dat süht sō trurig ut, as blēēv |*bliebe* hē ēwig kohl.

7. De Pukerstock |›Erbstock‹, mit Nägeln beschlagener Stock

(GrK1.1.124 – Kiek ōōk GrK5.1.164 un ōōk GrK2.274!)

Hē hârr én Handstock mit én Rēēm |*Riemen*, én Wittdōōrn |*Weißdorn* ut de Heck |dén Tuun, • in jēēdēēn Dōōrn én Puker |*Messingnagel* sloon |*geschlagen* un nerrn |*unten* én mischen Pēēk |*eine Messingpike*.

In't Klockenhuus |*Uhrgehäuse*, dor wēēr sien Steed |*Platz*, bi Ēēk |*Eichenstock* un 't spoonsche Rōhr |*spanische Rohr (Rohrstock)*. • Un mellt |*meldet (sagt an)* de Stock – dénn mutt hē lōōs, wiet över Heid un Mōōr.

Dénn wârrt |*wird* hē blēēk |*bleich* un liekenblass, sien Mōder[X12] wēēnt |*weint* un beedt |*betet*, • doch watt |*ob* sē beedt un watt |*ob* sē wēēnt, hē hett kēēn blieben Steed |*keinen bleibenden Platz (muss los)*.

Hē nimmt dén Stock ut' Klockenhuus, is witt un liekenblass, • hē nimmt sien Hōōt un seggt kēēn Wōōrt un wannert lōōs in Hast.

Un watt |ob hē jüst sien Mėddag ēēt |äße un ēēt sien Obendbrōōt · un watt |ob hē slēēp |schliefe ėn Dōdensloop |Totenschlaf. Dat röppt ėm ut dėn |Es ruft ihn aus dem Dōōd.

Dėnn steiht hē op bi düüstere Nacht un grabbelt in'e Klock |Uhrengehäuse · un wannert fōōrt|weg in Snēē un Storm, allēēn mit Hōōt un Stock.

Sien Mōder[X12] liggt in't Bett un wēēnt, doch vör dat Morgenbēēr |Warmbier (früher statt Kaffee) · is hē tōrüch, sō liekenblēēk |leichenblass, as kēēm |käme hē ut de Ēēr |Erde.

Dėnn itt |isst hē ni[X20], dėnn drinkt hē ni[X20] un liggt as dōōt un slöppt · un ârbeidt |arbeitet still de Weken lang, bet ėm dat |es wedder[X41a] röppt |ruft.

Un wėnn dat röppt, sō mutt |muss hē fōōrt un hett ni[X20] Rōh[X52] noch Rau[X52] |nicht Ruhe noch Rast · un kummt ēērst jēēdēēn Mool tōrüch jüst mit dat Morgengrau.

Wōhėn hē geiht? Hē seggt 't ni[X20] no |verrät es nicht un seggt ni[X20], wat hē süht, · doch mârkt |spürt hē jēēdēēn Liekentog, al ēhr |schon bevor de Klocken lüüdt |läuten.

Süm|Se[X04] seggt |Sie sagen, sōdro |sobald de letzte Moon |Mondzyklus för jichensēēn |irgendjemand begünnt |zunimmt, · sō mutt |muss hē lōōs un mielenwiet dėnn sōken |suchen, bet hē't finnt |findet, (GrK1.1.125)

un sēhn |blicken in't Finster, sēhn |erblicken ėn Liek |Leiche in Dōdenhėmd un Sârg, · dē nu noch mit sien Kinner lacht, vėllicht gor sund[X38] un stârk.

Hē pickt |tickt an't Finster: ēēn! twēē! drēē! – kickt |blickt över de Luken |Fensterläden weg: · Al mėnnig |Schon manches Hatt un Spinnrad stock |stockte, dat ėm dor kieken sēhg |spähen sah.

Al mennig Hatt versett |*veränderte* den Slag, wenn't an de Luken klopp |*klopfte*, ▪ wull ēēn! twēē! drēē! – un dat överhenkēēk |*es herüberblickte* as en Dōdenkopp.

Denn is hē weg! Doch seġġt süm|se[X04] |*sagen sie* noch, em kummt de Tog |*Leichenzug* tōmȫȫt |*entgegen*, ▪ un hē mutt |*muss* över alle hen, hōōch över Köpp un Hȫȫd |*Hüte*,

hoch över Kopp un Schullern weg un boben över'n Sârġ, ▪ denn mutt |*muss* hē stohn un kieken süm|ehr[X05] no |*ihnen nachblicken* bet an de nēēgste Kârk.

Un hett kēēn Ruh[X52] un hett kēēn Rōh[X52] |*Ruh' & Rast*, bet nȫȫss' |*später* de Klocken lüüdt |*läuten* ▪ un hē tō'n twēten Mool den Tog in Flōōr |*Trauerflor* un Mantel süht. –

In't Klockenhuus |*Uhrgehäuse*, dor stunn de Stock manġ Ēēk un't spoonsche Rōhr, ▪ un wenn hē mell |*sich meldete*, sō muss |*musste* hē fōōrt wiet över Heid un Mōōr.

Hē stēēk |*steckte* em in en dēpe Grȫȫv[X75] |*Graben*, hē smēēt |*schmiss* em in en Beek; ▪ hē kēēm tō Huus – dō wēēr hē doch in't Klockenhuus in' Eck |*in der Ecke*.

Hē brōōk |*brach* em twei |*entzwei*, hē hau em klēēn|lütt |*lütt* in luter Gruus un Muus |*in lauter Stücke*, ▪ doch jümmer[X21] wēēr hē wedder[X41a] dor in'e Eck in't Klockenhuus.

Brenn hē em op |*Verbrannte er ihn*, sō wēēr hē dor, wegsmeten |*weggeworfen* – hē wēēr dor, ▪ lēēt he em in en Wēērtshuus stohn – denn broch |*brachte* de Wēērt em no. – –

Dō kēēm denn mool en Mann in't Huus, wēēr jüst op Wiehnachtenobend |*am Weihnachtsabend*, ▪ dē kēēm un hool |*holte* den Pukerstock – un is ni[X20] wedderkomen[X41a] |*wiedergekommen*.

8. Hans Iiever |Hans Ingrimm

(GrK1.1.126 – Kiek ōōk GrK5.1.167 un ōōk GrK2.278!)

De Koot liggt dool, de Krōōg liggt wōōst: |Kate liegt danieder ... Feld ... wüst
De ârme Sēēl hett Gott erlōōst|utlōōst. –

Hans Iever rēēp dèn Morgen frōh:
Stoh op, stoh op! Un melk de Kōh! |melke die Kühe

Dat Mäden flōōg vör Schreck tōsomen: |Mädchen fuhr ... zusammen
Ōh jo, Hans Iever, ik will komen! |Oh ja ... will kommen

Sē wēēr èn ârm[M3] verloten[M4a] Blōōt, |armes verweistes Blut (Wesen)
sē bee'|beed tōēērst tō'n lēben Gott. |betete

Ehr Hèmd is dröhtig|deker, dünn de Rock, |fadenscheinig (verschlissen)
sē binnt um't lange Hoor èn Dōōk. |bindet ... Tuch

Sē schört um't smâlle Lief èn Ech|Egg, |schürzt um ... eine Webkante (Schurzband)
sē nimmt de Dracht un is tōrecht. |die Trage (das Schulterjoch) ... fertig

Dat Mäden wēēr sō jung un mōōd, |Mäden=Dēērn ... & müde
ehr sangeln noch de wēken Fōōt. |ihr brannten ... weichen Füße

Dat Gras is kōōlt vun Dook un Dau, |kalt von Nebel und Tau
dat Feld liggt blēēk in't Morgengrau. |liegt bleich

Dō wēēt sē gor ni[X20], wo ehr wârrt, |weiß sie ..., wie ihr wird
ehr kruppt de kōle Angst um't Hârt|Hatt! |ihr kriecht die kalte ... ums Herz

Is dat de Foss, dē jankt in't Feld? |Fuchs, der jault
Is dat ėn Hund, dē huult un bellt? (GrK1.1.127)

Sē hȫȫrt, as rēēp Hans Iever frȫh: |als riefe
Stoh op, stoh op! Un melk de Kȫh!

Sē springt verschüchtert op dat Steg: |auf das (Übersteigebrett)
Herr Gott! Dor steiht ėn Wulf in' Weg!

In' Nevel steiht hē, huult un bellt, |Im Nebel
dō klingt dat dör dat wiede Feld! |da klingt es

Dō schütt sē as ėn Lamm tōsomen |Da schießt (fährt) sie ... zusammen
un röppt: Hans Iever, jo, ik koom! –

As sē vun' Schrecken sik besunn, |besann
dō wēēr de bȫse Wulf verswunnen.

Sē kēēm tō Huus mit Dracht un Melk, |mit Joch & Milch
dō wēēr Hans Iever lēēg un welk. |krank und welk

Dėnn is hē storßen, bi Nacht, allēēn,
de Werwulf worr ni[x20] wedder[x41a] sēhn. |Werwolf wurde nicht wieder gesehen

Gott hett sien ârme Sēēl erlȫȫst|utlȫȫst: |erlöst
Sien Koot un Krōōg lieġt wild un wȫȫst. |liegen wild & wüst

Ut de ōl' Krönk

|Aus der alten Chronik

1. Groof Rudolf vun de Bȫkelnborg

(15. März 1145!)

(GrK1.1.127 – Kiek ōōk GrK5.1.169 un ōōk GrK2.282!)

„Koomt rop |*Kommt herauf*, Herr Groof vun Bȫkelnborg |*(Burg i. Dithm.)*, de Buurn koomt |*kommen* mit Kōōrn! ▪ Koomt rop, mien Groof, un freut |*erfreut* dat Hatt un sēht mool mit vun dėn Tōōrn!" *(GrK1.1.128)*

„De Buurn wullen |*wollten* Herren ween[X82], dat is süm|ehr[X05] slecht bekomen! ▪ Nu treckt |*ziehen* süm|se[X04] her as Oss un Swien mit Hâlter |*Halfter* un mit Kloben |*Halsjoch*."

Fru Wâlborg sēēt in sieden Klēēd un Krüsen |*Halskrause* um de Back, ▪ de Buurn kēmen dör Schiet un Lēhm, âll mit ėn Kloben um' Nack.

Süm|Se[X04] kēmen tō Wogen ēēn bi ēēn |*nacheinander* mit grōte Säck vull Kōōrn, ▪ de Groof mitsamts sien stolte Fru, dē kēken dool |*herab* vun' Tōōrn |*Turm*. –

„Koomt raf |*Kommt herab*, Herr Groof, sluut |*schließt* open de Pōōrt |*Pforte*, koomt raf un nehmt de Schuld!" ▪ De Buur is komen in Keed |*Kette* un Kloben un hett betohlen wullt |*bezahlen wollen*.

Dō lach |*lachte* hē in sien griesen Boort, dō lach sē in de Tähn |*grinste sie*, ▪ dō stunnen süm|se[X04] op in âll süm|ehrn[X06] Stoot |*Pracht*, de Ossen antōsēhn.

Dō dään |*machten* süm|se[X04] wiet de Pōōrten open för Wogen un för Peer, ▪ dō kēmen süm|se[X04] rin, ėn lange Rēēg |*Reihe*; de letzte spârr |*versperrte* de Döör.

Dē spârr de Pōōrt un rēēp sō luut: De Buur is doch kēēn Sloov |*Sklave*! ▪ Nu rōhrt |*rührt (regt)* de Hannen un sniedt |*zerschneidet* de Bannen |*Fesseln* un steekt |*erstecht* dėn Bōkelgroof!

Dō worrn süm|se[X04] beid as Kried |*Kreide* sō witt un as de kâlkte Wand, ▪ dō sprung ut jēēdēēn Wētensack |*Weizensack* ėn Keerl, ėn Mess in' Hand.

Un nu, Herr Groof, man raf in Droov |*Trab*: Wi bringt dėn Martinssold |*(10. Nov.)*! ▪ De Buur is komen in Keed un Kloben, un dē betohlt sien Schuld.

2. Groof Gēērt in Ōlenwȫhren |heute: Wöhrden

(18. September 1319!)

(GrK1.1.128 – Kiek ōōk GrK5.1.171 un ōōk GrK2.284!)

Dat wēēr Groof Gēērt, de Grōte, dē kēēm no Ōlenwȫhren, ▪ dē wull de Buurn in'e Masch |Marsch dat Opsitten |Gehorsam (wie bei Hunden: Sitz!) lēhren. (GrK1.1.129)

Hē joog |jagte süm|ehr^{X05} ut de Hüüs ruut, hē joog süm|ehr^{X05} ut de Schünen, ▪ dor nēhm hē Gōōt^{X50} un Geld heruut, un Füür lä |legte hē rin.

Dat wēēr ėn bannig^{M3} |schreckliches Lōpen wull op dėn Wȫhrner Mârkt^{X77}: ▪ Süm|Se^{X04} lēpen |liefen, nokelt |nackt as süm|se^{X04} wēērn, mit Fru un Kind tō Kârk |Kirche.

Dō kēēm Groof Gēērt, de Grōte, mit Trummel un mit Fohn, ▪ dō sett |setzte hē op uns Herr sien Huus dėn willen rōden Hohn.

„Nu smōōrt |schmoren süm|se^{X04} as de Bückeln |Bücklinge, nu broodt |braten süm|se^{X04} as de Ool |Aale!" ▪ Dō drippel |tropfte as ėn Regenschuur dat smȫlten |schmelzende Blie |Blei hėndool.

Herr Groof, sō hebbt |habt Erbârmen un hȫȫrt de bittere Nōōt! ▪ Dat drippelt |tropft hitt dör Schild un Helm, dat Iesen wârrt uns rōōt.

Herr Groof, sō hebbt Erbârmen vör Hitten un Höllenquool! ▪ Dat drippelt hitt dör Schild un Helm, op Fru un Kind hėndool.

Un hebbt |haben süm|se^{X04} kēēn Erbârmen mit Jammer un mit Nōōt, ▪ sō foot |fasst dat rōde Iesen an un sloot |schlagt de Düvels dōōt! –

Dat wēēr ėn bannig^{M3} Lōpen vun Wȫhren bet no Lōh |heute: Lohe-Rickelshof. ▪ Groof Gēērt, dē lēēp |lief mit âll sien Volk |Kriegsvolk rein lütt |ganz klein no't |nach Holstēēn tō.

3. De Holsten in'e Hamm |*Hamme, östl. Wald-Sperrgürtel*
(5. August 1404!)

(GrK1.1.129 – Kiek ōōk GrK5.1.173 un ōōk GrK2.286!)

Wat treckt |*zieht* dor dör de Hamm sō blank un sō rōōt? · Wull drēēhunnert Holsten-Herren |*-Junker*, dē hebbt sōōn frischen Mōōt |*Mut*.

De Dithmarscher Buurn, dē hârrn dat rōde Gold |*waren so reich*, · de Dithmarscher Buurn, dē worrn |*wurden* süm|ehr[X05] |*ihnen* tō stolt.   *(GrK1.1.130)*

———

Wat liggt |*liegt* in de Hamm dor sō blēēk un sō rōōt? · Wull drēēhunnert Holsten, dē driebt |*treiben* dor in süm|ehr[X06] Blōōt |*Blut*.

De Dithmarscher Buurn, dē hebbt süm|ehr[X05] |*ihnen* dat lēhrt |*gelehrt*: · Süm|Se[X04] hârrn ōōk dat Iesen, tō |*für den* Plōōg un tō |*fürs* Sweert.

———

Wat treckt dör de Hamm dor sō witt un sō blēēk |*bleich*? · Wull drēēhunnert Eddelfruuns, dē hoolt |*holen* de Lieken weg.

De Dithmarscher Buurn, dē stunnen in'e Hamm: · Un wenn de Herren |*Junker* wedderkoomt[X41a] |*wiederkommen*, mag Gott süm|ehr[X05] verdammen!

4. De Slacht bi Hemmingsteed |Hemmingstedt

(17. Feb. 1500!)

(GrK1.1.130 – Kiek ōōk GrK5.1.174 un ōōk GrK2.288!)

De Kȫnig tō dėn Hertog sprōōk: „Och, hattlēve |herzlieber Brȫder mien, • wo |wie kriėgt |bekommen wi dat frie'e Dithmarscher Land? Segg an, wo |wie koomt |kommen wi rin?"

As dat Reinold vun Mailand hȫȫr[X65] |hörte, dē mit sien gelen |gelben Boort, • dō sä hē: „Wi schickt |schicken de Gârr |der Schwarzen Garde ėn Bood |Boten, datt uns ėn Bistand wârrt |wird." *(GrK1.1.131)*

Sōdro |Sobald de Gârr dat Wōōrt man |nur hȫȫr[X65] |hörte, rüst |rüstete sē sik mächtig sēhr |gewaltig, • sē rüst wull foffteihndusend Mann un trock dȫr de Heilōh |Heide her.

Un as de Gârr bi dėn Kȫnig kēēm: „Och Herr, mien lēve Herr, • wō liggt |liegt dėnn nu dat Dithmarscher Land, in' Heben |Himmel ōder op de Ēēr?"

„Dat's ni[X20] mit Keden |Ketten an' Heben bunnen |gebunden, op Ēērn is dat tō finnen!" • Dō sä |sagte de Junker Slenz mit Stolt: „Dėnn wüllt|wöö' wi't |wollen wir's bâld wull winnen |wohl gewinnen!"

Hē lēēt |ließ dėn Trummelsläger sloon, de Fohnen, dē lēēt hē flēgen, • süm|se[X04] trocken ut |zogen aus över Weg un Steg, bet süm|se[X04] dat Ländken sēhgen |sahen. —

„Nu wohr di |wahre dich, Buur, de Gârr, de kummt", vun Meldörp joogt |jagt sē her, ▪ de Helms un Panzers schient |scheinen as Gold, as Sülver schient de Peer.

Kōnig Hans – un âll wat Odel |und der ganze Adel – kummt mit grōten Lârm un Schâll, ▪ de Wulf |W. Isebrand, dē luurt |lauert mit wücke |einigen Buurn bi Broken |Braaken (Hemmingstedt) achter'n Wâll.

Vun Meldörp trock dat |zog es swatt hendool, wull dörtigdusend Mann: ▪ Vun Wōhren |Wöhrden iel |eilte ėn lütten Tropp, ėn Mäden |Mädchen gung vöran.

„Sō hölp |hilf uns, Herr, du hest dat Riek in' Himmel |(im religiösen H.) un op Ēēr!" ▪ Wulf Isebrand stört |stürzte ut de Schanz, twēēhunnert achterher.

Un op de Panzers fullen de Slääg |Schläge, un Rieders |Reiter in dėn Sand, ▪ un vun de Gēēst, dor kēmen de Buurn, un de Flōōt |Flut kēēm över't Land.

Un dool vun' Heben |Himmel full de Snēē, op Peer un Minsch fullen Slääg, ▪ blank worr dat Mōōr un witt de Gēēst, un blōdig |blutig worrn de Steeg |Steige. (GrK1.1.132)

De Buurn, dē schrēgen |schrieen: „Steekt |Stecht de Peer un schōōnt de Riederknechts!" ▪ Süm|Se[X04] sprungen bârfōōt mit de Kluverstöck |Springstöcken un slōgen links un rechts.

Un rēten |rissen in'e Grōben[X75] |Gräben dool un störten |stürzten süm|ehr[X05] in' Slamm, ▪ bet Minsch un Vēēh sik drängen |drängten un drungen |drangen âll langs |entlang dėn smâllen Damm.

Aussprachehilfen für ō, ē, ō̈, â, ė, ġ, ƀ: siehe auf Seite 5 UND Buchdeckel!

„Nu wohr |*hüte* di, Gârr, de Buur, dē kummt!", hē kummt mit Gott, dėn Herrn, • vun' Heben |*Himmel* fâllt de Snēē heraf, de Flōōt, dē stiggt |*steigt* vun nerrn |*unten*.

Un wiet ut âll de Dörpen |*Dörper* her kummt Hölp un frischen Mōōt: • „Nu schōōnt de Peer – dē riedt |*reiten* wi noch – un sloot |*schlagt* de Rieders dōōt!"

In Slick un Slamm sack |*sank* mėnnig |*mancher* Herr |*Junker*, dē sunst op Sied |*Seide* man lēēg |*nur lag*, • in't Swienmōōr |*Schweinemoor* liggt nu mėnnig ēēn |*so mancher*, dē hârr ėn gollen |*goldene* Wēēg.

Kēēn Noom sō grōōt |*Kein größerer Name* in't Holstenland un ni[X20] in Dännemârk, • dor liegt |*liegen* süm|se[X04] nu ohn Krüüz un Stēēn, dor liegt süm|se[X04] ohn ėn Sârg.

De Gârr, dē full |*fiel* mit Junker Slenz, sō grōōt un stolt hē wēēr, • de lange Reimer Wiemersteed, dē kēēm un stēēk |*stach* ėm dör.

Mit naue Nōōt |*Äußerst knapp*, in Angst un Sorg kēēm Kȫnig Hans dorvan|dorvun; • in Meldörp lēēt |*ließ* hē Bēēr un Wien un Brodens |*Braten* in'e Pann |*Pfanne*.

Dat gēēv |*gab* ėn Fest! No Nōōt un Dōōt, un Frieheit wēēr dat Ârv |*Erbe*. • Dat mook |*machte* dėn Düvels-Isebrand un de Dusenddüvelswârft! *(GrK1.1.133)*

5. Heinrich von Zütphen*

(GrK1.1.133 – Kiek ōōk GrK5.1.177 un ōōk GrK2.294!)

De Wächter rēēp. Hēēl[x29b] Meldörp slöppt, de Regen pâlscht |*pladdert* in Strōōm. ▪ Vun't Klōōster glinstert |*glänzt* noch ėn Licht geel dör de Iepernbōōm |*Ulmen*.

An't Finster treckt |*ziehen* dor Schaddens lang, un Stimmen, un Schreed |*Schritte* wârrt |*werden* luut: ▪ De Döör stört |*stürzt* op – in blōten Kopp ėn Mann in' Regen ruut.

Süm|Se[X04] hebbt |*haben* ėm knevelt as ėn Oss, hē geiht op blōte |*bloßen* Fōōt; ▪ ėn Tropp |*Trupp* vun Minschen folgt ėm no in Mantels, Röck |*Röcken* un Hōōd |*Hüten*.

Süm|Se[X04] treckt |*ziehen* ėm langs dėn Klōōsterhoff un langs de düüstere Stroot, ▪ de Wächter steiht vör Schrecken still, as süm|se[X04] vörövergoht |*vorübergehen*.

Sien Hōōrnlücht |*Hornleuchte* gēēv ėn blēken |*blassen* Schien dėn |*dem* Minschen in't Gesicht; ▪ de Wächter stunn un nüül |*neigte* dėn Kopp un stöhn |*stöhnte*: „Herr Heinerich!"

Dē gung sō still in' Düüstern fōōrt un wēēr sō blēēk un natt; ▪ stumm folg |*folgte* de hēle[x29b] Minschentropp un stött |*stieß* ėm dör de Stadt.

Ėn Ketter |*Ketzer* finnt |*findet* kēēn Gnood |*Gnade* un Hölp! Süm|Se[X04] stōōt |*stoßen* ėm ut dėn Ōōrt |*Ort* ▪ un dėnn mit Lârm un mit Getōōs |*Getöse* dėn Weg no de Heid hėn fōōrt |*hinfort*.

Süm|Se[X04] stōōt |*stoßen* ėm langs de dēpen Weeg |*tiefen Wege*, süm|se[X04] sloot |*schlagen* ėm, wėnn hē fâllt: ▪ De Nōōrmöller |*Nordermüller* hōōrt mit Angst, wo't |*wie's* ut dėn Mōōrweg schâllt.

Kēēn Hölp! Süm|se^X04 jooǥt |jagen ėm dör de Nacht, in' Regen, datt dat strȫȫmt: ▪ In Meldörp slöppt doch mėnnig |manches Hatt, dat vun Herr Heinri drȫȫmt. *(GrK1.1.134)*

In Meldörp wookt |wacht doch mėnnig |manche Sēēl un dankt ėm fromm un stumm ▪ un dėnkt an sien gewâltig^M3 Wōōrt vun't *Evangelium.*

Un hē mutt |muss bârfōōt dör dėn Frost, un wėnn hē fâllt un beedt |betet, ▪ sō flȫȫkt |(ver-)fluchen süm|se^X04 ėm un schellt |(be-)schimpfen süm|se^X04 ėm un stȫȫt |stoßen ėm vun'e Steed |vorwärts.

In't Swienmōōr is ni^X20 Weg noch Steg, dor geiht dat wild hėndör, ▪ bi Hemmingsteed liggt hē as |wie dōōt, süm|se^X04 binnt |binden ėm achter't Peerd.

Bi Broken |Braaken sleept |schleppen süm|se^X04 ėm vörbi, an Hōgenheid |Hohenheide, no't Nōōrn: ▪ De Dag, dē graut, dō sēht |sehen süm|se^X04 blēēk dėn Heider Kârkentōōrn.

Kēēn Gnood?! Herr Bōje |(Pfarrer in Meldorf) hett doch reedt |geredet mit âll sien Macht un Kunst! ▪ Kēēn Hölp! Sōgor ėn rieke Fru bōō'^X60|bōōd |bot Geld un Gold – umsunst!

Bi düüstere Nacht, as Lump|Schelm^alt un Dēēf |Dieb, sō hēlen |hielten de Bȫsen Root |Rat; ▪ as Meldörp wook |erwachte dėn annern Dag, dō wēēr dat âll |alles tō loot |spät! –

De Tropp hēēl |hielt still in't Morgengrau tō Süden an'e Weid. ▪ Dor brōōk |brach hē dėnn no't Ōōsten um, dwēēr |quer över Lüttenheid |(Heider OT).

Dē dor al wook |wach war, dē sēhg |sah mit Schreck dėn Schinner |Schinder op ėn Peerd, ▪ ėn Mann, dē blött |blutete un knapp |kaum noch leev |lebte, fastknevelt achter ėn Stēērt |an den Schwanz gebunden.

Èn Tropp in natte Mantels stött |stieß èm vörwârts, wènn hē sunk |in die Knie ging: ▪ Dor woog't |wagt's tōletzt èn ōle Fru, broch |brachte èm sien letzten Drunk |Trunk.

Tō Nōōrn de |Nördlich von Heid, dor wēēr èn Platz, dor lēgen |lagen Stēēn un Schutt, ▪ dor hârrn süm|se[X04] hōōch ut Holt un Törf èn Sünnerhupen |Scheiterhaufen buut.

Dor lēpen |liefen Minschen bâld tōhōōp un brochen |brachten Spōōn |Späne un Strōh: ▪ Gor mènnig |mancher mēēn |glaubte an èn gōde[X50] Doot un dä |tat sien Dēēl |Teil dortō. (GrK1.1.135)

Èn Gēēstbuur fohr |fuhr vörbi no Masch |zur Marsch, dē broch |brachte sien Bünnel Heid |Heidekraut. ▪ Herr Heinri bee'|beed |betete: Vergeev èm |Vergebe ihm Gott, hē wēēt |weiß ni[X20], wat hē deit!

Herr Heinri bee'|beed: Vergeev süm|ehr[X05] Gott, süm|se[X04] wēēt |wissen ni[X20], wat süm|se[X04] dōōt |tun! ▪ Dō schien op Heid un op de Gēēst dat helle Morgenrōōt.

De Klōōt |Schicht-Haufen, dē quâlm |qualmte, de Regen strōōm |strömte, de Heben wēēr as Füür. ▪ Herr Heinri bee'|beed in Damp un Quâlm: *Oh Herr, vergib auch mir!*

In Quâlm un Regen luur |wartete dat Volk: Gott wull |wollte ni[X20], datt dat brènn |brannte. ▪ Dō kēēm èn Smitt |Schmied, un mit ēēn Slag hârr âll de Quool èn Ènn.

In Meldörp wēēn |weinte Herr Bōje luut, bet Sachsen wēnen |weinten süm|se[X04] Tronen, ▪ doch Dokter Martin sä: *„Das Wort sie sollen lassen* stohn |stehen*!"*

Aussprachehilfen für ō, ē, ȫ, â, ė, ġ, b̄: siehe auf Seite 5 UND Buchdeckel!

6. De letzte Fēhd |*Die letzte Fehde (Der letzte Waffengang)*

(GrK1.1.135 – Kiek ōōk GrK5.1.180 un ōōk GrK2.300!)

Ni[X20] ēēn Wōōrt worr |*wurde* hōōrt, ni[X20] ėn Stimm, ni[X20] ėn Luut,
süm|se[X04] stunnen as de Schoop op'e Weid, |*die Schafe*
süm|se[X04] stunnen as de Rest vun ėn doolsloon Holt, |*abgeholztem Wald*
tō Fōten de Trümmer vun Heid.

Sō wiet ēēn[X29a] kēēk, de Besten ut' Land, |*man blickte*
dor wēērn süm|se[X04] fullen as dat Rēēt: |*gefallen wie das Reet*
Nu stunn noch de Rest un sack op'e Knēē – |*sank in die Knie*
süm|se[X04] swōōrt nu ėn Herrn dėn Ēēd. |*schwören … den Eid*

Dor klopp wull mėnnig Hatt in'e Bost, |*klopfte … manches*
un dat Blōōt, dat krōōp un stēēg, |*Blut, das kroch und stieg*
doch de Ōgen gungen mit Tronen över't Land,
un de Mund wēēr stumm un swēēg. |*schwieg (GrK1.1.136)*

Dėnn wiet umher de Besten ut' Land
in Freden un Striet vörut, |*in Frieden und Krieg voraus*
dē lēgen nu dōōt op dat Feld vun'e Heid |*lagen*
un stumm ünner Asch un Schutt.

Ni[X20] ėn Luut worr hōōrt as dat Haff un de Flōōt, |*als das Wattenmeer*
un de Prēēster lēēt süm|ehr[X05] swōren, |*Priester ließ*
op'e Knēē, dor lēēg dat Dithmarscher Volk |*lag*
un de Achtunvēērtig Herren. |*48 Herren, die gewählte Landesführung*

Noch schient de Hęben dor blau hėndool |*Himmel … herab*
un grōōn dat Holt un de Ēēr: |*der Wald und die Erde*
De Dithmarschers fâllt de Tronen in't Gras, |*den … fallen die*
un de Frieheit sēht süm|se[X04] ni[X20] mēhr! |*sehen sie nicht wieder*

Unruh Hans

De letzte Toterkönig |*Der letzte Zigeunerkönig*

(GrK1.1.136 – Kiek ōōk GrK5.1.182 un ōōk GrK2.302!)

Kruup ünner, kruup ünner! |*Kriech unter,*
De Welt is di gramm. |*ist dir gram*
Ōōl[M3] Toterlēēd |*Zigeunerlied*

In't Linnener Mōōr, dor steiht ėn Hütt. |*Im Lindener Moor*
'kēēn[X29c] is de Ōl', dē buten sitt |*Wer ist der Alte, der draußen sitzt*
in blōten Kopp mit swatte Hoor, |*mit bloßem Kopf*
as Törf sō bruun un sunnerbor? |*wie Torf so braun*

Sō sitt hē op ėn grōten Bült |*Haufen Rasensoden,*
as wēēr't ėn goten koppern Bild, |*wär's ... gegossenes Bild (GrK1.1.137)*
de Backen vun de Sünn vergüllt, |*Wangen ... vergoldet*
de witten Ōgen lōōpt ėm wild. |*weißen Augen laufen*

Wat mookt hē hier in't Linnener Mōōr?
Dat's âllns bruun un wild un sōōr, |*dürr*
dor wasst kēēn Bōōm in' dēpen Sump, |*wächst*
dor schrieġt de Pöġġ sō holl un dump, |*schreien die Poggen (Frösche) ... hohl*
dor kickt an' Morgen ut dėn Dook |*da guckt ... aus dem Nebel*
kēēn Hütt as disse, ut Sōden mookt. |*wie diese, aus Soden*

De Mōōrlüüd hebbt al Fierobend |*Torfleute haben schon*
un wannert dör de Heid tōsomen. |*wandern*
De Schüffeln blinkert wiet hėndool, |*blinken weit dahin*
dat hēle[X29b] Mōōr is still un kohl. |*kahl*

De Ōle kickt ni[X20] her ni[X20] hėn, |*sieht nicht her noch hin*
hē kickt man jümmer[X21] in de Sünn. |*blickt nur immer*

170   **Aussprachehilfen für ō, ē, Ō̃, â, ė, ġ, ƀ: siehe auf Seite 5 UND Buchdeckel!**

Dē fârvt de Hȫȫchden gold un geel |*Die färbt die Höhen … gelb*

un in'e wiede Fēērn ėn Möhl, |*in weiter Ferne eine Mühle*

un treckt sik in ėn sülvern Strohl |*zieht sich in einem*

bi Büsum still no't Haff hėndool. |*ins Wattenmeer hinab*

Wō kickt hē no un fōōlt de Hannen |*Wonach blickt er und faltet*

un rōhrt de Lippen *dann* un *wann*|dėnn un wėnn? |*regt die Lippen*

Un sä hē di ōōk luut un kloor, |*sagte er dir auch*

wat hē dor brummt sō sunnerbor: |*was er da brummt so*

Du mēēnst, hē hârr di wat vertellt |*meinst, er hätte dir … erzählt*

vun Bobel ut de Ünnerwelt. |*von Babel aus*

———

Dō kēēm dor ēēn de Heid hentlanġ |*da einer die Heide entlang*

mit mischen Ketels spēgelblank, |*mit Messingkesseln*

de Backen jüstsō mischengeel, |*die Wangen ebenso messinggelb*

dat Hoor sō swatt as Sott un Köhl. |*wie Ruß und Kohle*

Dē gung al veel dėn krusen Weg, |*ging schon oft den wilden*

dē bruuk kēēn Kluver un kēēn Steg. |*brauchte weder … noch (GrK1.1.138)*

Dē kēēm de brune Heid hėndool, |*Der kam … daher*

as bruuk hē sülvst dėn Borrn ni[x20] mool. |*als brauchte er … den Boden*

De Hȫȫv hett Flünk, dat Fohl hett Bēēn, |*Habicht hat Flügel, das Fohlen*

hest du ėn Minschen flēgen sēhn? |*hast du … fliegen sehen*

Un sett hē över ėn Grȫȫv[x75] sō slank, |*setzte er über 'nen Graben*

sō klirren de Ketels geel un blank, |*so klirrten die Kessel*

dėnn glinstern ėm de Ōgen un Tähn |*glänzten ihm … & Zähne*

as Ėbenholt un Elfenbēēn. |*wie Ebenholz & Elfenbein*

———

De Ōle sitt un süht ėm komen   *|sitzt & sieht*
un drückt de mogern Hannen tōsomen,   *|die mageren Hände*
un as hē sō no'n Heben süht|kickt,
sō wârrt hē fründli still un blied.   *|wird er freundlich still und mild*
Man noch ėn Sprung un wücke Schritt|Schreed,   *|Nur noch … & einige*
sō steiht de Jung al vör de Hütt.   *|steht der junge Mensch schon*

Ut Lumpen kickt de fiene Huut   *|blickt*
vun' Hâls un brēde Schullern ruut,
un wille Kraft un Övermōōt
dē krüüst de Lippen smâll un rōōt.   *|kräuseln die Lippen*
Doch steiht hē vör sien Ōlen blōōd* *|vor seinem Vater bescheiden*
un sinnig op sien nokelten Fōōt,   *|ruhig auf … nackten Füßen*
dē eben noch dör de Heilōh *gingen*|gungen *|die … durch die Heide*
as kunn kēēn iesen Keed süm|ehr[X05] dwingen. *|als könnte … zwingen*
Hē leggt de Ârms verkrüüz tōhōōp   *|legt … verschränkt die Arme*
un bōōgt dėn willen krusen Kopp,   *|beugt den wilden Krauskopf*
dėn ėm de Ōle sacht berōhrt   *|den ihm der Alte sanft berührt*
un lang in frėmme Sprook beswōōrt.   *|lange in … beschwört*

Dėnn hârrn süm|se[X04] sik bi beide Hannen   *|fassten sie sich mit*
un sēhgen sik (ōh, wodennig[X30]!) an. –   *|sahen sich (und wie!) an*

———

„Unruh Hans Krüschan", seggt de Ōl',
„sō büst du dor? Ik dach dat wull!   *|dachte es (GrK1.1.139)*
Du hârrst mi seggt, dör Busch un Brōōk, *|hattest gesagt … & Bruchwald*
du hârrst mi seggt, dör Füür un Rōōk,   *|Feuer & Rauch*
dör Nōōt un Dōōd, dör Beek un *Bach*,   *|durch Bach & Bach*
sō wēērst du hier tō'n längsten Dag.   *|dann wärst du hier zum*

Un sitt man dool! Muttst doch ni[x20] stohn! |setz dich nur! Musst

Noch is de Sünn ni[x20] ünnergohn." |nicht untergegangen

Wo wunnerli! Wat wēēr't ėn Sprook! |kauzig … Welch' eine Sprache

Ėn Düütsch, as wēēr't in Bobel mookt! |als wär's in Babel gemacht

Un dormit krōōp hē in de Hütt, |kroch er

un hool ėn Kasten, wücke Pütt, |holte einen …, einige Töpfe

ėn Ketel, Füürtüüg, Heid un Strōh, |Kessel, … Heidekraut & Stroh

un bâld, sō brėnn dat lichterlōh. |bald brannte es lichterloh

„Unruh Hans Krüschan! Kiek dorhėn! |Sieh dorthin

In't Woter duukt de gollen Sünn. |taucht die goldene

Ik heff ehr beedt ›vun *Himmel* tō Ēēr‹, |habe sie gebeten ›von … zu Erde‹

datt sē di seker tō mi fȫhr |sicher zu mir führe

dör Mutt un Mōōr, dör Pōhl un Pohl, |Morast & Moor … (hier:) Pfuhl & Pfütze

un di vergoll mit gollen Strohl, |dich vergolde mit goldenem

un datt de *Gâdsche** di ni[x20] bunnen, |dass die Menschen dich nicht bänden

wō sē dėn Weg ni[x20] tō di funn. |wo sie (die Sonne) nicht zu dir fände

Sühst du de Spitz dor achter'n Dōōrn? |hinter der Dornenhecke

Dat is de Heider Klockentōōrn! |Glockenturm

Ik sēh ėm nie in't Obendrōōt, |sehe ihn niemals im

sō kookt un brėnnt mi all dat Blōōt. |kocht & brennt mir alles Blut

Dor heff ik seten in ėn Lock, |hab' ich gesessen

dor wēēr ik keedt an Pohl un Block, |gekettet an Pfahl & Block

dor wēēr ik fastsmeedt an ėn Pohl, |festgeschmiedet an

dor kēmen ni[x20] Sünn noch Moon hėndool. |weder Sonne noch Mond

Du wēērst noch niet in't hiere Leben, |noch neu in diesem

ik hârr di kuum dien Noom ēērst geben: |dir kaum … Namen gegeben

›Unruh Hans Krüschan‹. Vör de Hütt,

hier op'e Steed, wō ik nu sitt, |*hier an dieser Stelle, wo* (GrK1.1.140)
dor sēēt dien Mōder[X12] op'e Bank, |*da saß*
ėn *Rumnitscheie* blink un blank: |Toterdēērn (*Zigeunermädchen*)

Dō kēēm de *Kassak* – hȫh! Ik wuss, |*Kosack* |*Ich wusste*
hē brėnn vör Lust, hē lach vör Lust: |*brannte ... lachte*
Sō stoht de Tigers in'e Wōōt[X51]! |*stehen die Tiger in der Wut*
Hē slōōg tōēērst, man ik drōōp gōōt[X50]! |*schlug zuerst ... traf gut*
Hier is dat Biel, dor is de Murt, |*Beil, da ist der* Mutt (*Morast*)
wō nu de Knoken fuult un smurrt. |*Knochen faulen & modern*

Süm|Se[X04] hebbt mi hoolt un mi verhȫȫrt, |*haben mich geholt & verhört*
ik heff man seggt, ik hârr mi wehrt, |*habe nur gesagt, hätte mich gewehrt*
un kēēm dor ėn *Kassak* noch sō grōōt |*käme ... noch so groß*
un foot ehr an – ik slōōg ėm dōōt. |*und fasste sie an, ich schlüge ihn tot*

Un as ik lōōskēēm, heff ik söcht! |*freikam, habe ich gesucht*
Kassaks un *Rumnitscheie* weg!

———

De Ōle sēēt un swēēg ėn Stōōt |*saß und schwieg eine Weile*
un hēēl de mogern Hannen in' Schōōt |*hielt ... im Schoß*
un schüdd dėn Kopp, un wat hē mook, |*schüttelte ... & was er (sonst) machte*
un mummel wedder[X41a] ėn frėmme Sprook. |*murmelte*
An't Ėnn dėnn kēēk hē in'e Sünn |*Dann schließlich blickte*
un stunn, as muss hē sik besinnen. |*als müsste er sich*

Dėnn slōōt hē sacht dėn Kasten op|open |*schloss er sachte ... auf*
un grabbel manġ de Plünnen rum. |*suchte zwischen dem Plunder rum*

Hē bunn ėn rōōd[M3] ōōl[M3] Dōōk um' Kopp, |*band ... um den Kopf*
ėn bunten *Gurt* um't Lief herum |*Gürtel um den Leib*

un richt sik hōōch un fürig op |richtete sich hoch und feurig auf
un swunk ėn bunten Stock herum. – |schwenkte

De Sünn, dē kēēk noch ėben rop,
dat hēle[X29b] Mōōr wēēr still un stumm.– |das ganze Moor (GrK1.1.141)

Wo wunnerli worr't âlltōhōōp, |Wie seltsam wurde alles insgesamt
as hē nu sung, as hē nu brumm! |als er sang ... summte

> Treckst du hėn no't Westen, |Ziehst du gen
> treckst du no de Sēē? |an die See
> Du büst dėn *Himmels*kȫnig,
> ik *Obaro Rēē*. |ich der ›Große König‹
>
> Zepter vun *Iskander* |von Alexander dem Großen (arab.)
> gung vun Hand tō Hand:
> Trocken in dėn Nevel |Sie zogen in den Nebel
> ruut ut' Morgenland. |aus dem
>
> Reckt ėn Bârg no'n *Himmel*, |Ragt ein Berg zum
> boben *blitzt* de Snēē, |oben blitzt
> schickt je âll sien Woter |schickt all seine Wasser
> no de grōte Sēē.
>
> Trocken as de Wulken |Sie zogen wie die
> hōōch ut Asio, |hoch aus Asien
> swatte *Granegina* |Tollapfel [Solanum melongena]
> trock uns achterno. |zog uns hinterher
>
> Woter wasst in't Lōpen, |Wasser wächst
> Wulken füllt de Sēē: |Wolken füllen
> Wō[X31] is dien Volk, *Obaro*, |Großer
> segg, *Obaro Rēē*? |sag, Großer König

As de Stēērns an Heben |Wie die Sterne
wēērn wi antōsēhn, |anzusehen
as de Sünn an Obend
stoh ik hier allēēn.

Schickst du, *Himmels*kȫnig,
mi dien letzten Strohl,
legg ik – hȫȫr! *Iskander*!
nu dien Zepter dool. |dein Zepter nieder (GrK1.1.142)

Sühst du süm|ehr[X05] in't Westen?
Grōte *Himmelsrēē*? |Himmelskönig
Sünd süm|se[X04] achter't Woter, |hinter dem Wasser
achter de grōte Sēē?

Bün sō mȫȫd vun't Tȫben, |müde vom Warten
kann ni[X20] achterno, |hinterher
loot mien Söhn süm|ehr[X05] sȫken |lass ... sie suchen
in Amēriko.

Fȫhr du ėm un alle, |Führe ... ihn und alle
wies du ėm de Bohn, |weise ihm die Bahn
bring du ėm in Puurpuur
no'n *Takt-i-Suleimon*. |Thron Salomos (Stadt Osch/Turkestan)

Reckt de Bârg no'n Heben,
boben blitzt de Snēē,
boben loot ėm glinstern |oben lass ihn glänzen
as du, *Himmelsrēē*! |wie du (gleich dir)

As de düüstern Wulken
um dien gollen Krōōn |um deine goldene Krone

    Aussprachehilfen für ō, ē, ȫ, â, ė, ġ, b: siehe auf Seite 5 UND Buchdeckel!

stoh sien Volk versammelt |stehe sein
um sien blanken Thrōōn! |um seinen blanken Thron

Hȫȫr mi, *Himmelskȫnig*,
hȫȫr mi op'e Knēē, |mich auf den Knien
ēēn Mool noch beswȫȫr ik |beschwöre ich
Di as *Obaro Rēē*! |Dich

———

De Sünn verstēēk dėn letzten Strohl, |Sonne barg
süm|se^{X04} smēten sik in't Rēētgras dool, |warfen sich … nieder
de Nevel lä sik dick op't Mōōr, |Nebel legte sich
de Pöġġ|Poggen, dē quârken dump in't Rōhr, |Frösche … quakten
dat Füür, dat flacker geel un swach|swack, |flackerte gelb &
alleben, schummerig kēēm de Nacht, |langsam, dämmrig kam
de Stēērns, dē trocken still un blass, |Sterne … zogen
süm|se^{X04} lēgen still in't kōle Gras. – |lagen … im kühlen (GrK1.1.143)

———

De Hütt is lang al ėn Dutten Bült, |schon lange ein Sodenhaufen
de Rüüschen wasst dor grōōt un wild, |die Binsen wachsen
de Mōōrkuhl is ėn swatten Sump, |Torfloch … schwarzer Sumpf
dor fleut de Unken holl un dump, |flöten die Unken hohl & dumpf
in't Lackrēēp brȫȫdt de wille Oont: |Riedgras … brütet … Wildente
Dor hett vör Tieden ėn Kȫnig wohnt. |hat vor langer Zeit … gewohnt

Obendgang
(GrK1.1.143 – Kiek öök GrK5.1.190!)

|Abendspaziergang

De grȫne Wisch, de smâlle Weg – |Wiese, der schmale
'kēēn[X29c] much dor wull ni[X20] gohn? |wer möchte da wohl nicht
No'n Goorn, dor fȫhrt ėn nüüdli' Steg, |Zum Garten ... niedlicher
dat Huus kickt över de Rōsen weg – |schaut über ... hinweg
'kēēn[X29c] much dor wull ni[X20] wohnen?

Dor spēgelt sik de Obendsünn, |spiegelt sich
dē winkt mi ut'e Fēērn! |winkt mir aus der Ferne
Un, och, twēē Ōgen sünd dor binnen, |sind da drinnen
dor spēgelt sik mien Hatt je in –
'kēēn[X29c] gung dor dėnn ni[X20] gēērn? |Wer ginge

Fischerkoot

|Fischerkate

(GrK1.1.143 – Kiek ōōk GrK5.1.191!)

Verloten is de Fischerkoot,   *|Verlassen*
tweibroken|tobroken is de Döör,   *|zerbrochen*
de grauen Wachen|Waggen koomt un goht, *|Wogen kommen & gehen*
sē kummt ni[X20] mēhr dorvör.   *|sie kommt nicht mehr hervor*

Sē kummt ni[X20] mēhr, sō frisch un schȫn,
as kēēm sē jüst ut' Haff,   *|als käme sie eben aus dem Wattenmeer*
sē kummt ni[X20] mēhr, sō blied tō sēhn,   *|so lieblich anzusehen*
as kēēm de Moon heraf.   *|als käme der Mond herab (GrK1.1.144)*

Verloten kickt de Welt mi an,   *|Verlassen blickt*
un düüster geiht dat Mēēr,   *|dunkel rollt das Meer*
de bliede Moon is ünnergohn   *|freundliche Mond*
un kummt ni[X20] mēhr hervör.   *|nicht mehr zurück*

Sünndagsrōh[X52]

|Sonntagsruhe

(GrK1.1.146 – Kiek ōōk GrK5.1.197 un ōōk GrK2.322!)

De Rōh[X52], dē treckt *|zieht* dör Huus un Stâll, dat hēle[X29b] Feld is still, ▪ de Schadden liggt in Döör un Deel *|Diele*, de Sünnenschien op'n Knüll *|Rasenhügel*.

Dor is ėn Platz för Freed *|Frieden* un Glück, tō Siet de junge Fru! ▪ Sē sitt un höllt *|hält* ėn Kind in' Schōōt, sē speelt, sē lacht in Rōh[X52].

Kēēn Wulk is in de blaue Luft, kēēn Fōōl *|Falte* in dit Gesicht. ▪ Kēēn Luut *|Laut*! Blōōts över't stille Feld de Klocken fie'erlich!

De Schipperfru

(GrK1.1.144 – Kiek ōōk GrK5.1.192!)

|Die Schifferfrau

Sloop, Kindjen, sȫȫt, |Schlafe … süß

ik wēēg di mit de Fȫȫt. |ich wiege

Buten geiht dat wille Haff, |Draußen lärmt das wilde Wattenmeer

dor wēēgt dien Voder[X11] wull op un af: |wiegt … auf und ab

Sloop, Kindjen, sȫȫt.

Sloop, Kind, un drȫȫm |Schlafe … & träume

vun Vogeln un gollen Bȫȫm! |von Vögeln & goldenen Bäumen

Ik hȫȫr de Sēē de hēle[X29b] Nacht, |höre die See die ganze Nacht

ik sitt un lėng dėn hēlen[X29b] Dag: |sitze & sehne mich den ganzen Tag

Sloop du, Kind, un drȫȫm.

Sloop, du Ėngelsgesicht,

hē kummt förwiss tōrüch. |kommt ganz sicher zurück

Un kēēm hē ni[X20], dat wēēr tō swoor, |käme er nicht, … wäre zu schwer

sō sēēt un lėng ik ümmerdor: |säße und sehnte ich immerfort

Sloop, du Ėngelsgesicht!

Aussprachehilfen für ō, ē, ȫ, â, ė, ġ, b: siehe auf Seite 5 UND Buchdeckel!

De Kinner lârmt

|Die Kinder lärmen

(GrK1.1.144 – Kiek ōōk GrK5.1.193 un ōōk GrK2.318!)

Lurig treckt de Obendlucht |Lau zieht die Abendluft
över't Feld sō *gelind*; |übers Feld so sanft
wenn ik mi nu wat wünschen much, |etwas wünschen könnte
wēēr ik noch ēēnmool Kind. |wäre ich

Liesen weiht süm|ehr[X06] Lust un Lârm |Leise weht ihre Lust, ihr Lärm
wiet hendool no't Mōōr, |weit hinunter zum Moor (GrK1.1.145)
as Musik, sō wēēk un wârm, |wie Musik … weich
âll as wēēr't ën Chōōr. |ganz, als wär's ein Chor

Kummt mi ni[X20] mien Leben vör
as ën sworen Drōōm? |wie ein schwerer
Wook ik sō mool op as Göör |Wachte ich so mal auf als Kind
obends ünner'n Bōōm!

Âll mien Freud is sünner Klang, |ohne Klang
un mien Hatt is ârm, |Herz
hōōr ik in'e Schummern as Gesang |in der Dämmerung wie
sō de Kinner lârmen. |so die Kinder lärmen,

Sackt mi rein de Spoden dool |Es sinkt mir förmlich der Spaten nieder
ut de swore Hand.
Groovt dē mi dën Weg wull mool |Gräbt der mir … wohl mal
rin no't Kinnerland?

Aflōhnt

(GrK1.1.145 – Kiek ōōk GrK5.1.195 un ōōk GrK2.320!)

De Söhn, dē hârr ehr bannig lēēf, sē wēēr sō wēēk un fēē |*mild.*
▪ De Ōle |*Der Vater* scholl |*schimpfte* in't Huus herum: Wat sē sik inbillen dä |*einbildete*!

Sē nēhm |*nahm* ehr Bünnel ünner'n Ârm, vun Tronen de Ōgen blank, ▪ sē sä |*sagte* dėn Ōlen sacht |*sanft* ›dėnn tschüüs‹, sē sä dėn Söhn: ›Heff Dank!‹

Sē gung bet um de Eck an' Tuun |*Hecke* un sett |*setzte* sik op dėn Stēēn. ▪ De Ōle scholl in't Huus herum, de Söhn, dē stunn un wēēn |*weinte.*

De junge Weetfru |*Die junge Witwe*

(GrK1.1.145 – Kiek ōōk GrK5.1.196 un ōōk GrK2.320!)

Wėnn oȟends rōōt de Wulken treckt, |*ziehen*
sō dėnk ik, och!, an di! |*denke ich, ach!*
Sō trock vörbi dat hēle[X29b] Hēēr, |*zog vorbei das ganze Heer*
un du wēērst mit dorbi. |*warst (GrK1.1.146)*

Wėnn ut de Bȫȫm de Blöder fȧllt, |*die Blätter fallen*
sō dėnk ik gliek an di:
Sō full sō mėnnig brove Jung, |*fiel so mancher braver*
un du wēērst mit dorbi.

Dėnn sett ik mi sō trurig hėn |*setze ich mich*
un dėnk sō veel an di. |*denke*
Ik eet allēēn mien Oȟendbrōōt – |*Ich esse*
un du büst ni[X20] dorbi.

Famielnbiller

|Familienbilder

1. Dat Gewidder

|Das Gewitter

(GrK1.1.146 – Kiek ōōk GrK5.1.198 un ōōk GrK2.322!)

[Persōōns: Ōpa (snackt un vertellt), Nover Springer, Enkel Heinri]

„Gau tō |*Schnell*, Jung! Steek |*Stecke* de Fork hier in de Ēēr |*Erde*! ▪ Man düchtig dēēp |*ordentlich tief*! Jo, sō! – Un dor de anner! ▪ Un hier dèn Knüppel dör de Tinnen |*Zinken* … de Hârken! ▪ Dat's recht – man |*nur* sō schrēēg över |*schräg* an dèn Törfklōōt |*Torfstapel*!"

Grōōtvoder[x11] wies un ârbei'|*ârbeid* |*arbeitete* mit de Hannen, ▪ as hē dat sä, un hârr dat |*hatte es* hild un ielig |*2x eilig. (GrK1.1.147)* ▪ Doch wēērn de Bēēn sō gau |*schnell* ni[x20] as de Mund, ▪ dē wēērn al stump un stief |*2x steif*, de Woden |*Waden* dünn, ▪ de Knēēn|Knēden |*Knie* krumm un beverig |*schlotterig* mit süm|ehr[x06] Spangen. ▪ Hē stunn un rȫhr |*bewegte* de Schōh ni[x20] vun'e Steed |*Stelle* ▪ un hēēl |*hielt* de Ârms vunēēn |*auseinander*, as wènn hē tōlang |*zulangte*, ▪ un sä:

„Ik will èn Dutten Hau |*Haufen Heu* doroplèggen |*darauflegen*!"

Doch kēēm de Jung èm flink un rasch tōvör.

„Süh sō! Dat's recht. – Dat wârrt je èn grulig[M3] Wedder[x41d]!"

Un dorbi trock |*zog* hē an sien brēden Hōōt ▪ un schōōv |*schob* èm in'e Nack un krau |*kratzte* dèn Grieskopp ▪ un richt |*richtete* dèn ōlen krummen Rüch tōhȫȫch. –

„Du lēve Gott! Dat wârrt je düüstere Nacht! • Ik dach |*dachte* dat al. Wo |*Wie* wēēr dat swuul |*schwül* un brüttig |*drückend*, • un wo de Flēgen stēken |*stachen* dör de Strümp! • Jan Hinners schull |*sollte* dat Fōhr |*Fuder* man lerdig |*leer* loten. • Hē kummt knapp vun'e Büüt |*Moorwiese*, dėnn brickt dat lōōs |*bricht es los*. • Bi Meldörp un in't Westen is't noch hell –"

hē dreih |*drehte* dėn Rump un rōhr sik ni^{X20} vun' Placken |*von der Stelle* –

„doch liggt dat op'e Gēēst je gneterswatt |*pickenswatt*, • de Wulken hangt |*hängen* hėndool |*herab* bet op'e Hōōchden |*Anhöhen*. • In Hasteed |*25785* Nōōrhasteed is de Tōōrn |*Turm* man knapp |*(nur) kaum* tō sēhn. • Kiek dor, dē Wulk! Dat is ėn Buddelstēērt |*Windhose (Tornado)*! • Wō dē hėndoollangt, bringt sē |*(die Wolke)* ōōk nix Gōdes^{X50} |*nix Guu's*. • Dor geiht't al |*geht es schon* lōōs! Kiek, wo |*wie* dat stufft |*staubt* un dreiht, • as wėnn de Hoddboren |*Störche* in' Heben sweebt |*schweben*! • Dat's luter Dack un Rēēt |*Schilf & Rohr* – du lēve Gott, • dor is wull ėn hâlve Schüün tō stuben gohn |*weggeflogen*! • Un wo dat suust! Ōha! Dat sünd al Hogeln |*Hagelkörner*! • Wo dē dor danzt |*tanzen*! Kruup |*Kriech* ünner, sō, man tō |*nur zu*! • Ōl' Nover |*Nachbar* Springer löppt |*läuft* ōōk al in' Droov |*Trab. (GrK1.1.148)* • Wat mookt hē Bēēn! Kiek dor! Hē kann ni^{X20} röver – • dor kummt hē ruut – hē hett ėn Stevel |*Stiefel* vull! • Wi wârrt |*werden* tō ōōlt, dat geiht ni^{X20} mēhr. Uns' Nover |*Herr Nachbar*, • kruup |*krieche* Hē man ünner, hier's noch Platz för ēēn |*einen*. • Ik dėnk, dat Wedder^{X41d} joogt |*jagt* wull bâld vöröver. • De Hogeln sünd tō hatt för ōle Knoken. • Dē rasselt |*rasseln* mi as Ârfen |*Erbsen* op'n Hōōt!"

Un dorbi fâllt hē vörwârts op'e Hannen ▪ un krabbelt langsoom rin dėnn in'e Hütt ▪ un sett |*setzt* sik bi de annern in'e Rēēg |*Reihe*, ▪ de Bēēn vörut un mit dėn Rüch |*Rücken* an' Törfklōōt.

Hē fōōl |*faltete* de mogern Fingern op de Knēēn ▪ un kēēk, as wėnn hē beden |*beten* dä, umhōōch |*empor*. ▪ Wat wēēr't ėn ōōlt[M3] Gesicht, un blied |*freundlich* un würdig, ▪ mit dēpe Fōlen |*Falten* un mit blaue Ōgen! ▪ De Jung, ėn Bėngel vun ėn Hâlfstieg |*10 (= ½ Stiege)* Johr, ▪ mit ėben sō blaue Ōgen as de Ōle ▪ un fiene blanke Huut, goldgeel verbrėnnt |*gebräunt*, ▪ kēēk no ėm op — dō lei |*zuckte* ėn hellen Blitz ▪ un lücht |*leuchtete* de beiden |*den beiden* blēēkli |*› blässend‹* in't Gesicht.

Dat sēhg |*sah* mool ēgen |*eigenartig* ut! De Ōl' |*Alte* sō ruhig, ▪ de stumme dēpe Ēērnst in âll de Fōlen |*Furchen*, ▪ un in de blanke appelgele Jungssnuut |*Antlitz* ▪ (as mit ėn Stōōt |*im Nu*) de flēgen |*fliegende (zuckende)* Kinnerangst. ▪ Un liekers |*trotzdem*, kēēk ēēn[X29a] |*blickte man* de |*den* beiden recht in't Ōōg, ▪ sō kunn ēēn[X29a] sēhn, dat wēēr desülve Snitt |*Zuschnitt*. ▪ Un as de Tieden noch dėn Ōlen ni[X20] rookt |*berührt* hârrn,▪ (dē Schritt för Schritt ėn Fōōl un Krökel |*Runzel* drückt |*drücken* ▪ un mit de swore Last de Knoken bōōgt |*beugen*), ▪ dō wēēr dat ōl' Gesicht wull jüst datsülve, ▪ sō glatt un blank, mit gele Lucken |*blonden Locken* rum: ▪ Grōōtvoder wēēr dat mit sien Enkelkind |*Kindeskind*.

De Hogeln danzen |*tanzten* lustig vör de Hütt ▪ un slōgen |*schlugen* de nokelten Pöġġ |*nackten Frösche* (datt süm|*se*[X04] hüppen |*hüpften*) ▪ un spelen |*spielten* in'e Fēērn as witten Schuum (*GrK1.1.149*) ▪ in't grōne Gras un op de blanken Grōben[X75] |*Gräben*. ▪ Doch kēēk |*blickte* ēēn[X29a] dör dėn Regen rop no't Holt |*zum Gehölz*, ▪ sō wēēr't, as hârr |*hätte* ēēn[X29a] ėn Ploten |*Schürze* över'n Kopp. ▪ As kēēk |*blickte* ēēn[X29a] dör ėn Seev |*Sieb* ut fiene Peerhoor |*aus feinem*

Rosshaar, ▪ wat ēēn^{X29a} wull deit, wėnn Mōder^{X12} backen will ▪ un ēēn^{X29a} dat Sichttüüg |*Siebgerät* gau |*schnell* vun Noversch^{X16} |*Nachbarin* lēhnt |*ausleiht*; ▪ dėnn wârrt dat |*wird es* âllns grau un strekig |*streifig* düüster. ▪ Sō wēēr dat ōōk, wėnn ēēn^{X29a} de Gēēst bekēēk |*betrachtete*. ▪ Dor hung ėn Dunst dorȫver as ėn Flōōr |*Schleier*, ▪ un âll de rōden Melkkȫh worrn dor grau, ▪ dē kurig |*kauernd* tōstunnen |*dastanden* mit dėn Kopp no Ēēr ▪ un mit dėn krummen Puckel gēgen Wind. ▪ Wo suus |*sauste* dat över'n Kopp in't drȫge Hau ▪ un lēēp in strieken Strōōm |*wie in Bindfäden* un grōte Druppens |*Tropfen* ▪ de Spielen |*Halme* lang un blubber |*platschte* an'e Ēēr! ▪ Sōgor de Stimm worr wunnerli un düüster ▪ as |*wie* ut ėn Iebenkorf^{X78}|Iemkorf |*Bienenkorb*, wėnn de Ōle snack |*sprach*. ▪ Dat wēēr meist |*fast* sō, as lēēg ēēn^{X29a} |*läge man* in'e Dei |*Wiege* ▪ un hȫȫr^{X65} |*hörte*, wo Mōder^{X12} sachten |*sanft* ›Wiwi‹ sung, ▪ wat jümmer^{X21} sachter, jümmer^{X21} wârmer worr: ▪ Ēēn^{X29a} hȫȫr^{X65} |*hörte* dat knapp |*kaum*, ēēn^{X29a} fȫhl |*fühlte* dat Hatt al slopen, ▪ ēēn^{X29a} dä |*machte* de Ōgen drȫmig |*verträumt* op|open un tō. ▪ Dō swunk |*schwenkte* sē hėn un her, de Bȫhn |*Wiegenboden* beweeg sik |*bewegte sich*, ▪ man seilen af |*nur einschlafen* – un âllns wēēr vörbi.

Ōl' Nover Springer nüül ōōk rein in Dutten |*nickte auch ganz zusammen* ▪ un trock |*zog* de Plinken |*Augenlider (Wimpern)* slooprig |*schläfrig* op un dool. ▪ Doch kēēm dor ėn Slag, sō hool |*holte* hē hēēl dēēp Oten |*Atem* ▪ un rēēt |*riss* de Luken |*Augen* open as ėn Schüündȫȫr |*Scheunentor* ▪ un sä: „Du grōte Gott, dat is je gresig |*grausig!*" ▪ Grōōtvoder^{X11} snack |*sprach*, as ree'|reed |*redete* hē mit sik sülben. ▪ De Jung, dē hȫȫr^{X65} |*hörte* ėm hâlf, un hâlf dat Dunnern ▪ in Angst; doch rēēp |*rief* dor ėn Kukuuk op'e Hütt, ▪ sō hârr hē ōōk wull Lust hėndörtōgriepen |*hindurchzugreifen*

Aussprachehilfen für ō, ē, ȫ, â, ė, ġ, ƀ: siehe auf Seite 5 UND Buchdeckel!

(GrK1.1.150) ▪ un gau de Lacherduuv |*hier: Kuckuck* an't Bēēn tō foten.

„Wo dröhnt dat langs |*entlang* de Hööchden", seggt de Ōl', ▪ „un murrt un knurrt vun Westen gēgenan |*dagegen*, ▪ as worrn sik Haff |*Meer* un Heben |*Himmel* wat vertellen |*erzählen* ▪ un wullen |*wollten* mool hören, wokēēn |*wer* dėn dēēpsten Bass hârr |*hätte*. ▪ Ik hōōl dat |*sympathisiere* mit de Luft, de Sēē is grulig |*schrecklich*. ▪ Sō wėnn ēēn[X29a] op'n Diek bi Büsum steiht ▪ un dėnn de Wachen|Waggen |*Wogen* âll hėmdsmauen |*hemdsärmelig* koomt |*kommen* ▪ (de ēēn de anner |*die eine der anderen* wütig op'e Hacken |*Fersen*) ▪ un as ėn Slang (sō wiet de Ōgen reckt |*reichen*, ▪ griesgröön |*graugrün* dėn hēlen[X29b] langen Diek hentlanġ) ▪ mitmool |*plötzlich* dor gresig an dėn Stēēnwâll dunnert |*donnern*! ▪ De ēēn is noch ni[X20] weg, sō kummt de anner, ▪ in grōte Pâltens |*Fetzen* flüggt |*fliegt* de witte Schuum, ▪ un hōōch doröver fleut |*pfeifen* de Regenpiepers |*Regenpfeifer*, ▪ de Mōben lacht |*lachen*, de Kievitt schriggt un schellt|schimpt |*schreit & schimpft*: ▪ Dat is ėn Lârm, ēēn[X29a] kann ni[X20] sēhn noch hören, ▪ de ēgen Stimm verdunst |*verflüchtigt sich* as ünner ėn Deek |*Decke*. ▪ Ik wēēt ni[X20], wo |*wie* süm|se[X04] dat uthōōlt |*aushalten* in de Hüüs ▪ dicht achter'n Diek, wō Schuum flüggt |*fliegt* an'e Finstern. ▪ Ēēn[X29a] kann sik sachs |*wohl* an âllns wėnnen un wōhnen |*2x gewöhnen*! – ▪ De ōl' Jan Schipper |*Johann-Schiffsführer* veelmools |*oft* mi vertell |*erzählte*, ▪ ēēn[X29a] höör[X65] |*hörte* in't Bett de Scheepswach |*Schiffswache* dör dėn Schöstēēn, ▪ as fohren |*führen* süm|se[X04] driebens |*geradezu* boben överhėn."

De Lütte sēēt un drööm |*träumte* un höör[X65] ėm tō ▪ un sēhg |*sah* ėm an mit grōte open |*offenen* Ōgen. ▪ Dat wēēr ėm meist |*fast*, as höör[X65] |*hörte* hē sülben dat Haff |*Meer*, ▪ wėnn Ōpa|›Obbe‹

mummel |*murmelte* un de Regen pâlsch |*platschte* • un Nover Springer jümmer[X21] dēper snurk |*schnarchte*, • bet wedder[X41a] ėn Blitz dat Drōmen un Slopen stȫȫr |*störte*, • de hēle[X29b] Gēgend witt un blēēk belücht |*beleuchtete* • un dėnn verswunn |*verschwand* – de Ōgen wēērn as blind, • dat Dunnern kēēm un Nover Springer japp |*gähnte*, • un Ōpa|›Obbe‹ fung sien ōōlt[M3] Vertellen |*Erzählen* wedder[X41a] an. *(GrK1.1.151)*

„An lēēfsten |*Am liebsten* bün ik buten un op't Feld; • bi ėn Wedder[X41d]|*hier: Unwetter* is mi't in'e Stuuv tō ėng. • De Lüüd hebbt |*haben* jümmer[X21] Angst, wėnn süm|se[X04] allēēn sünd. • Un sünd süm|se[X04] binnen, sō sünd süm|se[X04] mâll |*albern* un krötig |*zickig*. • Ik bün ni[X20] bang |*ängstlich*, doch kann ik ōōk ni[X20] hėbben, • wėnn bi ėn Gewidder lacht |*gelacht* un schrachelt |*gekiechert* wârrt. • Mi dünkt |*Ich denke*, uns' Herrgott hett dat Riek allēēn |*(sein ist das Reich)*, • un wėnn hē snackt, sō schullen |*sollten* wi annern swiegen. • Hē snackt |*redet* je doch ni[X20] âll de Doog |*täglich* mit uns, • un wėnn hē't dōōn schull |*täte*, wi verstoht |*verstehen* ėm ni[X20]: • Sō mutt hē wull mitünner ėn Machtwōōrt spreken.

Dat is mi as de Orgel in'e Kârk. • Ik wēēt dat noch, wat hârr ik bannig |*große* Lust • un froog |*bat* mien Voder[X11] foken |*oft*, bet hē an't Ėnn |*schließlich* • mi mool an' Sünndag no de hōgen Stȫhl |*zu den Emporen* broch. • Dō sēhg ik dėnn dėn grauen Organist, • wo |*wie* hē dor mit de Fingern pick un tēēk|*tickte und zeigte*, • un dormit dröhn |*dröhnte* dat, datt de Sēēl ēēn bever |*einem bebte*. • Wi koomt |*kommen* wull ōōk mool no de hōgen Stȫhl • un sēht |*sehen* dėn Organist, dē dor nu speelt.

Mien Voder[X11] lēē'|lēēd |*litt (duldete)* ni[X20] mool |*nicht einmal*, wėnn't lei |*blitzte* un wedder |*wetterte*, • datt wi ėnanner wiesen |*zeigten*, wō dat wēēr. • Hē sä: ›Dat's veel tō grōōt för Minschenfingern; • wat reckst du mit'n |*streckst du deinen* Ârm?

Schâll |Soll hē ėm afsloon |abschlagen?‹ • Sōgor wėnn wi sik|uns[X07] ōbends dėn Wogen |(Sternbild) wiesen • un wo |wie hē jēēdēēn Nacht um' Kârkhoff fohr |fuhr, • sō sä hē: ›Loot dat no |Lasst das sein, nückt mit'n Kopp: • De Heben |Himmel is tō hōōch för unse Ârms‹. • Ik wēēt ni[X20] recht, de Minschen sünd nu anners. • De *Furcht* |Ehrfurcht is weg, un dorför sünd süm|se[X04] bang |haben sie Angst. • Wi gungen ni[X20] gēērn in' Düüstern över'n Kârkhoff |Friedhof, • doch bi't Gewidder jümmer[X21] driest |mutig tō Feld. • Uns' Herrgott kann uns finnen, wō wi ōōk sünd. • Süm|Se[X04] stoht |stehen ni[X20] ünner'n Bōōm, süm|se[X04] mēēnt |meinen, dor kunn süm|ehr[X05']t drepen |treffen. • Man |Aber süm|se[X04] haut |hauen dool de Bōōm för lumpen[M4a]|lumpiges Geld: • Dėnn dėnkt |denken süm|se[X04] ni[X20], uns' Herrgott kunn |könnte süm|ehr[X05] drepen, (GrK1.1.152) • un hett doch wassen loten, wat süm|se[X04] umsmiet |umwerfen. • Un âll de Hölter |Gehölze swinnt ēēn |(ver)schwinden einem vör de Ōgen. • Ik kann't noch dėnken |mich erinnern ut mien jungen Johren, • dō wēēr de hēle[X29b] Gēēst |ganze Geest noch vull vun Ēken |Eichen. • Dat dore |Jenes Lock, hier dwēēr |quer hėndör no Schruben |25782 Schrum, • is ēērst |hat sich erst vör wücke |einigen Winters openkomen |aufgetan. • Wi sēhgen |sahen dō |damals vun't Mōōr ut nix as Bōōm. • Ik wēēr dat anner |im nächsten Vörjohr |Frühjahr rein verbiestert |ganz verwirrt, • as ik dat nokelte, kohle |kahle Dörp dor sēhn kunn. • In Högen |25779 Süderheistedt-Hägen, op mien selig' Voder[X11] sien Steed |Landstelle, • dor reck |reichte de dichte Wōōld |Wald an' Appelhoff |Obstgarten. • Wi gungen man |nur dör de Köök, an' Sōōt |Brunnen vörbi, • an't Iebenschuur[X76]|Iemschuur |Bienenunterstand bi de Stickelbein |Stickbein |Stachelbeeren no't Backhuus, • dor hung ėn grōten Ellhōōrn |Holunder merrn doröver. • Dor wēēr uns' Speelplatz vör de swatte Döör • in't grȫne Gras, dor lēēp de Beek |Bach vörbi, • un över't Stegelsch |över de Klamp |Steg wēēr ēēn[X29a] gliek in't Holt |Gehölz. • Wat gēēv |gab dat dor in't Vörjohr âll tō kieken • mit âll de Blǖǖm |*Blumen* un âll de grǖnen Krüder |*Kräuter,* • de Ranken un dat Mōōs |*Moos* un Poggenstȫhl |*Hutpilze*! • Dat rüük |*roch (duftete)* sō grȫȫn |*frisch,* dat russel |*raschel* in de Blöder|Blǖǖd |*Blättern,* • un wi vertellen |*erzählten* sik|uns[X07] allerlei Geschichten • vun Giftblǖǖm |*giftigen Blumen* un de Slangenkȫnigsche[X16] |*Schlangenkönigin* • mit Minschenstimm un mit ėn gollen Krōōn. • Dē lä |*legte* sē wull ėn Melkdēērn |*Melkerin* op'n Ploten |*Schürze,* • wėnn sē ehr gōōt[X50] wēēr. Over wēēr sē dull |*böse,* • sō foot |*fasste* sē sik dėn Stēērt |*Schwanz* in't Muul un rull |*rollte* sik • un trüddel |*rollte* as ėn Rad ehr achterno. • Sō moken |*machten* wi't |*wir es* sik|uns[X07] sülben an't Ėnn noch grulig |*schaurig* • (du lēve Gott, wat hebbt sōōn Jungs för Kneep |*Schiet in' Kopp*!). • Wi mēnen |*meinten,* sē kēēm |*käme,* un hēlen |*hielten* de Ârms umhȫȫch |*hoch* • un pedden |*schritten* dėnn hōōchbēnig |*hochbeinig* dör dat Slangkruut |*Farn* • un sēhgen |*sahen* nix as Sünndrangen |*Blindschleichen* ōder Snoken |*Ringelnattern.* • *(GrK1.1.153)* – De Wulken wârrt al dünner",

seggt de Ōl' • un kickt |*blickt* heruut un löhnt |*lehnt* sik wiet vöröver:

„Bi Schruben schient de Sünn al op'e Heilōh |*Heide,* • doch gifft't bi Odderood|Olleroo' |*25785 Odderade* noch düchtig Hogel. • Dor goht |*gehen* de witten Strohlen liek hėndool, • ōōk grünzt |*grollt* de Dunner dor noch jümmer[X21] fōōrt. – • Dat lōōst |*klärt* sik op in't Nōōrn, dor wârrt dat strekig |*streifig.* • De Buddelstēērt |*Windhose* is wat no't Ōōsten gohn • un hangt bi Hasteed |Nōōrhasteed as ėn Widdelbōōm |*Windelbaum.* • De Schippers |*Schiffer* seġġt |*sagen,* dē treckt |*sie zieht* sik hėn no't |*zum* Woter, • hē drifft |*(die Windhose) treibt* wull âllnogrood |*allmählich* de Eider rop. • Wo wârrt hē witt! – Dor stiggt |*steigt* al ėn Lurk |*Lerche* tōhȫȫch! • Ik lȫȫv |*glaube,* wi hebbt dėn dullsten Schuur |*schlimmsten Schauer* wull hatt |*gehabt.*"

Aussprachehilfen für ō, ē, ȫ, â, ė, ġ, ƀ: siehe auf Seite 5 UND Buchdeckel!

Un dormit kruppt |*kriecht* hē vörwârts op'e Hannen • un stickt |*steckt* dėn ōlen Grieskopp, as hē snackt, • un no un no de Schullern ut de Hütt • un stöhnt un treckt |*zieht* de stieben |*steifen* ōlen Bēēn • dėnn achterno |*hinterher* un âllnogrood |*allmählich* tōhōōch • un kickt |*sieht* sik rum un steiht in' wârmen Regen. • De Lurken singt |*singen* ėm lustig över'n Kopp, • de Dunner murrt noch sachten |*leise* in de Fēērn. • Ōl' Springer liggt |*liegt* un slöppt, de Nöös in' Bossen |*an der Brust*, • de Jung is hâlf in' Drōōm un hâlf in't Woken |*im Erwachen*, • as Nover soogt |*schnarcht* un Ōpa|›Obbe‹ buten klöönt • un as dat kȫhlig |*als es kühl* in dėn Ingang treckt. • Hē wuss |*wusste* ni[x20] recht, wēēr hē in't Holt bi Högen |*Hägen* • un sēhg |*sah* dėn Beek, dėn Grasplatz un de Döör, • un rüük |*roch* dat dor no Blȫȫm un Poggenstȫhl • un Slangkruut? Ōder lēēg |*lag* hē achter'n Diek |*Deich* • un wēēr in't Bett un hȫȫr[x65] |*hörte* de Wachen|Waggen |*Wogen* pâlschen |*platschen* • un över'n Kopp de Scheepswach dör dėn Schöstēēn • un sēhg |*sah* de Seils |*Segel* in'e graue Fēērn • un wiet, wiet weg dat Land mit âll de Wunner: • Dėnn vör ėm stunn dor, as ėn Bild in' Rohm |*Rahmen*, • ėn Mann mit graue Hoor, dėn Hōōt in'e Hand, (GrK1.1.154) • un wücke |*einige* Druppens lēpen langs de Backen. • Hē wuss |*wusste* ni[x20], watt |*ob* dē wēēn |*weinte* un wat dat wēēr: • Dē kēēk mit blaue Ōgen rop no'n Heben; • un um ėm rum un gēgen dat grȫne Holt • in wieden Bogen stunn dor still un schȫȫn • in alle Fârben, dē ēēn[x29a] dėnken kann, • ėn Ēhrenpōōrt vun ēēn Hȫȫchd no de anner |*von einer Anhöhe zur nächsten*.

De Ōle tēēk |*zeichnete* dor mit dėn Hōōt herum • un sä:

„Koom ruut, mien Jung, dat is vöröver! • Wi wüllt tō Huus. Dat's Fierdag för vundoog |*für heute*: • Uns' Herrgott rōht[x52]; tō morgen gifft dat Ârbeit."

———

2. De Sünndagmorgen [Der Sonntagmorgen]

(GrK1.1.154 – Kiek ōōk GrK5.1.207 un ōōk GrK2.340!)

[Persōōns: de **Huusfru**, ehrn Mann **Krüschan**, ehrn Söhn **Heinri**, ehrn Swiegervoder ›**Obbe**‹; én **Noversch**; én **Hans-Ōhm** (›**Moonschien**‹)]

(Huusfru) „Wat is dor sünndagmorgens âll tō dōōn! • Ēēn[X29a] mag sik kēhren un kanten |drehen & wenden, as |wie ēēn[X29a] will, • noch jümmer[X21] is dor én Eck, wō ēēn[X29a] ni[X20] ween[X83] is." • Sō seggt én rasche Fru mit rōde Backen |Wangen • un snackt mit Noversch[X16] |Nachbarin in'e Strotendöör. • In't Snacken uult |wedelt sē gau én Spinnwébb dool • un wischt de Trâllen |Sprossen an de Huusdöörfinstern. • (Huusfru) „De Jung, mien Heinri, kunn |könnte mi wull al hölpen, • doch speelt un sitt |spielt & sitzt dē lēver bi sien Ōpa|›Obbe‹. • Dē sloopt |schlafen tōsomen un goht |gehen tōsomen tō Feld, • dat's Woter op sien Möhl, de Ōl' |Alte vertreckt |verzieht ém. • Dē seggt, sōōn Jung, dē mutt |muss én Spoden|Spoon |Spaten hébben, • de Bessen un de Uul |Handfeger sünd för de Fruunslüüd. • Ik dō't |tu's ōōk lēver sülben, as datt ik ém quääl. • Hē is doch je én Kind un kann sō bannig |sehr fiecheln |schmusen. • Nu sitt |sitzt hē al bi Ōpa in'e Stuuv. • Ik wēēt ni[X20], wat süm|se[X04] mookt |machen, süm|se[X04] sünd je still", • un dorbi wies |wies (zeigte) sē no de Stubendöör. • „Süm|Se[X04] leest |lesen je wull." De Döör stunn in'e Knirr |auf einen Spalt offen; *(GrK1.1.155)* • sē lang |langte tōrüch un trock |zog ehr in beten open |auf, • un Noversch[X16] kēēk vun achtern dör dén Reet |Ritz. • Dor sēēt |saß de Ōl', de Bēēn verkrüüz |überkreuz, an' Oben |Ofen • (de Nachtmütz kēēk |guckte man eben |nur knapp ut dén Löhnstōhl) • un hēēl |hielt dat Bōōk, datt jüst |just de Sünn |Sonne dorop schien. • Sien Enkel stunn, mit beide Ârms op't

Löhnelsch |*Rückenlehne*, • un kēēk mit rin, hē kēēk ėm över de Schuller. • De Ōl' wēēr hēēl[X29b] verdēēpt |*vertieft* un rȫhr |*bewegte* de Lippen • un joog |*jagte* de Flēgen dėnn un wėnn vun't Bōōk. • Nieschierig |*Neugierig* folg |*folgte* de Jung dat mit de Ōgen • un mook |*machte* dėn Hâls sō lang, as wull |*wollte* hē't eten |*essen*. • De Sünnenschien full ėm op sien blanke Back |*glatte Wange* • un speel |*spielte* as Gold ėm in de gelen |*blonden* Hoor.

Sō steiht in't Holt |*Gehölz* ėn Mârtjen |*Gänseblümchen* bi ėn Stubben |*Baumstumpf*. • Op beide fâllt de Sünn, un beide drȫȫmt |*träumen*, • vun Lust un Glück de ēēn, vun' Dōōd de anner.

Dat wēēr ōōk eben sō ruhig as in't Holt. • Ēēn[X29a] hȫȫr[X65] dėn Koter sogen |*schnurren* ünner'n Oben, • de Steilitsch |*Stieglitz* wett |*wetzte* sien Snovel an'e Wieren |*Drähten* • un gnapper |*knabberte* de Kōōrns un streu |*streute* dat Sluuv |*die Spelzen* herum, • stēēk |*steckte* dėnn dėn bunten Kopp heruut ut' Buur • un kēēk sik um, sō listig as ėn Hohn |*Hahn*, • dėnn doolwârts |*abwärts*, trock sien Fingerhōōt herop • un drunk un lēēt |*ließ* ėm fâllen un gluup |*spähte* ėm no.

Sō stunn un gluup Fru Noversch[X16] dör dėn Reet, • no dē Siet un no dē |*der*, un no de beiden, • un no de Ecken as ėn Kunterlȫȫr |*Kontrolleur*, • un no dėn Fōōtborrn |*Fußboden* mit dėn witten Sand • (wō Heinri noch man knapp |*noch kaum* ėn Spōōr in pedd |*getreten* hârr) • un dėnn no't Finster, no dėn blanken Disch. • De Mōder[X12] stunn un lees |*las* ehr an't Gesicht, • as spēgel |*spiegelte* sik wiss |*gewiss* âll ehr Freud dorin, *(GrK1.1.156)* • ehrn hēlen[X29b] Stoot |*Pracht*, de Stuuv mitsamts ehrn Heinri. • Sē mârk |*merkte* ōōk gliek, wat Noversch[X16] frogen wull: • *(Huusfru)* „Mien Mann is al tō Feld un kickt |*sieht* no't Land, • ik luur |*warte* al lang, hē hett noch gor ni[X20] drunken |*nicht gefrühstückt*." • Dėnn ünner'n Spēgel damp |*dampfte* de Kaffeketel • un blaue un witte Tassen stunnen tōrecht |*bereit.*

Süm|Se[X04] snacken |*redeten* noch, dō worr dat buten luut: • Ėn raschen fasten Schritt un dėnn noch ēēn, • ėn hatte |*harte* Stimm un Snacken kēēm dor nēger |*näher.* • Ēēn[X29a] höör[X65] |*hörte* ėn Hund sik freuen un Gebell, • un dorop treden |*traten* twēē Mannslüüd in'e Döör, • de ēēn in Steveln un mit Hōōt un Stock, • ėn brēden Mann mit dēpe Pockennârben, • de anner kēēm in Tüffeln |*Pantoffeln* mit ėn Piep. • (Huusfru) „Gō'n[X50] Morgen, Hans-Ōhm[X13] |*Onkel Hans*! Krüschan |*Christian,* büst du dor! • Koom bâld mool wedder[X41a] |*Tschüß auch,* Noversch[X16]! Goht man rin |*Geht nur rein!* • De Kaffe luurt |*wartet* al lang, du büst wull mōōd!" • Un dormit hēēl |*hielt* sē wiet de Dönsdöör |*Stubentür* open.

Grōōtvoder trock |*zog* de Brill wat in'e Hööchd • un gēēv |*gab* dėn Jung dat Bōōk un sä ›gō'n[X50] Morgen‹, • gēēv Hans-Ōhm ōōk de Hand un ōōk sien Söhn • un froog |*fragte* no dit un dat, wat dor sō vörfull. • Dō damp |*dampfte* de wârme Kaffe in'e Tassen, • dat quickt |*erquickt* ėn Mȫden |*einen Müden* no ėn swore Tuur. • De Huusfru schėnk |*schenkte* in, un Hans-Ōhm lēēt |*ließ* sik nȫdigen |*krogen,* • ōōk Ōpa rück |*rückte* tō'n twēten Mool an' Disch. • Un as süm|se[X04] drunken, sēēt |*saß* de Jung un blöder |*blätterte,* • (wollte wissen) wat nȫössen kēēm |*weiter käme* un wo |*wie* de Sook |*Sache* wull bilēēp |*ausging.* • Sien Voder[X11] hârr ėm dėnn un wėnn |*ab und zu* in't Ōōg, • doch sä hė nix un lēēt |*ließ* ėm still betemen |*gewähren.*

(Hans-Ōhm) „De Kaffe deit ēēn |*tut einem* gōōt[X50], dat wârrt al |*es wird schon* kōōlt! • De Winter is ėn Mann mit iesern |*eisernen* Fingern! (GrK1.1.157) • Grōōtvoder[X11] früsst |*friert* al", fangt dō Hans-Ōhm an, • „mi dünkt |*scheint,* wi schullen man |*sollten doch* no Brunsilgen |*Brasilien* gohn. • Süm|Se[X04] sėġġt |*sagen,* dor eet |*essen* süm|se[X04] tō Wiehnacht riepe Stickbein |*Stachelbeeren* ▪ as wi Johanni |*zu Johannis (Johannistag, 24. Juni)*, dat wēēr |*wäre* doch wat för Ōpa, ▪ sōōn nette Wârms |*Wärme* as hier bi unse Hauoorn |*Heuernte*. ▪ Dor is nu je licht vun Hamborg hėntōrecken |*zu erreichen*, ▪ de Jungs, dē singt: ›Brunsilgen is ni[X20] wiet‹."

(Krüschan) „De Gloser reist nu ōōk", seggt dō de Söhn, ▪ „mit Fru un Kind vunmorgens |*heute Morgen* weg no Hamborg."

(Hans-Ōhm) „Jo, jo", seggt Hans, „mi dünkt, ik hârr |*hätte* noch Lust, ▪ wēēr blōōts man ni[X20] |*nur nicht* de grōte Pōhl |*Atlantik* dortwischen. ▪ Süm|Se[X04] schriebt |*schreiben* je vun Amēriko, dat's herrli, ▪ de Ossen lōōpt |*laufen* dor wild, ēēn[X29a] kann süm|ehr[X05] fangen, ▪ di löppt |*läuft* ėn Dutz |*Dutzend* dor foken |*häufig* in'e Schüün, ▪ un Hosen |*Hasen* sünd sō tamm |*zahm*, ēēn[X29a] kann dē griepen. ▪ Un dėnn de Vogeln, dat mutt prächtig ween[X82]! ▪ Ik mag sō gēērn ėn wille broodte |*gebratene* Duuv." ▪ Un dorbi wisch |*wischte* hē smerig |*grinsend* sik um' Mund ▪ un kēēk rein lustig ut sien lütten Ōgen.

De annern smuustern |*schmunzelten*, dėnn süm|se[X04] kėnnen |*kannten* ėm wull ▪ un datt hē gēērn ėn gōden[X50] Broden ēēt |*aß*, ▪ süm|se[X04] nōmen ėm wull Hans Moonschien för |*wegen* sien Backen.

Dō seggt de Brēde: (Krüschan) „Hans-Ōhm, Spoos bisiet, ▪ wull |*wollte* Ōpa|›Obbe‹ mit, ik wuss |*wüsste* ni[X20], wat ik dä |*täte*. ▪ Ik lōōv |*glaube*, ēēn[X29a] kann wat wârrn güntsiet |*jenseits* dat Woter. ▪ Dėnn wat ēēn[X29a] hōōrt, dat meiste is doch gōōt[X50], ▪ dat is dor frie'er, ni[X20] sō ėnġ un ängstli, ▪ dor is noch Ruum. 'kēēn[X29c] |*Wer* will, dē finnt sien Brōōt."

(Hans-Ōhm, ›Moonschien‹) „Jo, Platz is nōōg", fâllt Moonschien ėm in't Wōōrt, ▪ an' Morgen leggst du ėn Ledder[X41f] an dien Huus,

(GrK1.1.158) • wènn du ēēn hest – èn Huus – un nimmst dien Kieker |*Fernglas*, • un seggst di dènn ›gō'n‹[50] Morgen‹ mit dien Nover."

(Krüschan) „Snack du man |*nur* lōōs! Wat wohr is, blifft ōōk wohr! • Dat's hier sō ènġ, hier drängt sik ēēn an't anner |*alles aneinander*, • ēēn[29a] snappt dat Brōōt sik würkli|*rēdig* vör dèn Mund weg. • Dor is kēēn Geschäft, vun âll |*allen* sünd hier tō veel, • un ēēn |*einer* sitt gliek dèn |*dem* annern op'e Hacken |*Fersen*. • Nehm |*Nimm* man |*nur* de Kōōplüüd! Jēēdēēn Huus èn Schild! • Süm|se[04] hannelt rein |*praktisch* mit âllns, sōgor mit Blōōm |(›*tat man‹ eigentlich ›nicht‹)*! • Un wènn ēēn[29a] dat recht bekickt |*betrachtet*, mit Minschenkinner. • Un jümmer[21] kummt wat Nies |*Neues* un noch wat Nies, • vun Swevelsticken |*Streichhölzern* an bet no de Stüren |*Steuern*. • Ēēn[29a] wēēt ni[20], wat ēēn[29a] hett un wat dat wēērt is. • Süm|Se[04] kunnen |*könnten* je noch mool opfinnen |*erfinden*, Gold tō moken • un Kōōrn tō buden[55] |*anzubauen* op dèn Böhn |*Boden* in't Huus. • Den *Dünger* |*Kunstdünger* hoolt |*holen* süm|se[04] ut Amēriko • un oornt |*ernten* dèn schōōnsten Wēten |*Weizen* op de Heilōh |*Heide*. • Un jēēdēēn Placken Ēēr |*Fleckchen Erde* un jēēdēēn Kruut |*Kraut* • un jēēdēēn Knoken sōōkt |*suchen* süm|se[04] un betohlt |*bezahlen* süm|se[04] – • ik wēēt ni[20], wō dat op ruutschâll |*worauf das hinaussoll (hinauslaufen soll)* mit de Tiet. • Dat gäärt un wōhlt vun ünnen bet no'n boben, • dat's âll as ēēn Getōōs |*Getöse*, as in èn Iemkorf[76]|*Iebenkorf* |*Bienenkorb*. • Dat's jüst ni[20] *hässli* |*wedderig*, un süm|se[04] nährt |*ernähren* sik âll, • ik wēēt ni[20] mool, wo't mōōgli |*wie's möglich ist – ēēn* vun' annern |*einer von dem andern*, • dē âll nix hebbt |*haben* un dor liekers |*trotzdem* âllns mit mookt |*machen*. • Un informēērter |›*operklärter‹* wârrt süm|se[04], dat is wiss, • un afpolēērt |*abgeschliffen* (*'gebildet'*) bi âll dat ēwig' Drieben |*Treiben*. • Ōōk is dat recht èn driftig[M3] |*rühriges* munter[M3] Leben, • vun morgens frōh bet obends loot |*spät* tōgang |*tätig*: • Doch wârrt |*wird* mi't âll tō lârmdig |*lärmend* un tō luut. • Ēēn |*Einem* wârrt tōmōōt |*zumute*, as fohr |*fahre* ēēn[X29a] op't Karússel: • Wėnn ēēn[X29a] ōōk still sitt |*sitzt*, küselt |*wirbelt* ēēn[X29a] doch rum, • un ėndli dreiht de Borrn |*Boden* sik ünner de Fōōt weg. – • Mi sünd de Lüüd tō happig |*gierig* un tō hastig. • Mit stille Ârbeit kummt kēēn Minsch mēhr dör, • de lüttste Nodelhandel |*Kurzwarenhandel* is nu beter. *(GrK1.1.159)* • Wi wârrt an't Ėnn noch Juden |*i.S.v. Händler* mitėnanner |*alle zusammen*; • dē ârbeiden |*ârbei'n* will, is würkli|rēdig |*förmlich* blōōts Maschien."

(Krüschan) „Un doch is mi an glücklichsten tōmōōt, • wėnn ik Dag för Dag sō recht mien Leden |*Glieder* bruuk |*gebrauche*, • de hēle[X29b] Week in't Wârken |*Wirken* un allēēn, • un as ėn Möhlenpeerd in desülve |*in derselben* Spōōr, • in't sülve |*im selben* Ēnerlei, as vörjohrs |*im Frühjahr* bi dėn Törf |*Torf*. • Dėnn goht |*gehen* de Bēēn un Ârms süm|ehrn[X06] ēgen |*eigenen* Ganġ • un de Gedanken still un sacht süm|ehrn[X06] annern. • Dē striedt |*streiten* sik ni[X20], dat Hatt is sō gesund, • un dat Geweten rōhrt sik ni[X20] in' Bossen |*in der Brust*. • Ēēn[X29a] wēēt, wat Recht un Plicht is ohn tō gruveln |*grübeln*, • un wat ēēn[X29a] schåll un mutt, al |*schon* wėnn ēēn[X29a] opsteiht. • Un obends is ēēn[X29a] recht vun Hatten mōōd |*müde*, dat Eten |*Essen* smeckt, de Stunnen, dē gliedt |*gleiten* dorhėn, • un mit de Sünn, sō sachten |*sanft* op un dool, • stieġt |*steigen* ēēn |*einem* ōōk Kraft un Lust un sackt |*sinken* tō Rōh[X52], • un mit de hēle[X29b] Welt is ēēn[X29a] in Freden. • Ik nōōm |*nenne* mi dat de Sēēl- un Ârbeitsrōh[X52] |*Seelen-*."

(Krüschan) „Dit Reken |*Rechnen* un Bereken un Beluren |*Belauern* • un Snacken un Schachern is mi recht tōweddern[X41c] |*zuwider*! • Ik lōōv |*glaube*, dat's in'e niede |*neuen* Welt ni[X20] nödig. • Dor kofft |*kauft* ēēn[X29a] sik sien lütten Placken |*Flecken* Land • un buut ėm an |*bebaut ihn* un süht sien Soken |*Sachen* wassen • un dėnkt: ›Dat is de Lōhn för sure Ârbeit.‹ • Dėnn |*Denn*, hett ēēn[X29a] hier ōōk Segen op sien Feld, • sō wēēt |*weiß* ēēn[X29a] kuum, woveel de Stoot noch aftreckt |*abzieht*! • Mit åll de Stüren wârrt dat je ümmer[X21] ârger |lēger. • Un âll de feinen Herren mit Brill un Stock • un Wetenschop un Hōōchdüütsch un wat anners |un wat sunst noch. — • Ik hōōr je veel in't Wēērtshuus, wat süm|se[X04] snackt |reden, • dat meiste is doch luter Klönerie |Geschwätz; • un liekers |trotzdem kickt |blickt ēēn[X29a] jümmer[X21] ēērst |zuerst no'n Rock |zur Kleidung • un wârrt dėn Keerl mitünner gor ni[X20] wies |bemerkt den Kerl mitunter gar nicht. — • Nä, as ik segg |wie gesagt, dat is ni[X20] uttōhōlen |auszuhalten!" (GrK1.1.160)

(Hans-Ōhm, ›Moonschien‹) „Jo, dėnn mööt|möö'[X61] |müssen wi je würkli |rēdig op'e Bēēn", • mēēnt dō de Dick' un mookt ėn brēden Mund • un smōōkt |schmaucht, datt ėm de Damp sien Kopp verstickt |einhüllt, • „du för |wegen de Freiheit un ik för |wegen de Duben, • un Heinri kann je Blōōm un Nester sōken."

De Lütte stunn al wedder[X41a] achter Ōpa • un kēēk sien Voder[X11] stief |starr no Mund un Ōgen. • Hē worr wat |etwas rōōt un lach |lachte, as Hans ėm ansnack |anredete. —

(Ōpa, ›Obbe‹) „Dėnn |Dann reist man |nur", seggt de Ōl', „ik reis ni[X20] mit! • Ēēn[X29a] wesselt |wechselt ni[X20] sien Heimot as sien Rock, • ik kann ni[X20] leben ohn mien Voderland[X11]. • Un 'kēēn[X29c] |wer dorhėn geiht, nä, dē hett kēēn mēhr. • Wo duurt mi doch |tun mir leid de ârmen Stackelsminschen |bedauernswerten Menschen, • dē Nōōt un Hunger un de Odel |Adel wegdriebt |vertreiben! • Ik wēēt noch, as de Överelvschen |die von jenseits der Elbe kēmen • un dē ut Holstēēn ut Liefēgenschop |Leibeigenschaft: • Dē wēērn je rein verdümmert |schier verblödet as dat Vēēh • un sō verschüchtert as de Schoop op'n Mârkt[X77]. • Dē schuen |scheuten sik vör süm|ehrn[X06] liefligen |angeborenen Vodersnoom[X11] • un krōpen |krochen hier as Spitzbōben manġ |zwischen uns rum: • Wėnn dē dorhėn goht, jo, dat gēēv ik tō, • dē hebbt ni[X20] Huus noch Kluus |weder Haus noch Hof un Voderland[X11]. • Doch hier op unsen lütten frie'en Placken • kann dat, sō Gott will, ni[X20] sō grulig |schrecklich wârrn. • Hier hebbt uns' Ōlen för de Freiheit blödd

|*geblutet*, ▪ un dorvun is de Masch noch jümmer^[X21] vull, ▪ in jēēdēēn Oder |*Ader* löppt ėn Drüpp |*Tropfen* dorvun, ▪ sō siet |*niedrigen Standes* un ōōk sō hōōch |*hohen Standes*, süm|se^[X04] hebbt ėm âll, ▪ un dē an meisten, dē dat gor ni^[X20] mârkt |*merken*. ▪ **Dat is de Frieheit**, dē dor in uns stickt |*steckt* ▪ as Slag |*Menschenschlag* un Oort |*Art* vun Voder^[X11] un vun Mōder^[X12]. ▪ Dē mookt de Slechsten groff un överdodig |*unbeherrscht (GrK1.1.161)* ▪ un unse Besten grood |*aufrichtig* un slicht un recht |*redlich*. ▪ Dat anner is man âllns Snackerie |*Gerede*, ▪ vun boben kummt de Knechtschop ni^[X20] hėndool |*herab*; ▪ wėnn wi man wüllt|wööt |*nur wollen*, de Försten |*Fürsten* kōönt |*vermögen* ni^[X20] veel. ▪ Dat is mi jüst as |*ebenso wie* mit de Reliōōn |*Religiōōn*: ▪ Dē lett |*lässt* ēēn^[X29a] sik ni^[X20] geben un ni^[X20] nehmen, ▪ dē hett ēēn^[X29a] jüst an meisten, wėnn dat knippt |*in der Bedrängnis.*"

(Ōpa wieder) „Wat mēēnt |*meint* jüm|ji|ju^[X01], dat is ruhig^[X52] achter't Weltmēēr? ▪ Dor drängt dat ōōk un drifft |*treibt* un rifft |*reibt* sik af. ▪ Wō Försten |*Fürsten* fehlt |*fehlen*, dor drückt |*drücken* Verstand un Geld. ▪ De Herrschop |*Staatsmacht* is ni^[X20] ut de Welt tō bannen, ▪ sō wēnig as de *Furcht* |*Ehrfurcht* vör Gott dėn Herrn.“

(Ōpa wieder) „*In Gottes Namen* reist – ik goh ni^[X20] mit! ▪ Ėn ōlen Stubben |*Baumstumpf* lett sik ni^[X20] verplanten. ▪ Ik will hier tōben |*warten*, bet mien Stunn dėnn |*Stündlein* kummt.“

De Ōle schüdd |*schüttelte* dėn Kopp un fōōl |*faltete* de Hannen ▪ un wies |*wies* un kēēk |*blickte* mit blöde* Ōgen |*gesenktem Blick(??)* no Döör: ▪ (Ōpa wieder) „Dor stunn mien selig' Fru mit rōde Backen, ▪ as Melk un Blōōt sō frisch – wat wēēr't ėn Dēērn! – ▪ Sünnobend vör Pingsten – och, vör vele Johren! – ▪ Ik hârr dat Huus vun Martin |*Matten* Pēters kofft. ▪ Wi kēmen vun Högen |*Hägen* rop, dat tō besēhn, ▪ un gungen dor langs dėn Fōōtstieg bi dėn Pōhl |*Teich*. ▪ De letzte Festdag schull |*sollte* uns Hochtiet wârrn: ▪ Dō stunn sē hier tō'n ēērsten Mool in Döör. ▪ Sē sēhg |*sah* sik um vun boben bet no'n nerrn ▪ un sä: ›Dat's alsō uns' |*unser* nu! Geev |*Gebe* man Gott, • datt wi hier bliebt |*bleiben* bet an uns selig[M3] Ėnn!‹"

(Ōpa wieder) „As sē tō Rōh[x52] gung, stunn sē hier as Liek, • un langs dėn Fōōtstieg gung ik achterno. • Un söben Kinner heff ik dor ōōk langbrocht |*entlanggebracht.* • Ik sēh |*sehe* de Dregers |*Träger* noch un jēēdēēn Sârġ, *(GrK1.1.162)* • as gungen süm|se[x04] âll tōgliek – ėn lange Rēēg |*Reihe* – • vun grōōt un lütt – mien Krüschan is man nobleben |*übrig geblieben.* • – Dē is jüst sō ōōlt as disse Esch |*Esche* vör't Finster – de grōte hier – dē plant |*pflanzte* ik, as hē kēēm. • De lütt' is jünger, ōōk de Sülverpöppel |-*pappel.* • De Ēēk |*Eiche* is för mien Öllsten |*Ältesten,* dē wull ni[x20] wassen. • Man blōōts de ōl' Kastanje wēēr hier al. • De Esch, dē hool |*holte* ik sülben ut'n Nōōrwōōld |*Norderwoold.* • Wo wasst |*wachsen* süm|se[x04] âll, as wēērn süm|se[x04] ēwig junġ! • Wi Minschen koomt |*kommen* un goht |*gehen* as Blōōm un Gras."

(Ōpa wieder) „Dor hebbt |*haben* mien Kinner speelt – ēēn no't anner. • Dor sēten |*saßen* wi an' Ōbend op de Grasbank • un sēhgen |*sahen* tō, un unse Novers |*Nachbarn* kēmen |*kamen,* • de jüngern mittōspelen, de ōlen tō snacken, • bet âllns still wēēr un de Wächter rēēp. • Dor worrn |*wurden* wi mitėnanner still un grau. • Sō mėnnig ēēn |*mancher,* dē dor as Jung mool rumdoov |*herumtobte,* • sēēt |*saß* mit de Johren ruhig[x52] bi uns Ōlen |*Alten.* • Un mėnnig Johr |*so manches Jahr,* wėnn't wedder[x41a] Summer worr, • sō fehl |*fehlte* dor ėn witten Kopp in unse Rēēg, • bet mi't tōletzt doch gor tō foken |*häufig* kēēm. • Ik kunn mi manġ |*unter* de annern ni[x20] mēhr finnen |*zurechtfinden,* • un jümmer[x21] frėmmer worrn mi de Gesichter. • Ōōk wârrt |*wird* mi dat an' Ōbend gor tō kōōlt, • ik hōōl |*halte* mi nu wat fröher in'e Stuuv op • un kiek dör't Finster no mien ōlen Bōōm."

(Ōpa wieder) „Nä, nä, mien ōlen Frünnen, ik goh ni[x20] weg, • jüm|ji|ju[x01] sünd mi bleben |*geblieben,* as de annern gungen, • de letzten op dėn Platz vun âll de annern; ▪ watt |ob ik süm|ehr^{X05} anner Vörjohr |im nächsten Frühjahr âll noch grȫȫn sēh?"

De Ōle stütt de Hannen op beide Löhnelsch' |Lehnen ▪ un böör |hob dėn Rüch ėn beten ut dėn Stōhl ▪ un kēēk mit blȫde* Ōgen |leerem Blick(??) ruut ut' Finster.

Dō foot |fasste de Lütt' ėm sachten |sanft an sien Ârm, ▪ un Krüschan nēhm sien Tass vun' Mund un puust |pustete ehr, (GrK1.1.163) ▪ as wēēr |wäre de Kaffe hitt, un sett |setzte ehr hėn. ▪ Hē kēēm tōhȫȫch |stand auf un grēēp |ergriff dėn Ōlen sien Hand ▪ un lä |legte de anner op dėn Jung sien Kopp. ▪ Hē hârr sik wull wat |etwas Kaffe in't Gesicht puust |gepustet, ▪ dor stunnen wück' |einige Druppens in de Pockennârben. ▪ Doch sä |sagte hē nix un sēhg |sah dėn Ōlen an, ▪ de Ōle ėm un dėnn sien Enkelsöhn. ▪ Sō stunnen süm|se^{X04} dor, as wēēr't ėn Klēverdrēē |Kleeblatt, ▪ desülve Oort un Snitt |Art & Zuschnitt, desülve Slag, ▪ un doch sō unliek |ungleich as vun Hârvst tō'n Frȫhjohr, ▪ de stille witte Winter twischen beide.

Ȫȫk Hans-Ōhm kēēm nu sachten in'e Hȫȫchd ▪ un stell sien Piep tō Sieden |zur Seite an' Stōhl, ▪ as stocken |als stockten Damp un Witz ėm in' Mund. ▪ Dō hȫȫr^{X65} |hörte de Ōl' sien Swiegerdochter wēnen |weinen. ▪ Hē drück |drückte de beiden liesen an'e Siet ▪ un sä (Ōpa wieder): „Loot uns^{X07b} tō Kârk un loot's^{X07b} |lasst uns man beden |beten, ▪ datt wi hier bliebt |bleiben bet an uns selig^{M3} Ėnn!"

3. Heinri |Heinrich

(GrK1.1.163 – Kiek ōōk GrK5.1.218 un ōōk GrK2.360!)

[**Persōōns: Heinri** un Pasterdochter **Maria**, dē hē vör'n Bull bârgen kann]

De Hans-Ōhm[X13] |*Onkel Hans* wohnt ōōk würkli|rēdig wunnerschōōn! • De Wisch |*Wiese* an' Goorn |*Garten* un an de Wisch dat Holt |*Gehölz* • un rechts un links de Möller un de Prēēster: • Dē hett wiss nōōg |*sicher genug* vun Ēēr un ōōk vun' *Himmel* |*vom religiösen Himmel*, • dē muss |*musste* ni[X20] wannern no Amēriko – • vun vörn de wârme Sünn, no'n achtern Schadden, • un rund umrum de grōne Ōgenweid. …

Hē's ōōk al ruut un lett |*lässt* de Ōgen lōpen, • de Sünn un Wullgefâllen |Freud op beide Backen |*Wangen*. • Hē kickt |*blickt* mool över'n Diek |*Teich* un no dėn Swoon |*Schwan* • un hōōrt vör Döör dat Woter un de Röder|Rööd |*Räder*: • Dat's nett vun fēērns |*von weitem*, ōōk wėnn ēēn[X29a] öller wârrt • un hett al graue Hoor, as Hans-Ōhm kregen |*bekommen* hett. *(GrK1.1.164)* • Dat wârrt ēēn |einem nōdig as dat däägli' Brōōt, • ēēn |einem smeckt doch nix, wėnn dat ēēn Dag lang fehlt, • un de Gewōhnheit mookt dat jümmer[X21] sōter. • Un Hans-Ōhm, dē ni[X20] Kind noch Küken hett • (uns Heinri is ēērst dor, sō lang hē grōōt is |*seit er erwachsen ist*), • steiht nu meist sō |*beinahe*, as frōher Ōpa|›Obbe‹ dä, • un kickt |*guckt* no Bōōm un Büsch, as wēērn't sien Kinner.

Uns Heinri sluntert |*schlendert* lēver langs dėn Hoff |*Garten* • un kickt no Riesen |*Pfropfreisern* un Levkōjenplanten • un wo |*wie* de dicken Köpp |*Knospen* vun Bōhnen un Ârfen • in lange Rēgen |*Reihen* de swatten Betten |*Beete* klōōbt |*spalten*.

Dat is ėn ēgen |*eigenartiger* Bėngel, still un schu. • Ēēn[X29a] schull |*sollte* wull mēnen, dē kunn ėn Ēēk utrieten |*ausreißen*: • Dat deit hē ōōk, sōōn lütte as ėn Finger, • wėnn hē ēēn finnt, wō Minsch un Vēēh rumpedd |herumtreten, • un driggt |trägt ehr sinnig |vorsichtig as ėn Vogelnest • mit beide Hannen un plant |pflanzt ehr still in' Goorn. • Vunmorgens |Heute Morgen geiht hē lingelangs dėn Hoff |Garten • un stellt sik an dat Heck* |Tor, dat no de Wisch geiht. • Hē löhnt sik mit de Ellbogen op de Pōōrt |Pforte • un kickt gedüllig no de Kōh in't Grosen |grasenden Kühe. • Wo rüükt dat sōōt un krüderig |würzig no Kanēēlblōōm |blauem Flieder • un stormt |stürmt (duftet) dor grōōn |(frisch) un saftig ruut ut' Gras |aus dem Gras! • Un langs de stille Wisch mit stille Kōh, • dor druust |rieselt un drōōmt de Möhlenbeek hentlang • un blinkert |blinkt as ėn Spēgel mit ėn Goldrohm |Goldrahmen • vun Botterblōōm |Hahnenfuß, sō sacht un doch sō ielig, • as gēēv dat nerrn in' Schadden Wunner wat|Wichtigs, • wō hē sik manġ de Ellernbüsch |Erlen verstickt!

Wat knârrt un klirrt dor rechter Hand in' Tuun |Hecke, • dē as ėn grōne Müür |Mauer sik an de Wisch langtreckt |entlangzieht? • Un boben sitt |sitzt hē |(de Tuun) vull vun witte Blōōm |Blüten. • Dē is sō dicht, dē lett |lässt kēēn Muus hėndör, (GrK1.1.165) • un hōōch, dor kann kēēn Mann noch röverkieken |hinüberblicken. • Wēēr dat de lütte Pōōrt no Prēēster sien |Prēēsters Goorn? • Wo hastig wėnn |wandte uns' Heinri dat Gesicht, • as hârr |hätte ėm vun de Ieben[X76] |Bienen, dē dor rumsingt |herumschwirren, • ēēn gor tō nōōswies um de Ōhren summt |gesummt. • Hē richt |richtete sik op un pedd|tree' |trat ėn Schritt tōrüch • un stunn in de Kanēēlbüsch |Fliederbüschen manġ de Blööd|Blöder. • Dėnn kēēk hē langs dėn Stieg an Paster sien |Pasters Tuun • un gluup |spähte, as schull dor Wunner wat ruutkomen.

Dor wēēr ōōk wat! Tōēērst ėn sachte |leise Stimm, • dē bi sik sülben |für sich ėn Melodie hėnmummel |hinmurmelte, • un dėnn ėn Klēēd – sō witt! un ōōk ėn Strōhhōōt! – • Un dėnnsō |dann sweev |schwebte dor ėn Ėngel langs dat Gras • in hellen

Sünnenschien un in dicken Schadden ▪ un lach |lachte un leev |lebte as ėn Rōōs in' Morgendau, ▪ un hârr ėn Hâls, as wēēr't ėn witte Tulp |Tulk! ▪ Sē nēhm |nahm dėn Hōōt hēēl sinnig |gemächlich över'n Ârm ▪ un strēēk |strich dat Hoor sik vun'e Stēērn tōrüch. ▪ Dō bummeln|sluntern |baumelten ehr de dicken brunen Flechten |Zöpfe ▪ de Schullern dool |herab, as wēēr't ėn Last tō dregen! ▪ Sō kummt |kommt sē sachten langs dėn Stieg |Steig tōhōōch ▪ un bückt sik af un an, ėn Blōōm tō plücken, ▪ un steiht mool still un kickt mool rund herum |sieht sich um. ▪ Wėnn sē dat wuss |wüsste, datt wi hier stoht tō kieken |stehen & gucken, ▪ wo |wie sē sik dō ehr Klēēd an Bossen puult |sich da ihr Kleid am Busen zupft ▪ un mit de Blōōm sik putzt |schmückt, wo worr sē rōōt wârrn!

Doch süh |Man kiek! Wat is dor lōōs? – Du lēve Gott! ▪ De Bull, de Bull! – Un Heinri schriggt |schreit vertwiefelt. ▪ Hē springt, as wēēr't ėn Stegelsch* |Trittbrett, över't Heck* |Gittertor ▪ un ritt |reißt in' Greep |mit einem Griff ėn Slēētbōōm |Querholz ut de Pōōrt. ▪ Hē is al op dėn Stieg un drōht[X53] un gröölt, ▪ un schriggt un flüggt |fliegt (stürzt), as goll't |galt's sien ēgen Leben ▪ (un âll |insgesamt, as wēēr in Roosch |rasend hē), op dėn Bull. *(GrK1.1.166)*

Maria kēēm noch mit dėn Schreck dorvun. ▪ Dat hung man an ėn Hoor |war knapp (Haaresbreite), sō hârr hē tōstött |hätte er zugestoßen. ▪ Dō fōhl |fühlte hē |(de Bull) langs dėn Rüch ėn Slag un noch ēēn ▪ un wedder[X41a] ēēn, as wėnn ēēn[X29a] Ârfen döscht |drischt. ▪ Hē bölk[X72] |brüllte, un giftig |wütend dreih |drehte hē sik dėnn rum, ▪ mit rōde Ōgen un mit lange Tung, ▪ dėn Kopp wat schrēēg no Ēēr. Hē kratsch |kratzte de Bülten |Grasbüschel, ▪ as wull hē sėggen: ›'kēēn[X29c] |Wer dört |darf dat mit mi wogen?‹ ▪ Doch as hē man |nur de Stimm hōōr[X65], fast un seker, ▪ dē kummandēēr |kommandierte, un sēhg |sah dėn Stock tōhōōch |erhoben, ▪ ėn Mann un Ōgen, dē ni[X20] vun ėm wieken |wichen, ▪

Aussprachehilfen für ō, ē, ȫ, â, ė, ġ, ƀ: siehe auf Seite 5 UND Buchdeckel!

dō wėnn |wandte hē sik mit Brummen langsoom af ▪ un gnurr |knurrte sik langs dat dichte Gras dorvun.

As Heinri sik nu rumdreih |herumdrehte no dat Mäden |Mädchen, ▪ dō wēēr sē ohn ėn Wōōrt un ohn ėn Luut ▪ un liekenblass beswōōgt in Ohmacht fullen |2x in Ohnmacht gefallen ▪ un lēēg nu dor, dėn Hōōt noch över'n Ârm.

Nu kēēm de Rēēg |Reihe an ėm mit Angst un Schrecken, ▪ dē eben vör dėn Oss ni[20] beev |zitterte noch schudder |schauderte. ▪ Hē smēēt |warf sik op de Knēēn|Knėden vör ehr dool ▪ un hēēl |hielt ehrn Kopp tōhōōch un nēhm |nahm ehr Hannen, ▪ un rēēp |rief ehr schüchtern, doch sō bang un pienli |schmerzvoll, ▪ dat muss |musste ėn Dōden opwoken |wecken ut dėn Sloop.

Doch as sē nu de Ōgen grōōt heropslōōg |emporschlug ▪ un swack un still umhersēhg |umhersah as in' Drōōm ▪ un dēēp de Oten |Atem kēēm un in de Backen ▪ ėn beten Rōōt, dat schien man eben dör, ▪ dō nēhm |nahm hē ehr vör Freud in beide Ârms ▪ un bōör |hob ehr as ėn Kind, as hârr hē't funnen, ▪ as wēēr't sien ėgen, vör sik in'e Luft ▪ un drōōg |trug ehr (luut in Lachen un in Wēnen ▪ un Snacken |unter lautem Lachen, Weinen und Reden, hōōch- un plattdüütsch mangėnanner |durcheinander) ▪ dėn Stieg dėnn langs un dör de Prēēsterpōōrt ▪ un sett |setzte ehr dor in' Schadden op de Bank. (GrK1.1.167) ▪ Ēērst schoom |schämte sē sik, worr |wurde rōōt un wedder[41a] blēēk ▪ un sēēt |saß un wreng |rang ehr Hannen un kēēk |blickte umher: ▪ Mitmool dėnn |Dann plötzlich slōōg |schlug sē ėm de Ârms um' Hâls ▪ un kēēk ėm an |sah ihn an mit grōte brune Ōgen, ▪ verstēēk |versteckte dėn Kopp an ėm un seggt |sagt: „Mien Heinri!"

4. De Welt

(GrK1.1.167 – Kiek ōōk GrK5.1.223 un ōōk GrK2.368!)

Wēētst du, wat Krieg hēēt? – Loot di dat vertellen!

Du hest wull hȫȫrt vun Spoonjers |*Spaniern* un süm|ehr[X06] Mōōrden |*deren Morden*, ▪ wo dē sik umbringt |*umbringen* mit ėn Putt vull Brie |*Brei* ▪ un sülvsten miteet |*mitessen* un tōsomen krepēērt |*krepieren* ▪ vör Wōōt[X51] un Gift, mit Flȫken |*Fluchen* un mit Beden |*Beten*? ▪ Dat's Snack för |*zum* Tietverdriev, dat is kēēn Krieg, ▪ wi hebbt |*haben* je sēhn |*gesehen*, dat's wat för Pēter Lüch* |*Lügenpeter*: ▪ Sō klȫȫnt |*plappert* uns doch kēēn Löcker in dėn Kopp! ▪ Jüm|Ji|Ju[X01] schullen |*sollten* noch sėggen, dē freet sik as de Lȫben |*Löwen*, ▪ de ēēn dėn annern op |*fressen sich einander auf* bet an de Stēērten |*bis zu den Schwänzen*! ▪ Wi Minschen sünd kēēn Iesboren un kēēn Slangen, ▪ dat Blōōt, dat kruppt |*pulsiert (kriecht)*, un âll hebbt wi ėn Hatt: ▪ Ėn Druppen Gâll |*Galle*, un lēēp |*liefe* sē würkli|rēdig öber, ▪ verklȫȫrt |*verfärbt* dat ni[X20] tō Black |*Tinte* un Kunkelmei |*gelber Farbstoff aus Curcuma*. ▪ Un ōōk de Russen mööt |*müssen* süm|ehrn[X06] Pelz ēērst kōpen ▪ un koomt |*kommen* ni[X20] as de Sēēhunnen op de Welt. ▪ Jüm|Ji|Ju[X01] mēēnt, dat geiht mitünner as bi Feldmüüs: ▪ Dėnn kriggt dat Volk ėn Schuur |*Schauer (Anfall)* un mutt sik umbringen ▪ un stört |*stürzt* in't Woter, wėnn't kēēn Katten gifft. ▪ Nä, nä, dat's ni[X20] sō licht! Dat Leben is sȫȫt, ▪ de Dōōd is bitter, steiht al in'e Bibel, ▪ un Minschenslachten wârrt mien Doog kēēn |*niemals ein* Handwârk. ▪ Wō liggt dat Land mit luter Schinnerhannes' |*Mördern*? *(GrK1.1.168)* ▪ Nä, nä! Wat wēērn wi tögerig |*zögerlich*, as de

Schoop • vör't Slachtermess. − − Wat recht |*berechtigt* is, mutt hendör |*sich durchsetzen*. ▪ Na, denn man lōōs! − En Esel bliev |*bleibe* tō Huus!

––––––

Doch as de ēērste Bōōssel |*Kugel* op uns tōkēēm, ▪ langs de Schussēē |*Chaussee* as op en Kegelbohn ▪ (tōēērst en Blitz, sē kummt, sē kummt, dor wippt |*hüpft* sē ▪ twēē-, drēēmool, as en Hoddboor |*Adebar*, dē dor opflüggt |*auffliegt*), ▪ dō sprungen wi âll koppheister |*kopfüber* in'e Grȫȫv[X75] |*in den Graben*. ▪ Man |*Aber* nȫȫssen |*nachher* wârrt ēēn[X29a]'t |*man es* wennt |*gewohnt*, as hȫȫr't |*gehöre es* dortō. ▪ Ēēn[X29a] süht ehr komen un wohrt |*hält* den Kopp tōsiet ▪ un kickt |*blickt* ehr ruhig[X52] no |*nach (hinterher)*, för 'kēēn |*(neugierig) für wen* sē mookt wēēr. ▪ Dē stört |*stürzt*, dē liggt |*liegt*; wi annern bliebt |*bleiben* dor no |*übrig*.

An slimmsten is dat Jammern un Geschrigg |*Geschrei* ▪ vun Minsch un Vēēh, un denn de Wȫȫr dortwischen, ▪ as drēēv |*triebe* ēēn[X29a] en Koppel |*Herde* Ossen rop no Hamborg.

Wi hârrn sō ēēn |*so einen*, en lütten griesen Keerl, ▪ verdrȫȫgt |*vertrocknet* un mit sōōn fludderigen |*wirren* Boort ▪ un krökelig |*runzlig* in't Gesicht as engelsch[M3] Ledder[X41f], ▪ al en ōlen Hund mit luter lōse Tähn. ▪ Doch hârr de Keerl en Stimm, dat wēēr wat Gresigs |*grausig*! ▪ Dat kēēm |*kam* dor ruut, as kēēm |*käme* dat ut en Tünn, ▪ gliekgüllig, as de Keerl |*wie der, der* de Bückeln |*Bücklinge* utröppt: ▪ „Karrēē!" Wi drängen |*drängten* tōhōpen in den Weg, ▪ vun Wâll tō Wâll de Schullern anenanner, ▪ de Bajonetten vörwârts as en Hekel |*Flachshechel*: ▪ „Nu stoht un loot |steht & lasst süm|ehr[X05] komen!" – Du lēve Gott! • Dor kēmen süm|se[X04] an! – Ik wârr dat ni[X20] vergeten! • Dit gruselige |fürchterliche Rummeln vun de Peer! • Dorgēgen wēēr dat Schēten |Schießen nix as Knappern |Knattern. (GrK1.1.169) • Un över âllns ruut de ōle Griese |Graukopf, • as wēēr't de Stormklock |Sturmglocke: ›Jungs, stoht fast, stoht fast!‹ • Ēn Lârm, as full |fiele de hēle[X29b] Welt tōhōōp, – • un liekers |trotzdem lēēp dat liesen langs de Rēēg: • „Man |Nur still, man still!", as wēēr dat in'e Kârk. • Dō kēmen süm|se[X04] langs dèn Weg, as kēēm |käme de Flōōt, • un Peer un Minsch un Köpp un Ârms un Sovels, • as wülter |wälzte sik ēn Wach|Wagg |Woge dèn Strand herop: • ›Dat mutt noch mit, dor kann kēēn Druppen wieken!‹ – • Dat's âll ēēn Klumpen vull vun Schuum un Wōōt[X51], • de rosen |rasenden Peer un dor de Minschen boben |drauf, • as flücht |flöhe ēn Koppel |Schwarm Kreihen|Kreiden vör ēn Storm. • De ârmen Lüüd! – Wat hölpt't? – Süm|Se[X04] mussen |mussten raf |dool. • Wi stunnen as Pohlen |wie Pfähle. – „Füür!" – Dor fullen süm|se[X04] hèn, • as puust |bliese ēn Wind dat Hackelsch |die Häcksel vun ēn Deel |Diele.

––––––

Dē stört |stürzt, dē liggt. Wi annern bliebt |bleiben dor no • un goht |gehen dor stramm |unbeirrt hèndör, dör dick un dünn • un Küll |Kälte un Hitt |Hitze. De Hitten is dat Slimmste, • wènn ēēn[X29a] vör Döst |vor Durst nix anners dènken kann. • Dènn geiht ēēn[X29a] würkli|rēdig drömen |träumend mit woken Ōgen • un süht un hōōrt un dènkt man |bloß jümmer[X21] ›Woter!‹, • as lēēp |liefe dor ēn Beek, as hōōr[X65] |hörte ēēn[X29a] ēn Wotermöhl, • as hēēl |hielte ēn Kind ēn School |Schale hèn – ōh, sō kōōlt! • Du langst mit beide

Ârms (un wēētst, du drȫȫmst) • un snübbelst |stolperst dammeli |taumelnd op dien ēgen Fȫȫt. • Du dėnkst, dat geiht ni^[X20] an |darf nicht sein, dat fȫhrt |führt no't Dullhuus, • du muttst dor gēgenan, du muttst di wehren, • du muttst wat snacken mit dien Kamerood: • Man wunnerli! Dor will kēēn Stimm heruut! • Du seggst ›Dat's bannig hitt‹, ȫder wat du seggst. • Doch hȫȫrst du't sülben ni^[X20], rein |förmlich as in' Dusel |Schwindel. • Dat sitt di fast in' Hâls, dat is as Ledder^[X41f], • sō stief un drȫȫg, dat rummelt |rumpelt as ėn Stevel. • Un rein |schier in Angsten fohrst du ut dėn Drōōm – (GrK1.1.170) • „Wat fehlt di? Jung! Segg an! Wo sühst du ut!" – • „Nix! nix!" … Ėm lōōpt |rollen de Ōgen in' Kopp, • hē kickt sik hastig um un grippt no Luft • un springt, as wēēr hē rosen |rasend, gēgen dėn Wâll • un stört tōrüch …
………   Dē liggt – un wi mȫȫt wieder.

———

Doch kēēm dor ėn Sōōt |Brunnen, sō sprungen wi schier |geradezu dorin. • Versupen ōder drinken – puttegool |einerlei! • Is Woter in'e Trȫȫg |Trögen, de Köpp in't Woter! • As suuģt de Mierēēms |Wie wenn Ameisen saugen an ėn Siropsdruppen! • Sō veel |viele dor Platz hebbt |haben, steekt |stecken dėn Stēērt |den Sterz tōhȫȫch • un rippt un rȫhrt |rühren sik ni^[X20], as wēērn süm|se^[X04] anpeekt |angeklebt, • un güttst|gōōtst |gössest du ōōk ėn Ammer boben rop.

Dat's ēnerlei – wat recht |berechtigt is, mutt hėndör |sich durchsetzen! • Man lōōs! man lōōs! – Ėn Esel blifft |bleibt tō Huus!

5. Voderhuus |Vaterhaus

(GrK1.1.170 – Kiek ōōk GrK5.1.227 un ōōk GrK2.376!)

[**Persōōns: Heinri** in' Krieg; Lengen un swore Drȫȫm]

Dor steiht en Posten ēēnsoom op'e Heilōh |Heide • un wannert still in' Moonschien op un dool. • Dē is dor mit uns' Herrgott un sien Flint • un sien Gedanken mōdersēlenallēēn[x12]. • De Heilōh liggt sō ruhig[x52] un sō bruun • un wiet, sō wiet de besten Ōgen reckt |reichen, • as lēēp sē in'e wiede, wiede Fēērn • mit Dau |›Duff‹ un Dook |Nevel un Heben |Himmel âll in ēēns, • bet an'e graue Kimming |Horizont, em tō Fȫten, • sō flack un wellig as dat stille Haff |Wattenmeer. • Dor steiht hē as en Schüürpohl |Vieh-Scheuerpfahl gēgen den Heben (GrK1.1.171) • (de Moonschien blenkert |blinkert op sien Bajonett) • un lett de Ōgen wannern langs de Heid, • vun Knüll |Grashügel tō Knüll den gelen Schien |Schimmer hentlang |dem … nach • un wiet dor överweg |drüber weg in Nacht un Schadden • un wieder noch, wōhen de Gedanken treckt |ziehen: • Bet an en Huus (mit den Prēēster an'e Siet • un an de anner de Beek un Woterrööd), • hē wannert mit den Beek de Wisch hendool • bet an dat Heck* |Weidetor, de Pōōrt |Pforte un in dat Holt |Gehölz • un nüült |neigt den Kopp un steiht un seggt: ›Maria!‹

Denn geiht hē wedder[x41a] langsoom op un dool. • Wat schâll ēēn[x29a] dōōn? Gedanken hebbt süm|ehrn[x06] Gang, • un op de Heilōh stȫȫt |stoßen süm|se[x04] nârms |nirgends je an. • Dor flēēgt |fliegen süm|se[x04] as en Holtduuv |Ringeltaube langs de Masch |Marsch: • Tō Huus, tō Huus! Kiek blōōts! Wat hett sē't ielig • un is al bi de Hȫȫchden |Anhöhen ut' Gesicht. • Wull |Wohl över't

Mōōr, dor flōōg sē sō tō Tieden |*zu Zeiten*, · wėnn hē un
Ōpa|›Obbe‹ ârbei'n|*ârbeiden* |*arbeiteten* bi dėn Törf. · Wull dör de
Obendluft, hōōch över'n Eschbōōm, · wėnn süm|se[X04] in'e
Schummern |*Dämmerung* sēten |*saßen* vör de Döör. · Dō wēēr dat
schōōn! Dō wēēr dat âll sō ruhig[X52], · un morgens wook |*weckte*
süm|ehr[X05] op kēēn Lârmkanōōn. · Dėnn wanner |*wanderte* hē no
Hans-Ōhm un de Möhl · un hėn un her vun't Huus as nu dat
Dėnken.

Nu hett hē leben lēhrt |*gelernt* un dat Stârben sēhn · un wēēt,
de Welt is bunt un kott dat Leben. · De Minschen koomt
|*kommen* un goht |*gehen* dor as de Heidblōōm |*Heideblumen*, · dē
wârrt je tweipett |*zertreten*, plückt |*gepflückt* un ōōk tweireten
|*zerrissen* · un blōht doch nârmswō |*nirgends*, wėnn süm|se[X04] wârrt
verplant |*verpflanzt*, · un wēēr't ōōk in dėn wârmsten
Prēēstergoorn |*-garten*. · Hē bōört |*hebt* dėn Kopp un wannert
wedder[X41a] lōōs. · Wat kummt dor langs |*durch* de Heid in Hōōt
un Stock? · Wēēr't vun de anner Siet, sō gnoo'|*gnood* |*gnade* ėm
Gott! · Hē steiht un kickt sik um, dėnn kummt hē nēger |*näher*.
· Dē hett de Brēēd |*Breite* … – doch geiht hē stief un mōōd.
(GrK1.1.172) · Wat söcht dē hier bi Nachten in'e Wildnis? · „*Wer*
da?" – „Mien Heinri! Gott, du lēve Gott!"

Un kost dat ōōk ėn Kugel un dat Leben – · de Flint is weg,
süm|se[X04] foot sik um dėn Hâls – · dėn Ōlen is de Hōōt vun'
Kopp doolfullen: · Dō schient de Moon |*Mond* ėm op sien
Pockennârben · un op de Hoor mit Grau un Sülver mang
|*dazwischen*, · un in de blauen Ōgen stoht |*stehen* de Tronen. ·
›Gottloff, du büst mi bleben! Nu is't gōōt[X50]!‹ · Doch Heinri kann
man eben sėggen un snuckern |*schluchzen*: · „Wi hangt |*hängen*
tōsomen bet an uns selig[M3] Ėnn."

6. Ut Lėnken wârrt ėn Keed |Aus Kettengliedern wird ...

(GrK1.1.172 – Kiek ōōk GrK5.1.230 un ōōk GrK2.380!)

[**Persōōns:** Voder un Paster-Nover snackt över'n Tuun vun Heinri un Maria un de Enkelsöhns]

Sōōn Püsseln |Klein-Beschäftigung un Goornėren |Gartenarbeit un Ârfenplanten |Erbsensäen, • dat gifft ėn rechte Sēēl- un Ârbeitsrōh[X52] |Seelen- & Arbeitsruhe. • De Platz an' Tuun |Hecke langs is doch de beste, • dē hett de frie'e wârme Morgensünn. • Ėn beten rop, dor gifft dat Huus al Schadden, • un ōōk de Esch dor boben överweg. • Wo is de wussen! Dat is rein ėn Keerl, • ėn brēden Slēēf |Raufbold, un schier |gut gewachsen, un wat för ėn Hōōchde |Höhe! • De Tuun wârrt ōōk tō brēēt, dē mutt mool knippt |gestutzt wârrn, • dē is ōōk tō hōōch för Grēten* mit ehr Tüüg |(beim Wäschetrocknen auf der Hecke). • Wat hett dat Unkruut wedder[X41a] Deeg un Tier |Gedeihen & Üppigkeit! • Brėnnnetteln? Tōōv, dat Dēērt |das Biest! Ik will di kriegen! • Un âll dat anner Tüügs |Zeugs mit lange Wuddeln, • (al âll |schon alle de Köpp ruut) – un Quitz un Queken |beides: Quecke! • Sōōn Judenschōōl! – Wo hett dat Lust tō wassen! • Dat's recht |förmlich ėn *Irr*goorn ...! Kiekt |Schauen süm|se[X04] dor ni[X20] ruut *(GrK1.1.173)* • mit blanke Köpp, as hōren[X85] |gehörten süm|se[X04] mit dormang |dazu? • Wullen |Wollten ōōk mool tōsēhn, watt |ob de Sünn noch schien? • Un Hōhnerswârk |Vogelmiere, man lōōs, man ēēn tō Tiet! • Ėn ârm' Kastanje rein |richtig dormang versneert |darin verstrickt! • Dē schüllt|schööt[X62a] |sollt jüm|ju[X02] doch ni[X20] ...

> *„Guden Morgen, Nachbar!"*

De Ōle richt |richtete sik langsoom in'e Hōōchd |auf • un wisch |wischte dėn Swēēt vun Nöös un Pockennârben – • „Gō'n[X50] Morgen, Herr Paster! Dat's ėn Vörjohrsdag |Frühlingstag! • Sō mutt dat ween[X82], dat is al richtig |rēdig wârm!" • Herr Paster lä

|legte de Ellbogen |Arme op dėn Tuun |die Hecke • un kēēk |blickte no âll de Kanten |Seiten in dėn Goorn. • De Tulpen |Tulken kēmen al op un Ōōsterblōōm |Gelbe Narzissen, • de Stickbeinbüsch |Stachelbeerbüsche, dē hârrn al grōne Blööd. • Doch hēlen |hielten de Ieben[X76] |Bienen sik an de Peperblōōm |Seidelbast, • un sachten |sachte kēēm de ēērste Bottervogel |Schmetterling, • sō liesen as ėn Blatt un blank as Gold, • vun't Huus heröver in'e helle Sünn, • as kēēm |käme hē vun dėn Eschenbōōm hėndool.

Doch sēēt hē kuum, sō kēēm ėn annern Flēērling |Schmetterling • dör't Huus hėndör in vulle Fohrt un Hitten |Hitze. • De Pârlen stunnen ėm hell um Mund un Vörkopp |Stim, • un um de Schullern slunkern|slėnkern |schlenkerten gele Hoor. • Dē kēēk ut blaue Ōgen wild umrum |umher, • de Mütz in'e Hand, hē söch |suchte wull no dėn annern. • „Wat hett Ehrn Heinri dor ėn Jung |Sohn, sō smuck • as Melk un Blōōt", sō seggt Herr Paster liesen: • „Dē is jüst sō ōōlt as mien Maria ehrn. • Tō Pingsten kummt sē mool mitsamts ehrn Dokter. • Dat wârrt ėn Leben för de beiden Jungs! • Mien Dochter wârrt sik ōōk vun Hatten freuen, • dē höllt noch jümmer[X21] veel vun Sē Ehrn Heinri."

„Jo, jo!", seggt dō de Ōl', „hē is't ōōk wēērt – • ik will ni[X20] vun ėm snacken – hē is gōōt[X50]. *(GrK1.1.174)* • Hē hârr wull hōger komen kunnt, hârr hē't wullt. • Hē dä för mi, wat wēnig' Kinner dō't. • Gott lohnt ėm dat!

Herr Paster, koomt |komen[X10] Sē rin • un nehmt |nehmen[X10] Sē ėn Piep un ėn kōlen Drunk man |nur an! • Lōōp rin Jung! Segg Beschēēd, Herr Paster kummt!"

Dat Dörp in' Snēē

|*Das Dorf im Schnee*

(GrK1.1.174 – Kiek ōōk GrK5.1.233 un ōōk GrK2.384!)

Still as ünner ėn wârme Deek |*Decke*

liggt dat Dörp in witten Snēē, |*liegt*

manġ de Ellern slöppt de Beek, |*zwischen den Erlen … Bach*

ünner't Ies de blanke Sēē. |*Eis … der glänzende See*

Wicheln stoht in witte Hoor, |*Weiden stehen*

spēgelt slooprig âll de Köpp. |*spiegeln schläfrig alle die*

Âllns is ruhig[X52], kōōlt un kloor

as de Dōōd, dē ēwig slöppt. |*Tod … schläft*

Wiet, sō wiet de Ōgen reckt, |*so weit … reichen*

ni[X20] ėn Leben, ni[X20] ėn Luut.

Blau no'n blauen Heben treckt |*zum blauen Himmel zieht*

sacht de Rōōk no'n Snēē heruut. |*leis der Rauch zum … heraus*

Ik much slopen, as de Bōōm, |*möcht schlafen, wie*

sünner Wēh un sünner Lust. |*ohne Schmerz &*

Doch dor treckt mi as in' Drōōm |*Doch da zieht mich wie*

still de Rōōk tō Huus.   *nach Hause|*

Goldbârg

|Goldberg

(GrK1.1.174 – Kiek ōōk GrK5.1.234!)

Och, över de Heid, de brune Heid,
dor bün ik wannert mennigmool! |oft (GrK1.1.175)
De Schoop, dē gungen dor op de Weid,
de Schēper kēēk vun' Goldbârg dool. |Schäfer … Hünengrab

De Vogeln sungen, de Blōōm, dē blöhen, |Blumen … blühten
un över âllns schien de Sünn.
Wo wēēr de brune Heid sō schöön |Wie war
un smuck de Weg dor överhen! |und schön … darüber hin

Och över de Heid, de brune Heid,
dor bün ik wannert mennigmool!
De Storm, dē hârr de Blōōm verweiht,
un ēēnsoom lēēg sē, kōōlt un kohl. |kalt und kahl

Un doch, sē wēēr mi noch sō schöön
un smuck de Weg dor överhen.
Hē föhr mi, wō mien Blōōm mi blöhen |führte mich … blühten
un wō mi schien in't Hatt mien Sünn.

De brune Heid, de schöne Heid –
wō is sē bleben mit ehr Blōōm? |ist sie geblieben mit ihren
Dor, wō dat gröne Kōōrn nu weiht,
dor liggt sē 'groben mit mien Drōōm. |begraben mit … Träumen

De Plōōg, dē gung dor överhen, |ging darüber hin
Nu groost dor Vēēh op fette Weid. – |grast dort Vieh
Mi over liggt sē noch in' Sinn, |Mir aber liegt sie… im Sinn
de brune Heid, de schöne Heid!

Mien Platz vör Döör

|Mein Platz vor der Tür

(GrK1.1.175 – Kiek ōōk GrK5.1.235 un ōōk GrK2.386!)

De Weg an unsen Tuun hentlanġ, |an unserer Hecke entlang
dor wēēr dat wunnerschȫȫn!
Dor wēēr an' Morgen mien ēērsten Ganġ |mein erster Gang
in't Gras bet an'e Knēēn. |bis an die Knie

Dor speel ik bet tō'e Schummern hėn, |spielte ich bis zur Dämmerung
dor gēēv dat Stēēn un Sand. |gab es (GrK1.1.176)
An' Oḃend hool mi Ōpa|›Obbe‹ rin |holte mich
un hârr mi bi de Hand. |an der Hand

Dėnn wünsch ik mi, ik wēēr sō grōōt, |Dann wünschte … ich wäre
datt ik dor röversēhg, |da hinübersähe
un Ōpa mēēn un schüdd dėn Hōōt, |meinte und schüttelte den Kopf
dat kēēm noch veels tō frȫh. |das käme … viel zu früh

Dat kēēm sō wiet, ik heff ehr sēhn, |Es kam … habe sie gesehen
de Welt dor butenvör: |da draußen
Ik wull, sē wēēr man hâlf sō schȫȫn |wollte, sie wäre nur
as dō mien Platz vör Döör. |wie damals mein

Ünner de Kastanje
|Unter der Kastanie

(GrK1.1.176 – Kiek ōōk GrK5.1.237!)

Vör Döör wēēr ėn Kastanjenbōōm, sō grōōt,
ik sēhg nix Grötters, dünkt mi, in mien Leben. |sah ... scheint mir
Hē överdeck dėn Hoffplatz un dėn Sōōt |überdeckte ... Brunnen
un, stunn ēēn[X29a] ünner ėm, dėn hēlen[X29b] Heben. |man unter ... den ganzen

In't Vörjohr hârr hē Blōōm, mi dünkt, sō veel: |Frühjahr ... Blüten
De hēle[X29b] Welt kunn dor ēēn[X29a] mit bedecken; |konnte man damit
Kastanjen in dėn Hârvst, wō ēēn[X29a] mit speel, |spielte
in' Summer Schadden, sik in uttōstrecken. sich drin |auszustrecken

Dor stunn ėn Huus dorachter, och, sō schōōn, |Haus dahinter
sō sünd süm|se[X04] op de Welt ni[X20] mēhr tō dropen|drepen – |zu finden
de Ruten blank, de Finstern witt un grōōn, |die Scheiben blank
de grōte Huusdöör jümmer[X21] hell un open. |und offen

Dor stunn ėn Mann – hē steiht dor as ėn Bōōm |Baum
in mien Gedanken, blied un in dėn Schadden. |freundlich
Hē steiht, un op sien Rock, dor fâllt de Blōmen|Blōōm, fallen die Blüten
un över't Feld hėn kickt hē dör de Latten. |guckt er

Ik hōōr ėn Vogel dör de Finstern singen, |höre einen Vogel
ėn smucken Fruunskopp wiest sik an de Ruten ...
|ein hübscher Frauenkopf zeigt sich an den Scheiben *(GrK1.1.177)*
Mi over kloppt dat Hatt, as kunn dat springen – |klopft ... als könnte es
mi is, as sēēt ik ünner'n Bōōm dor buten. |als säße ich

Oͬbendfreden

(GrK1.1.177 – Kiek ōōk GrK5.1.238 un ōōk GrK2.388!)

De Welt is rein sō sachten, |schlichtweg so sanft
as lēēg sē dēēp in' Drōōm, |als läge sie in einem
ēēn[X29a] hōͤͤrt ni[X20] wēnen noch lachen, |weder weinen noch
sē is liesen as ėn Bōōm. |leise wie ein

Sē snackt man manġ de Blöder, |redet nur zwischen den
as snack ėn Kind in' Sloop, |als spreche … im Schlaf
dat sünd de Wēgenlēder |Wiegenlieder
för Kōͤh un stille Schoop. |für Kühe … Schafe

Nu liggt dat Dörp in' Dunkeln|Düüstern,
un Nevel hangt dorvör, |hängt davor
ēēn[X29a] hōͤͤrt man eͬben munkeln, |man hört nur eben
as kēēm't vun Minschen her. |als käme es von

Ēͤͤn[X29a] hōͤͤrt dat Vēēh in't Grosen, |Man hört das Vieh beim Grasen
un âllens is in Freed, |in Frieden
sōgor ėn schüchtern Hosen, |sogar ein schüchterner Hase
dē slēēp mi vör de Fōͤͤt. |der schlief mir

Dat's wull de *Himmels*freden, |wohl der Himmelsfrieden
ohn Lârm un Striet un Spott, |ohne Lärm & Streit &
dat is ėn Tiet tō'n Beden – |ist die Zeit zum Beten
Hōͤͤr mi, du lēve|›frame‹ Gott!

Aussprachehilfen für ō, ē, ōͤ, â, ė, ġ, ͬb: siehe auf Seite 5 UND Buchdeckel!

De Möhl |Die Mühle

(GrK1.1.177 – Kiek ōōk GrK5.1.240 un ōōk GrK2.390!)

De Dag geiht tō Rōh[X52], |zur Ruhe
op't Gras liggt de Dau, |liegt der Tau (GrK1.1.178)
de Wulken an' Heben wârrt rōōt. |am Himmel werden
Dat is âllens sō still, |Es ist alles
ik wēēt ni[X20], wat ik will,
ik lȫȫv, mi is trurig tōmōōt. |ich glaube … zumute

De Poġġ quârkt in't Rōhr, |Frosch quakt im Röhricht
de Foss bruut in't Mōōr, |Fuchs ›braut‹ (s. ›Dat Mōōr‹!)
un wiet in'e Fēērn schâllt Gesanġ.
Mien Hatt stiggt tōhȫȫch, |Mein Herz hebt sich
ik wēēt ni[X20], wat ik sēhg, |weiß nicht, was ich sehe
de Tronen lōōpt de Backen hentlanġ. |laufen die Wangen

Dor achter de Weid,
wiet över de Heid,
dor schemert an' Heben ėn Möhl: |da schimmert am Himmel
Dat is mi, as wēēr |Es ist mir, als wäre
ik dor vör de Döör
un sēēt op'n Möhlenbârg un speel. |säße … Mühlenhügel … spielte

Dėnn kēēk dor ēēn ruut, |sah dort einer raus
dėn kėnn ik sō gōōt[X50], |kannte ich
dėn sēēt ik sō veel op'n Schōōt. |dem saß ich so oft
De Stēēn lēēp un klung, |lief & klang
de Mann sēēt un sung, |saß & sang
an' Heben de Wulken wēērn rōōt. |am Himmel

Klaus Groth, Quickborn 1 (Peter Neuber, Meldörp-Böker 2.1, 2018)   219

Dō wēēr ik noch klēēn|lütt, |*Damals war*

nu bün ik allēēn,

'kēēn[X29c] wēēt, watt de Ōl' dor noch steiht? |*Wer weiß, ob der Alte*

De Luft is sō lurig, – |*Die Luft (›Luch‹) ist so lau*

dat Lēēd is sō trurig: |*Das Lied*

Gottloff, datt de Möhl doch noch geiht! |*Gottlob, dass*

Sē lėngt |*Sehnsucht*

(GrK1.1.178 – Kiek ōōk GrK5.1.242 un ōōk GrK2.392!)

De Sēē is vull vun Woter,

dat Hatt is luter Blōōt, |*Herz ist lauter (GrK1.1.179)*

un kummt de Moon an' Heben, |*Mond an den Himmel*

sō stiggt un fâllt de Flōōt. |*steigt und fällt die Flut*

Un sēh|sēhg[X58] ik ėm vun wieden, |*sehe ich ihn von weitem*

sō stiggt mi âll dat Blōōt: |*steigt*

Sō stiggt de Sēē un fâllt sē,

un kummt un ebbt de Flōōt. |*kommt und geht*

———

An' Heben treckt de Wulken, |*ziehen*

tō Fȫten rullt de Sēē, |*zu Füßen rollt*

de Welt is grōōt un ēēnsoom,

mien Hatt sō lütt un wēh. |*Herz ... klein und weh*

Watt hell de Sünn dor boben? |*Ob ... da oben*

Un achter grȫȫn dat Land? |*hinten*

Ik sēh|sēhg[X58] man grau un düüster |*Ich sehe nur*

dėn Nevel op dėn Strand.

———

De Sünn, de sackt in't Woter, |sinkt
de Hoddboor kummt ut' Rēēt. |Adebar ... aus dem Schilfrohr
De Sēē is noch in't Wōgen, |im Wogen
sē singt ehr Obendlēēd. |Abendlied

Mi sünd de Ōgen slooprig |schläfrig
Un âll de Leden mōͤōͤd, |alle Glieder
mien Hatt is noch in't Wōgen |Herz
un wēēnt ėn Obendlēēd. |weint

Wat dor ut' Woter kluckert, |gluckst
dat is de wille Swoon: |Schwan
Wat hett hē noch tō rōpen
över de glatte Bohn? |Bahn

Ut Dunst|›Duff‹ un Nevel blėnkert |blinkert
vun wieden noch ėn Kohn: |Kahn
'kēēn^X29c wēēt? Dor kiekt ōͦōͦk Ōgen |Wer weiß ... Da blicken
tōrüch mit düüstere Tronen –   (GrK1.1.180)

Wo much ik swimmen un seilen |Wie möchte ich ... & segeln
sō ruhig^X52 as de Swoon
ōder mit de Wulken
un mit dėn stillen Moon! |Mond

Ik much wull as de Hoddboor |wie der Storch
tō Huus, sō still un klēēn|lütt: |nach Hause
Nu stoh ik hier an't Woter
un hōͦōͦr de Wachen|Waggen tēhn|trecken. |höre die Wogen ziehen

Hattlēēd

|Kümmernis

(GrK1.1.180 – Kiek ōōk GrK5.1.244 un ōōk GrK2.396!)

Wat wēēnst du di de Ōgen blank? |weinst

Segg an: Wat deit di wēh? |Sag, was tut dir weh?

Is Voder[X11] krank, is Mōder[X12] krank?

Is Brōder ut tō Sēē? |aus auf See

„Och nä! Mit Voder[X11] hett' kēēn Nōōt, |gibt's kein Problem

un Mōder[X12] spinnt je Flass. |Flachs

Doch wēēr't för ėm beter, wēēr hē dōōt |wär's für ihn besser, wäre

un ünner't grōne Gras.

Jo, beter lēēg hē kōōlt un still |besser läge er

al ünner ėn Liekenstēēn. |schon unter 'nem

De Wind is luut, de Sēē is wild,

– un ik mutt wēnen un wēnen." |muss weinen

Un gung de Sēē ōōk noch sō kruus |ging … noch so aufgewühlt

un noch sō ârg tō Kēhr: |tobte noch so sehr

Al mėnnig Schipper kēēm tō Huus, |Schon mancher Schiffer kam

dē lang vergeten wēēr. |der lange vergessen war

Sō wēēn di ni[X20] de Ōgen blank |So weine

un wisch di man de Tronen. |wische dir nur

Ėn junge[M33] Blōōt, ėn niede Plank, |Ein junges Blut, ein neues Schiff (hier)

dē wârrt ni[X20] ünnergohn. |er wird nicht (GrK1.1.181)

Aussprachehilfen für ō, ē, ȫ, â, ė, ġ, ƀ: siehe auf Seite 5 UND Buchdeckel!

„Un lēēg hē in'e dēpe Sēē, |läge er
dat wēēr ėm wull tō günnen, |zu gönnen
dor hō͏̄͏̄r[X65] hē nix vun Angst un Wēh |hörte er nichts von
un Schimp un Schann un Sünn. –

Dor kēmen Suldoten, blink un blank, |kamen
dē wēērn sō smuck tō sēhn, |schön anzusehen
dor gungen Suldoten flink un frank, |gingen ebenso schnell
dō fung ik an tō wēnen.

Un wēēn mi noch de Ōgen ut |weine mir noch
un bün sō hattsbedrō͏̄͏̄vt. |so todtraurig
Hē wēēr sō junġ, hē wēēr sō gō͏̄ōt[X50],
ik hârr ėm âllens lō͏̄͏̄vt. |hatte ihm alles geglaubt

Hē wēēr sō junġ, hē wēēr sō slank, |war … war
hē sä, hē kēēm sō bâld, |sagte, käme
nu hō͏̄ōr ik al de Weken lanġ, |höre ich schon wochenlang
wo Lō͏̄ōf un Blöder fâllt. |wie Laub und Blätter fallen

Un kummt hē nu un nümmermēhr, |nun und nimmermehr
wō schâll ik ēēnmool hėn? |wo soll ich denn bloß hin?
Sō sack ik as dat Lō͏̄ōf no Ē͏̄ēr |sinke ich wie das Laub zur Erde
vör Schimp un Schann un Sünn."|

Wo Swienegel un Matten Hoos in'e Wett lēpen

|Wie (Als) … um die Wette liefen

(GrK1.1.181 – Kiek ōōk GrK5.1.246 un ōōk GrK2.398!)

Swienegel hârr de slechte Mōōd: *|Angewohnheit*
Drunk hē tō veel, sō prohl hē grōōt.   *|Trank er … prahlte*
Un kēēm't mool, datt de Döst ėm quääl,   *|kam's … Durst ihn quälte*
sō drunk hē jēēdēēn Mool tō veel.
Un Döst, dat wēēr sien swacke Siet,   *|schwache Seite*
dē quääl ėm meist tō jēēdēēn Tiet.   *|quälte ihn*

Bi'n Möhlendiek, tō Ėnn de Wischen, *|Mühlteich, am Ende der Wiesen*
hârr Poġġ ėn Wēērtshuus manġ de Rüüschen.   *|Binsen (GrK1.1.182)*
Dor bru de Foss sien bayersch[M3] Bēēr,   *|braute der Fuchs … Bier*
dor wēēr dat nett, wėnn't Summer wēēr.   *|war es angenehm*
Ōōk kunn ēēn[X29a] dor dat Woter sēhn –   *|konnte man*
un Poġġ sien Fru, dē sung sō schȫȫn!   *|Froschens Frau*

Hans Nachtigol wohn wat tō Siet.   *|wohnte etwas seitwärts*
Dat's doch ōōk nix för Börgerslüüd   *|Das ist … nichts für Bürger*
as Stickelswien un Matten Hoos. *|wie Stachelschwein & Martin Hase*
Dē hȫȫrt dat gēērn, wėnn Kukuuk bloost,   *|hören es … ruft (bläst)*
un rüükt dat gēērn, wėnn Wittkohl rüükt,   *|riechen … Weißkohl duftet*
un wültert|*wälzt* gēērn in wēken Slick.   *|wälzen sich … in weichem*

De Hoos wēēr bang – hē lüch de Pōōt: *|hatte Angst … hob die Pfote*
Swienegel sēēt dor brēēt un grōōt   *|Der Igel saß da*
un sä: „Wat dünkt di, Nover Matten?   *|meinst du, Nachbar Martin*
Wi sitt hier fuchtig un in' Schadden,   *|sitzen … feucht (gesund)*
wi swiert mool um! Wi drinkt mool dör!   *|zechen … trinken mal durch*
Uns' Krōōgwēērt kriggt je Schüllgens dorför.   *|Wirt … Schillinge*
De Sünndag is de slechtste Dag,
de Schōōsters hōōlt Kantüffeljagd,   *|Schuster halten (ab)*

(sprichwörtlich für die Arbeit an den Kartoffelfeldern)

224   **Aussprachehilfen für ō, ē, ȫ, â, ė, ġ, ƀ: siehe auf Seite 5 UND Buchdeckel!**

Swienegels ut de Püll tō rapsen. |Igel aus den Büscheln zu rupfen

(sprichwörtlich für das Hacken und Häufeln)

Bün bang je gor ni[X20] vör de Tapsen, |keine Angst vor den Tollpatschen
doch mookt süm|se[X04] Fru un Kinner bang; |doch ängstigen sie
ik goh un spikelēēr sō lang. |gehe und sinniere
Wüllt|Wööt|Wöö[X63] wi mool gliek blau' Moondag moken? |Wollen wir
Di knickt süm|se[X04] doch je sunst de Knoken. |Dir knicken sie
De hēle[X29b] Landwehr is mit Lüsten, |Die ganze … ist scharf drauf,
ik heff man hȫȫrt, dē kriegt je Büssen. |habe nur gehört … kriegen Büchsen
Segg an! Wat schüllt|schööt|schöö[X82a] wi mool berieten? |sollen … anstellen
Hest' Lust, mool in'e Wett tō smieten? |um die Wette zu werfen
Schüllt wi mool wrangeln? Wullt mool hoken? |Sollen … ringen … Willst' hakeln
Hest' Mōōt, én Borentog tō moken? |Mut zu großem Streich (Bärenzug)
Ik hârr noch Lust, dėn Bull tō nârren: |den Stier zu ärgern (GrK1.1.183)
Wat schull de Bėngel grimmig wârrn!" |Was sollte der Kerl wütend werden
Doch Matten sä un slick de Hannen: |sagte & schleckte
„Dat wârrt wull Tiet, mool antōspannen! |wird Zeit, mal anzuspannen
Wėnn Nover mitwill, mook hē tō, |beeile er sich
hē's man wat langsoom in'e Schōh." |ist nur etwas langsam zu Fuß

„Sōōn Stėnkerbüdel! Schrökelbēēn! |Stänker … lahme Ente
Hett dē wull én Mullworp lōpen sēhn?!" … |Maulwurf

Kottaf, Swienegel mookt én Wett, |Genug … macht eine Wette
wokēēn|›wokeen‹ de besten Schinken hett: |wer … Schenkel hat
Drēēmool de Wischen op un dool, |3x die Wiesen auf & ab
bi'n Poggenstōhl, dor wēēr dat Mool. |beim Hutpilz (Froschstuhl) … das Ziel
Un kēēm de Hoos tōēērst tō Stell|Steed, |käme
trock foffteihn Nodeln hē ėm ut' Fell. |zöge er 15 Nadeln ihm
Dē wull hē an sien Lēēfste schicken, |wollte … an seine Liebste
dor kunn sē Slachttiet Wust mit pricken. |zur Schlachtzeit Wurst … stechen
Dėn nēēgsten Sünndag wullen süm|se[X04] rennen, – |wollten
un dormit hârr de Striet én Ėnn.
In Freed un Ēēndracht, as dat hȫȫr[X65], |wie es sich gehörte

broch Matten Nover bet no Döör. |brachte ... den Nachbarn bis zur
Dē lä sik as ėn Kluun tōrecht, |legte sich wie ein Knäuel
un Matten hüpp op Tȫȫntjen weg. |hüpfte auf Zehenspitzen weg

Suppt ēēn[X29a] sik obends mool recht duun, |Säuft man ... blau
sō quäält ēēn annern Doogs de Luun, |einen am Folgetag die Laune
un wēēr ēēn[X29a] klȫker as ėn Foss, |war man (am Abend) klüger als
sō steiht ēēn[X29a] morgens as ėn Oss: |man am Morgen wie ein Ochse
De Kopp sō dick, de Mōōt sō slecht, |Mut
un âll de Herrlichkeit is weg!
Dat's leidig: Güstern gung't as smeert – |bedauerlich ... wie geschmiert
vundoog de hēle[X29b] Welt verkēhrt. |heute die ganze (GrK1.1.184)
Swienegel dach: Wat wēērst du dumm, |dachte
de Matten löppt di drēēmool um! |läuft dich
Hē fȫhl al langs de hēle[X29b] Huut, |fühlte schon längs der ganzen
as trock dē ėm de Stickeln ruut. |als zöge der ihm die Stacheln
Hē knüll sik wedder[X41a] still tōhōpen, |kauerte sich ... zusammen
sien Fru muss ėm tō Kaffe rōpen |musste
un muss ėm frogen, wat ėm fehl, |musste ... was ihm fehlte
un lüch ėm dėnn sien swore Sēēl |hob ihm ... schwere Seele
un sä: „Dor loot du Fruunslüüd sorgen! |sagte ... Da lass Frauen ran
Nix mēhr as dat, sō büst du borgen!" |Weiter nichts ... bist gerettet

De Sünndag kēēm – wo lach de Welt! |wie lachte
De Sünn schien op't Kantüffelfeld,
de Schōōsterjungs, dē kēmen mit Hacken, |Schusterlehrlinge kamen
mit Schōōtfell vör un vull in't Snacken, |Schoßfell (Lederschürze)
opkrėmpte Ârms – un âll noch nüchtern! |aufgekrempelte Ärmel
Uns Stickelswien verkrōōp sik schüchtern, |verkroch sich
krōōp langs de Rēgen över'n Wâll |die Reihen lang, übem
no't Holt rin, no de Wischen dool, |ins Gehölz, zu den ... hinunter
un sēhg dor Matten al an' Groben[X75] |sah ... am Graben
in't Gras sik ȫben, in't Springen un in't Droben. |sich üben, im ...& Traben
Wo wēēr hē glatt, wo wēēr hē kėmmt! |Wie war er glatt ... gekämmt

Un âll de Lenken smeert un stämmt, |*Gelenke geschmiert & gerichtet*
as hârr Jan Cloossen em ēērst reben. |*(berühmter Einrenker) eingerieben*
„Swienegel! – Lōōp! – Dat gellt dat Leben!" |*Igel, lauf! – Es gilt!*

De Hoos, dē lēēp, as wēēr't en Swulk|Swülk, |*lief, als … eine Schwalbe*
as wēēr't en Schadden vun en Wulk,
hē lēēp de lange Wisch hendool |*lief … hinunter*
un wēēr in't Flēgen bet an't Mool! |*im Fluge bis ans Ziel*

Kiek dor! In't Dack an' Möhlenpōhl, |*im Schilf am Mühlteich*
wat sitt dor op'n Poggenstōhl? |*was sitzt da auf dem Hutpilz*
(De Hoos, dē dach, hē wēēr wull duun.) |*dachte, er wäre wohl blau*
Swienegel ruhig^{X52} in en Kluun! – |*Igel … als Knäuel (GrK1.1.185)*
„Wat? Ankomen al?", seggt de Hoos. |*Schon angekommen?*
„Jo", seggt Swienegelsch, „dat's je en Spoos!" |*Igelin … Spaß*
De Hoos, dē sēhg man eben hen |*sah nur eben hin*
(Hē hēēl ehr för Herr Stickelswien.), |*Er hielt sie für Herrn*
dō joog hē as en Blitz dorvan|dorvun |*jagte*
un kēēm bi't Holt bi'n Dōōrpohl an. |*beim Gehölz beim Torpfahl*

Kiek dor! Dor huck al an den Pohl |*hockte schon am Pfahl*
Fru Stickelswiensche^{X16} ehrn Gemohl! |*der Stachelschweinin Gemahl*

De Hoos, dē wies em gau den Rüch |*zeigte ihm schnell den*
un joogt hendool, as wenn hē flüggt. |*jagt … fliegt*

Un wedder^{X41a} sitt dor, jēēdēēn Mool, |*sitzt … jedes Mal*
op'n Poggenstōhl – an' Heckenpohl*|Heckpohl |*am Torpfahl*
(un wenn hē as en Bōōssel suus) |*(auch wenn er wie 'ne Kugel sauste)*
Swienegel! Un ruhig^{X52} as tō Huus!

Sō lēēp hē drēēmool op un af, |*lief er … auf & ab*
as flōōg en Piel mit vulle Kraft: |*als flöge ein Pfeil*
Tōletzt in Angst un Swēēt un Nōōt, |*in … Schweiß & Not*
un as hē ankēēm – wēēr hē dōōt. |*ankam*

Hans Schander

(GrK1.1.185 – Kiek ōōk GrK5.1.251 un ōōk GrK2.408!)

Wėnn Mârkt[X77] un Bōden lerdig wârrt, |& Buden leer werden
de Gēēstlüüd langs dėn Landweg fohrt, |nach Osten fahren
as't sünnobends jümmer[X21] wârrt tō loot, |wie's ›Sa‹ ... wird zu spät
sō schullen wi ōōk wull op de Stroot. |sollten wir auch
Doch wi sitt drunkfast bi dėn Krōōs, |sitzen trinkfest ... Zinn-Humpen
mookt ēēn Knōōp no dėn annern lōōs. |machen ... auf (GrK1.1.186)

Wat tellt wi op de dēpen Weeg, |Was geben wir auf ... Wege
de Pütt un Pōhl un Grōben[X75] un Steeg |Pfützen, Tümpel, Gräben, Stege
vun' Rugen Bârg bet Wesselburen? |Rauen Berg (Hügel in Wesseln)
Uns' Ōōlsche[X16] sitt je wârm tō luren, |Frau sitzt ja warm, kann warten
dėn Kopp in't Dōōk, de Ârms in' Ploten: |im Tuch ... in der Schürze
Sē will de Hitt' ni[X20] afkōhlen loten! |Hitze (Wut) ... abkühlen lassen

Dat funn Hans Schander ōōk, förwohr, |fand ..., fürwahr
op'n Heider Peermârkt[X77] vörig[M3] Johr.
Hans Schander! Wēērst du doch sō klōōk |Wärst ... klug
un hōōrst du, wat dien Telsche sprōōk! |hörtest ... Telse (Mathilde)
Sē sä di doch, du wēērst ėn Suuput, |sagte ... wärst ein Saufbold
ėn Rappmuul wēērst du, wēērst ėn Ruugsnuut. |Schnellschwätzer ... Grobmaul
Du hârrst vun Juni bet tō Mai |hattest
dien Nöös an jēēdēēn Sünnobend twei. |Nase ... kaputt
Bi elkēēn Achtendēēl no Möhl |Achteltonne (Scheffel Korn)
drunkst du un Möller Wind tō veel. |trankst
Du brochst kēēn Peerd no Krüschan Smitt, |brachtest
besopen brochst du't wedder[X41a] mit: |besoffen brachtest du's
Gungst kuum tō Kârk mit nüchtern' Kopp |Gingst kaum
un kēēmst tō Huus mit ėn Bliehōōt op. |kamst ... mit Bleihut auf
Sē wohrschu di: För âll dien Sünnen |warnte dich: Wegen all

worr ēēn[X29a] di mool in' Landgroben finnen. |*Landgraben (Tiebensee - Warwerort)*

Di worrn bi Nacht nochmool de Hexen |*würden*

bi'n Rugen Bârg bŏŏs afprofexen. |*abstrafen*

Dat kēēm nochmool (du schusst[X62a] man sēhn), |*käme ... (warte nur ab)*

du brŏŏkst tōletzt noch Hâls un Bēēn. |*brächest*

Süm|Se[X04] worrn di nochmool morgens twischen |*würden*

de Pögg dor ut dėn Nŏŏtpōhl fischen! |*Fröschen ... Löschteich*

Wo ârg de bŏsen Manns doch sünd! |*bösen Männer*

Sō mėnnig Root geiht in dėn Wind! |*mancher Rat (GrK1.1.187)*

De beste Fru ehr beste[M33] Wŏŏrt |*Der besten Frau ihr bestes Wort*

spŏŏlt de verdreihte Brannwien fŏŏrt! – |*spült ... der verdammte*

Doch unsen Hans ni[X20] tō vergeten: |*Hans nicht zu vergessen*

Hē hârr sik Peermârkt[X77] rein verseten. |*hatte sich ... festgesessen*

Dat wēēr in'e Heid doch gor tō nüüdli! |*in Heide gar zu niedlich*

Hē smŏŏk un drunk je sō gemüütli: |*rauchte & trank ja so*

Dėn Bōōrtsdag fiert ēēn[X29a], wėnn ēēn[X29a] mag, |*Geburtstag feiert man*

doch Peermârkt[X77] is ni[X20] jēēdēēn Dag. |

Un bi ėm tō sēēt Pēter Rōder, |*Mit ihm zusammen saß*

dėn hârr hē lēver as sien Brōder, |*hatte ... lieber als*

sōōn Pēter Lustig, lütt un rund, |*eine Frohnatur, klein &*

dē hârr vör Kneep ni[X20] wassen kunnt, |*vor Streichen nicht wachsen können*

dē sēēt un ›mau‹ jüst as ėn Koter, |*saß & mauzte just wie*

de Bēērwitz lēēp as schietig[M3] Woter. |*lief wie Schmutzwasser*

Vör Lachen kunn de Wēērt ni[X20] stohn, |

worr rōder as ėn Kuunschen Hohn, |*als ein Puter*

un Spoos un Höög worrn jümmer[X21] grötter |*Spaß & Freude*

un Bēēr un Brannwien jümmer[X21] sŏter. |*süßer*

Ēēn Quâlm un Lârm de hēle[X29b] Stuuv, |*die ganze Stube*

un de Wēērtsche[X16] kreih as ėn Lacherduuv. |*krähte wie e. Lachtaube*

De Wind much buten hulen un brummen, |*mochte draußen heulen &*
wat scheer sik Hans ėn Hoor dorum! |*scherte sich*
Blēēv ėm man Krōōs un Buddel stohn, |*Blieb ihm nur Humpen &*
sō kunn för ėm de Welt vergohn. – |*konnte seinetwegen ... untergehen*

De Spoos is as op't Feld de Mohn, |*wie ... der Mohn*
dē fâllt je twei, footst du ėm an. |*fällt entzwei, fasst du ihn an*
Hē's as de Snēē, in't Woter smeten: |*geworfen*
Ėn Stōōt man witt un dėnn vergeten. |*Moment nur weiß ... vergessen*
Hē's as dat Nōōrdflüüs in'e Hȫȫchd: |*Polarlicht ... Höhe*
Kickst du man hėn, sō is't al weg. |*Guckst nur hin ... schon weg*
Hē's as de bunte Regenboog, |*Regenbogen*
dėn in ėn Ruff de Storm verjoog. |*im Nu ... verjagte (GrK1.1.188)*

Kēēn Minsch kann över ėn Stunn befehlen.
Ēēn[X29a] kann de Klock wull rüchwârts stellen, |*Man kann ... Uhr*
doch geiht de Tiet ehrn schėben Gaṅg – |*eigensinnigen*
un Hans mutt fōōrt över kott ōder laṅg. |*muss fort*
Dat wârrt tō loot, hē mutt tō Peerd |*wird zu spät ... muss zu Pferd*
un wēēr Frenz Buhmann* ōōk de Wēērt; |*& war ... auch der Wirt*
hē mutt tō Peerd un wēēr dat Wedder[X41d] |*und wäre das Wetter*
sō grulig – as sien Telschemedder[X14]. |*grausig – wie seine*

De Windkeerl bloos, as schull hē stârben, |*Sturm blies*
de Regen klatsch mit Höllenlârm: |*klatschte mit Höllenlärm*
Dėnn lei dor ėn Blitz an' hēlen[X29b] Heben, |*zuckte ... am ganzen Himmel*
dėnn broch de Dunner de Ēēr tō'n Beben. |*brachte ... die Erde zum*
Dat kunn je ėn Kind in' Düüstern sēhn, |*konnte*
de Düvel wēēr vunnacht tō Bēēn. |*war heute Nacht auf den Beinen*

Hans trüddel wietbēēnt op sien Ruun, |*rollte spreizbeinig ... Wallach*
gēēv ėm de Sporen un rēē'|rēēd dorvun, |*gab ... & ritt davon*
lēēt Schiet un Lēhm rund um sik *speien*|spiegen |*ließ ... spritzen*
un Wind un Wulken hulen un leien; |*& ... heulen & blitzen*

grēēp dėnn un wėnn mool no de Mütz, |griff ... nach der
brumm dėnn un wėnn ėn Bummelwitz; |brummte ab & an
un wėnn de Ruun mool troger lēēp, |der Wallach mal träger lief
sō knâll hē sietwârts mit de Sweep. |knallte er seitwärts ... Peitsche
Hē wēēr je ėn Keerl! Hē hârr je Knoken! |Knochen
Wat schull sōōn beten Wedder[X41d] moken! |sollte ... machen
De Hȫhnerglȫben is för Küken|Grȫȫnsnovels! |Aberglaube ist
De Foss, dē dōōt is, lett sien Nücken! |lässt seine Unarten
Hē hȫȫr[X65] ni[X20] op sōōn Wieverklönen, |hörte ... Weibergewäsch
hē hârr't sien Doog ni[X20] spȫkeln* sēhn! |hätte es noch nie spuken sehen
Hē rēē'|rēēd je veel dėn Heider Weg, |ritte ja oft den
wėnn ēēn[X29a] kēēn Hand vör Ōgen sēhg! |man keine Hand vor ... sähe
In ėn Nacht, sō swatt as Kaffedick, |wie Kaffeesatz (GrK1.1.189)
in Schiet, sō toog as Schȫȫsterpick. |Dreck, so zäh wie Schusterpech
Un ›Ruun‹, dat wēēr ėn Peerd tō'n Lōpen! |Pferd zum Laufen
Ōōk kunn ēēn[X29a] sachs ėn Minschen rȫpen. |könnte man wohl

Jo – dat is wohr – vunnacht wēēr't dull! |wahr – heute Nacht war's arg
Pickswatte Luft – in Mützen vull |Pechschwarze – gefüllt in M. (Redensart)
kunn ēēn[X29a] ehr ėn acht Doog mit sik dregen, |könnte man sie 8 T. tragen
dor hârr de Sünn kēēn Lock rinkregen. |da hätte ... hineinbekommen

Un liekers – rüchwârts mutt ēēn[X29a] kieken, |trotzdem ... muss man
ēēn kunn je wat op'e Hacken slieken. |einem könnte ... Fersen schleichen
Dėnn, wēēr ōōk âllens swatt un grau, |Denn, war auch alles
hē kėnn dėn Weg hier niep un nau: |kannte ... ganz genau
Bi Wesseln is dat ni[X20] sō seker, |25746 Wesseln ... nicht so sicher
froog Böhmke man, dėn Appelhöker! |frage B. nur ... Obsthändler
Dor liggt de Nöötganġ linker Hand, |(Weg mit Nusshecken)
dor kēēm Jan Hinners vun' Verstand. |kam ... um den
De Wesslers ut de ōle Welt |Die Wechsler aus der alten
tellt dor in't Gras süm|ehr[X06] fâlsche[M33] Geld: |zählen
„Krōōn ōder Münt!", schriggt dor de ēēn. — |Kopf oder Zahl (Glücksspiel)

„Snie'[X60]|Snied af, snie' af!" – „Tō klēēn|lütt, tō klēēn!" |Schneide ab
De Landvermeter* mit de Keed |Landmesser ... Kette
röppt Nacht för Nacht: „Hier is de Schēēd!" |ist die Grenze
Hē hett Dithmarschen dō vermeten, |hat ... damals vermessen
as Land un Frieheit worrn toreten|tweireten, |wurden zerrissen
un elkēēn Johr vun Ōōrt tō Ōōrt |jedes Jahr von Ort zu
geiht hē ėn lütten Hohntritt fōōrt. |Hahnentritt (hier: sehr kleine Wegstrecke)

Dėnn in de Sandkuhl dicht dorvör |Kiesgrube unmittelbar davor
gung Ties Hans verschütt mit Woog un Peer; |wurde verschüttet
un in dėn Busch hier ėn beten rop |in dem Wäldchen ... etwas weiter
hung Dōdek sik mit ėn Sackstau op. |erhängte sich ... mit einem Sackband
Un hier in't Siel, wō't Woter sickelt |Sielbauwerk ... sickert (tröpfelnd fließt),
funnen süm|se[X04] dat Kind, in Strōh inwickelt. |fanden (GrK1.1.190)

De Storm huul as dat Westerhaff, |heulte wie das Westmeer (Nordsee)
as ut Ammers kēēm de Regen raf. |wie aus ... kam ... herab
Blind worrn de Ōgen, wėnn dat lei, |wurden ... wenn es blitzte
de Dunner rēēt de Ōhren dėnn twei. |riss ... dann entzwei
För ėn ›Bullerwedder‹[X41d], as ēēn seggt, |Polterwetter = Gewitter
›mit Stackholt‹ wēēr dat noch tō slecht. |mit Knüppelholz (für Stacks)
Wull't Hunnen hogeln un Katten snie'en, |Wollte es ... hageln ... schneien
kunn de Schandool ni[X20] grötter sien|ween[X82]. |könnte der Skandal

Un as de Lârm recht höllenârg,
sēhg Hans in' Blitz dėn Rugen Bârg – |sah ... im Blitzlicht den
un vun dėn Tippel bet tō'n Grund |von der Spitze bis zum
Vigelinen un Danzen koterbunt. |Geigen & Tanzen kunterbunt

Ėn Klēvervēēr is wunnerschōōn |vierblättriges Kleeblatt
för elkēēn Oort vun Ōgenverschrö'n|-verschröden! |für jede Art von Verblenden
As Bosco mool no de Schanz spazēēr, |(Taschenspieler) ... spazierte
kēēm jüst ėn Rēēg vun Melkdēērns her. |kam just ... von Melkmägden
Hē dreih sien Ring – un mit ėn Mool |drehte ... & plötzlich

mēnen süm|se^X04, dor wēēr ėn Woterpōhl. |*meinten ... wäre eine Pfütze*
Dō schörten süm|se^X04 de Röck tōhōōch, |*schürzten ... Röcke hoch*
man ēēn sēhg âllens flack un drōōg. |*nur eine sah ... flach & trocken*
Dē hârr sik ēērst in' Ōgenblick|Ōgenplink |*Die hatte sich erst*
bi't Dōōr ėn Klēvervēēr afplückt. |*beim Tor ein ... gepflückt*

Ėn fâlschen Schülgen kann ōōk wull dēnen. |*Schilling kann ... dienen*
Hans wuss tō'n Glück, hē hârr noch ēēn. – |*wusste ... hatte*

Wat löppt sō kōōlt sien Rüch hentlanġ? – |*läuft ... seinen Rücken*
Dat is kēēn Swēēt: Dor's Woter manġ! |*Schweiß ... Wasser mit dabei*

De Bēēn un Kinnlood bevert ėm: |*Seine Beine und Kinnlade zittern*
Schull hē vėllicht dat Fēver hėbben? |*Sollte er etwa Fieber*

›Ruun‹ fōhl de Sporen, Hans grēēp de Mohn: |*fühlte d. Sporen ... griff d. Mähne*
Ėn Blitz, ėn Bōmen – de Krack blēēv stohn.|*Aufbäumen ...Gaul blieb (GrK1.1.191)*

›Herr Jē nochmool!‹ – Wat worr hē wies! |*Was bemerkte er*
Ėm worrn de Hoor tō Bessenriesen, |*wurden ... zu Besenreisern*
dē lüchen ėm de Mütz vun' Kopp |*hoben ihm*
un stunnen as Börsten pielliek op! |*standen ...wie Borsten ... hoch*

Dat wēēr kēēn Danz, as Schulz uns lēhr, |*(Tanzmeister in Heide) ... lehrte*
Ecssaise, Française vun Hamborg her, |*Écossaise (Anglaise)*
kēēn *Cotillon* un ėngelsch *Jigg*|Gigue:
„Kopf ins Gerad, Füß auswärzig!"

Nä, Söbentritt un Schülper Boor, |*(7-T=Tanz, SchBär=Tanzmelodie, s. Orig.)*
un *Eschepēē,* ėn anner Poor, |*Échappez! = Wechsel!*
un Jägern, Twēētritt-in'e-Wett |*(Tänze; T-i-W evtl. = Menuett)*
un âll nööslang|ėhrumlütt ėn Menuett, |*alle naslang*
un Russendanz, de Bēēn in' Hucken, |*Beine im Hocken*
as Grashüppers un Hasselpoggen! |*wie Grashüpfer & Laubfrösche*

Boben op'n Bârg sēēt Pēter Ōhrt, |*Oben ... saß*
hē strēēk Vigelien|de Geig un sä kēēn Wōōrt, |*strich ... sagte*
un bi ėm fiedel Ackermann, |*bei ihm fidelte (Geigenvirtuose)*
un Dōdek sett dat *Wald*hōōrn an – |*setzte ... an*

Un as hē tuut, kēēm't, vun Ōōsten her, |*als er blies, kam's*
as Kannbârg mit sien twintig Peer: |*wie (Heider Fuhrmann)*
›Hōhop!‹ – Ēēn^{X29a} hōōr^{X65} de Knoken klötern. |*man hörte ... klappern*
›Hōhop!‹ – Ēēn^{X29a} hōōr^{X85} dėn Oten rötern. |*Atem rasseln (GrK1.1.192)*

Vun' Krattbusch no Ostrōh hėndool, |*(Gestrüpp b. d. Schanze) ... 25746 Ostrohe*
dör't Mōōr bet no dėn Gâlgenpohl, |*Galgenpfahl*
vun' Keller röver no'n Spanngrund |*(Ostroher Örtlichkeiten)*
gung't heisterkopp un koterbunt. |*ging's ›über Kopf und über Stein‹*
Süm|Se^{X04} kēmen sōgor vun Hemmingsteed |*25770 Hemmingstedt*
un ut dėn Sand bi Weddingsteed. |*25795 Weddingstedt (Geest)*

Bi Dusenddüvel un Grimmsliet |*(Schlachtfelder: 25770 + 25746)*
lieġt vele Dänen in'e Schiet, |*liegen ... im Dreck*
veel schȫne Bēēn, ōōk oodlig' Knoken, |*Gebein ... adlige Knochen*
dē Foffteihnhunnert de Fohrt mitmoken: |*Fahrt mitmachten*
Dē flōgen âll dor ut dėn Murt|Mutt, |*flogen ... aus dem Morast*
as wėnn ėn Swârm ut'n Iemkorf^{X76}|Iebenkorf snurrt. |*Bienenkorb*
De Junkers mit de langen Leden, |*langen Gliedmaßen*
dē dor vun dō in't Swienmōōr sēten, |*seitdem im Schweinemoor saßen*
dē stėken, as Kantüffelpüll, |*steckten, wie Kartoffelstauden*
dėn Kopp ruut ut de Düttelknüll – |*raus aus den Binsenbüscheln*
Mōōs wuss süm|ehr^{X05} op de kohle Pann, |*Moos wuchs ... kahlen Schädel*
un geelgrȫȫn^{M3} Woter dripp dorvan|dorvun. |*tropfte*
Dat gung, as wėnn hē bloost jüst hârr: |*just geblasen hätte*
„De Buur, dē kummt, nu wohr di, Gârr!" |*hüte dich, Garde*

Hōōch op dat Rad sēēt ōl' Cloos Dau: |*(geköpft im Spanngrund)*
Hē wēēr vun't Fohren noch bannig flau. |*vom Rädern noch ... flau*

234   **Aussprachehilfen für ō, ē, ȫ, â, ė, ġ, b: siehe auf Seite 5 UND Buchdeckel!**

Hē hârr sik eben de Bēēn utflecht |hatte sich … herausgeflochten
un sett sik jüst dėn Kopp tōrecht. |setzte sich den … zurecht

Hē wēēr sien Tiet ėn ârgen Sünner, |war seiner Zeit … Sünder
hē drüüssel drēē unschüllig' Kinner; |erdrosselte
mit söben Hatten, as ėm swoon, |mit 7 Herzen, wie ihm schwante
kunn hē bi Doog unsichtbor gohn. |könnte er bei Tage

Hans Lackmann löhn sik an dėn Pohl, |(geköpft im Spanngrund) … lehnte sich an
ėm fullen noch veel de Fingern dool, |fielen noch oft … ab (GrK1.1.193)
hē schrōōv süm|ehr^{X05} fast an beide Hannen |schraubte … fest
un trock sik dėnn sien Scheenbēēn an. |zog sich … Schienbeine an

Dō richt de anner sik tōhȫȫch |richtete der andere sich auf
un reck de Lėnken sik tōrecht |reckte sich die Gelenke
un rȫhr de Kinnbacken sünner Lippen |bewegte die … ohne Lippen
un slōōg sik op sien nokelten Ribben: |schlug sich … nackten
De Reed muss bannig Indruck moken, |Rede musste gewaltig
süm|se^{X04} klötern Bifâll mit de Knoken, |klapperten Beifall
âll Hack un Mack un Gâlgenpack, |2x die ganze üble Gesellschaft
un vörwârts gung dat huckepack. |un vorwärts ging es

Steiht ēēn^{X29a} bi Wesseln op dėn Wâll, |Steht man bei
sō kickt ēēn^{X29a} langs de Heid hėndool, |blickt man die Heide hinab
de Gâlgen vundi|›vandi‹* no Ostrōh, |der Galgen rechts nach Ostrohe
de Ruge Bârg dicht vör di tō: |der Raue Berg dicht vor dir.
Dor hēēl uns' Hans, as wėnn hē drȫȫm, |hielt … träumte
as nu de Hupen nēger kēēm. |als … näher kam

Jo, wēērn dat Heider Melkdēērns ween^{X83}, |wären es … gewesen
mit rōde Lippen um de Tähn: |um die Zähne
Doch ōle Schachteln, sünner Strümp |ohne Strümpfe
un Schōh un Flēēsch, in't Dōdenhėmd –!

Bi Doog un vör sien ēgen Döör, |Am Tage und vor
kēēm dor sōōn Tog vun Wesseln her, |käme da nun solch ... daher
lēēp ēēn[X29a] wull rin, un wēēr hattensfrōh, |liefe man wohl rein
wēērn man ēērst Döör un Klinken tō. |wären nur erst ... zu
Hârr Hans kēēn Mogen as ėn Peerd, |Hätte ... Magen wie ein
dat Binners hârr sik no'n buten kēhrt. – – |Innerste hätte sich ... gekehrt

Ēēn[X29a] kėnnt dėn Düvel an sien Fōōt |Man erkennt ... (am Pferdefuß)
un Bonaparte an sien Hōōt. |(Napoleon trug einen Zweispitz quer)
Sō muss ēēn[X29a], kēēk ēēn[X29a] blōōts mool hėn, |musste man ... sah man
Vullsteedsche[X16] an ehr Prüschen kėnnen. |an ... Tabak-Schnupfen erkennen
Sė sēēt un hēēl as Nösentrōōst, |saß & hielt als Nasentrost
ėn Pōvis stoots ėn Tobaksdōōs. |Bovist (Staubpilz) statt (GrK1.1.194)

As ›Lieschen Allerlei‹ noch leev, |(Spitzname einer bekannten Frau) ... lebte
dō kunn sē bellen as ėn Teev: |konnte ... wie eine Hündin
Dat kunn ēēn[X29a] nu noch an'e Tähn |konnte man ... an den Zähnen
un an de Kinnbacksknoken sēhn. |Jochbein (Backenknochen)

Sē fȫhr ōōk hier dat grōte Wōōrt. |führte ... Wort
Sē smēēt ehr Bēēn no Pēter Ōhrt: |warf ihr Bein nach
Dō full de hēle[X29b] Keerl in Stücken, |fiel der ganze
as wēēr't ėn Hupen Swevelsticken. |als wär's ... Streichhölzer

Dat Danzen hēēl ėn lütt' Stōōt op, |hörte (hielt) ein Weilchen auf
un Pēter söch sik worr[X41a] tōhōōp, |suchte sich ... zusammen
un Lieschen wink de Frėmmen tōhȫȫch, |winkte die Gäste herauf
slōōg Vullsteedsche ehrn Pōvis weg, |schlug der Vullstedt ... weg
stött ›ōl' Madam‹ vun' Poggenstōhl |stieß (Harfenistin in Heide) vom Hutpilz
un ›swatten Coork‹ in ėn Rüüschenpull: |& (ihren Mann) in ein Binsenbüschel
Dėnn wink sē Dōdek mit de Hand, |Dann winkte sie
un dormit stōben süm|se[X04] dör dėn Sand. |stoben (wirbelten) sie

Nu krēgen Musik un Danz ēērst Oort, |kriegten ... erst Schwung
as wėnn de Lȫhers Rōland* fohrt. |die Loher ihr Rolandvergnügen begehen

236   Aussprachehilfen für ō, ē, ȫ, â, ė, ġ, b̄: siehe auf Seite 5 UND Buchdeckel!

süm|se[X04] krellen sik as ėn Slachterwief, |drehten sich wie
süm|se[X04] dreihen sik as ėn Püttjerschiev ... |Töpferscheibe

As dėn doren Keerl wēēr Hans tō Mōōt: |Wie jenem ... war Hans zumute
De ōle Fritz sleep ėm in't Slott, |schleppte ihn ins
hē funn ėm op'e Stroot besopen |fand ihn ... besoffen
un lēēt ėm in sien Stuuv utslopen – |ließ ihn ... ausschlafen (GrK1.1.195)
wat dē dėnn nȫȫss' för Ōgen mook! |was der danach ... machte
Ni[X20] vullens sō gōōt[X50] stunn Hans sien Sook. |Nicht ganz so

Hē dach an âll sien schändli[M3] Flȫken, – |dachte ... schändliches Fluchen
hē wull sik nu tō betern sȫken, – |wollte sich ... zu bessern suchen
ėn Swēētdrüpp hung an jēēdēēn Hoor, |Schweißtröpfchen hing
un wėnn ik't recht wēēt, bee'|beed hē gor. |weiß, betete er
Ik wēēt't ni[X20] niep un nau, – genōōg: |weiß es nicht genau, – ... genug
As hē de Ōgen opwârts slōōg, |Als er ... nach oben richtete
kēēm wedder[X41a] ėn Blitz un dėnn ėn Krachen, |kam wieder
dėnn düch ėm meist, as hȫȫr[X65] hē't lachen: |dann schien ihm fast ... hörte
Dėnn fȫhl hē ėn Fummeln in't Gesicht, |fühlte er
um Ârms un Hannen un langs dėn Rüch – |Arme, Hände, entlang den
dat wēēr, as stunn hē achter ėn Peerd |war, als stünde
un fȫhl dat Fuchteln mit dėn Stēērt. ... |fühlte das Wedeln ... Schweif

As hē de Ōgen openkrēēg, |aufbekam
wēēr hē al över'n Wildpohl weg. |Wesseln-Wildpfal (Übergang v. Geest z. Marsch)
Hē joog tō Huus –

            Dat wēēr doch leidig, |›verrückt‹ (seltsam & ärgerlich)
sien Ruun sien hâlben Stēērt wēēr heidi. |Wallachs ... war hops

De Fischtog no Fiel |*Fischzug nach 25785 Nordhastedt-Fiel*

(GrK1.1.195 – Kiek ōōk GrK5.1.262 un ōōk GrK2.428!)

Dat hēēt sik Lief un Sēēl opfrischen, |*Es heißt, sich Leib & Seele auffrischen*
an' Sünndag mool no Fiel tō fischen. |*zum Fischen*
Dor geiht dat lustig Tog um Tog, |*geht es … Zug um Zug*
denn mool en Heek un denn mool en Poġġ. |*mal 'nen Hecht … Frosch*

Ēēn[X29a] sitt de Week sik würkli|rēdig krumm, |*Man sitzt in der Woche sich*
ēēn[X29a] sitt de Week sik teemli|rēdig dumm, |*ziemlich (GrK1.1.196)*
dat wēēr je schändli, wēēr je sündli, |*wäre 'ne Schande … Sünde*
tehr ēēn[X29a] sik sünndoogs ni[X20] mool gründli |*zehrte man sonntags*
un mook sik mool de Lenken ōlig |*machte sich mal die Gelenke*
un Ünnerlief un Sēēl mool kōhlig. |*& Unterleib & Seele mal kühl*

Dat hett en Schōōster würkli|rēdig nōdig, |*Das hat … Schuster … nötig*
dat höllt em Hatt un Bossen smōdig, |*hält ihm Herz & Brust geschmeidig*
kēēn Sōdasēēp foot sō op Pick |*keine Sodaseife fasst so den Teer*
as sünndoogs mool no'n Fieler Diek. |*wie … Teich (See)*

De Luft is schōōn, dat Wedder[X41d] mōje, |*angenehm*
de Sünn is noch ni[X20] ut de Kōje, |*noch nicht aufgegangen*
de Heiders lieġt noch dēēp tō snurken, |*liegen noch … tief & schnarchen*
in'e Schummern trillt de ēērsten Lurken, |*Dämmerung trillern … Lerchen*
Umswieren un Singen vun Prückels un Poggen |*das Zechen |Kröten & Fröschen*
is vun Sünnobend noch ni[X20] in't Stocken! |*noch nicht beendet*
Doch rüükt dat ut de Bōōm sō frisch, |*duftet es aus den Bäumen*
ēēn|›Een‹ wârrt sō nüchtern as en Fisch. |*man wird*
Dat Gras, dat rüükt sō grōōn vun ünner'n|ünnen, |*so frisch*
dat kunn en Fōhrmannsknecht vermünnern |*munter machen.*

De Schoosters sünd al lang in't Wōgen |*in Bewegung*
un wascht den Sloop ut beide Ōgen. |*waschen*

De Kaffe dampt – dat Finster open, –
de Rundstücken gliedt ōōk dool in't Slopen. |*Brötchen rutschen … im Schlaf*
Ėn Slepen Pannkōken nehmt süm|se^{X04} mit; |*Ladung Pfannkuchen nehmen sie mit*
Hannoveroner hett ėn Nett, |*der ›Hannoveraner‹ hat*
Speckschōōster mit dat Angesicht, |*Speckschuster (mit Speckgesicht??)*
dē nimmt dat op sien brēden Rüch. |*nimmt es … breiten Rücken*
De Blickensläger kummt tō angeln, |*Klempner … zum Angeln*
un *Kannegießer „tut nich mangeln";* |*Zinngießer fehlt auch nicht.*
Ōōk fehlt kēēn Brannwien, Melk un Bēēr, |*Branntwein … Bier*
un vörwârts treckt dat wille Hēēr, |*zieht das wilde (GrK1.1.197)*
ėn ›ōle Gârr‹ vun Stümp un Stummeln, |*von Stümpfen & Reststücken*
de Schōōtfellen bâllert stoots de Trummeln. |*Lederschürzen rasseln statt*
Jan Reuter mit sien holten Stevel |*mit seinem Holzstiefel*
is Achterleutnant sünner Sävel|Sovel, |*Hintermann (bei Aufzügen) ohne*
doch mit ėn Schächt un Angelrōōt |*doch mit 2x Angelrute*
un ėn Kluver vun ėn dörtig Fōōt |*Springstock von 30 Fuß*
un mit ėn Korf för Boors un Heek |*für Barsch & Hecht*
un Provijant för ėn hēle^{X29b} Week |*ganze Woche*
un an'e Siet ėn leddern^{X41f} Tasch |*Seite … lederne*
un vör de Bost ėn blickern *Flasch*|Buddel |*vor der Brust 1 Blechflasche*
un in dėn Mund ėn Nösenbȫter |*im … ein Nasenheizer (Pfeife)*
(Dat smeckt, je kötter, umsȫ sȫter!); |*je kürzer, desto süßer*
sō treckt hē lōōs ›*mit frohem Mut‹*, |*zieht er los*
dat echte Bēēn stickt achterut. |*steckt hinten raus*

Du hest wull ēērsten ėn Pudel sēhn? |*wohl vorhin … gesehen*
Hē sleept ėn Keed-Ėnn mang de Bēēn, |*schleppt ein Kettenende*
no âll de Ecken kickt hē lüstern |*überallhin späht er*
un löppt vör Freuden rein in Biestern |*läuft … förmlich irre*
un pruuscht no jēēdēēn Katt un Koter |*faucht an jede … & jeden*
un lett an jēēdēēn Bōōm sien Woter. |*lässt an … sein*
An jēēdēēn Eckstēēn mutt hē snüffeln, |*muss er schnüffeln*
in jēēdēēn Misten söcht hē Trüffeln, |*Misthaufen sucht er*

un jēēdēēn Muuslock kleit hē dēper |*Mauseloch gräbt er*
un rüükt bi jēēdēēn Hund no'n Peper; |*schnuppert … Pfeffer (im A…!)*
doch ēhr hē't wies wârrt, liggt hē mȫȫd |*Doch ehe er's merkt, liegt*
un knurrig wedder[X41a] an sien Keed.

De Schȫȫsters sünd utloten frȫhli! |*ausgelassen*
De Schȫȫsters sünd unmoten|buten de Moten selig! |*maßlos*
Sünd flink un flȫdig as de Wind, |*leicht(füßig)*
sȫlang de Fȫȫt ni[X20] blosig sünd. |*solange … nicht blasig*

Wo dreiht de Kopp sik as ėn Stēērtstück |*Wie dreht … Schwanzstück*
un geiht de Snack ni[X20] as ėn Danzstück? |*Plauderei nicht (GrK1.1.198)*
Wo sleit de Tung ni[X20] slank in' Snack, |*Wie schlägt … nicht*
sloot Bēēn un Schȫȫtfell rasch in Takt! |*(wie) schlagen Beine &*

De Pȫġġ|Poggen, dē wēēt ni[X20], wat dor lōōs is, |*Frösche wissen nicht*
de Schȫȫsters wēēt ni[X20], wat ėn Grōōv is, |*was eine Grube ist*
un Grüpp un Groben, Grȫȫv[X75] un Graff, |*Rinne & Graben, Graben & Wehrgraben*
süm|se[X04] goht op âllens liek op af. |*sie gehen auf alles egal drauflos*
Un platsch! – De Blickensläger drinkt, |*Klempner*
dat hēēt in't Stohn, un sackt un *sinkt*, |*d.h. im Stehen … un sinkt &*
de Kannengēter ›*wullt ėn Satz nehmen*‹, |*wollte einen*
jüst as de anner in' Moratz kēēm. |*just als … in den Morast kam*
Wō[X31] is Jan Reuter mit dėn Schächt? |*mit dem Schaft*
Speckschȫȫster!! Krieg dat Nett tōrecht! |*Mach das Netz zurecht*
Jan Reuter!! Gau dėn Kluverstoken! |*Schnell den Springsock*
Jan Reuter löppt, ėm knackt de Knoken, |*läuft, ihm knacken die*
dat holten …, och, dat Mōōr is mȫȫr, |*das Holz-, ach … ist mürbe*
dat unecht' Bēēn geiht dēēp hėndȫr! |*sinkt (geht) tief hinein (hindurch)*
Dor sitt hē fast mit âll sien Rēē'schop|Rēēdschop! |*mit all seiner Gerätschaft*
Gottloff, de Blickensläger steiht op |*Gottlob … steht auf*
ut Nōōt un Dōōd un Mutt un Schiet – |*aus Not & … Morast & Dreck*
natüürli! – op de anner|günner Siet. |*((übernächste Zeile: Lümp = Eingeweide))*
Sunst hârrn de Schȫȫsters al de Strümp lōōs |*hatten … schon … aus*

un wullen dor rin ‚op Dârm un Lümp' lōōs, |*mit Todesverachtung*
un hârm ėm ruutkregen, dat's nu ēēnmool |*hätten ihn rausbekommen … das ist*
doch wiss, un schullen se[X04] ėm an't Bēēn holen |*sicher, & sollten… holen*
no't Ȫver, wō de Reed noch rundgung, |*zum Ufer, wo noch gerätselt wurde*
watt dat Woter wull bet an dėn Grund gung? |*ob das Wasser wohl*

De Pöġġ, dē wēērn al sō tōfreden, |*waren schon so zufrieden*
fungen mähli wedder[X41a] an tō reden|*snacken.* |*allmählich … an zu*
De Hoddboor stunn un kēēk vun fēērn, |*Storch stand & blickte*
as wull hē dat Swimmen un Fischen lēhren. |*als wollte er … lernen*
De Blickensläger funn dat fuchtig, |*fand es feucht*
de bârbēēnt' Schōōsters funnen dat luchdi|*luftig* | *(GrK1.1.199)*
un stunnen bedėnkli|*nodėnkern* âll an't Ȫver |*alle am Ufer*
un dachen âll: Wo kummt ēēn[X29a] röver? |*dachten alle: Wie kommt man*
　De Hieren: no de Heek un Boors, |*Diese zu den Hechten & Barschen*
　de Dore: mit sien natten Moors, |*jener mit seinem nassen A…*
　de Hieren: lungerig no ėn Fischtog, |*diese gierig auf … Fischzug*
　de Dore: hungerig achter't Dischdōōk, |*jener hungrig auf das Tischtuch*
bi Kind un Küken un Kaffekann |*bei Kind & Küken & Kaffeekanne*
un't dröge Sünndagstüüg worr[X41a] an. |*trockene –kleidung wieder an*

Dat Woter hett sien ēgen Tücken, |*hat so seine Tücken*
un Mōōr un Grȫben[X75] hebbt süm|*ehr*[X06] Nücken: |*haben ihre Launen*
Dat's jüst, as winters Goorn tō winnen: |*im Winter Garn zu winden*
Wo is't mȫȫgli! Gor kēēn Ėnn tō finnen! |*Wie ist's möglich?*
Un ni[X20] ėn Stegelsch, ni[X20] ėn Steg|*Stech!* |*2x Steg (über das Gewässer)*
Wo koomt de Fielers hier tōrecht? |*Wie kommen … zurecht*
Dē lōōpt je no de Heid in' Düüstern |*laufen ja nach Heide im*
un wēērn dor noch mit Botter güstern! |*waren … mit Butter gestern*

Speckschōōster seggt: „Wi mööt dat wogen! |*müssen es wagen*
Jan Reuter! Geev dėn Kluverstoken!" |*Gib den Springstock*

Hē treckt vun't Ledder[X41f]; spiggt in de Hannen |zieht vom Leder, spuckt
un foot dėn Stock un sett ėm an |fasst den Stock & setzt ihn an
un nimmt dėnn Fohrt op, deit ėn Zug|Zuch — |nimmt Fahrt auf, tut einen
un sweevt wietbēēntig in'e Luch|Luft! |schwebt spreizbeinig in

Hōōl liek de Tung, hōōl stief de Ōhren! |Halte gerade die Zunge
Steil steiht de Kluver as ėn Tōōrn, |Springstock wie ein Turm
jüst pielliek as ėn Stünnerbâlken: |genau senkrecht wie ein Ständer
Speckschōōster hangt as an ėn Gâlgen |hängt wie an
un spaddelt|tâllfōōt as ėn ophungen Koter, |strampelt … aufgehängter
un kickt unglückli dool no't Woter. |guckt … hinunter aufs
De Schōōsters schriegt: Nu hōōl di boben! |schreien … halte dich oben
Kanngēter: „Och, er fällt in' Graben!"

Dat dä hē ōōk. – Speckschōōster swunk, |tat er … schwankte (hin & her)
de Kluver glēē'[X60]|glēēd tōsiet un sunk — |glitt zur Seite … sank (GrK1.1.200)
    Dat Woterpedden geiht in' Winner|Winter, |Wassertreten
    Jehanni is dat doch wat dünner! – |(Johannistag, 24. Juni) (das Eis)
Ēēn, twēē, drēē Schritt, de Schōh lōōpt över! |laufen über
De Büx is vull! – Hē kummt ni[X20] röver! |Hose … kommt nicht rüber
De Kopp is weg! – Man dat gung noch gōōt[X50]: |Aber es ging noch
Hē kruppt op Güntsiet wedder[X41a] ruut! |kriecht auf der Gegenseite

Dat wēērn dėnn twēē! Wo nu de annern? |das … zwei … Wie nun die
De fangt verdrēētli an tō wannern. |fangen verdrießlich an zu

De Ossen dachen: Wat's dor lōōs? |Ochsen dachten: Was ist
De Schōōsters sünd wull ni[X20] bi Trōōst! |nicht bei Trost
Un kēmen nieschierig langs de Wischen, |kamen neugierig … Wiesen
as wullen süm|se[X04] mit no Fiel tō fischen, |als wollten sie mit … zum Fischen
dėn Stēērt tōhōōch, dėn Kopp vörut: |den Schwanz hoch … voraus
süm|se[X04] nēhmen sik meist vernünftig ut. |nahmen sich fast … aus (wirkten fast)

De Schōōsters stunnen un sunnen an't Över |sannen am Ufer
un dachen âll: Wo koomt wi röver? |dachten alle: Wie kommen wir rüber

Sō nēēg bi Fiel (ēēn[X29a] hōōr[X65] süm|ehr[X05] kârnen|bottern) |nahe bei … man

as Ossen vör de Grööv[X75] tō *hârren*|luren, |wie Ochsen vor dem … zu harren

as Ossen an dėn Bârg tō nölen, |an dem Berg zu zaudern

un hören güntsiet de Kaffemöhlen |und jenseits die … zu hören

un sēhn dėn Diek mit âll de Fisch in |und den See mit … zu sehen

un sēhn de Hüüs mit deckte Dischen: |und die Häuser mit … zu sehen

Jüst blōōts ėn Twēērnsdroht vör ėn Pannkōōk? |Nur einen Zwirnsfaden

Dat mookt de Schōōsters würkli|rēdig unklōōk, |Das macht … verrückt

dat mookt je ėn Moltmöhlossen|Göpelossen hittli! |Malzmühlochsen hitzig

Dat mookt ėn Schōōster dörweg nüddeli! |wahnsinnig

Süm|Se[X04] stoht as quesig' Schoop vör ėn Heck*: |wie drehkranke … vor'n Tor

Ėn poor sünd dör, Gott wēēt wosück[X30], |Einige … wie (GrK1.1.201)

de annern lōōpt dėn Kopp in' Tuun |laufen den Kopf in die Hecke

un ēēn-mang'n-anner as ėn Kluun. |alle durcheinander … wie ein Knäuel

Dėnn hier wēērn Root un Vörslag düür |2x Rat … teuer

as bi de Kōh mit lōpen[M4a] Füür. |wie bei den … mit Trommelseuche

Schüllt|Schoöt|Schöö[X62a] wi hėndör op Leben un Dōōd, Fründ? |Sollen wir

„Dėnk an dien Kinner, dē ni[X20] grōōt sünd!"

Swimmen ōder *sinken*? „Dat's je *grässli*!"

Doch wēēr't ni[X20] dēēp nōōg, dat wēēr *hässli*! |wär's … das wäre

Ēēn[X29a] kunn dat blōōts vun boben ni[X20] sēhn; |Man konnte es

an Hėmduttrecken dach ni[X20] ēēn. |an Hemdausziehen dachte keiner

Wėnn sō de Kopp vun't Dėnken swoor is, |schwer ist

ėn Drüpp Verstand an jēēdēēn Hoor is: |ein Tröpfchen Verstand

Ēēn[X29a] kunn wull as ėn Sōōtswang wanken, |Man … Brunnenschwengel

koppheisterschėten vör Gedanken! – |kopfüberschießen in

Sō hett ēēn[X29a] as ėn Stēēn an' Slagbōōm, |wie einen Stein am Schlagbaum

sō hett ēēn as de Tung in' Waggbōōm, |wie die Zunge in der Waage

jüst as ėn Passbōōm in de Möhl |einen Fangbaum (zum Abbremsen)

sien Moog je ünnen an sien Sēēl. |seinen Magen ja … unten an der Seele

Un wėnn de Kopp tō swinneli stiggt, |in schwindelnde Höhen steigt

de Moog, dē höllt dat Gliekgewicht.　　　　　|der Magen hält
Un strōōm dat Denken würkli|rēdig ârmdick,　|strömte ... auch armdick
de Mogen is en sekern Parmdik|Parpendikel.　|sicheres Uhrpendel (Perpendikel)
Dē lett de Sēlenklock ni[X20] utneihen　　|lässt d. Seelenuhr n. ausreißen
un den Gedankenstrōōm ni[X20] ruutspeien|ruutspiegen.　|ausspucken
Dē is, lōōpt Grips un Plie mool däänsch,　|laufen (geht die Vernunft mal durch)
Tōōm un Hâlter för den Mensch.　　　　|Zaum & Halfter

De twēē op Güntsiet wuschen Hemder|Hemden　|Die zwei da drüben
as frȫher eddele Kȫnigskinner.　　　　|edle
Un schienen süm|se[X04] wull ōōk ni[X20] sō hell
as Elfenbēēn vun Huut un Fell:　　|bezüglich Haut (2x)
De Blickensläger wēēr doch zoort,　　|zart
blōōts de Hannen fullen ut de Oort,　|nur ... fielen aus (GrK1.1.202)
as drȫōg hē Handschen bet an' Ellbogen,　|trüge er Handschuhe bis zum
ōōk hârr de Kopp en swattligen Kehlkrogen.　|schwärzlichen Kragen
Speckschōōster over mook sik leidig　　|gab sich sonderbar
as en Senoter vun Taheiti.　　　　|wie ... von Tahiti
Doch – as süm|se[X04] wēērn, sō dään süm|se[X04] blenkern　|so glänzten sie
un sēten mit de Bēēn tō slenkern.　　|saßen ... zu schlenkern

Sä Blickensläger: Hârr'k en Handdōōk!　|Hätte ich ein Handtuch
De Schōōster: Ōder ōōk en Pannkōōk!　|Oder einen Pfannkuchen
„Pannkōōk!!", erscholl es durch die Weite,　|(erscholl es da)
„Pechvögel! kommt an meine Seite!"
Sō Kannegießer rēēp tō locken,　　|So rief und lockte
Un kiek! Dat Birssen kēēm in't Stocken,　|Das Rennen kam
Un kiek! De Moog, dē kēēm in't Zucken|Tucksen.　|Der Magen kam
De Schōōsters kēmen âll in't Hucken　|gingen alle in die Hocke
as Snieders op den Törkschen Divan,　|wie Schneider auf dem
un bōden süm|ehr[X06] hungerige Lief wat an,　|boten ... Leib etwas an
in't grȫne Gras an't smucke Ȫver,　　|am schönen Ufer
rund um den plietschen Kannenstȫver.　|(Holbergs Komödie: Kandestöber)

Dē twēē Güntsieders krēgen süm|ehr[X06] Dēēl |*Die 2 Jenseiter bekamen ihren*
hėnöver an dėn Kluverstööl. |*am Springstockstiel*

De Minsch wârrt bannig quäält op Ēērn, |*wird sehr gequält auf*
mutt bannig swēten, sik tō nähren, |*muss … schwitzen … ernähren*
mutt kleien un seien un eien[X57] un meihen, |*graben, säen, eggen, mähen*
ēhr hē wat kriggt, sik mool tō freuen. |*ehe er etwas bekommt*
Un hett hē't ėndli rund in' Pannkōōk,
sō seggt de Moog meist ni[X20] mool: ›Dank ōōk!‹ |*fast nicht einmal*
Un is de Hunger rein sō hitt, |*schier so riesig*
kunn ēēn[X29a] wull rinfâllen in'e Grütt: |*könnte man … reinfallen … Grütze*
De Hoor um't Hatt rum wüllt|wööt[X63] ēēn sėngen, |*einem versengen*
de Funkens ut de Kusen springen. |*aus den Backenzähnen*
Un Ârms un Mund un Tung un Backen |*und Wangen*
hebbt dat hild, man wedder[X41a] wegtōpacken, |*haben es eilig, nur (GrK1.1.203)*
man dörtōbringen an' Sünndagmorgen, |*nur durchzubringen am*
wat Weken kost an Swēēt un Sorgen. |*was Wochen kostet an*

Ēēn[X29a] kunnt ni[X20] ansēhn, ohn tō schruveln|schuddern, |*Man konnt's nicht*
ēēn[X29a] kunnt ni[X20] ansēhn, ohn tō gruveln: |*ohne zu grübeln*
Wo ōōk dat Gröttste rasch vergeiht, |*Wie auch … rasch vergeht*
wat Mōhg un Tiet beschicken deit. |*Mühe & Zeit erschaffen*

Wo langsoom treckt de Plōōg de Spōōr! |*Wie … zieht … die Spur*
Wo langsoom leggt sik Fōōr an Fōōr! |*legt sich Scholle an (wörtl.: Furche an)*
De Jung sitt op de Peer un slöppt ni[X20], |*sitzt … Pferden … schläft*
de Knecht geiht achteran un röppt: ›Hüh!‹ |*geht hinterher … ruft*
Un geiht un geiht un höllt dėn Plōōgstēērt. |*hält den|die Pfluggriff|e*
Un an' Wâll, dor liggt de Krōōgwēērt |*liegt der (hier:) Bauer (Krōōgeigner)*
un kickt süm|ehr[X05] no, hē smōōkt un smōōkt |*blickt … raucht*
un süht, wo swoor de Pogen treckt, |*sieht, wie schwer die alten Gäule ziehen*
ēēn vör de anner, Schritt för Schritt, |*eins vor dem andern*

sien Knecht, sien Jung, sien Ōgen mit: |Knecht, Lehrjunge, Augen
Hē hȫȫrt meist ni[X20] de Rööd dor janken, |hört fast nicht die Räder knarren
un achteran treckt sien Gedanken, |hinterher ziehen
bet güntsiet günnert an de Vörwėnn. |bis drüben (2x) an der Pflugwende
Dor süht hē ruhig sik de Peer wėnnen, |sieht er ... die Pferde wenden
un mähli rüchwârts kummt de Tog, |allmählich ... kommt der Zug
sien Peer; sien Jung, sien Knecht, sien Plōōg, |sein Pflug
âll liek langut as an ėn Snōōr: |alle geradewegs entlang ... Schnur
Sō leggt sik langsoom Fōōr an Fōōr.

Wat för ėn Geduldsack is sōōn Buur! |Geduldsmensch
Wo hett hē't suur! Wat hett hē't suur! |Wie hat er's sauer
Dėnn nu dat Seien|Seiden antōsėhn! |nun das Säen anzusehen
Un dėnn för't Opkomen ni[X20] tō beden! |Dann fürs Aufgehen nicht zu
Un dėnn in' Winter in dėn Snēē |Dann im Winter im Schnee
nix dōōn tō könen as ›Drēē-Blatt-drēē‹! |nichts tun ... als Drei-Kart (GrK1.1.204)
Un vörjohrs wedder[X41a] lōōsstudēren |im Frühjahr wieder loswirtschaften
mit Smȫken un't Gras-wassen-hȫren: |mit Rauchen &
Nä! nä! Dē Weg is lang tō fohren |Es ist ein langer Weg (zu fahren)
bet tōkomen Hârvst de Wētenoorn! |bis nächsten Herbst zur Weizenernte
Un dėnn noch reisen tō verkōpen |dann ... reisen, um zu verkaufen
un Geld tō tellen bi hēle[X29b] Hupen! |Geld zu zählen, ganze Haufen
Wat kost dat Mȫhg för Kopp un Rüch, |kostet Mühe an K. & Rücken
ēhr mool de Möller Wēten kriggt! |ehe mal der ... Weizen bekommt
Dėnn wedder[X41a] stȫben, mohlen, sichten, |entstauben, mahlen, sieben
utwegen, kōpen un anrichten, |auswiegen, kaufen & anrichten (Küche)
bet ēēn[X29a] dat ėndli smōōrt un broden|broodt |bis man's ... geschmort & gebraten
tō'n Korf ruutkriggt as fetten Floden! |aus dem Korb zieht als fetten Fladen

---

Fett wēērn süm|se[X04] ween[X83], as broodte Ribben! |wie gebratene Rippen
Kanngēter slick sik noch de Lippen. |leckte sich
Bruun wēērn süm|se[X04] ween[X83] un krosch|kross an' Rand! |knusprig

Aussprachehilfen für ō, ē, ȫ, â, ė, ġ, b̄: siehe auf Seite 5 UND Buchdeckel!

De *Klempner* hârr noch ėn Stück in'e Hand |hatte noch
(Hē krēēg ni[X20] fokens vun dit Slag.), |bekam nicht oft von dieser Art
dat wēēr dat letzte vun de Dracht. |letzte von der Partie

As ik al seggt heff: Ēēn kunn schruveln|schuddem! |Einem konnte schaudern
Un âll nu sēten ōōk tō gruveln |alle saßen & grübelten
in't grȫne Gras an't bunte Ȫver, |am bunten Ufer
rund um dėn plietschen Kannenstȫver, |Humpenschnüffler[Jux]
un dachen an *Vergänglichkeit* |dachten an
un dėn gewâlt'gen *Zahn der Zeit*
un hârrn wull snackt un överleggt, |hatten wohl diskutiert
wat ik heff hōōchdüütsch eben seggt. |was ich habe … eben gesagt

Süm|Se[X04] sēten rund umrum dėn Teller |saßen … um den Teller
un de Gedanken worrn wat heller. |wurden etwas heller
Speckschōōster over op Güntsiet, |auf der andern Seite
dėn worr tōēērst de Bregen wiet. |dem weitete sich zuerst das Gehirn
De vulle Moog, dē kēēm in't Wârken, |volle Magen kam zur Wirkung
dat kōle Bad dä ōōk ėm stârken, |tat auch ihn stärken (GrK1.1.205)
Hē seggt un steiht mitmool gor op: |sagt & steht plötzlich gar auf
„Lüüd! Blinnendȫker hebbt wi vör dėn Kopp! |Blindtücher (fürs Vieh)
Wi sünd je dümmer as ėn Rött! |dümmer als 'ne Ratte
Ik goh no Fiel un hool ėn Brett!" |gehe & hole

Speckschōōster wėnn dat Angesicht, |wendete das
Speckschōōster dreih dėn brēden Rüch, |drehte den breiten Rücken
hē wėnn dėn Puckel dick un fett |wendete den Buckel
un gung no Fiel un hool ėn Brett. |ging & holte
De annern sēten noch tō tȫben, |saßen noch & warteten
as hē krummpucklig wedderkēēm[X41a], |als er mit gebeugtem Rücken
un kēken as no ėn Wunnertier: |blickten wie nach einem
Worüm süm|ehr[X05] dat ni[X20] infullen wēēr? |ihnen das nicht eingefallen war
Süm|Se[X04] gungen dėnn röver ēēn bi ēēn, |gingen rüber einer nach
tōletzt Jan Reuter mit dat Bēēn,

un swēgen still un gungen no Fiel |und schweigend gingen sie
un kēmen bet an dat holten Siel. |kamen ... hölzerne Sielbauwerk

Dor lēēg de Diek in't grȫne Rēēt, |lag der See im grünen Schilf
dor lēēg hē smuck in't Sünndagsklēēd, |lag er hübsch im
dor lēēg hē hell in't grȫne Gras
un blènker as én Spēgelglas, |glänzte wie ein Spiegelglas
sō frisch un kloor, sō still un blau,
as Obendlucht|-luft, as Morgendau. − |wie Abendluft, wie Morgentau

Sitt still, du ârme Poġġ in't Rōhr! |Sitz still, du armer Frosch im Röhricht
Sitt still un sing dien Sünndagschōōr! |deinen Sonntagschor
Vundoog is âllns man Rōh^X52 un Freed, |Heute ... nur Ruh & Frieden
de Hoddboor steiht un drȫȫmt in't Rēēt. |Adebar steht & träumt im
Hē hett sien rȫȫtsten Steveln an, |hat seine rötesten ... an
hē hett sien blanksten Feddern^X41e an, |seine reinsten Federn
op ēēn Bēēn steiht hē un wull hȫȫrt, |steht ... und wohl hört
wo't rund um't Woter singt un röhrt |wie's ... um's Wasser ... & röhrt
un wo de Kruutschen lustig boodt |wie die Karauschen ... baden
un wo de Heek in't Blaue stoht |wie die Hechte ... stehen (GrK1.1.206)
un wo de Oont gedüllig brȫȫdt, |wie die Ente ... brütet
un op de Spitzmuus bi sien Fȫȫt. |und auf ... bei seinen Füßen

Vundoog is âllns man Freed un Rōh, |Heute ist alles nur
de Lurken singt in't Hebensblau, |Lerchen singen im Himmelblau
de Müggen speelt as Sülverstuff, |Mücken spielen wie Silberstaub
de Swülken segelt dör de Luft |Schwalben segeln durch
un sweebt un seilt an't Över lanġ |schweben & segeln am Ufer lang
un dippt in' Diek sō spēgelblank. |stippen in den See so spiegelblank

Dor koomt süm|se^X04 her, én hēle^X29b Rēēg! |kommen ... ganze Reihe
Dor jooġt süm|se^X04 hèn un snackt vergnȫȫgt, |jagen ... reden
bet no de lütte Fischerhütt, |bis zu
wō Nest an Nest an' Bâlken sitt, |am Balken sitzt

wō hōōch de anner Hoddboor steiht   *|wo … Storch steht*
un blau de Rōōk no'n Heben geiht.   *|Rauch zum Himmel geht*

– Hârr ēēn dèn Kukuk dat verdacht, *|Hätte man dem … es verdacht*
datt hē de annern rēēp un lach?   *|dass er … rief & lachte*
Un âll de Plōōgstēērten achteran: *|alle Schafstelzen*
Kukuuk! Koom, Kievitt! Kiek mool an! –   *|Komm Kiebitz! Sieh mal*

Uns Fischervolk worr still un sēhg, *|Fischertrupp wurde still & schaute*
worr rein verstummt un still un swēēg.   *|wurde förmlich stumm & & schwieg*
Süm|se[X04] setten sik an't Över hèn,   *|setzten sich am Ufer hin*
hell in de schȫne Sünndagssünn,   *|in die helle schöne*
un kēmen in't Snacken un Vertellen   *|kamen ins Reden & Erzählen*
vun't Wannerleben as Gesellen   *|vom … als*
un wat süm|se[X04] sēhn un wat süm|se[X04] doon *|was … gesehen … getan*
un wo süm|se[X04] wiet un wieder gohn *|& wie sie weit & weiter gegangen*
(mit Ranzen op un Stock in'e Hand)   *|mit Ranzen drauf &*
in't grōte düütsche Voderland[X11].

Dat ōle Hatt kēēm rein in Swunġ,   *|Das alte Herz kam schier in*
de ōle *Bursch* worr wedder[X41a] junġ,   *|wurde*
vergēēt hier in de frische Luft   *|vergaß*
sien lütt' bedrȫōvte Ârbeitsstuuv.   *|kleine trübselige (GrK1.1.207)*
Jo, wēēr de Sünn ni[X20] dēper sackt,   *|Ja, wäre … nicht tiefer gesunken*
süm|se[X04] hârrn wull bet Sünnobend snackt   *|hätten … geredet*
un Noht un Droht un Blick un Pick *|& Naht & Faden & Blech & Pech*
vergeten an dèn Fieler Diek.   *|(hätten) vergessen am Fieler See (Teich)*

Dō seggt *Kanngießer: „Lieben Leut,*
mich schwant, es wär wohl Zeit für heut!"

Dat trock! Dènn âll süm|ehr[X05] düch intwischen,   *|zog! … schien inzwischen*
dat worr nogrood mool Tiet tō fischen. –   *|es würde allmählich mal Zeit*

Wènn ōle Pogen recht verdaut hebbt, |alte Gäule ... verdaut haben
wènn satte Kōhbēēst edderkaut[X41b] hebbt, |Kühe wiedergekäut haben
sō is dat nüüdli antōsēhn, |ist ...possierlich anzusehen
wo süm|se[X04] alleben koomt tō Bēēn. |wie sie langsam auf die ... kommen
Ēērst stöhnt ēēn Ènn un richt dèn Stēērt op, |stöhnt ein Ende & richtet ... auf
dènn kummt dat Achterènn vun't Dēērt op, |kommt ... Hinterteil des Tiers hoch
dènn stöhnt dat anner Ènn un streckt sik, |stöhnt ... streckt sich
dènn steiht dat hēle[X29b] Bēēst un reckt sik. |steht das ganze Rind ... reckt sich
De Pogen sünd tōmeist doch spattlohm |spat-lahm (Pferdekrankheit)
un köönt tōēērst ni[X20] recht tō Padd komen |können ... in Gang kommen
un humpelt rum un pedd èn Twēētritt: |hinken rum & tanzen Zweitritt
Sō wènn èn *Klempner* dat Lie'wēh|Liefwēh ritt |einen ... Leibweh reißt
un hē krümmt sik as èn Worm in't Sandlock, |wie ein Wurm im
dènn leider ēēt hē tō veel Pannkōōk! |leider aß er ... Pfannkuchen
Dē knippt èm as èn bōōs[M3] Geweten, |Der kneift ihn wie ein böses Gewissen
dē sett èm as Kolik in't Swēten, |bringt ihn wie Kolik zum Schwitzen
dē kruppt as smölten Blie in't Lief lang, |kriecht wie schmelzendes Blei
dē knippt èm as èn iesern Knieptang, |kneift ... eiserne Kneifzange
dē drückt èm an de kotten Ribben. |drückt ... an den kurzen Rippen
Jan Reuter, hest du noch èn Drippen|Druppen? |hast ... Tropfen
Sō krieg de blickern *Flasch* vun' Knōōp |nimm ... Flasche vom Knopf
un schroop dèn letzten Rest tōhōōp, |kratze den ... zusammen
dènn schåll dat sik wull båld verdēlen, |soll sich ... bald verteilen
wi annern mööt patuu ni[X20] nölen! |müssen durchaus nicht zaudern (GrK1.1.208)

De Schōōsters sēht ni[X20] veel no'n Heben, |sehen ... zum Himmel
Stēērnkieken deit ni[X20] nōōt tō'n Leben. |Sterngucken ist nicht nötig
Wi hebbt kēēn Wōōst as Dubenheid |haben k. Wüste außer Dubenheide
(un dat is Holmer Ossenweid) |ist Süderholmer Ochsenweide
un kēēn Kamēēl, blōōts Zegenbück, |nur Ziegenböcke
un mookt kēēn Reis as hier no'n Diek. |machen ... außer an den Fieler See
Wi bruukt kēēn Klock, hebbt unsen Moog, |brauchen ..., haben den Magen
un dē geiht seker, dèn Dag un Doog. |geht sicher, am Tag und Tage

'kēēn[X29c] hett wat mit de Sünn tō dōōn? |*Wer hat etwas mit … zu tun*

Dē schient, un mag sē ōōk ünnergohn. |*scheint … mag sie auch*

Doch wēēr't vundoog ėn anner' Sook, |*war's heute eine andere Sache*

de Schōōsters dachen: Wat's de Klock? |*dachten: Wieviel Uhr ist's?*

Süm|Se[X04] söchen no de Sünn in't Nōōrn |*suchten nach … im Norden*

un kēken no dėn Heider Tōōrn, |*blickten zu dem Heider Turm*

un söchen rund umher de Sünn

un kunnen ehr rund herum ni[X20] finnen. |*konnten sie*

Dō sä dor ēēn: ›Ik lōōv, dor sitt sē! |*Da sagte dort einer: … glaube, da sitzt sie!*

Wi kriegt an't Ėnn noch ėn Gewidder!‹ |*bekommen am Ende*

Jo, wēērn dat blinne Möllers ween[X83], |*wären es … gewesen*

dē hârrn dat mit de Nösen sēhn! |*hätten es mit den Nasen gesehen*

Doch Schōōsters sünd ni[X20] licht tō *schrecken*|*bangtōmoken,*

süm|se[X04] mēnen, dat worr sik noch vertrecken. |*meinten … würde s. … verziehen*

Dat düün in't Westen as ėn Bank |*Es türmte sich im … wie eine*

vun Prükenköpp bet Meldörp lang, |*von Haufenwolken (Perückenköpfen)*

de hēle[X29b] Luch|*Luft* wēēr swuul un brüddig, |*schwül & drückend*

de Hoddboor stunn bedripst un düttig, |*stand betrübt & geduckt*

de Swülken seilen dicht an't Rēēt, |*segelten dicht am Schilf*

de Pöġġ, dē sungen süm|ehr[X06] luudste[M33] Lēēd, |*Frösche … lautestes Lied*

de Lurken sēten still tō drömen, |*Lerchen saßen … und träumten*

de Ieben[X76]|*Iem*, dē ielen ut de Blōōm |*Bienen eilten aus den Blüten*

un summen un jogen no de Fēērn, |*summten & jagten in die*

un âll de Möhlen stunnen in Schēren. |*standen (als x-Kreuz)*

De Schōōsters hebbt kâlfleddern[X41f] Sēlen, |*haben kalbslederne Seelen*

süm|se[X04] mēnen, dat worr sik noch verdēlen! |*meinten, es würde sich … verteilen*

Dē lōōbt ni[X20] an ėn Dunnerwedder[X41d], |*glauben nicht … an ein Donnerwetter*

un bet op de Bōōr danzt al de Teller; |*auf die Borte tanzen schon (GrK1.1.209)*

dē lōōbt ni[X20], datt dat Regen gifft, |*die glauben nicht, dass es … gibt*

as bet dat süm|ehr[X05] ut de Steveln drifft. |*als bis es ihnen aus … gießt (treibt)*

De *Klempner* blēēv in't Gras tō wrangeln, |*blieb & wälzte sich im Gras*

Jan Reuter sett sik dool tō angeln, |*setzte sich zum Angeln*

dat holten Bēēn wies in'e Hȫȫchd, |Holzbein wies nach oben
noch hȫgerop de Angelschächt. |noch höher rauf die Angelrute
De annern gungen mit Nett un Stoken |gingen mit Netz & Stöcken
tō Woter an, ėn Tog tō moken. |ins Wasser, um einen Zug zu machen
Vȫrut de Dicke, wiet opkrėmpt, |Voran … weit aufgekrempt
vun nerrn de Büx un boben dat Hėmd, |von unten die Hose & oben
gung trüchwârts un trock mit beide Hannen, |ging rückwärts & zog
de annern pâlschen achteran. |platschten hinterher (die Fische treibend)
Man blȫȫts de plietsche Kannenstȫver |Nur der clevere Humpenschnüffler
blēēv in'e Schōh un an dat Ȫver. |blieb in den … und am
Hē sēhg no't Wârk un hârr dat Reden, |achtete aufs Gerät und führte das Wort
datt süm|se^{X04} dat „richtig machen täten". |dass sie es
De Pögg, dē kēken allemann tō |Die Frösche guckten alle zu
un dachen: Dat is sōdennig ėn Dampbōōt! |dachten: Das ist also ein
De Schōōsters trocken krumm un stumm, |zogen
âll um dat Nett, an't Ȫver rum. |alle um das Netz, am
süm|se^{X04} trocken't ruut, süm|se^{X04} smēten't rin, |zogen's raus … warfen's rein
doch wēērn dor nix as Pögg man in. |waren nichts als nur drin
süm|se^{X04} slepen fōōrt, süm|se^{X04} trocken op: |schleppten weiter … zogen auf
Nix as Dreckvogeln, Kopp an Kopp! |Nichs als Frösche (Dreckvögel)
Süm|Se^{X04} trocken wiet un wieder hėn, |zogen weit & weiter hin
Jan Reuter kunn süm|ehr^{X05} kuum mēhr kėnnen. |kaum mehr erkennen
Hē hȫȫr^{X65} man blȫȫts dėn Kannenstȫver |hörte bloß den
op Hȫȫchdüütsch reden hȫȫch vun't Ȫver, |hoch vom Ufer
hē hȫȫr^{X65} dat swack un swacker summen, |hörte es schwach &
an't Ėnn worr dat dėnn dörweg stumm. |wurde es gäzlich stumm
Dō düch ėm meist, dat dröhn un duus, |schien ihm fast, es dröhnte & toste
as wėnn de Flōōt vun wieden suus. |Flut von weitem sauste
Hē kēēk sik rund: Dat dröhn un zitter – |blickte um sich … dröhnte & bebte
Mien Sēēl, dat wârrt ėn swoor^{M3} Gewidder! |Seele … wird ein schweres
De Klempner worr sien Lie'wėh|Liefwėh lōōs |wurde … Bauchweh los
un sä: Jehann, wi mööt tō Huus! |sagte … müssen nach
Jan Reuter kēēk an' Heben langͨ: |blickte am Himmel lang

252 Aussprachehilfen für ō, ē, ȫ, â, ė, ġ, ƀ: siehe auf Seite 5 UND Buchdeckel!

Dō klōōv ėn Blitz de swatte Bank! |Da spaltete (GrK1.1.210)
Jan Reuter nēhm sien Angelrōōt, |nahm seine
Jan Reuter nēhm sien holten Fōōt, |nahm seinen hölzernen Fuß
sien Piep, sien Korf, sien blickern *Flasch*: |Pfeife ... Blechflasche
Dō kēēm de Dunner, datt dat gnasch! |kam ... dass es krachte
Dō kēēm de Dunner, datt dat bever! |kam ... dass es bebte
Dō kēmen de Schōōsters âll an't Ōver. |kamen ... alle ans Ufer
süm|se[X04] lēpen bârbēēnt (sünner Schōōtfellen) |liefen barfuß ... Lederschürzen
un söchen no süm|ehr[X08] Körv un Brōōtstellen|-steden. |suchten ... Essstellen

Süm|Se[X04] hârrn nix fungen as mool an' Grund |hatten nichts gefangen als
dėn Fischer sien verdrunken Hund. |des Fischers ertrunkenen
Süm|Se[X04] mēnen ėn Stöör un noch wat grötter: |meinten einen Stör
Dō wēēr't tōletzt ėn dōden Kȯter. |war's schließlich ein toter Köter
Wat nu tō dōōn? Wat nu för'n Root? |Was nun zu tun ... Rat
Fisch muss ēēn[X29a] hėbben, un wēērn dē broodt! |& wären die gebraten
Fisch muss ēēn[X29a] hėbben, watt Boors, watt Heek, |musste man ... ob
sunst gēēv't tō Huus ėn natte Week. |gab es ... Standpauke
Sunst wēēr bi de Fruunslüüd ni[X20] tō duren, |war's bei ... nicht auszuhalten
dē al mit Putt un Brootpann luren |die schon mit Topf ... warteten
un frogen: „Noversch, itt Sē kookte? |& fragten ... isst Sie gekochte
Mien Mann mag lēver botterbackte!" |mag ... in Butter gebratene
Süm|Se[X04] stunnen un kleien Kopp un Ōhren: |standen & kratzten
kēēn Fisch – un dor de Heider Tōōrn! |dort der Heider Turm
Süm|Se[X04] stunnen un kleien vör un achter: |kratzten vorn & hinten
Kēēn Broden – as ēēn vun' Slachter! |Braten – außer einen vom

Dō seggt de Dicke rein in Andacht: |sagt ... förmlich in
„Lōōtgēter, nu mook du ėn Vörslag!" |Kugelgießer (Blei-) ... mach du
Dō seggt *Kanngießer: „Anderst nischt?*
Mir gehn ins Haus un kaufen Fisch!"

Dat lȯȯs dėn Knütt! Süm|Se[X04] worrn sō frȯh, |löste Knoten ... wurden
as worr süm|ehr[X05] dat schėnkt un Geld optō! |als würde ihnen das geschenkt

Süm|se[X04] hârrn in' Droov süm|ehr[X06] Körv tōfoot, |hatten im Trab ... gefasst
süm|se[X04] störmen de lütte Fischerkoot, |stürmten ... Fischerkate
süm|se[X04] koffen Heek un Boors un Ool, |kauften Hecht & Barsch & Aal
süm|se[X04] koffen Kruutschen âlltōmool, |kauften Karauschen alle (GrK1.1.211)
süm|se[X04] nēhmen süm|ehr[X06] Rēē'schop op'n Rüch, |nahmen ... Gerät
de Regen klatsch süm|ehr[X05] in't Gesicht, |klatschte ihnen
süm|se[X04] nēhmen süm|ehr[X06] Steveln in'e Hand, |nahmen ihre
süm|se[X04] wannern över't natte Land, |wanderten übers
süm|se[X04] wannern fōōrt bi Blitz un Regen, |wanderten weiter bei
dör Mutt un Mōōr, över Grōōv[X75] un Stegen. |Morast & ... Graben & Stege
Kēēn Graff tō brēēt, kēēn Wisch tō mōōr, |Wehrgraben ... unbegehbar
süm|se[X04] kēmen dor röver ōder dör. |kamen
De Mutt lēēp in un ut de Taschen: |Morast lief
De Regen dēēn, dat wegtōwaschen, |Der Regen diente, es
un Hitten un Swēēt un Pick un Slick |Hitze & Schweiß & Pech & Schlick
blēben op dėn Weg vun' Fieler Diek. |blieben ... vom Fieler See

Dat hēēs[X84], sik mool de Lėnken teren, |Das hieß, sich ... die Gelenke teeren
dat hēēs[X84], sik mool de Leden smeren, |hieß, sich ... die Glieder schmieren
dat hēēs[X84], sik mool de Glieder ölen |bedeutete, sich mal die Glieder ölen
un Ünnerlief un Bossen kȫhlen! |& Unterleib & Brust zu kühlen

Süm|se[X04] kēmen (dörnatt bet op de Fellen) |kamen ... durchnässt ... Haut
tō Huus; doch kunnen süm|se[X04] wat vertellen |konnten ... 'was erzählen
un snacken fröhli achter'n Disch noch |plaudern ... noch
no Johren vun dėn Fieler Fischtog. |nach Jahren vom

Aussprachehilfen für ō, ē, ȫ, â, ė, ġ, ƀ: siehe auf Seite 5 UND Buchdeckel!

Hell in't Finster

(GrK1.1.211 – Kiek ōōk GrK5.1.280 un ōōk GrK2.464!)

Hell in't Finster schient de Sünn, |Hell ins Fenster
schient bet dēēp in't Hatt herin. |ins Fenster scheint
Âll wat kōōlt is, dump un wēh, |scheint … ins Herz
daut sē weg as Ies un Snēē. |Alles … kalt, dumpf & weh
|taut sie weg wie

Winter wēēnt sien blanksten Tronen, |weint … reinsten Tränen
Vörjohrsoten weiht mi an, |Frühlingsatem weht
Kinnerfreud, sō frisch as Dau, |wie Tau
treckt mi dör vun't *Himmels*blau. |durchzieht mich vom (GrK1.1.212)

Noch is Tiet! Ōh, koomt man in, |kommt herein
*Himmel*blau un Vörjohrssünn! |Frühjahrssonne
Lacht noch ēēnmool wârm un blied |Lacht … & freundlich
dēēp in't Hatt! Ōh, noch is't Tiet. |tief ins Herz … noch ist's

Wėnn de Lurk treckt

|Wenn die Lerche zieht

(GrK1.1.213 – Kiek ōōk GrK5.1.283 un ōōk GrK2.468!)

Adē, adē, de Summer geiht! (GrK1.1.213)
Adē bet tōkomen Johr! |bis zum nächsten Jahr
Adē, adē, de Blööd, dē weiht! |die Blätter wehen
Nu wârrt dat Hatt mi swoor! |wird das Herz mir schwer

Ik heff wull sungen ėn schöne Tiet, |habe gesungen
dėn hēlen[X29b] Summer hėn. |den ganzen Sommer hin
Nu reis ik fōōrt, nu reis ik mit |reise ich fort, … reise ich
no't Süden, no de Sünn! |nach Süden, zu der

In't Holt

|Im Wald (Gehölz)

(GrK1.1.212 – Kiek ōōk GrK5.1.281 un ōōk GrK2.464!)

Wō dat Echō schâllt |Wo ... schallt (GrK1.1.212)
dör de Bōken hėn, |Buchen
no dėn grōnen *Wâld*|Wōōld |zum
treckt mi Hatt un Sinn, |ziehen mich Herz &
wėnn de Drōōssel fleut, |Drossel flötet
wėnn de Blöder|Blööd weiht, |Blätter wehen
wėnn de Wind dor geiht |streicht (geht)
boḃen hėn. |drüber hin

Dē is jümmer[X21] frie |immer frei
as de grōte Sēē; |wie die große See
dor is Ruum för mi |Raum
un dat schüchtern Vēēh, |scheue Vieh
för de bittre Nōōt
un dėn lēven|lēḃen Gott,
un dor deit de Dōōd |tut der Tod
ni[X20] mool wēh. |nicht einmal

Wėnn de Drōōssel fleut,
spring ik ruut tō Holt, |raus ins Gehölz
wėnn de Blöder|Blööd weiht,
goh ik noch tō Wōōld: |gehe ich noch in den Wald
Och, dē sēhg mi springen, |Ach, der sah mich
un de hōōr[X65] mi singen, |der hörte mich
un dor much ik liggen, |möchte ich liegen
still un kōōlt.

In'e Frėmm

(GrK1.1.215 – Kiek ōōk GrK5.1.286 un ōōk GrK2.472!)

Dat gifft kēēn Land sō grȫȫn un sō schȫȫn –   *(GrK1.1.215)*
ōh, wēēr ik wedder[X41a] tō Huus! |*wäre ich wieder*
Dor singt de Vogeln sō frȫhli, |*singen die Vögel*
dor is de Schadden sō kȫhlig – |*kühl*
ōh, datt ik wannern muss! |*musste*

Ėn Goorn, dē liggt dor achter dėn Tuun, |*Garten liegt hinter der Hecke*
dor blȫȫmt de Rōsen sō rōōt. |*blühen die Rosen so*
Mien Lēēfste, dē nēhm sik ėn annern, |*Liebste, die nahm sich*
Gesellen, jo, dē mȫȫt wannern: |*müssen*
Adē, du Lēēfste, leev wull! |*lebe wohl!*

Un Voder[X11] is dōōt, un Mȫder[X12] is dōōt –
ōh, lēēg ik ünner de Ēēr! |*läge ich*
Dor sungen de Vogeln sō frȫhli, |*sangen*
dor wēēr de Schadden sō kȫhlig – |*war … so kühl*
ik sēh di nümmermēhr! |*ich sehe dich nie wieder*

Mien Voderland

|Mein Vaterland

(GrK1.1.213 – Kiek ōōk GrK5.1.284 un ōōk GrK2.468!)

Och Ländeken dēēp, nu bün ik di wiet!   *(GrK1.1.213)*

Aus einem Dithmarscher Volkslied

Dor liggt in't Nōōrn èn Ländeken dēēp,   *|im Norden ein Ländchen*

èn Ländeken dēēp,   *|tief*

un ēēnsoom liggt de Strand.   *|einsam liegt*

Dor blènkt de Sēē, dor blènkert de Scheep,   *|blinkt die See*

dor blènkert de Scheep,   *|blinken die Schiffe*

dat is mien Voderland[X11].   *(GrK1.1.214)*

Ik sēh an' Heben Wulken sō blank,   *|sehe am Himmel Wolken*

de Wulken sō blank,   *|so glänzend*

süm|se[X04] koomt ut' blaue Haff. *|kommen aus dem blauen Wattenmeer*

Un över dat Ländken trocken süm|se[X04] lanġ,   *|zogen sie lang*

dor trocken süm|se[X04] lanġ,

un Regen druus heraf.   *|Regen rieselte herab*

Nu blènkt wull de Dau op Wischen un Holt,   *|glänzt wohl der Tau*

op Wischen un Holt,   *|auf Wiesen & Gehölz*

un duftig steiht de Soot.   *|wohlriechend steht die Saat*

Un du liggst still, du Ländeken stolt,   *|liegst still*

du Ländeken stolt,   *|du Ländchen stolz*

in âll dien *Pracht* un Stoot.   *|in all deiner Pracht (2x)*

Schien ni[X20] de Fleier as Gold op'n Tōōrn, *|Leuchtete ... der Wetterhahn*

as Gold op'n Tōōrn,   *|wie ... auf dem Turm*

wènn obends de Beedklock summ?   *|Beetglocke summte*

Un över dat Feld blöhen Tuun un Dōōrn,   *|über das Feld hin*

blȫhen Tuun un Dȫȫrn, |blühten Hecke & Weißdorn
un de Masch worr wiet un stumm. |Marsch wurde weit &

Denn glänz as Sülver unendli dat Mēēr, |glänzte wie Silber
unendli dat Mēēr, |unendlich das
un flō̄ȫ'|flōȫd un ebb heraf. |flutete & ebbte ab
Un klingt dat dēēp as Klocken dorher, |klingt es tief
as Klocken dorher: |wie Glocken dorther
Hȫȫr tō! Denn bruust dat Haff! – |Höre! Dann braust das Wattenmeer

Blennt de Wulken sō, nu dat dämmrig wârrt? |Blenden die … so
nu dat schummerig wârrt? |nun es dämmerig wird
Wēēr dat dat Haff, wat klung? |War es dat Haff, was klang?
Och nä, de Tōōn in mien ēgen Hatt, |Ton im eigenen Herzen
in mien ēgen Hatt |in meinem eigenen Herz
hett liesen de Wēhmōōt sungen. |hat leise die Wehmut gesungen

Sō lach doch mool! |So lach doch einmal!

(GrK1.1.213 – Kiek ōȫk GrK5.1.282 un ōȫk GrK2.466!)

Nu mook mi ni[x20] dat Hatt sō buck |mach mir nicht … sō voll (GrK1.1.213)
un lach doch mool! Un freu di mool!
An' Heben singt de Lurken smuck, |Am Himmel singen die Lerchen
in't Holt de Nachtigol. |im Gehölz (singt) die

Wat sühst du dēēp in't Obendrōōt?
Dat Gras is grȫȫn! Un Blȫȫm de Füll! |Blumen die Fülle
De Vogeln singt ut Övermōōt, |Vögel singen aus Übermut
un du büst blēēk un still. |bist blass &

Ėn Vergeet-mi-ni

|Ein Vergiss-mein-nicht

(GrK1.1.215 – Kiek ōōk GrK5.1.287!)

De Dag, dē graut in't Ōōsten,
|graut im Osten (GrK1.1.215)

Dag wârrt dat överâll.
|Tag wird es überall

Mi blifft dat grau un düüster,
|Mir bleibt es grau & ungewiss

wō ik hėn wannern schâll,
|wo ich hinwandern soll

    dat blifft mi düüster.
|das bleibt für mich im Dunkeln

De Blōōm un muntern Vogeln,
|Die Blumen und munteren Vögel

dē sünd mi wullbekannt.
|sind mir wohlbekannt

De Dau liggt op de Wischen
|Tau liegt auf den Wiesen

as in mien Voderland[x11],
|wie in meinem

    op grōne Wischen.
|auf grünen Wiesen

Ik plück mi vun de Heilōh
|pflücke mir

ėn Blōōm › *Vergissmeinnicht‹.*
|eine Blume (GrK1.1.216)

De Druppens an de Blöder|Blööd,
|Die Tropfen an den Blättern

dē kȫhlt mi dat Gesicht,
|kühlen mir

    de hellen Druppens.
|die hellen Tropfen

Ut dėn Swonenweg

|Aus dem Schwanenweg (Groths Wohnsitz ab 1866)

1. Klockenlüden
|Glockenläuten

(GrK1.1.216 – Kiek ōōk GrK5.1.365!)

Dat Klockenlüden,	*|Glockenläuten*
wat mag't bedüden?	*|mag es bedeuten*
Dicht achter mien Goorn	*|Gleich hinter … Garten*
unverwohrns,	*|unversehens*
dor schâllt dat!	*schallt es*
Tō'n ēērsten Mool	*|Beim ersten*
schâllt dat hėndool.	*|hinab*

Dor sungen frȫher de Lurken	*|sangen … Lerchen*
in' Morgendau,	*|im*
in't Obendgrau,	*|im Abendgrau*
dor wōōg dat Kōōrn,	*|wogte*
blȫhen Tuun un Dōōrn.	*|blühten Hecke und Weißdorn*
Un wėnn ik wanner	*|wanderte*
un sei un plant,	*|säte & pflanzte*
sō kēēk ik ruut över't grȫne Land,	*|sah ich hinaus übers*
ēēnsoom.	

Lütt' Matten de Hoos,	*|Klein Martin der*
mook noch sien Spoos,	*|machte noch*

ēēt vun mien Kōhl. |aß von

Un gungen mien Jungs tō Schōōl, |gingen

sō pruusch hē heruut |preschte (wörtl.: schnaubte)

un joog süm|ehr[X05] ėn Schuder över de Huut. |jagte … Schauder

Dō sēhg ik Reinke slieken, |sah ich … (den Fuchs) schleichen

un ėn Rabhehn mit twölf Küken |Rebhuhn mit

wanner in ėn Snōōr |wanderte … Reihe (Schnur)

morgens vörbi an mien Dōōr. |Tor (GrK1.1.217)

„Dor lōōpt süm|se[X04]!", |laufen

sä bi'n Kaffe |sagte beim

mien Jüngste, un wi kēken, |schauten

wo süm|se[X04] vöröverstrēken. |wie sie vorüberstrichen

Dat wēēr dōmools. –

Mien Bōōm wussen op, |Bäume wuchsen auf

wussen mi över'n Kopp,

Rabhehn un Swoons gungen weg: |Rebhuhn & Schwäne gingen

Wi krēgen ėn Swonenweg. |bekamen einen Schwanenweg

Bruunswiek worr ėn Vörstadt, |(OT KI-Bruunswiek)

Kiel worr ėn Weltstadt –

wat ėn Vergnōgen!

De Vogeln sēhg ēēn[X29a] verswinnen, |sah man

jümmer[X21] mēhr Minschen, dē ēēn[X29a] ni[X20] kėnn. |nicht kannte

Niede Hüüs worrn buut, |Neue … wurden gebaut

ut de ōlen trocken süm|se[X04] ni[X20] ut. |aus den alten zogen sie

262   **Aussprachehilfen für ō, ē, ō̄, â, ė, ġ, b̄: siehe auf Seite 5 UND Buchdeckel!**

Rund um mi her |Um mich herum
kēmen Schöstēēns jümmer[X21] mēhr. |kamen Schornsteine
'kēēn[X29c] dor kook, |Wer da kochte
wat hē mook, |machte
dat wēēr jēēdēēn sien ēgen Sook. – |jedermanns eigene Sache

De Stadt wârrt grōōt, |wird
de Minsch wârrt lütt: |klein
Hē kann stârben – 'kēēn[X29c] geiht noch mit? |wer geht
Hē kann verswinnen – hē wârrt ni[X20] fehlen, |kann … wird
wō hē spazēēr, wârrt annere spelen. |wo er spazierte, werden
Wat hē bu un plant, |baute & pflanzte
sien Huus, sien Land –
ėn annern wârrt dat kōpen. |wird es kaufen
Dat is âll ēēn Wannern un Lōpen. |ist alles ein
Wat blifft noch stohn? |bleibt noch stehen
Dör dėn Kârkhoff sōgor |Friedhof
snitt de Iesenbohn. |schneidet

Un koomt mool de Kinner no Johren tōrüch – |kommen mal
dėn Platz, wō süm|ehr[X06] Wēēg stunn, |wo ihre Wiege
süm|se[X04] kėnnt ėm nich|ni[X20]. – |kennen ihn

Over doch!
Dor worr flietig buut |wurde fleißig gebaut
achter mien Goorn |Garten (GrK1.1.218)
al Johren. |schon Jahre

Op stēēg dat Wârk, |*Auf stieg das Werk*

ut de Müren stēēg ėn Kârk, |*aus den Mauern stieg eine*

ut de Kârk stēēg de Tōōrn, |*stieg ein Turm*

hē winkt al vun fēērn |*schon von*

över Tuuns weg un Dōōrns. |*über Hecken & Weißdornhecken*

Stumm winkt hē.

Un 'kēēn[X29c] wedder[X41a] kummt tō Huus, |*wer … kommt nach*

watt hē wull ōder muss, |*ob er (nun) wollte oder musste*

junġ ōder ōōlt,

mit ėn wârm[M3] Hatt ōder kōōlt[M3]: |*einem warmen Herzen oder kaltem*

Hē süht ėm winken, |*sieht ihn*

dėn Fleier blinken, |*die Wetterfahne (Wetterhahn)*

un kickt hē ōōk dör Tronen – |*blickt er auch durch*

hē kickt ėm an. |*blickt ihn an*

Dor hett hē speelt! |*hatt er gespielt*

Un wat nu ōōk fehlt –

de Tōōrn is bleben, |*Turm ist geblieben*

wiest no'n Heben |*weist zum Himmel*

un wiest ėm op Ēērn, |*zeigt ihm auf Erden*

wō sien Kinnerfreuden wēērn. |*wo … waren*

Sō dach ik. |*dachte*

Dō hōōr[X65] ik dėn Klang, |*Da hörte*

as ēēn[X29a] ėm hōōrt bi'n letzten Gang, |*wie man ihn hört*

as ēēn[X29a] ėm hōōrt tō't Fest, |*wie man … zum Fest*

bi't Slimmste un bi't Best, |beim & beim
wènn ēēn[X29a] still tō Kârk gung |man ... ging
ōder frŏhli tō Feld sprung, |aufs ... sprang
wènn bi Füür un Nōōt
dat rēēp tō'n lēben|lēven Gott. – |es rief zum

Dat Leben is èn Wannern,
nix blifft dor bestohn, |nichts bleibt da
ēēn folgt wi dèn annern, |einer folgen wir den
âll mööt|möö'[X61] wi gohn. |alle müssen

Over de Tōōrn wiest no'n boben, |zeigt nach oben
no'n Heben, |zum Himmel
rop no èn beter[M3] Leben. |hinauf zu einem besseren
Un sien Stimm un Klang
klingt nu as Gesang |klingen nun wie (GrK1.1.219)
för't Kind in' Slummer, |fürs Kind in den Schlummer
bi Freud un Kummer,
bi Gebōōrt un Dōōd –
sō, dènn mit Gott! |so, dann mit Gott!

Dat wēēr dat Klockenlüden: |Dies war das
Dat mag dat bedüden. |(Und) das mag es bedeuten.

2. Mien Pōōrt

|Meine Pforte

(GrK1.1.219 – Kiek ōōk GrK5.1.367!)

De Pōōrt is noch dor, geiht open un tō, |Gartenpforte ... auf & zu
ōōk knârrt un jankt un klappt sē as dō. |& kwietscht & ... wie damals
Dor gungen, dē mi lēēf wēērn, ut un in: |gingen, die mir lieb waren
De Fru, de Kinner, Verwandte un Frünnen.
Wo foken, wėnn sē klapp, datt ik dach: ›Wat nu?‹ |Wie oft ... klappte, dachte
Sō kēēm ėn Gesicht, datt ik rēēp: ›Dat büst du!‹ |kam ... rief
In' Sünnenschien wēēr't, Sünnenschien op de Bō̄m |Im ... war's
Sünnenschien op't Gesicht, op't Gras un de Blō̄m, |Blumen
Sünnenschien in't Hatt – sō kēēm't in de Pōōrt, |so kam's
sō gung't in un ut, Dag an Dag, jümmer[X21] fōōrt. |ging's ein & aus
Dor kēēm wull Regen un Snēē mit manġ, |kam ... mit dazwischen
dat weih, datt de Pōōrt in de Angeln jank, |wehte ... quietschte
dat bâller un klapp, ik rēēp al binnen: |ballerte & klappte ... rief
Kiek dor! Wo schȫȫn! Koom man in! Koom rin! |Sieh da! Wie ... Komm nur

———

Alleben kēēm dat – dō gung ēēn ut de Pōōrt, |Allmählich ... ging eine
dorhėn gung de Weg, un nu wēēr sē fōōrt. |ging ... nun war sie
Jo, ruut wēēr sē komen, tōrüch kēēm sē nich|ni[X20], |gekommen ... kam
un mi – mi lēpen de Tronen vun't Gesicht. |mir liefen
De Sünn schien wedder[X41a], de Blō̄m, dē blöhen, |Blumen ... blühten
de Summer wēēr dor, un de Bō̄m worrn grȫȫn, |war da ... wurden

Ik hȫȫr de Pōōrt, wo sē klappt un knârrt – |höre ... wie sie klappt &
de Sünnenschien kummt mi ni[X20] wedder[X41a] in't Hârt|Hatt. |kommt mir

———

Dėnn wēēr't ėn annern – ōōk hē gung fōōrt, |war's ein anderer
hōōch wēēr hē wussen hier achter de Pōōrt. |hoch ... gewachsen (GrK1.1.220)
Dat Nest wârrt tō lütt, de Vogel wârrt flügg, |zu klein ... wird flügge
hē geiht in de Welt, hē winkt noch tōrüch:
Adē! Adē!
    Un de Pōōrt, dē knârrt,|
un ik sitt dor mit mien ēēnsoom[M3] Hârt|Hatt. |mit meinem einsamen

———

Sō wârrt sē still un stiller mien Pōōrt, |wird sie
âll, wat mi lēēf, geiht ruut un blifft fōōrt. |alles, was mir lieb, geht raus & bleibt
Bekannte tō veel, jümmer[X21] wēniger Frünnen,
un ėndli bliev ik allēēn hier binnen. |bleibe ... hier drinnen

Un wėnn de Pōōrt tōletzt mool knârrt, |ein letztes Mal knarrt
dėnn is't, wenn süm|se[X04] mi ruutdregen wârrt. |mich raustragen werden
Un dėnn för ėn annern geiht sē as nu, |geht sie wie nun
un hē röppt tō ėn anner, wėnn sē geiht: Dat büst du! |ruft zu
Un dē hier plant hett un sett de Pōōrt, |gepflanzt hat & setzte
ėm drōgen süm|se[X04] ruut an ėn stillen Ōōrt. |ihn trugen sie raus

1882

Fief niede Lēder tō'n Singen

|Fünf neue Lieder zum Singen

1. Dor wēēr ėn lüttje Buurdēērn |... *kleine Bauernmagd*

(GrK1.1.220 – Kiek ōōk GrK5.1.288 un ōōk GrK2.472!)

1.

Dor wēēr ėn lüttje Buurdēērn,	*|kleine Bauernmagd*
dē muss no Melken gohn,	*|musste zum*
dē hârr ėn brēden Strōhhōōt,	*|hatte einen*
doch Strümp hârr sē ni[x20] an.	*|hatte sie nicht an*
Wo kannst du lüttje Buurdēērn	*|Wie kannst du*
allēēn no Melken gohn?	*|zum Melken*

2.

Sē hârr ėn lichten Strōhhōōt,	*|hatte einen leichten*
sē hârr ėn swore Dracht.	*|hatte eine schwere Traglast (GrK1.1.221)*
Doch wėnn sē hėn no Melken gung,	*|ging*
sō gung sē hėn un lach.	*|ging ... & lachte*
Ōh, du lüttje Buurdēērn,	
wat hest du ėn swore Dracht!	*|(Schulterjoch mit Kannen)*

Aussprachehilfen für ō, ē, ŏ, â, ė, ġ, ƀ: siehe auf Seite 5 UND Buchdeckel!

3.

Du büst je as èn Weeps sō dünn, |wie eine Wespe schlank
du büst je rein sō zoort, |unglaublich zart
du hest je nōōg tō dregen |genug zu tragen
al an dien ēgen Hoor. |schon an deinem
Ōh, du lüttje Buurdēērn,
du driggst je gor tō swoor! |trägst ja viel zu schwer

4.

Koom mit, ik will dien Dracht nehmen, |Komm ... deine Last
un hool de Kōh no'n Slēēt, |hole ... zum Slēētbōōm (zum Anbinden)
un wènn dor schârpe Stēēn koomt, |wenn ... scharfe Steine kommen
sō foot di an'e Keed! |dann fasse an die Kette (halte dich ... fest)
Jo, du lüttje Buurdēērn,
so foot man an'e Keed. |fasse nur an die Kette

5.

Ōh jo, du lüttje Buurdēērn,
sō foot man seker an. |fasse nur sicher an
Ik kunn di gēērn noch mitnehmen |könnte dich gern noch
un dregen di op de Hannen. |& dich tragen auf den
Un wēērn dor nix as Stēēn in' Weg, |wären da nichts als ... im Weg
ik drōōg di op de Hannen. |ich trüge dich auf Händen

2. Dor geiht ėn Beek |*Da fließt ein Bach*

(GrK1.1.221 – Kiek ōōk GrK5.1.290 un ōōk GrK2.476!)

1.

Dor geiht ėn Beek de Wisch hėnlanġ, |*ein Bach die Wiese lang*
dē hett dat rein sō hild. |*hat es beachtlich eilig (GrK1.1.222)*
Sō geiht mien Hatt dėn hēlen[X29b] Dag |*geht mein … ganzen Tag*
un steiht ni[X20] ēēnmool still. |*steht nicht*

2.

Dat steiht ni[X20] still as bi de Möhl, |*Es steht nicht still wie*
dat Rad, dat geiht un mohlt. |*es läuft & mahlt*
Dō steiht mi dat op ēēnmool still, |*da steht … auf einmal still*
as schull dat mit hėndool. |*als sollte es mit hinab*

3.

Dat steiht ni[X20] still dėn hēlen[X29b] Weg |*steht … den ganzen Weg*
as jüst op dissen Plack'|Placken; |*als just auf diesem Fleck*
un koom ik över't Steg tōhōōch, |*komme ich übern Steg hinauf*
sō kloppt dat as dat Rad. |*so pocht es wie*

4.

Dat Rad, dat dreiht, de Möhl, dē geiht, |es dreht … sie geht

un binnen, dor singt dat luut, |drinnen, da singt es

un koom ik rop, sō kickt de Kopp |komme ich hinauf … sieht der

förwiss no't Finster ruut. |gewiss aus dem

5.

De Beek, dē löppt sō gau tō Möhl |fließt (läuft) so schnell zur

un treckt sō langsoom weg. |fließt (zieht) so langsam weg

Ik lōōv, dat geiht ėm jüst as mi: |glaube … geht … wie mir

Dat is ėm gor ni[X20] recht.

6.

Hē treckt vörbi an unsen Goorn, |zieht vorbei … Garten

dor goh ik noch hėnlanġ

un hōōr ėm, wo hē sacht vertellt |höre … wie … erzählt

vun Klappern un Gesanġ.

3. Ōh, wullt' mi ni mithėbben? |... *willst mich nicht mithaben?*

nach Burns

(GrK1.1.223 – Kiek ōōk GrK5.1.292 un ōōk GrK2.478!)

1.

Ōh, wullt mi ni[20] mithėbben, lütt' Anna Kathrin? |*willst*

Ōh, wullt mi ni[20] mithėbb'n, lütt' Anna Kathrin? |*nicht mithaben*

Du kunnst je wull fohren, du kunnst je wull rieden, |*könntest fahren, reiten*

ōder wullt an mien Siet gohn, lütt' Anna Kathrin? |*willst*

2.

Wat scheert mi dien Voder[11], sien Huus un sien Feld!

|*Was interessiert mich dein Vater*

Wat scheert mi dien Mellersch[14], ehrn Stolt un ehr Geld!

|*Was interessiert mich deine Tante*

Segg blōōts, ik schâll mitgohn, segg blōōts, du büst mien,

|*Sag' bloß, ich soll*

un koom in' Linnwullenrock, lütt' Anna Kathrin!

|*und komm im Leinwollenrock*

Aussprachehilfen für ō, ē, ŏ, â, ė, ġ, ƀ: siehe auf Seite 5 UND Buchdeckel!

4. Hē sä mi sō veel

|Er sagte mir so viel

(GrK1.1.223 – Kiek ōōk GrK5.1.293 un ōōk GrK2.480!)

1.

Hē sä mi sō veel, un ik sä ėm kēēn Wōōrt,   *|sagte*
un âll, wat ik sä, wēēr: ›Jehann, ik mutt fōōrt!‹   *|sagte … muss*

2.

Hē sä mi vun Lēēv un vun Himmel un Ēēr,   *|Liebe … Erde*
hē sä mi vun âllens – ik wēēt ni[20] mool mēhr!   *|weiß gar nicht mehr*

3.

Hē sä mi sō veel, un ik sä ėm kēēn Wōōrt,
un âll, wat ik sä, wēēr: ›Jehann, ik mutt fōōrt!‹   *(GrK1.1.224)*

4.

Hē hēēl mi de Hannen, un hē bee'|beed mi sō dull,   *|hielt … bat*
ik schull ėm doch gōōt[50] ween[82] un watt ik ni[20] wull? *|sollte … ob … wollte*

5.

Ik wēēr je ni[20] bōōs, over sä doch kēēn Wōōrt,   *|war … sagte*
un âll, wat ik sä, wēēr: ›Jehann, ik mutt fōōrt!‹

6.

Nu sitt ik un dėnk un dėnk jümmer[21] doran,   *|sitze ich & denke*
mi dünkt, ik muss seggt hėbben: ›Wo gēērn, mien Jehann!‹
                    |mir scheint, ich müsste gesagt haben: Wie gern

7.

Un doch, kummt dat wedder[41a], sō segg ik kēēn Wōōrt, *|kommt … sage*
un höllt hē mi, segg ik: ›Jehann, ik mutt fōōrt!‹   *|hält …sage … muss*

5. Mien Anna is ėn Rōōs sō rōōt

|*Meine Anna ist eine Rose, so rot!*

(GrK1.1.224 – Kiek ōōk GrK5.1.295 un ōōk GrK2.482!)

1.
Mien Anna is ėn Rōōs sō rōōt, |*Rose*
mien Anna is mien Blōōm. |*Blume*
Mien Anna is ėn Swülk tō Fōōt, |*(wie eine) Schwalbe*
mien Anna is as Melk un Blōōt, |*wie*
as ėn Appel op'n Bōōm.
2.
De Vullmacht hett ėn Appelgoorn |*(Landschaftsabgeordneter) hat*
un Rōsen an'e Stroot. |*Rosen*
De Vullmacht kann sien Rōsen wohren, |*kann (mag) … wahren*
de Vullmacht kann sien Appeln oornen: |*kann (mag) … ernten*
Mien Anna is mien Stoot! |*meine Pracht (GrK1.1.225)*
3.
Sē is mien Stoot, sē is mien Freud |*Pracht … Freude*
un âllens âlltōmool. |*alles zusammen*
Un wėnn de Wind de Rōsen weiht |*zerweht*
un wėnn de Wind de Appeln sleit: |*(herunter-)schlägt*
Sē fâllt mi ni[x20] hėndool. |*fällt mir nicht hinab*
4.
Sē fâllt ni[x20] af, sē fâllt ni[x20] hėn,
sē hett sōōn frischen Mōōt:
Sō blȫht mien Hatt, sō blȫht mien Sinn, |*blüht mein Herz*
mien Anna blifft de Blōōm dorin |*bleibt*
bet an mien selig' Dōōd.

Dööntjes

(GrK1.1.225 – Kiek ōōk GrK5.1.296 un ōōk GrK2.484!)

De Sprēē, dē is komen,   *|Star ist gekommen*
singt lustig vun boben,   *|von oben*
kummt ōōk wull de Hoddboor,   *|(wenn) kommt … Storch*
kummt ōōk wull dat Frȫhjohr   *|(dann) kommt*
un âll, wat dor singt,|
wat Summer uns bringt.

De Winter is hėn
as Snēē an'e Sünn,   *|wie Schnee*
as Kummer an' Morgen,
as Klogen un Sorgen   *|wie Klagen*
un Groom över Nacht,   *|Gram in der*
wėnn't Hatt wedder[X41a] lacht.   *|Herz*

Wull achter'n Wâll tō schuren, *|Wohl …geschützt zu liegen*
wull manġ dat Gras tō liggen, *|im Gras zu liegen*
dor is dat nett tō luren,   *|angenehm zu lauern (lauschen) (GrK1.1.226)*
dor is dat smuck tō singen.   *|schön zu*
Dor stiggt de Lurk mi över'n Kopp, *|steigt die Lerche*
de Ieritsch sett sik dool,   *|Hänfling setzt sich*
dor singt wi Vogeln âlltōhōōp, *|singen wir … zusammen*
wi Vogeln âlltōmool.   *|allzumal (insgesamt)*

Kummt dat Vörjohr man wedder[X41a], *|Kommt … Frühjahr nur*
sō kummt ōōk de Freud:

Kummt dat Gras op de Wischen, |Kommt ... auf die Wiesen
koomt de Kōh op de Weid. |kommen die Kühe auf

Kummt de Sünn dör de Wulken
un de Hoddboor op't Nest – |Adebar
un obends ėn Moonschien, |ein Mondschein
dėnn kummt ēērst dat Best.

Kēēn Graff is sō brēēt un kēēn Müür sō hōōch, |Kein Hofgraben
wėnn twēē sik man gōōt^{X50} sünd, sō dreept süm|se^{X04} sik doch. |treffen

Kēēn Wedder^{X41d} sō grulig, sō düüster kēēn Nacht, |grausig ... dunkel
wėnn twēē sik man sēhn wüllt, sō sēht süm|se^{X04} sik sacht. |wollen|sehen|leicht

Dat gifft wull ėn Moonschien, dor schient wull ėn Stēērn, |gibt
dat gifft noch ėn Licht ōder Lücht un Lantēērn. |Kerz|Leuchte|Laterne

Dor finnt sik ėn Ledder^{X41f}; ėn Stegelsch un Steg: |findet ... Leiter|Trittbrett|Steg
wėnn twēē sik man lēēfhebbt – kēēn Sorg um dėn Weg. |nur lieben

---

Jehann, nu spann de Schimmels an!
Nu fohrt wi no de Bruut! |fahren wir zur
Un hebbt wi nix as brune Peer; |haben ... nichts als
Jehann, sō is't ōōk guut|gōōt^{X50}!

Un hebbt wi nix as swatte Peer, |haben wir nichts
Jehann, sō is't ōōk recht!
Un bün ik ni^{X20} uns Wēērt sien Söhn, |unseres Hausherrn (Bauern)
sō bün ik sien jüngsten Knecht! (GrK1.1.227)

Un hebbt wi gor kēēn Peer un Woog, |kein Pferd, keinen Wagen
sō hebbt wi junge Bēēn! |haben wir

Un dē sō glückli is as ik,
Jehann, dat wüllt wi sēhn! |wollen wir sehen

———————

Mien zuckersȫȫt[M3] Suuschen, wat wullt du di grämen? |Sus'chen ... willst
Kummt Wiehnachten wedder[X41a], sō will ik di nehmen! |Kommt
Wüllt Pepernööt kōpen un Hasselnööt knacken, |Pfeffer-, Haselnüsse
un sōōn grōten Kōken ut Dēēg wüllt wi backen! |Teig ... wollen wir

Mien zuckersȫȫt[M3] Suuschen, nu grääm di ni[X20] sēhr!
Dėnn wârrt wi mool öller, sō danzt wi ni[X20] mēhr! |Denn werden ... tanzen
Dėnn schroopt wi dėn Gropen, dėnn schroopt wi dat Geld, |Dann kratzen
dėnn goht wi mit sōōōōōn lange Nösen tō Feld! |gehen wir

Mien zuckersȫȫt[M3] Suuschen, nu grääm di man ni[X20]! |gräme dich nur nicht
Ik heff noch drēē Süsseln, dat wēētst du man ni[X20]! |Sechser ... weißt du nur nicht
Drēē Süssling un Drēēling un sōōn grōten Hōōt! |Sechser & Dreier
Un ėn grieshėmpen[M4a] Geldsack, noch ēēnmool sō grōōt! |hanfenen

———————

Wi gungen tōsomen tō Feld, mien Hans, |gingen zusammen
wi gungen tōsomen tō Rōh, |zur Ruhe
wi sēten achter'n Disch tōsomen, |saßen
sō worrn wi ōōlt un grau. |wurden

Bârgop sō licht, bârgaf sō troog, |so träge
sō mėnnig, mėnnig Johr – |so manches
un doch, mien Hans, noch ėben sō lēēf, |eben so lieb
as dō in brune Hoor. |in braunen Haaren (GrK1.1.228)

———————

An de Kârk |Kirche
wohnt de Prēēster|Paster,

un de Möller wohnt an' Diek, |am Teich
Un ik wohn
bi mien Lēēfste, |meiner Liebsten
sēh|sēhg[X58] ehr jēēdēēn Ōgenblick. |sehe sie jeden

Geiht de Klock |Geht die Uhr
an'e Kârkwand, |Kirchenwand
goht de Röder|Rööd in' Grund, |bewegen sich die … auf dem Boden
geiht mien Hatt |(aber) geht mein Herz
noch veel munterer,
nix as Lēēv, dē drifft dat rund. |(dann ist es) nichts als Liebe, die es treibt

———————

In' Klockentōōrn boben dèn Kârkenböhn, |Glockenturm über dem Kirchenboden
dor geiht èn Rad mit iesern' Tähn. |mit eisernen Zähnen
Un wènn de ōle, de dōve, de Köster ni[X20] wēēr, |der taube … Küster
sō kēēm dor kēēn stârbens Minsch vun'e hēle[X29b] Ēēr. |käme … sterbender

De Möllerbursch sitt hēēl[X29b] allēēn, |Möllergeselle sitzt ganz
hē kickt in dat Rad, dat drifft de Stēēn. |blickt … treibt die Steine
Un wènn dèn ōlen, dèn dōven[X59], dèn Köster sien Dochter ni[X20] wēēr,
wat kunn dor sō lustig sik dreihen op'e hēle[X29b] Ēēr? |konnte

———————

Ōl' Trin' an'e Lamp,
ōl' Hans in' Damp, |Pfeifendampf
ōl' Trina* mit Brillen,
|mit Brille
ōl' Hans mit sien Grillen, |(verrückten) Ideen
sē spinnt un süm|se[X04] snackt, |sie spinnt & sie plaudern
kaut Scheev* un Tobak. |kauen Hechelabfall (Flachs|Hanf) & Tabak

———————

Aussprachehilfen für ō, ē, ō̄, â, ė, ġ, ƀ: siehe auf Seite 5 UND Buchdeckel!

In' Goorn ünner't Finster – de Bōōm is sō grō̈ō̈n – |im Garten
singt âll Nacht ėn Vogel sō trurig, sō schō̈ō̈n. |jede Nacht (GrK1.1.229)

Bi Meddersch[XI4] schrēēg över – sō witt is de Stuuv – |Bei ›Tante‹ schräg gegenüber
singt âll Doog Annēten un lacht as ėn Duuv. |singt täglich

Dat lacht un dat wēėnt, un dat kloppt mi an't Hârt|Hatt,
kloppt jümmer[X21] in' Takt, bet ėn Lēēd dorut wârrt.

───────────

De Sneierluus, |Die Schnecke (›Schnegellaus‹)
dē driggt ehr Huus, |trägt ihr
ōl' Juchen Snack, |der alte Jochen
dē driggt sien Pack, |trägt seinen Packen
de hēle[X29b] Week, dat hēle[X29b] Johr: |ganze Woche … ganze Jahr
Du kickst ni[X20] op, sō is hē dor. |blickst nicht auf, dann ist

───────────

Blauwüppstēērt an' Beek, |Bachstelze am
lüttj' Rōōtback in'e Köök, |Rotbäckchen in
lüttj' Flasskopp an't Spinnrad – |Blondschopf (Flachskopf) am
koom, roo'|rood mool, wat is dat? |komm, rate mal
    Un wullt du ehr fangen, |willst du sie
    roo'|rōōd jo ni[X20] tō lang! |rate ja nicht

Ōle Lēder  |Alte Lieder

1. Kukuuk |Kuckuck

(GrK1.1.229 – Kiek ōōk GrK5.1.310 un ōōk GrK2.558!)

De Kukuuk op dėn Tuun dor sat|sēēt, |auf der Hecke … saß
dō worr dat regen, dō worr hē natt. |da regnete es (wurde es regnen)

Dō kēēm de bliede Sünnenschien, |freundliche
dō worr de Kukuuk smuck un fien|fein. |wurde … & fein (GrK1.1.230)

De Kukuuk brēē'|brēēd sien Feddern^{X41e} ut, |breitete
hē flōōg wull op dėn Goldsmitt sien Huus. |flog

„Och, Goldsmitt, lēve Goldsmitt *mein*|mien,
mach mir vun Gold ein Ringelein."

De Goldsmitt bött un bött ėn Füür, |heizte & heizte
hē mook ėn Rinġ vun Gold sō düür. |machte

De Kukuuk brēē'|brēēd sien Feddern^{X41e} ut |breitete
un flōōg bet ut de Stadt heruut. |flog

Dor flōōg hē hėn bet op dėn Tuun: |flog
„Hier wüllt|wööt|wöö^{X63} wi wohnen, hier wüllt wi buen|buden^{X55}." |wollen

Hē rēēp sō luut: ›Kukuuk, Kukuuk!‹ |rief
De Lēēfste kēēm tō Döör heruut. |Liebste kam

Sē küss dėn Rinġ, dėn ik ehr geben! |küsste … ich ihr gegeben
›Nu segg, Kukuuk, wo lang schüllt|schööt|schöö^{X82a} wi leben? |wie … sollen

2. De Jäger |Der Jäger

(GrK1.1.230 – Kiek ōōk GrK5.1.309 un ōōk GrK2.494!)

Ėn Jäger gung tō jogen ut, |ging zum Jagen aus
hē gung in't grȫne Holt. |ging … ins grüne Gehölz
Ėn Blōmenstruusch hârr hē an sien Hōōt, |hatte … Hut
ėn Fingerring vun Gold.

In't Huus sō grōōt, in't Huus sō stolt,
dor wohn ėn Doom sō fien. |wohnte eine Dame so zart
Sē stēēk dėn Ring ėm an de Hand: |steckte
„Nu büst un bliffst du mien!" |bist & bleibst

Hē gung un schōōt de Hosen dōōt, |ging & schoss
hē schōōt dat wille Rēh.
Wat funn hē dor in't grȫne Holt? |fand
Ėn Mäden op'e Knēē. |Ein Mädchen auf den Knien (GrK1.1.231)

Sē plück de rōden Ēērdbein[x71] af, |pflückte … Erdbeeren
de grȫnen, dē lēēt sē stohn. |ließ sie stehen
„Koom mit, koom mit ut' grȫne Holt! |Komm mit, komm mit
„Mien Jogen heff ik doon!" |habe ich getan

„Wat scheer ik mi um Huus un Feld |Was schere ich mich um
un Gold un Geld dorbi!
„De Lēēv is âllns op de Welt, |Liebe ist alles
un dē is blōōts bi di!" |ist bloß bei dir

3. De Lōōtsendochter |Die Lotsentochter

(GrK1.1.231 – Kiek ōōk GrK5.1.311 un ōōk GrK2.496!)

Sē kunn de Nacht ni[X20] slopen |konnte ... nicht schlafen
(de Sēē, dē gung sō swoor un luut), |ging so schwer &
de hēle[X29b] Nacht ni[X20] slopen: |(konnte) die ganze
Hē wēēr tō fischen ut. |war zum Fischen raus

„Mien Voder[X11], loot uns[X07b] rōjen|rēmen, |lasst uns rudern
de Sēē, dē geiht sō luut un swoor. |geht so
Mien Voder[X11], loot uns[X07b] rōjen,
de Fischers stoht Gefohr." – |den Fischern droht (steht) Gefahr

De Morgen grau in't Ōōsten, |graute im
de Sēē, dē gung sō hōōch, sō holl: |ging so hoch, so hohl
Wat drēēv dor rop vun't Ōōsten? |trieb da herauf von
Dor drēēv én kentert' Joll. |trieb eine gekenterte Jolle

„Ik heff vunnacht ni[X20] slopen, |habe die Nacht nicht geschlafen
mien Voder[X11], wénn; ik bün sō slecht; |wende, mir ist so schlecht
un reckt wi noch an't Över, |erreichen wir noch das
sō mookt mien Bett tōrecht!" |macht mein Bett

Aussprachehilfen für ō, ē, Ō̃, â, ė, ġ, ƀ: siehe auf Seite 5 UND Buchdeckel!

4. Schipper sien Bruut | Schiffers Braut

(GrK1.1.231 – Kiek ōōk GrK5.1.312 un ōōk GrK2.496!)

Koom mit, dat graut in't Ōōsten, | Komm mit, es graut im
koom mit un mook doch tō! | & beeile dich (GrK1.1.232)
„Ik kann ni[x20] gohn, ik kann ni[x20] stohn, | kann nicht gehen … stehen
mien Hatt, dat kloppt mi sō!" | Herz klopft

Ik dreeg di op'e Ârmen, | trage dich
ik dreeg di bet an't Bōōt! |
„Wat schâll mien ârme Mōder[x12] seggen, | Was soll … sagen
dē wēēnt un schriggt sik dōōt!" | weint & schreit

„Dien Mōder[x12] wârrt sik trōōsten, | wird sich
dien Voder[x11] is tō hârt|hatt!
Ik will dien Voder[x11] un Mōder[x12] ween[x82],
bet hē mool anners wârrt." | anders wird

„Ik kann ni[x20] vun di loten, | kann nicht … lassen
kēēn annern bün ik gōōt[x50]!" | keinem andern
„Sō dreeg ik di op beide Hannen | trage ich
bet ut de Welt heruut!

Ik heff mien Bōōt in't Woter,
ik heff mien Schipp in Sēē,
ik heff mien Lēēfste in mien Ârm:
Mien Voderland[x11], adē!"

5. Twēē Lēēfsten

|*Zwei Liebste*

(GrK1.1.232 – Kiek ōōk GrK5.1.314 un ōōk GrK2.498!)

Wat kloppt dor an mien Finsterschiev, |*klopft*

wat kloppt dor an'e Ruut? |*an die Fensterscheibe*

„Nu mook mool op|open, du Lēēfste mien, |*mach mal auf*

un kiek mool eben ruut!" |*sieh … raus*

Och nä, och nä, dat dō ik ni[X20], |*tue ich nicht*

dor weiht sōōn kōlen Wind. |*weht*

„Mook du man op|open ėn Ōgenblick|Ōgenplink, |*Mach du nur auf*

du büst mien hattlēēv[M3] Kind." |*herzliebstes*

„Mook du man op un loot mi rin, |*Mach … lass mich rein*

man op ėn Ōgenblick|Ōgenplink!" |*nur auf einen (GrK1.1.233)*

Och nä, mien Voder[X11] hosst un wookt, |*hustet & wacht*

mien Mōder[X12] hōōrt uns gliek. |*hört uns*

„Sō treck di an un koom mool ruut |*zieh dich an & komm*

un koom mool no dėn Goorn." |*komm*

Och nä, ik heff ėn annern lēēf, |*ich liebe (habe lieb)*

sō lēēf al vele Johrn!

„Un hest du lang ėn annern lēēf, |*hast … lieb*

dėn slōōg ik eben dōōt, |*den schlug ich*

dėnn goh man achter'n Kârkhoff lanġ, |*gehe nur*

dor liggt hē in sien Blōōt!" |*liegt er*

Un as sē achter'n Kârkhoff kēēm, |kam
dō leev hē al ni[X20] mēhr. |lebte er schon
„Och Voder[X11], groov uns beid' ėn Kuhl |grabe uns … Grube
hier in'e kōle Ēēr!" – |kalten Erde

Dor is ėn Graff in't grȫne Gras, |ein Grab im
de Rōsen blȫȫmt sō rōōt, |Rosen blühen
dor liėġt twēē Lēēfsten bi'ėnanner, |liegen zwei Liebste
trulēēf bet in dėn Dōōd. |in treuer Liebe

Ōle Lēder

6. Bi Nōōrwōōld |Gehölz nordöstlich von Heide
(GrK1.1.233 – Kiek ōōk GrK5.1.316 un ōōk GrK2.500!)

Dat wēēr ėn lustig[M3] Buurgelagg, |Bauerngelage
dat Jungvolk danz de hēle Nacht. |tanzte die ganze Nacht

De schȫȫnste Dēērn un dē dor danz, |tanzte
dat wēēr de blēke mit dėn Kranz. |war das bleiche Mädchen

De Schipper hett de krusen Hoor,
dat wēēr vunnacht dat schȫȫnste Poor. |heute Nacht (GrK1.1.234)

„Nu segg mi, Hans, un is di't mit? |sage … ist dir's recht?
dien Swester wârrt sō blēēk un hitt. |wird so bleich &

Nu segg mi, Hans, un sühst du wull?
Hē danzt mit ehr, as wēēr hē dull!" – |*als wäre er rasend*

„Mien hattlēv' Süster, kiek doch mool, |*sieh doch*
dien lange Hoor fâllt lōōs hendool! |*fallen lose herab*

Ut' Hoor; dor fâllt di lōōs de Kranz, |*fällt dir heraus der (löst sich)*
du büst sō hitt un blēēk vun' Danz." –

Un as süm|se^X04 gungen de lange Stroot, |*gingen*
'kēēn^X29c kēēm in' Düüstern achterno? |*wer kam im Dunkeln*

Un as süm|se^X04 gungen den engen Weg,
'kēēn^X29c kēēk tō Sieden över't Steg? |*wer blickte seitlich übern Steg*

Un as süm|se^X04 gung'n in't düüstere Holt: |*ins dunkle Gehölz*
Dō full en *Schuss* bi'n Nōōrwōōld. |*fiel ein*

„Och, Brōder, nu is grōte Nōōt,
Wulf Jäger schōōt den Schipper dōōt!" |*schoss*

Süm|Se^X04 kēmen bet an dat Steg tōrüch, |*kamen bis zum Steg*
dō lēēg de Schipper op't Gesicht. |*lag*

„Vergeev di Gott, wat hest du doon?" |*Vergebe dir ... hast du getan*
„Ik heff den krusen Schipper sloon. |*habe ... erschlagen (geschlagen)*

Datt Gott in' Himmel mi vergeev! |*Gott ... mir vergebe*
Ik hârr dien Swester âll tō lēēf!" |*liebte (hatte ... lieb)*

7. De Stēēn bi Schâlkholt |Der Stein bei Schalkholz

(GrK1.1.234 – Kiek ōōk GrK5.1.318 un ōōk GrK2.504!)

Bi Schâlkholt op'e Heilōh, |auf der Heide ... 25782 Schalkholz
dor liggt ėn grōten Stēēn, |liegt (GrK1.1.235)
dor steiht ėn Schrift op schreben, |steht ... drauf geschrieben
is nu man knapp tō sēhn. |ist nun aber kaum zu sehen

Bi Schâlkholt op'e Heilōh,
dor liggt ėn Stēēn sō grōōt,
dor slōōg vör vele Johren |schlug
ėn Brōder sien Brōder dōōt.

Dor wēēr ėn rieke Buurdēērn, |reiche Bauerntochter
dē hârrn süm|se[X04] beid sō lēēf, |hatten ... lieb (liebten)
dat wēēr in't hēle[X29b] Kaspel wull |war im ganzen Kirchspiel
de smuckste, dē dat gēēv. |hübscheste, die es gab

„Segg, Brōder, an, wat fehlt di? |Sage ... was fehlt dir (ist mit dir)
du sühst sō trurig ut: |siehst ... aus
Tō morgen sōōk dien besten Stoot, |Für ... suche ... Anzug (raus)
dėnn koom ik mit de Bruut." |dann komme ich mit

„Tō morgen heff ik gor kēēn Tiet, |Morgen habe ich gar
dėnn mutt ik op de Heid, |dann muss ich auf
sunst fritt de bōse Wulf mien Schoop, |sonst frisst ... mein Schaf
dat beste in'e Weid." –

Bi Schâlkholt op'e Heilōh,
dor liggt de Stēēn sō grōōt,
dor schōōt hē sünndagmorgens |schoss er sonntagmorgens
sien ēgen Brōder dōōt.

8. Dat kohle Graff |Das kahle Grab

(GrK1.1.235 – Kiek ōōk GrK5.1.320 un ōōk GrK2.506!)

Op'n Kârkhoff ünner'n Linnenbōōm,
dor sloopt twēē Lēēfsten un drȫȫmt ėn Drōōm. |schlafen … träumen

Süm|Se[X04] sloopt un drȫȫmt de lange, lange Nacht |schlafen … träumen
un luurt un luurt op dėn jüngsten Dag. – |warten & warten

De Voder[X11] sä: Mien Dochter is riek, |sagte
ėn Köötnersöhn, dē is ehr ni[X20] liek. |Kätnersohn … n. gleichwertig (GrK1.1.236)

De Mōder[X12] sä: Mien Dochter is fien, |sagte … lieblich
dėn Vullmacht sien Söhn, dē mag ehr lie'n|lieden. |mag sie (leiden)

Sē sä: Adē, mien Lēēv, mien Leben, |sagte … meine Liebe … Leben
mien Voder[X11] hett mi ėn annern geben! |hat mich einem anderen gegeben

Dat lie'|lied ik nu un nümmermēhr, |erdulde ich nun (nicht) & niemals
ēhr lieġt wi beid in'e kōle Ēēr!" |eher liegen wir beide … kalten Erde

Dor wēēr kēēn Hölp, dor wēēr kēēn Root,
dō dään süm|se[X04] beid de grulige Doot. |taten … die grausige Tat

Un wēēr kēēn Root ōder Hölp ni[X20] mēhr, |war kein Rat, keine Hilfe mehr
sō loot süm|ehr[X05] slopen in'e kōle Ēēr. |lasst sie schlafen

Sō loot süm|ehr[X05] tȫben tō'n jüngsten Dag, |lasst sie warten bis zum
watt Gott süm|ehr[X05] tōsomen opwoken mag. – |ob … sie … aufwecken mag

Dor weiht in'e Nacht ėn Wind ut Nōōrd|Nōōrn, |weht
dor is kēēn rōde Blōōm, dē sünd âll versōōrt. |verdorrt

Ut de Masch |Aus der Marsch

1. Dat Ünnermēēl |Die Mittagsstunde

(GrK1.1.236 – Kiek ōōk GrK5.1.322 un ōōk GrK2.508!)

De Wöhrner Klocken |*Wöhrdener Glocken* lüüdt |*läuten* de Predigt ut.
▪ Süm|se[X04] summt |*summen* ut wiede Fēērn un manġ de
Ieben[X76]|›Iem‹ |*Bienen*, ▪ dē över't Feld hèn driebt |*treiben* vun Blōōt
|*Blüte* tō Blōōt. ▪ Dènn klötert |*klappern* wücke |*einige* Wogens langs
dèn Weg, ▪ de Peer sünd ni[X20] tō sēhn in't lange Kōōrn, ▪ man
blōōts |*nur* de Köpp, un Minschen achterher, *(GrK1.1.237)* ▪ as
wènn süm|se[X04] seilen |*segelten* op èn Sēē vun Wēten |*Weizen*. ▪
Sō jooġt |*jagen* süm|se[X04] ēēn no'n annern wiet vörbi, ▪ de Schâll
un Schien vertreckt |*verziehen* sik jümmer[X21] wieder |*weiter*, ▪ un
âllns is wedder[X41a] still as in'e Kârk.

Dor sitt èn Mäden|Dēērn |*Mädchen* kȫhlig in'e Döns |*kühlen Stube*, ▪
sē is hēēl[X29b] |*ganz* allēēn, in vullen Sünndagsstoot
|*Sonntagskleidung*. ▪ Sē sitt un neiht, sē kickt |*blickt* ni[X20] op un um, ▪
un ȫkern|*flietig* |*emsig* geiht de Ârm ehr op un dool. ▪ Dènn
knastert |*knistert* jēēdēēn |*jedes* Mool dat witte Linnen |*Leinen*, ▪ as
rēēt |*risse* sē dat mit dèn drâllen |*kräftigen* Ârm dor twei |*entzwei*. ▪
Sē is ōōk gor ni[X20] buut |*gebaut* för Schēēr un Nodel, ▪ de
Schullern quellt |*quellen*, as wull |*wollte* de Samtjack bassen
|*bersten*, ▪ dē ehr as goten |*angegossen* op de Hüften fâllt. ▪ Un dör
de Backen |*Wangen* schient de Lebenslust ▪ un glinstert |*glänzt* ut
de düüsterbrunen Hoor.

Sē is dat ōōk al satt, sē löhnt |*lehnt* sik över'n Ârm ▪ un kickt
|*blickt* dör't Finster langs dat gröne Kōōrn ▪ un langs de gröten

gelen Rappsootkoppeln |RappsootkrÕÕg |*Rapsfelder* • in't wiede Feld, wõ noch én Wogen glinstert |*schimmert* • un wõ de Luft sik spēgelt as dat Haff |*Wattenmeer* • un Hüüs un Bõõm sik wēēḡt |*wiegen* as in'e Bülgen |*Wellen*.

Ēēn[X29a] hõõrt kēēn Stârbensluut as blõõts |*außer* de Wandklock |*Wanduhr*. • Dat slöppt |*Es schläft* in't Huus, un buten slöppt dat Feld. • Blõõts wėnn in' Drõõm |*Traum* ēēn vun de Hõhnerküken stöhnt, • dē op de grōte Deel |*Diele* tõ Mėddag sloopt |*schlafen,* • sõ horkt |*horcht* de Koter op'n Löhnstōhl op • un Müppe |*Mops* reckt sik un de Huushohn buten |*draußen* • froogt luut, wat dat bedüü'|*bedüüd* |*bedeute*. De Puter |*Truthahn* kullert |*kollert,* • un ut dat Hunnenhuus |-*hütt* kickt |*guckt* ėn rugen |*struppiger* Kopp: • Doch hebbt |*haben* süm|se[X04] sik mool reckt |*gereckt* un âll mool jappt |*gegähnt,* • sõ sackt |*sinken* süm|se[X04] wedder[X41a] ruhig[X52] dool |*hin* tõ slopen. *(GrK1.1.238)*

Dor sünd kēēn Ōgen open as |*als,außer* de twēē. • Doch kiekt |*gucken* dē ōōk heruut, as wėnn süm|se[X04] drõmen |*träumten* • un wat bekēken |*betrachteten* in'e blaue Luft|›Luch‹ – • vėllicht Gedanken, dē in't Wiede duselt |*dämmern,* • as ēēn[X29a] wull hett |*wie man sie wohl mal hat*: Dat Hatt treckt achterno, • de hēle[X29b] Sēēl is op ėn grōte Reis' • un sweevt |*schwebt* umher un lett ēēn |*lässt einen* mõõd tõrüch. • Sõ sackt |*sinkt* dat Mäden in sik sülben tõhōpen |*zusammen,* • dat Kinn in'e Hand, un stütt |*stützt* de witten Ârms, • un an de brunen Flechten |*Zöpfen* speelt |*spielen* de Fingern. – • Mitmool fangt dor de Huusklock |*Hausuhr* an tõ rasseln • un sleit |*schlägt* in drange Slääg |*knarrenden Schlägen* de Mėddagsstunn: • Dat Mäden tuckt |*zuckt* tõhōōp un hoolt dēēp Oten |*Atem* – • un stütt sik wedder[X41a] ruhig[X52] op'e Ârms.

Aussprachehilfen für õ, ē, ȭ, â, ė, ḡ, ƀ: siehe auf Seite 5 UND Buchdeckel!

Doch hett de Klock noch lang ni[X20] utvertellt |zu Ende erzählt, • dō
springt ėn Döör open boben't |überm Wieserblatt |Zeigerblatt
|Zifferblatt, • ėn Mann heruut un mookt ėn dēpen Dēner |Diener, •
ėn Drēēmast |Dreispitzhut op, Knēēbüxen |Kniehosen mit de
Spangen: • Dėnn snappt ėn Fedder[X41e] in dėn Kasten binnen
|drinnen, • un dormit klingt ėn ōle Melodie, • ėn Menewett |Menuett
ut' vörige Johrhunnert, • sō luut un kruus |kraus un ōōlt un
wunnerli, • ēēn mēēn |meinte, de Knēēbüx worr |würde dor glieks
|gleich no danzen. • Doch merrn |mitten in' Triller fleut |pfeift dat
hell un schârp • (Dat kēēm |kam vun buten över't stille Kōōrn!)
• nochmool un noch ēēnmool as vun ėn Jäger: • Un as |wie ėn
Rēh, sō fohrt |fährt dat Mäden op. • Sē buckt sik rasch un tisst
sik |entwirrt sich ut dat Linnen, • de Backen glōht |glühen ehr un de
Ōgen blėnkt |glänzen), • de Bossen |Busen geiht, ēēn[X29a] hōōrt dat
Hatt ehr kloppen; • un doch is nix vun Bang |Angst in ehr
Verjogen |Erschrecken, • dėnn as tō'n Lachen krüselt |kräuseln sik
de Lippen. • Sē süht |sieht sik rasch lang Jack un Klēēd
hėndool |hinunter, • strookt |streicht sik an't Hoor un deit |(wirft) ėn
Gluup |Blick in' Spēgel • un kickt |blickt noch ēēnmool langs dat
grȫne Feld • mit grōte Ōgen no ėn lütten Punkt, (GrK1.1.239) •
dē langs dėn Fōōtstieg boben dėn |überm Wēten treckt |hinzieht,
• un mit ėn Juuchen |Jauchzen klappt |klatscht sē in'e Hannen • un
flüggt |fliegt (as ėn Vogel) ut de Siedendöör |Seitentür. • De
Wandklock |Wanduhr speelt allēēn för Mups un Koter. –

In' Hoff |hier: Obstgarten is Schadden ünner'n Appelbōōm, • dē
wasst |wächst hier hōōch as op'e Gēēst de Bȫken |Buchen, • un
Kruut un Unkruut hebbt dor Deeg un Tier |Gedeihen & Üppigkeit
(wuchern üppig). • Dor is kēēn Placken |Flecken, ni[X20] ėn Stremel
|Streifen Land |(ohne Nutzung), • ållns is besett |besetzt vun saftig
grȫne Krüder |Nutzpflanzen, • dē as ėn Sammtdeek op'e Stücken

|*Flächen* liegt |*liegen*, • ut Gröben^{X75} |*Gräben* rankt |*ranken* un langs dat Woter kruupt |*kriechen*, • um Bȫȫm |*Bäume* un Pōȫrt |*Pforte*, um Plank |*Bretterzaun* un Müren |*Mauern* drängt |*drängen* • un ieverig* |*eifrig* wasst |*wachsen* – bet in'e Siedendöör.

Jüst flōȫg |*flog* sē op (un mit Geschrigg |*Geschrei* de Hȫhner • un Heisters |*Elstern* ut de Eschen um de Graff |*Hof-, Wehrgraben*) • un ut de Döör dat Mäden hell in't Füür, • un sünner Hōȫt |*ohne Hut* in' hitten Sünnenschien rin, • (doch ohn Gewâlt, as dat |*wie es* de Vogeln moken |*machten*). • Sē sweevt in lichten Schritt de Wuurt hėndool |*hinab,* • de Brüch herȫver no dėn Appelhoff |*Apfelgarten* • un mang |*zwischen* de Büsch un Blȫȫm dėn Goorn hentlang.

Dō tridd|*pedd* ėn hōgen |*langer* Burschen ruut ut' Kōōrn, • in kotte Jack un mit ėn Kluverstoken |*Springstab.* • Hē geiht in raschen Schritt noch över ėn Krōōg|›*Koppel‹,* • dwēēr |*quer* över't Stück |*(Ackerstreifen zwischen den Grüppen)* bet an dėn Appelhoff: • Nix as de brėde Graff |*Hof-, Wehrgraben* is twischen de beiden. • Mit sekern |*sicheren* Ârms un Ōgen sett |*setzt* hē an • un deit |*tut* ėn Satz un sweevt no'e annere Siet. • Twēē Ârms un Ōgen koomt |*kommen* ėm in'e Mȫȫt |*entgegen.* • Dat Glück is still – süm|se^{X04} treckt |*ziehen* sik dēēp in' Schadden. – • Summt dor de Ieben^{X76}|›*Iem‹* |*Bienen*? Sünd dat de Wȫhrner Klocken? – • De Sünn liggt hitt op't Feld, in' Goorn is Schadden, *(GrK1.1.240)* • Dat Kōōrn beweegt sik liesen |*leise* op un dool, • un ut dėn Blȫmenhoff |*Blumengarten* kummt ėn liesen Püspern|›*Flüstern‹.*

2. De Vullmacht* |*(Dithm. Landschaftsabgeordneter aus d. Bauernstand)*

(GrK1.1.240 – Kiek ōōk GrK5.1.327 un ōōk GrK2.516!)

Dat's loot |*spät* in Hârvst |*Herbst*, un eben graut de Dag, ▪ Hans Hansen* sien Hoffsteed |*Gehöft* liggt noch dēēp in Dook |*im Nebel*, ▪ un Smōōk |*Dunst&Qualm* un Nevel liegt |*liegen* op'e hēle[X29b] Masch[XMarsch]. ▪ Dat Huus is still un dōōt dat hēle[X29b] Feld ▪ un ni[X20] ēēn Luut tō hōren vun Minsch un Vēēh. ▪ Un liekers |*doch* geiht al in de hōge Döns |*hohen Stube (über dem Keller)*, ▪ dē grōōt un kōōlt un meist |*fast* noch düüster is, ▪ ēn Schritt (as |*wie* bi'n Pârmtik |*Perpendikel* an'e Wandklock) ▪ vörbi an't Finster, jümmer[X21] op un dool. ▪ Hē geiht verdēēpt |*vertieft* un mummelt |*murmelt* bi sik sülben |*vor sich hin*, ▪ ēn ōlen Mann, doch steil |*gerade* un brēēt vun Schullern, ▪ un mit ēn Schritt, as schull de Borrn sik geben |*als sollte der Boden nachgeben*. ▪ Un steiht hē af un an an't Finster still ▪ un stüürt |*lenkt* de Ōgen langs dēn grauen Weg, ▪ dē wiet vörbitreckt twischen blanke Grōben[X75] |*blanken Gräben* ▪ un bâld in Dunst un Nevel sik verlüst |*sich verliert*, ▪ sō kickt |*blickt* hē ut de dēpen Fōlen |*Falten* ruut, ▪ de Mund sō brēēt, dat griese Hoor tō Bârg: ▪ För ēn Frēmmen |*Fremden* muss |*müsste* hē utsēhn|›loten‹ as ēn Iesboor.

Doch kummt kēēn Minsch, sō veel hē dor ōōk steiht un kickt, ▪ dēn Fōōtstieg |*Fußweg* rop no't Huus, kēēn Peerd dēn Fohrweg. *(GrK1.1.241)* Un kēēnēēn wēēr |*wäre* ōōk komen |*gekommen* vun Ōōst un West, ▪ vun Wōhren |*Wöhrden* bet Tünn |*Tönning*, dē kēnn |*kannte* Vullmacht Hansen, ▪ sien brēden Gang, sien Stock un Mēērschuumpiep |*Meerschaumpfeife*. ▪ No jēēdēēn Mârkt[X77] un jēēdēēn Wohl un Bōōl|›Bolen‹ |*Auktion* ▪ in't hēle[X29b]

Land, un wenn't wat Wichtigs gëëv |gab, ▪ wō Macht un Wōōrt un wō dat Geld regëër |regierte, ▪ dor kēēm |kam hē noch tōletzt mit Piep un Stock, ▪ (hē joog |jagte in Karriōōl |Cabriolet un hârr en Swatten |Rappen,) ▪ de Krökeln|›Runzeln‹ iesern un dat Hoor tō Bârg, ▪ un dä |gab(tat) den Utslag |Ausschlag ōder nēhm |nahm dat Wōōrt.

Wat worr ni[X20] âll snackt |geredet, as dō |als damals de Kōnig |Friedrich VI. von Dk kēēm |kam ▪ un langs den Kârkhoff |Friedhof no de Wöhrner Kârk gung, ▪ de Vöögt |Vögte (amtl. Vorsteher) un Deputēērten |Deputierten achteran, ▪ mit blöten Kopp âll, hittli |eilig un verbiestert |verwirrt, ▪ un kēēnēēn wuss |wusste tō snacken, wenn hē froog |fragte! ▪ Swatt vull vun Minschen wēēr de hēle[X29b] Weg, ▪ de Müür |Mauer, de Liekenstēēns |-steine, sōgor de Bōōm. ▪ Dō kēēm |kam en Karriōōl an in Galopp ▪ bet an'e Kârkhoffspōōrt |-pforte, de Swatte damp |dampfte: ▪ De Vullmacht sprung heruut mit Piep un Stock. ▪ Hē gëëv |gab den ēērsten Besten Tōōm un Tögel |Zaum & Zügel ▪ un gung in brēden Schritt de Trepp tōhōōch |hinauf. ▪ Dō lēēp dat |lief es langs den Kârkhoff: ›Vullmacht Hansen!‹ ▪ De nēēgsten moken |machten Platz, un alle sēhgen |sahen, ▪ wo |wie hē dor langs gung, steil |aufrecht as langs den Mârkt[X77], ▪ bet an'e Kârkendöör, un trock |verzog kēēn Mien |Miene ▪ Dor tree'|treed |trat hē rin un stēēk |steckte de Piep in'e Tasch. ▪ Un as hē wedder[X41a] ruutkēēm |herauskam mit den Kōnig, ▪ dō gung hē bi em an |neben ihm in Hōōt un Stock ▪ un snack mit em tōrüch |redete mit ihm as mit sienslieken |wie mit seinesgleichen — ▪ de annern as de Dēners |Diener achterher.

Hett |Hatt hē doch gor |sogar den Kōnig dō tō Gast hatt |gehabt ▪ un em en Frōhstück gëben as en Groof |Graf, ▪ hier in desülve Stuuv, wō hē nu wannert, (GrK1.1.242) ▪ un op de Grōōtdeel

|*Großdiele* as ōōk in dėn Pēsel |*Staatsstube*; ▪ un in dėn Blōmenhoff |*Blumengarten* stunn ėn prächtig[M3] Telt. ▪ Gott wuss |*wusste*, wō âll de Glöös |*Gläser* un Schötteln herkēmen |*herkamen*, ▪ de sülvern Lepeln |*Löffel* un de gollen Tassen, ▪ un âll de Överflōōt an Wien un Backwârk, ▪ mit richtig froren |*gefrorenem* Ies in' hitten Summer!

Süm|Se[X04] sään |*sagten*, ėn Woog wēēr |*wäre* no Hamborg ween[X83] ▪ un hârr |*hätte* ėn Kööksche[X16] |*Köchin* hoolt |*geholt* mitsamts de Soken! ▪ Dor lett |*lässt* ēēn[X29a] je för Geld dėn Düvel danzen.

Dō gung hē mit dėn Kōnig op de Wuurt |*Wurt,Warft* ▪ un wies |*zeigte* (mit Fingern hėn un her) de Gēgend, ▪ as kunn |*könnte* hē't âll verschėnken, wat hē sēhg |*sah*.

Un dochen |*dennoch* steiht de Koot |*Kate* noch över'n Weg |*gegenüber* ▪ un ėm vör Ōgen, mit de broken Döör |*quergeteilte Tür (Klöntür)* ▪ un blieern |*bleiemen* Finstern, wō hē dō ruutkēēk |*rausguckte* ▪ un röverlöhn |*drüberlehnte* as Jung, drōōg[M3] |*trockenes* Brōōt in'e Hand: ▪ Sien Voder[X11] wēēr ėn lütten Ârbeitsmann |*Arbeiter*. ▪ Dėnn dach |*Dann dachte* hē, wėnn hē hungerig wēēr un frōōr ▪ un sik ėn Lock puus |*pustete* dör dat Ies an't Finster ▪ un överhėn |*gegenüber* dėn wârmen Buurhoff sēhg |*sah*, ▪ wō de Schöstēēn damp |*dampfte* un Kârn |*Butterfass* un Ammers klötern |*klapperten*: ▪ Hē wuss |*wüchse* mool op un worr mool grōōt un stârk ▪ (Hē fōhl al dō de Macht in Ârms un Hatten.), ▪ dėnn |*dann* wull |*wollte* hē't dwingen |*er's (er)zwingen*, un schull dat |*sollte es* ōōk hōlen un breken |*auf Biegen & Brechen*: ▪ De Hoff |*Bauernhof* worr |*würde* sien, un hē wull |*wollte* Vullmacht wârrn!

Nu is hē't worrn |*geworden*. Wosück[X30] |*Wie*? – Is ni[X20] tō sėggen: ▪ Mit iesern Willen, mit List un mit Gewâlt. ▪ Hē hett dat dwungen |*hat es erzwungen*! Kiek man |*nur* de Ōgen an, · de Bost |*Brust* un Schullern, sō is't gor kēēn Wunner. · De Hoff is sien, un mēhr as ēēn |*als einer* dortō, · un wō hē kummt, befehlt |*befiehlt* hē as Herr Vullmacht. · Wat achter liggt |*hinten liegt*, dat wēēt hē sülben allēēn, · un vör ėm kēēm |*kam* noch nix, dat muss |*müsste* sik bȫgen |*beugen*. *(GrK1.1.243)*

Sō mag hē dėnken, as |*als* hē geiht un gruvelt |*geht & grübelt* · un langs dėn Weg kickt |*den Weg langblickt* ōder no de Klock |*zur Uhr*. · Dē hett al mēhrmools sloon |*geschlagen* in drange |*kurzen* Slääg |*Schlägen*, · dat's helligen Dag, un noch is nix tō sēhn.

Dō duukt |*taucht* dor ėndli mang dėn Smōōk un Nevel · wat Lėbendigs |*Lebendes* op, wat nēēg un nēger |*näher* kummt, · Noch knapp tō sēhn, doch steiht de Vullmacht still, · un mit ėn dēpen Oten |*Atem* seggt hē: ›Ėndli!‹

Ėn Mann ist dat, tō Peerd, ėn Mantel um, · dē ridd |*reitet*, as wēēr |*wäre* de Dōōd ėm op'e Hacken |*Fersen*, · vöröver |*vornüber* löhnt |*gelehnt*, dėn dēpen Fohrweg lang, · datt Slick un Mutt |*Schlamm* in grōte Pâltens |*Fetzen* flēēgt |*fliegen*.

Hē bȫȫgt in't Dōōr un joogt dėn Hoff herop, · as vun ėn Kȫhlfatt |*Kühlfass* dampt dat vun dat Peerd. · Dat höllt |*Es hält*. Ėn hōgen Burschen swingt sik raf |*ab*, · wat lėnnenlohm |*lendenlahm* un bedeckt mit Klei |*Marscherde* un Slick, · as hârr |*hätte* hē Lēhm tweireden |*gestampft (zerritten)* bi ėn Tēēgler |*Ziegler*.

Dat Peerd is hier tō Huus un söcht dėn Stâll, · de Rieder lücht |›lüfft‹ |*lüftet* de Mütz un nimmt sien Mantel. · De Sweep |*Peitsche* in'e Hand un as hē geiht un steiht · (dat Ârgste trampt |*stampft* hē weeglangs |*unterwegs* vun'e Fȫt), ▪ kummt hē in'e Döns |*Stube* un op dėn schrubbten |*geschrubbten* Fōōtborrn |*Fußboden.*

„Na", seggt de Vullmacht, „Reimer, kummst du ėndli? ▪ Wo hett di't gohn |*Wie ist es dir ergangen*? De Ossen sünd verkofft?"

„Verkofft, un gōōt[X50]! Ik krēēg |*bekam* dėn Määkler foot |*zu fassen,* ▪ dörtig Dukoten stückwies |*pro Stück* dör de Bank |*ohne Ausnahme,* ▪ Geld bi de Woor |*Geld gegen Ware*, in Spēētschen |*Speziestalem,* un Moondag levern |*liefern,* ▪ dat Geld per Post, de Kommissär hett Opdrag |*ist beauftragt.*" *(GrK1.1.244)*

„De Wētenkōōpmann?" –

„Is ėn slauen Schurk! ▪ Ni[X20] mool ėn Rüchkōōp |*Rückkauf,* anners |*sonst* hârr ik't woogt |*gewagt,* ▪ hârr ōōk mit Schoden |*Schaden* un för boor |*gegen bar* dat wegsloon |*weggegeben.* ▪ Hē hârr al scheept |*verschifft,* de Wēten lēēg |*lag* in Ėngland. ▪ Nix hârr hē op'n Spieker, ni[X20] ėn Spier |*keine Spur,* ▪ un klogen kunn ik op mien Vullmacht ni[X20], ▪ ōōk geiht dat in Hamborg langsoom bi de Mootschop. |*hier: Gericht.*

Dō bün ik reden |*geritten,* wat de Fossen |*Füchse (Pferde)* kunnen, ▪ um jo in Glückstadt tō rechter Tiet tō komen, ▪ in Nevel kunn de Telegroof ni[X20] tēken |*arbeiten (zeichnen).*"

„Un drēēpst |*trafst* ėm noch?" – „Wēēr eben ünner Seils |*unter Segeln*!" ▪ „Dėn Düvel", seggt de Vullmacht, „wat ėn Tog|›*Streich*‹!"

„Hē hârr de letzte Rappsoot güstern loodt |*geladen,* ▪ dėnn gliek klarēērt |*Zollformalitäten erledigt,* noch ėn Matrōsen hüürt |*angeheuert* ▪ un ruutbugsēērt |*rausbugsiert* op Kurs no Amsterdam. ▪ Ik hast

|*hastete* un fȫhl |*fühlte* mool bi dėn Juden vör, · de Loden |*Ladung*
boor |*bar* un op ėn Slump |*in Bausch u. Bogen* tō slieten |*abzusetzen* ·
Dē trock de Schullern: Sēēp |*Seife* un Tâllig |*Talg* sacken |*fielen*, ·
dat Ȫȫl worr |*würde* seker |*sicher* flau, 'kēēn[X29c] dörs |*dürfte* wat
wogen?"

„Dor sleit |*schlägt* dat Wedder[X41d] in |*Zum Donnerwetter (Verärgerung)*!",
seggt dō de Vullmacht · un geiht in grōte Schreed |*Schritten* nu
op un dool. · „Geld mutt dor her! – dėnn muttst du gliek no
Kiel!", · seggt hē un stoppt op ēēnmool in sien Ganġ · un kickt
|*blickt* no Ēēr |*zur Erde* un dėnn dėn Burschen an, · dėnn no de
Klock: „Twēē Stunnen kannst du di rōhen[X52] |*ausruhen*! · Eet |*Iss*
ēērst un drink, dėnn loot |*lass* dėn Schimmel sodeln |*satteln*, · ik
sülben will noch no Glückstadt mit dėn Swatten. · Segg mien
|*Sage meinem* Afkoot |*Rechtsanwalt* in Kiel, Geld worr |*würde* dor
komen, · hē **muss** |*müsste* mi Aschbârg |*24326 Ascheberg (Gut)*
hōlen |*halten*, kēēm |*käme* wat dor kēēm |*käme*! – (GrK1.1.245) · Nu
loot |*lass* di Kaffe bringen un legg |*lege* di dool, · Klock negen
büst du kloor |*bereit* un kriggst |*bekommst* Beschēēd!"

Hē wėnnt |*wendet* dėn Rüch un wannert wedder[X41a] lōōs, · un
langsoom geiht de anner ut de Döör.

De Stuuv is optreppt |*über dem Keller*, un de Trepp is schüürt
|*gescheuert*, · un ōōk de Vördeel |*Hausflur* as ėn Kökendisch, · bet
op sien Spȫȫr |*Fußspuren*, dē al ėn Mäden opnimmt |*aufwischt*. ·
Dē sä ėm sacht |*zart* un fründli ›gȫden[X50] Morgen‹: · Mamsell
wēēr |*wäre* achter in'e lütte Stuuv · un Kaffe wârm, hē wēēr wull
mȫȫd un hungerig? · Un tēēk |*wies* sach |*sanft* mit de Hand de
Deel |*Diele* hėntlanġ. · Dō gung hē, wėnn ōōk stief, mit raschen
Schritt · no'n achtern |*nach hinten*, wō ėn Döör sik open dä |*öffnete*.

▪ Dor kēēk ėn Kopp mit brune Flechten |*Zöpfen* ruut. ▪ Ehr |*Ihr* worrn |*wurden* de Backen rōder, as hē kēēm |*kam*, ▪ de Ōgen sään |*sagten* noch mēhr as ›gōden[X50] Morgen‹.

Is hēēmli[M3] |*heimliche* Lēēv ni[X20] sōter |*süßer* as dat Glück? ▪ Un Lēēv un List sünd stârker as Gewâlt, ▪ Dē dreept |*treffen* un rōōbt |*rauben* ėn selig' Ōgenplink; ▪ wo kott |*wie kurz* hē ōōk is, dē füllt dat Leben ut. ▪ No Lėngen un Luren |*Sehnen & Warten* kummt hē as de Sünn, ▪ un Angst un Bangen |*2x Angst* lōōst |*löst* hē op in Freuden.

„Wo hett di't gohn |*Wie ist dir's ergangen*? – Gottloff, nu büst du dor!" ▪ Un ruhig[X52] sett |*setzen* süm|se[X04] sik un kiekt |*sehen* sik an. ▪ Doch Reimer seggt: De Ōl' is as ėn Stēēn! ▪ Wēēr't |*Wär's* ni[X20] dien Voder[X11], hēēl |*hielte* ik dat ni[X20] ut. ▪ Ik bün as goor |*wie gar gekocht*, heff reden |*bin geritten* Dag un Nacht ▪ un mutt |*muss* doch hüüt noch wedder[X41a] lōōs no Kiel. ▪ Un liekers is't |*trotzdem ist's* umsunst, dat **kann** ni[X20] gohn. ▪ Dat gifft doch Dingen |*Angelegenheiten*, dē ni[X20] tō bōgen |*erzwingen* sünd! ▪ Wat will hē mit ėn Eddelhoff |*Adelshof* in Holstēēn? ▪ Hē's opsternootsch |*unbelehrbar*, de Ēhrgiez mookt ėm blind, (GrK1.1.246) ▪ hē söcht för di wull noch ėn Grofensöhn. ▪ Mi slitt hē op |*verschleißt er* un stellt mi dėnn in'e Eck. ▪ Sō lang dē vörhōōlt |*taugen*, bruukt |*benutzt* hē Kopp un Knoken, ▪ as wēērn dē rein |*förmlich* mit Murk |*Knochenmark* un Bregen |*Hirn* sien, ▪ ėn Spėkelēērmaschien |*Spekulier-*, wō hē op speelt, ▪ un ni[X20] mool richtig, blōōts ut leidig' |*elendem* Stolt, ▪ as wuss |*wüsste* un wēēr |*wäre* ik nix, un sēh|sēhg[X58] |*sehe* doch âlns, ▪ mutt |*muss* ansēhn âlns, dėnn ohn mi kann hē nix, ▪ vertruut |*vetraut* mi âlns |*alles (an)* un schufft |*schiebt* mi dėnn tōsiet, ▪ noch jümmer[X21] as ėn ârmen

Persetterjung* |*Lehrersohn*: ▪ Dat is tō ârg!   Un dorbi steiht hē op, ▪ stött |*stößt* Tass un Brōōt tōsiet un geiht no |*zur* Döör.

Dō kummt dat Mäden liesen op ėm tō, ▪ sē leggt |*legt* ehrn wēken Ârm ėm an'e Schuller, ▪ sō hōōch |*groß* sē is, sē langt |*reicht* man eben an |*nur knapp heran*, ▪ un kickt ėm in'e Ōgen rop sō sacht|›fram‹ |*sanft* ▪ un foot |*fasst* ėm mit de anner Hand un seggt: ▪ **Mien** Voder[X11] is dat! – Wēētst |*Weißt* du, wat **ik** lie'|*lied* |*leide*? ▪ Un bün sien Dochter! – Süh! Un mutt |*muss* doch swiegen ▪ un höpen |*hoffen*! Dėnn du büst un bliffst |*bleibst* mien Âllns! ▪ Un **schâll't** |*soll's* ni[X20] ween[X82], Gotts Will |*Gott sien Will* is't doch tōletzt, ▪ sō bōōg |*beuge* ik mi; wees |*sei* du nu doch ni[X20] krötig |*störrisch*, ▪ datt ik ni[X20] sitt |*sitze* as manğ |*zwischen* twēē hatte Stēēn |*Mühlsteinen*! ▪ Wat kann ik anners |*sonst (anderes)* ween[X82] as jümmer[X21] dien?

De Backen wârrt |*werden* ehr blēēk |*bleich* un blank de Ōgen, ▪ as sē ėm sachten beedt |*bittet* – ēēn[X29a] kėnnt dėn Tōōn, ▪ dē snack |*tröstete (redete)* ehr mool as kranke[M33] |*krankes* Kind tō Rōh[X52]; ▪ dor brėnnt ōōk noch kēēn Wunn |*Wunde*, dē dē ni[X20] smōōdt |*labt*.

Hē bōōgt |*beugt* sik as de Sünner vör de Unschuld; ▪ doch as ėn Trōōst no âll de Mōhg |*Mühe* un Quool ▪ un as ėn Schuul |*Schutz* vör alle Stolt un Sünn, (*GrK1.1.247)* ▪ sō treckt |*zieht* hē ehr mit beide Ârms an't Hatt ▪ un küsst de Ōgen un dėn lēben|›framen‹ |*lieben* Mund. –

Twēē Stunnen, sō |*dann* is dat lėbendig |*voller Leben* op'e Hoffsteed |*auf dem Hof*. ▪ Dor sünd al Wogens ween[X83] un Lüüd tō Fōōt, ▪ ėn Kōōpmann tō ėn Buursteed |*zu einem Hof* in'e Masch, ▪ ni[X20] Hansen sien (doch dat is ėnerlei, ▪ wat kōōpli

|*käuflich* is, is sien, ėm mööt süm|se[X04] komen). – ▪ Dėnn wēērn dor Deputēērten vun ėn Buurschop |*Gemēēn*, ▪ dē Striet hârrn mit dat Gericht; dor sitt |*sitzt* hē achter, ▪ Gewâlt un Unrecht kann hē ni[X20] utstohn op dėn Dōōd. – ▪ De schüchtern Ōl' |*Alte*, dat wēēr ėn lütten Schōōster ▪ (de Vullmacht hett wück' |*einige* Hüüs ōōk in'e Heid, ▪ blōōts för ėn Nōōtfâll, datt[X24] hē Börger is |*damit er mitmischen kann*), ▪ dē bee'|*beed* |*bat* um Nosicht, dat hēėl hatt |*fiel schwer* vundoog |*heute* ▪ (de Vullmacht hârr kēėn Gōden[X50] |*war nicht gut drauf*, mēēn |*meinte* de Ōl'). – ▪ Doch dach |*dachte* de Amtsbood |*Amtsbote* in sien rōden Rock: ▪ Ut uns Herr Vullmacht wēēr ni[X20] klōōk |*schlau* tō wârrn! ▪ Hē lōōv |*glaubte*, dat wēērn Dekrēten |*Verfügungen* un nix Gōdes[X50], ▪ wat hē ėm broch |*brachte*; de Sekretäär hârr munkelt |*hatte gemunkelt* ▪ vun sō veel Dusend, vun Kunkurs un Pannen |*Pfändung*: ▪ Un jüst vunmorgens |*heute Morgen* wēēr hē blied |*freundlich* as sunst ni[X20] ▪ un gēėv ėm noch ėn Drüddel |*⅔-Talermünze* för sien Mōhg |*Mühe!* ▪ Dėn stēēk |*steckte* hē in un dach noch bi sik sülben: ▪ Dat's doch ėn Herr, as wēnig' anner' sünd: ▪ Dat wull |*wolle* hē ōōk dėn Sekretäär noch bibringen!

Nu koomt |*kommen* dor Ossen, dē dor dampt |*dampfen* un brüllt[X72] |*brüllen*, ▪ ėn Driever |*Treiber* bi süm|ehr[X05] mit ėn leddern[X41f] Geldkatt |*Geldtasche*. ▪ De Vullmacht kummt nu ruut un tellt |*zählt* süm|ehr[X05] över |*durch* ▪ un winkt de Knechts, un langsoom driebt |*treiben* süm|se[X04] weg ▪ in Slick un Lēhm, swoorfällig un hēėl sinnig |*bedächtig.* (GrK1.1.248)

Dėnn bringt |*bringen* de Knechts ėn Schimmel un ėn Swatten |*Rappen* ▪ mit ėn Karjōōl |*Kabriolet*, de Vullmacht smitt |*wirft* sik rin, ▪ un Reimer swingt sik op |*schwingt sich auf (den Schimmel)* in nied'

Kledoosch |*neuer Kleidung*, – • un vörwârts geiht dat langs dėn dēpen |*tief(gründigen)* Weg. –

Dor steiht dat Mäden in'e hōge Döns |*erhöhten Stube*, • sē is allēēn un kickt de beiden no, • dat Kinn in'e Hand, de Ōgen dēēp un trurig. • Nu tweelt |*gabelt sich* de Weg, no't Süden |*nach Süden* dampt de Swatte, • no't Ōōsten no de Heid de Schimmel rop.

Vun ēēn no'n annern goht |*gehen* ehr düüstern Ōgen, • vun ēēn no'n annern lėngt un sehnt |*verlangt & sehnt sich* ehr Hatt. • Ōh, datt de Weeg |*Wege* süm|ehr[X05] utėnannerföhrt |*auseinanderführen*! • Is dat dat Schicksol? Nevel deckt de Fēērn, • ēēn um dėn annern |*abwechselnd* duukt |*tauchen* süm|se[X04] op un ünner, – • un dōōt un ēēnsoom is dat wiede Feld. • Ehr Ōgen smatt |*schmerzen*, ehr Sēēl is dump |*dumpf* un swoor. • Dat summt vun fēērn – vėllicht de Wōhrner Klocken? • Dat's Wârkeldag |*Werktag*, süm|se[X04] bringt wull ēēn tō Rōh[X52] |*zur letzten Ruhe*. • Och, wēēr |*wäre* sē't sülben! Vėllicht wēēr't |*wär's* sō an besten! – • Un trurig sackt |*sinkt* sē dool |*nieder* un wēēnt |*weint* sik satt.

3. Dat Schicksol

|*Das Schicksal*

(GrK1.1.248 – Kiek ōōk GrK5.1.336 un ōōk GrK2.534!)

Eben is de Hoddboor |*Storch* komen |*gekommen*, hē's op'e Schüün, ▪ hē wannert langs dèn Föst |*First* un kickt |*blickt* in't Nest. ▪ Dat is wat verfullen |*verfallen*; hē stellt sik op un klappert: ▪ Dat's doch je Fröhjohr no èn hatten Winter! ▪ De Lurken |*Lerchen* singt |*singen*, de Luft |*(Wolken)* is hōōch un wittli |*milchig,flockig*, *(GrK1.1.249)* ▪ èn echt[M3] Gewülv ut Stēēnbrüch |*Gewölbe aus Kopfsteinpflaster (Schäfchenwolken)*, süden op, |*von Süden her*, ▪ wârm over schârp, ēēn släpert |*einem wird schläfrig* Kopp un Hatt, ▪ as in èn Dusel |*Traum* hōōrt ēēn[X29a] Sprēē |*Star* un Kievitt |*Kiebitz*. – ▪ Dat Feld is ōōk noch as èn Bett an' Morgen, ▪ wat tuselig |*zerzaust*, wō Snēē un Winter rōht[X52] hebbt |*geruht haben*; ▪ doch ieverig* |*eifrig* platschert |*plätschern* âll de lütten Woter |*Bäche* ▪ in Rünnen |*Rinnen* un Rillen, ut Muus- un Mullworpslöcker |*Maulwurfslöchern*, ▪ un kloor sünd Beek un Grōben[X75] bet an' Grund. ▪ Wo lacht dat ēērste Grōön doch an'e Kanten, ▪ un hèn un wedder[X41a] luurt |*lugt* èn Botterblōōm |*Hahnenfuß*, ▪ un Wüppstēērt |*Bachstelze* hüppt behänn'|*behänd |gewandt* vun Priel tō Priel, ▪ un Lünk in't Dörp höllt Klub un räsonēērt |*debattiert*. ▪ De Lârm stickt an |*steckt an* as Lachen: Kinner singt |*singen*, ▪ dat Fröhjohr hett èn hēēl[X29b] besunnern Tōōn, ▪ sōgor de Gōōs |*Gänse* un Kreihen |*Kreiden* passt |*passen* dor mang |*dazu*. ▪ De Klocken |*Glocken* ōōk? Es is schurig|*schaurig (bitter)*! Jüst in't Vörjohr ▪ ut Sünn un Höpen |*Hoffnung* in de düüstere Kuhl |*Grube*! ▪ Un liekers grōönt |*grünt* de Kârkhoff meist tōēērst |*fast zuerst* noch, ▪ un dèn, dē noblifft, trōōst |*den Hinterbliebenen tröstet* de milde Tiet. –

De Tog |*Trauerzug* geiht langsoom, dat sünd vele Wogens, ▪ én düüstere Keed |*Kette*, ēēn[X29a] süht dat Énn ni[X20] af. ▪ De ēērsten treckt |*ziehen* al Süden |*schon südlich* vun de Koot ▪ un koomt |*kommen* hier bâld an' Fōōtstieg |*am Fußweg* um'e Eck, ▪ un noch is't as én Kluun op Wuurt un Hofsteed |*wie ein Knäuel auf Wurt und Hof* ▪ un jümmer[X21] bōōgt |*beugt* vörsichtig ēēn ut' |*einer aus dem* Dōōr.

Dor steiht dén Köötner sien Söhn |*des Kätners Sohn* un kickt |*schaut* süm|ehr[X05] tō, ▪ én lütten Kruuskopp mit de Mütz in' Nack, ▪ hē buut én Diek |*Deich* un fohrt |*fährt* sik Ēēr in én Schuuvlood |*Schublade. (GrK1.1.250)* ▪ Nu höllt |*hält* hē still un kickt |*guckt* mit grōte Ōgen; ▪ watt hē wull dénkt, hē will mool Vullmacht wârrn? ▪ Dat is't ni[X20] wēērt, mien Jung, goh |*gehe* hén un speel, ▪ bu |*baue* du dien Welt un loot |*lasse* de annern trecken, ▪ de Vullmacht un dat Glück sünd twēēerlei! ▪ Hest' wull dén Sârġ |›Sark‹ sēhn mit dén smucken Kranz? ▪ Un dē dor achter |*dahinter* fohrt |*fahren*? Wo sēht |*sehen* dē ut! ▪ Twēē Ēkenstämm |*Eichenstämme*, de ēēn sō vull in Kraft, ▪ utweddert[X41d] |*verwittert* is de Ōle an sien Siet, ▪ nu beid sünd dropen |*getroffen* vun dénsülben Blitz, ▪ un beid sünd slogen |*geschlagen* vun dénsülben Slag, ▪ bōōgt |*gebeugt* as süm|se[X04] sitt |*sitzen*, de stolten Köpp no Ēēr, ▪ un âll süm|ehr[X06] Höpen |*Hoffnung* op dén Weg tō Graff: ▪ Hans Hansen is dat un de junge Reimer.

De Ōl' is as én Stēēnbild, wat ēēn[X29a] fohrt |*transportiert*, ▪ én Hōōt dorop stülpt |*gestülpt* un én Mantel umhungen |*umgehängt*, ▪ de Ōgen stier, sō fohrt |*fahren* süm|se[X04] mit ém hén. ▪ Kēēn Troon |*Träne*, kēēn Mien |*Miene*, hē kickt man |*blickt nur* no dén Sârġ, ▪ dē vör ém sik in' wârmen Sünnenschien spēgelt. ▪ Sō kēēk |*sah* hē nu al Weken |*Wochen* op ehr Bett, ▪ dē dor nu rōht[X52], un op ehr blēken Lippen ▪ (watt |*ob* sē wat wünsch |*wünschte* un wull

Ausprachehilfen für ō, ē, ŏ, â, é, ġ, ƀ: siehe auf Seite 5 UND Buchdeckel!

|wollte, wenn sē süm|ehr^{X05} rȫhr |rührte) ▪ bi Nacht un Dag; kēēn Wink kēēm |kam in sien Ōgen, ▪ bet sē ehr |ihre tōdä |schloss tō den längsten Sloop. ▪ Dō sack hē ōōk in Slummer op sien Ârmstōhl. — ▪ Nȫȫss' hett hē stohn |gestanden an't Finster un dor ruutsēhn |hinausgesehen. ▪ Nu fohrt hē achterno un kickt op'n Sârg.

Dat Unglück hett em dropen as en Wedder^{X41d} |Unwetter, ▪ Slag över |um Slag. Dat hârr |hätte em doch |trotzdem ni^{X20} bȫȫgt |gebeugt, ▪ dat lēēt |ließe sik överwinnen mit iesern Willen, ▪ dat hârr |hätte sien Nücken |Launen, mēēn |meinte hē, as dat Speel, ▪ un ēwig kunn't |könnt's ni^{X20} duren |dauern, sō worr't |würd's sik wennen |wenden.

Hē hârr |hatte sien Schipp verloren, sien Loden |Ladung tōsett |zugesetzt (verloren), ▪ wēēr vun't Glück bedrogen |betrogen un vun slechte Lüüd. ▪ Dō wēēr hē brutt |schroff un ēgensinnig worrn, (GrK1.1.251) ▪ hârr kofft |gekauft un verkofft, woogt |gewagt un wedder^{X41a} woogt, ▪ sik hier vertisst |verheddert un dor sik överielt |übereilt, ▪ ut Stolt wat dörstohn |durchgestanden un denn ut Nōōt versleudert |verschleudert, ▪ bi Juden lēhnt |geliehen, um Christen tō betohlen, ▪ Fōōtiesen lȫȫst |gelöst un Handschellen wedder^{X41a} nohmen |genommen, ▪ tōletzt Kredit un Tōtruun |Vertrauen överspannt ▪ un as en hitzig' Speler, blind un krötig|›trotzi‹, ▪ den Duum sett |gesetzt op en ēēnzigst' |einzige hōge Koort: ▪ Hē hârr en Eddelgōōt^{X50} |Adelsgut in Holstēēn kofft, ▪ nu stunn't dorop |ging's darum, en Johr lang dat tō hōlen |halten, ▪ de Kreditors |den Kreditgebern de Ōgen tōtōdrücken |zuzuhalten; ▪ nȫȫss' much dat stuben |stieben (stürmisch werden), hē hârr |hätte Geld in Hannen, ▪ watt sien, watt anner |ob seins, ob anderer — hē verstunn |verstünde, dat tō bruken |es zu handhaben!

Doch anners is't mit Krankheit un dėn Dōōd. • Dē kėnn |*kannte* hē ni[X20], dē hârr hē ni[X20] in Reken |*Rechnung*, • dē kēmen |*kamen* ėm as Verdârßen |*Unheil* över Nacht, • as wėnn de Borrn |*Boden* ėm beev |*bebte*, de Ēėr ramenter |*tobte*, • wō hē op buut |*gebaut hatte* un gohn |*gegangen war* mit sekern |*sicheren* Knoken. • Dō stört |*stürzte* hē hėn, dō gung dat mit ėm rund |*wurde er schwindlig*, • dō lēēt |*ließ* hē't gohn |*laufen* un foot |*fasste* ni[X20] no de Spēken |*Speichen*, • dor fehl |*fehlte* ėm Ėnn un Anfang un dat Leit |*die Leine*. • Hē hârr man leevt un streevt un lenkt un stüürt |*hatte nur gelebt, gestrebt, gelenkt, gesteuert*, • an' Himmel sēhg |*sah* hē nix, ni[X20] Stüür noch Hoken |*weder Steuer noch Haken*, • un mit sien Dochter wēēr sien Welt tō Ėnn.

De junge hârr dat sēhn |*gesehen*, hârr hööpt |*hatte gehofft* un twiefelt |*gezweifelt*, • doch ēērstmool redd |*gerettet* un hōlen |*gehalten*, wat hē kunn. • Un as de Ōl' nu sēēt |*saß* as bi ėn Schipp*bruch* • un Wind un Wachen|*Waggen* |*Wogen* in'e Seils dor spelen |*spielten*, • nēhm |*nahm* hē dat Rōōr |*Ruder* op ēgen Hand tō foten |*in die eigene Hand* • un joog |*jagte* dat |*(das Ganze)* op'n Strand, um wat tō bârgen |*bergen*. • Kunkurs kēēm över't Gōōt[X50] |*Gut*, hē koff |*kaufte* de Buursteed |*Bauernhof*, • hē rēē'|rēēd |*ritt* un fohr |*fuhr* vun Kiel no Hamborg rum, • wēēr jümmer[X21] op'e Landstroot un mang |*unter* Lüüd • un mött |*hielt gegen* un hēēl |*hielt*, wat man |*nur* tō mōten |*aufzuhalten* wēēr. *(GrK1.1.252)* • Doch as hē nu tōletzt ut Holstēēn kēēm, • toreden un toreten |*tweireden un tweireten* |*zerritten und zerrissen* op sien Schimmel, • un ielig hėnjoog |*hinjagte* langs de wiede Masch, • dō klopp |*schlug* dat Hatt ėm twischen Angst un Freuden, • dō dach |*dachte* hē an dėn Hoff, dē nu sien ēgen, • dėn Goorn un Blōmenhoff |*2x Garten* un sien hēēmli[M3] Glück, – • doch ni[X20] för sik; för ēēn |*eine*, dē ėm de lēēfste, • dē för ėm lēē'|lēēd |*litt* un sorg |*(sich um ihn) sorgte*, sō lang

sē kunn, • vellicht för em |*seinetwegen* op't Krankenloger lēēg |*lag*;
• denn würkli |*tatsächlich* wēēr sē mang twēē hatte Stēēn |*zwei*
Mühlsteinen • un wull |*wohl* tō wēēk |*weich* un gōōt^{X50} ween^{X83} un
tweidrückt |*zerdrückt*. • Dē hârr hē dō verloten |*verlassen* in de
Nōōt, • um Huus un Hoov |*Habe* tō redden un tō bârgen: • Nu
hârr hē't dwungen |*durchgestanden*; wēēr |*war* sē em nu man |*nur*
bleben |*geblieben*, • sō fōhl |*fühlte* hē Kraft, dat Swoorste
dörtōsetten |*zu erkämpfen*, • ut Brand- un Strandgōōt^{X50}, wat dor
bleben |*geblieben* wēēr, • en Schipp tō buen|buden^{X55}, un wēēr |*wäre*
dat noch sō eng, • wat wull de drēē mit Ēhren dregen schull
|*tragen sollte*.

Sō kēēm |*kam* hē an – un funn |*fand* ehr as en Liek. • Nu fohrt
|*fährt* hē achterno un kickt op'n Sârg.

Dat Glück is blind. Hōōr man |*nur* de Wōhrner Klocken! • Wo
|*Wie* kummt de Tōōn ni^{X20} |*(doch)* liesen över't Feld! • 'kēēn^{X29c}
hōōrt dat ruut, watt |*ob* för en broken^{M3} |*gebrochenes* Hatt, • watt
för ēēn |*ob für eines*, dat in Lust un Höpen |*Hoffnung* lacht?

Hōōch över âll dor treckt |*zieht* de Vörjohrsheben |*Frühjahrshimmel*,
• as jümmer^{X21} blau, as jümmer^{X21} dēēp un kloor. • De Kinner
singt |*singen*, de Blōōm un Vogeln koomt |*kommen*, • un ruhig^{X52}
kummt de Dag un geiht tō Roh^{X52}.

Doch in'e Dēēpt|Dēēpde |*Tiefe*, wō Ōōg un Ōhr ni^{X20} henreckt, •
dor, hōōpt |*hoffen* wi, is en Hand, dē âllns höllt |*hält*, • dor, hōōpt
wi, is de Hand, dē âllns lōōst |*erlöst*: • Sō loot |*lasst* uns^{X07b} trōōstli
wanneln bet tō Enn.

Spröök*

|Sprüche

(GrK1.1.253 – Kiek ōōk GrK5.1.342 un ōōk GrK2.544!)

Ėn Stuuv tō wischen,　　　　　　　　　　　|Stube
ėn Kind tō tüschen,　　　　　　　　　|beschwichtigen
ėn Mann tō plegen:
Wat för ėn Glück un Segen!

———

Dat's swoor tō lȫben un tō lēhren:　　　|zu glauben & zu lernen
Datt ōle Lüüd mool Kinner wēērn;　　　　|dass ... waren
dat kummt âll' Doog un is doch hatt,　|ist alltäglich und ist dennoch hart
datt Kinner ōōk mool ōl' Lüüd wârrt.　　　|dass ... werden

———

Ėn ēgen Huus, ėn ēgen Hoff un Ârbeit âll de Doog:
De meisten is dat Glück tō grōōt, – sō sȫȫkt süm|se^{XD4} sik ėn Ploog.
|Den meisten ist ...suchen sich eine Plage

———

De Hohn, dē op sien Misten sitt, dē kann wull kreihen un schriegen:
|Hahn ... Misthaufen ... schreien
Doch op dėn Klockentōōrn de Hohn, dē mutt sik dreihen un swiegen.
|Glockenturm ... drehen ... schweigen

———

De Nârrheit passt in jēēdēēn Rock, un jēēdēēn Rock de Nârrheit.
|und jeder Rock (passt) der Narrheit
Ėn Kōhfōōt un ėn Hosenfōōt goht veel tōsomen op Ârbeit.
|Kuhfuß (›Brechertyp) & Hasenfuß (›Geck‹ / ›Bangbüx‹ / ›Weichei‹) gehen oft

———

De Mann, dē man sien Sünndag hett, dē kōōp sik ėn Kalenner
|der nur ... der kaufe sich
un striek man âll de Wârkeldoog ōōk mit ėn Rōōtkried ünner.
|unterstreiche nur alle Werktage auch mit roter Kreide (GrK1.1.254)

———

Brōōt gifft kēēn Lēēv,
Nōōt mookt kēēn Dēēv.

|Brot gibt keine Liebe,
|Not macht keine Diebe.

———

Watt Hōōchstēērt ōder Kropperduuv, watt vör, watt achter dull:

|Ob Hühnertaube … Kropftaube … ob vorn, ob hinten verrückt

De Hōōchmōōt un de Övermōōt sünd beid' doch holl un boll.

|Hoch- & Übermut sind beide durch & durch hohl

———

Tō veel Verstand un schârpen Semp, dē kribbelt in'e Krüsen.

|die jucken in den Stirnhöhlen

Wat footst' an anner Lüüd süm|ehr[X08] Nöös? Hest' sülben je dat *Niesen*!

|an anerer Leute Nase … dat Pruuschen

———

Ėn ēgenrēēdte Ēhrlichkeit, groffdröhtig un ni[X20] möör|›schær‹,

|selbstgemachte … grob(fädig) & nicht mürbe

dē gifft di ėn Gewetensrock – lett Sünn noch Rü ni[X20] dör.

|Gewissensrock … lässt weder Sünde noch Reue durch

———

Och, freu di an de schȫne Welt un wees ni[X20] tō vernünftig!

|& sei nicht zu

Loot ehr man lōpen, as sē löppt, rund blifft sē ōōk tōkünftig!

|Lass … wie sie läuft … bleibt sie … tōkümstig

———

Wėnn (as du muchst) âll wat di wruckt un wat di wormt, ni[X20] wēēr,

|(wie du wünschtest) … was dich quält & wurmt … nicht wäre

sō sēētst du wrantig bâld allēēn un muchst di sülvst ni[X20] mēhr.

|säßest du mürrisch … & möchtest dich

———

Groff ōder fien,   – Bēēr is kēēn Wien,
Wien is kēēn Bēēr;   – âllen Anfang is *schwer*,
schwer is âllen Anfang, – geev Gott ėn gōden[X50] *Fortgang*!

Ėn Lēderkranz

|Ein Liederkranz

1. Dat Huus

|Das Haus

(GrK1.1.255 – Kiek ōōk GrK5.1.344 un ōōk GrK2.548!)

Versteken mang Eschen, dor steiht ėn lütt[M3] Huus,

|versteckt zwischen

dat's obends sō sachten, dor rȫhrt sik kēēn Muus,

|so still … rührt sich

dor schient ut de Blööd dėnn ėn Licht rein sō blank,

|aus den Blättern … so gänzend

ėn Ōōlsche[X16] in' Löhnstōhl, un **sē** op de Bank.

|eine Alte … und sie

Dat schient mi in'e Ōgen, dat treckt mi in' Sinn,

|scheint mir in … zieht mir in

dat treckt mi in'e Schummern sō hēēmli dorhėn,

|zieht mich in der Dämmerung

sō wârm un sō lurig, wēēt sülben ni[X20] wosück[X30] –

|und so traulich … weiß selbst nicht wie

ik stoh ünner't Finster un höög mi un kiek.

|stehe … freue mich & gucke

Un sitt wi tō snacken um't Licht op'e Bank,

|sitzen wir & plaudern ums

sō schient mi ehr Backen noch ēēnmool sō blank,

|scheinen mir ihre Wangen

dėnn is dat sō ruhig[X52], dėnn rȫhrt sik kēēn Muus:

|dann ist es … dann rührt sich

Ōh, kunn ik dor blieben un muss ni[X20] tō Huus!

|könnte ich … & müsste nicht

2. De Goorn

|Der Garten

(GrK1.1.255 – Kiek ōōk GrK5.1.345 un ōōk GrK2.548!)

Leben – och! – wo is't ni[X20] schȫȫn! |wie ist's nicht (doch!)
Dōōd is wull sō swoor! |Tod
Un de Kârkhoff is sō nēēg, |Friedhof … nah
Dicht an unsen Goorn.

Kiek ik no de Krüzen un Stēēn, |Blicke ich zu den Kreuzen & Steinen
kiek ik no dėn Moon, |blicke ich zum Mond
hȫȫr ik sachs de Kârkenklock |(so) höre ich wohl
still un trurig gohn.

Och! Un liekers rüükt de Blōōm, |trotzdem duftet
un mien Hatt, dat sleit! |Herz, das schlägt
Süh! Un ünner'n Appelbōōm, |Kiek!
kiek mool, 'kēēn[X29c] dor steiht! |wer da steht (GrK1.1.256)

Koom, dat Leben is sō schȫȫn! |Komm
Dōōd is wull én Drōōm. |Tod ist wohl
Loot uns[X07b] över'n Kârkhoff sēhn |Lass
mang de Büsch un Blōmen|Blȫȫm.

3. De ōl' Wichel |Die alte Weide (Baum)

(GrK1.1.256 – Kiek ōōk GrK5.1.347 un ōōk GrK2.550!)

Dènn klopp man an't Finster, |klopfe nur
dènn klopp du man sacht, |klopf … aber sanft
dat Dörp liggt tō slopen, |liegt und schläft
un still is de Nacht.

Dènn klopp man an't Finster, |Dann klopf nur ans
man sacht an'e Ruut, |nur sanft an die Scheibe
hō̈ōr ik di in't Slopen, |im Schlaf
sō koom ik heruut. |komme ich

De Goorn is sō ruhig[X52], |Garten
de Moon is sō blank, |Mond
koom sacht, koom vunnacht, |komme sacht, komme heut' Nacht
koom dèn Stieg man hentlanġ! |komme den Steig nur lang

Dor steiht de ōl' Wichel, |steht die alte Weide
dorünner de Stēēn,
un beid' wüllt wi sitten, |wollen wir sitzen
no'n Heben rop sēhn. |zum Himmel hinauf sehen

Un beid' wüllt wi snacken |wollen …plaudern
sō hēēmli, sō sacht, |heimlich … still
Un nüms* schåll dat weten |niemand soll's wissen
as Moon un de Nacht. |außer Mond &

4. Vör Döör

|Vor der Tür

(GrK1.1.257 – Kiek ōōk GrK5.1.349 un ōōk GrK2.552!)

Loot mi gohn, mien Mōder[X12] slöppt!   *|Lass mich … schläft*

Loot mi gohn, de Wächter röppt!   *|ruft*

Hōōr! Wo schâllt dat still un schōōn!   *|Höre! Wie schallt es*

Goh un loot mi smuck allēēn!   *|Geh' & lass' mich*

Süh! Dor liggt de Kârk sō grōōt!   *|Sieh … liegt*

An de Müür, dor slöppt de Dōōd.   *|Mauer … schläft der Tod*

Sloop du sund[X38] un dėnk an mi!   *|Schlafe … gesund & denke*

Ik drōōm de hēle[X29b] Nacht vun di.   *|Ich träume die ganze*

Mōder[X12] luurt! Sē hōōrt dat wiss!   *|wartet … hört es sicher*

Nu is nōōg! – Nu tschüüs! Nu tschüüs!   *|ist genug*

Morgen Obend, wėnn sē slöppt,   *|schläft*

bliev ik, bet de Wächter röppt.   *|bleibe ich … ruft*

5. Tō Bett

|Zu Bett

(GrK1.1.257 – Kiek ōōk GrK5.1.351 un ōōk GrK2.554!)

Wo mōōd un wo slooprig,
|Wie müde & wie schläfrig

ik fōōl noch de Hannen.
|ich falte

Ik wēēt ni[X20] – wat bee'|beed ik?
|Ich weiß nicht, was bete

Ik dėnk an Jehann!

Wo mōōd un wo slooprig,

un düüster de Nacht:
|& dunkel

Ik sēh|sēhg[X58] ėm mit Ōgen,
|Ich sehe ihn

as stunn hē un lach,
|als stünde er (da) & lachte

sō blied un sō fründli –
|so gütig &

Och! Mook ik süm|ehr[X05] tō,
|Mache ich sie zu

sō süht ėm mien Hatt noch,
|so sieht ihn

as lach hē mi tō.
|als lachte er (GrK1.1.258)

Ik drōōm wull in't Woken,
|träume wohl wachend

ik wēēt ni[X20], wosück[X30]:
|weiß nicht, wie

Ik wēēt ni[X20], schull't Sünn ween[X82]? –
|weiß nicht, sollt es Sünde sein

Och nä! Dat's dat Glück!
|Ach nein

Ausprachehilfen für ō, ē, ō̄, â, ė, ġ, ƀ: siehe auf Seite 5 UND Buchdeckel!

Drēē Vogeln

|Drei Vögel

1. Goldhohn

|Goldhähnchen [Regulus]

(GrK1.1.258 – Kiek ōōk GrK5.1.353 un ōōk GrK2.556!)

Dor sitt ėn lüttjen Vogel, |sitzt

sō geel as Gold, |gelb wie

dē singt, dat schâllt sō lustig

dör Busch un Holt |Gebüsch & Gehölz (auch: 2x Wald).

Swieg still, du lütten Vogel, |Schweige, du kleiner

un flēēg mool hėn! |fliege mal (da)hin

Dor steiht vör't lüttje Finster |steht vorm kleinen

hēēl|›heel‹ hōōch ėn Linn. |ganz hoch eine Linde

Dor sitt un sing sō lustig |Da sitze & singe

un pass mool op! |passe mal auf

Dor kickt ut' lüttje Finster |guckt aus dem

hēēl wiss ėn Kopp. |(ganz) gewiss ein

Hett gollengele Lucken, |Hat goldgelbe

singt ebensō schȫn,

ik lȫȫv, sē hett ōōk Flünken: |ich glaube … Flügel

Kannst du't wull sēhn? |Kannst du es

2. De Duuv

|Die Taube

(GrK1.1.258 – Kiek ōōk GrK5.1.354 un ōōk GrK2.560!)

Wō is dien Voderhus[x11],
|Wo ist
wō is de Pōōrt?
|die Pforte (GrK1.1.259)
„Buten, wō't Dörp tō Ėnn,
|Draußen, wo's
buten dėn Ōōrt."
|außerhalb des Ortes

Wō is dien Komerdöör,
|Kammertür
wō is dien Stuuv?
|Stube
„Boben no't Finster rop
|Oben zum ... hinauf
rankt sik ėn Druuv.
|eine Traube

Koom du um Merrennacht,
|Komm' ... Mitternacht
koom du Klock ēēn:
|um ein Uhr
Voder[x11] slöppt, Mōder[x12] slöppt,
|schläft
ik sloop allēēn.
|schlafe

Koom an'e Kökendöör,
|Küchentür
koom an'e Klink:
|Türgriff
Voder[x11] mēēnt, Mōder[x12] mēēnt,
|meint
dat deit de Wind." –
|das tut

Boben no't Finster rop
rankt sik ėn Druuv:
Achter dat Swülkennest
|Hinter dem Schwalbennest
buut ėn witte Duuv!
|baut eine weiße Taube

3. Nachtrieder

|Nachtreiter (Fehmarn: ›loser Bursche‹)

(GrK1.1.259 – Kiek ōōk GrK5.1.355 un ōōk GrK2.562!)

Rie'|Ried ik kēēn Sodelpeerd, bruuk ik kēēn Tōōm,

|Reite ich ... Reitpferd ... Zaum

plück ik mien Riedpietsch af ut'n Wichelbōōm!

|pflücke ich ... Reitpeitsche ... Weidenbaum

Nachtens, wènn't düüster is, störmt dat un roost,

|In der Nacht ... dunkel ... stürmt es & rast

mien is dat beste Peerd, wat de Wischen groost!

|das die Wiesen begrast (auf ... grast)

Black, reck de Pōten ut! Flēēg as de Wind!

|Rappe, greife mit den Hufen aus (recke die Pfoten) ... Fliege

Dreeg mi dör Storm un Nacht bet mien lēēfste Kind!

|trage mich ... bis (zu) meinem

Wēētst du, wo't Finster klickt? Wēētst du, wo't deit?

|Weißt du, wie's ... aufgeht ... wie's funktioniert

Spring ik bi Lēēfste rin, spring du no de Weid!–

|Springe ich ... springe du auf die Weide (GrK1.1.260)

Lustig is't Leben ohn Tögel un Tōōm!

|ohne Zügel & Zaum

Vogeln plückt Kassbein: Wokēēn hō̈ō̈rt de Bōōm?

|pflücken Kirschen ... Wem gehört

|Zum Schluss

1. Vullmacht sien Tweeschens |Vollmachts Zwillinge

(GrK1.1.260 – Kiek ōōk GrK5.1.356 un ōōk GrK2.564!)

Wat gluddert* in' Blōmenhoff un lacht achter'n Tuun?

|*Was gluckst da im Blumengarten ... hinter der Hecke*

De Vullmacht sien Tweeschens, de Witte, de Brun'.

|*die Blonde & die Braune*

De Voogt un de Schriever gungen eben vörbi,

|*(evtl.) Landvogt (etwa: Landrat) ... Schreiber gingen*

wēēr jüst as ėn Bēērtünn mit Höhnken dorbi.

|*just wie ein Bierfass mit Zapfhahn*

Wo lach dō de Brune un schüddel de Hoor:

|*Wie lachte die ... schüttelte*

Du kriggst mool dėn Krummen, schasst[X62b] sēhn, noch vuntjohr!

|*Du bekommst 'mal ... sollst' sehen ... dieses Jahr (heuer)*

Wo lach dō de Witte un klapp in'e Hannen:

|*Wie lachte da ... klatschte in*

Du kriggst mool dėn Dicken, dėn Dicken tō'n Mann! –

|*zum (als) Mann*

Ik kiek dör de Poten un heff mi bedacht:

|*Ich gucke durch die Heckenpflanzen & habe überlegt*

Wat much ik dėnn, Schriever ween[X82] – ōder de Voogt?

|*Was wünschte (möchte) ich ... Schreiber sein*

2. Wohr di!

|Hüte dich!

(GrK1.1.260 – Kiek ōōk GrK5.1.357 un ōōk GrK2.564!)

Sē is sō frisch, as wēēr't én Tulk, |als wäre sie eine Tulpe

sē is sō licht, as wēēr't én Wulk,

sē is sō flink, as wēēr't én Swulk, |eine Schwalbe

    un krâll as Flissendroht. |drahtig wie (ein) Flachsfaden

Én Wichel is ni[X20] hâlf sō slank, |Eine Weidenrute

én Pöppel is ni[X20] hâlf sō rank, |Pappel ... aufgeschossen (GrK1.1.261)

un ni[X20] én Bârk sō witt un blank |& nicht eine Birke

    as sē in' Sünndagsstoot. |wie sie im Sonntagsputz

Sō hüppt én Steilitsch langs de Heid, |hüpft ... Distelfink (Stieglitz)

sō springt én Ēlamm op de Weid, |Lamm (weibliches)

un dē süm|ehr[X05] süht, dē hett sien Freud

    un kickt sik reinweg duun. – |sieht sich förmlich trunken

Ik bee'|beed di, hōō'|hōōd dien Ōgen, Fründ! |Ich bitte ... hüte

Sē is doch, as âll de annern sünd, |wie all die

sē dreiht sik as én Küselwind – |wie ein Wirbelwind

    un – wupp di – liggst' in Tuun! |schwups, liegst' in der Hecke

3. Wo hēēt sē doch? |*Wie heißt sie doch (gleich)?*

(GrK1.1.261 – Kiek ōōk GrK5.1.359 un ōōk GrK2.566!)

„Dėn Vullmacht sien Öllste – wo hēēt sē doch?" |*wie heißt sie*
    Kathrina, Kathrin!
„Dėn Vullmacht sien Twēte – wo hēēt sē noch?" |*des Vollm. Zweite*
    Christina, Christin!
„De Jüngste is je noch tō klēēn|lütt ..."
de Jüngste is ėn Bild, sō schȫȫn,
    ėn Rōsenknupp, sō fien. |*eine Rosenknospe, so fein (zart!)*

Wi gungen in't Holt un rēpen luut: |*gingen im Gehölz & riefen*
    Kathrina, Kathrin!
Dō schåll dat manġ de Bȫȫm heruut: |*schallte es zwischen*
    Christina, Christin! |
Süm|Se[X04] hebbt sik fungen un danzt un lacht. |*haben sich gehascht &*
De Jüngst ehrn Noom, dėn rēēp ik sacht, |*rief ich leise*
    un liesen rēēp sē mien. |*und leise rief sie meinen*

De Vullmacht stunn sō blied vör Döör: |*froh vor der Tür*
    Kathrina, Kathrin!
de Mȫder[X12] fiechel: Mien ēēnzigst[M3] Gȫör, |*schmeichelte: Mein bestes Kind*
    Christina, Christin! *(GrK1.1.262)*
De Jüngste kriggt vör Döör kēēn *Schmatz*, |*bekommt vor der Tür keinen*
de Jüngste hett in' Goorn ehrn *Schatz*, |*hat im Garten ihren*
    de Jüngste, dat is mien.

4. Tōͦv mool!

|*Mal langsam! (Warte mal!)*

(GrK1.1.262 – Kiek ōōk GrK5.1.360 un ōōk GrK2.568!)

Sē is doch de stillste vun âll tō Kârk!

|*von allen zur Kirche*

Sē is doch de schōͦönste vun âll tō Mârkt[X77]!

|*von allen zum Markt*

Sō wēēkli, sō blēēkli un de Ōgen sō grōōt,

|*So weich, so bleich*

sō blau as ėn Heben un dēēp as ėn Sōōt.

|*Himmel … Brunnen*

'kēēn[X29c] kickt wull in't Woter un dėnkt ni[X20] sien Dēēl?

|*Wer blickt … seinen Teil*

'kēēn[X29c] kickt wull no'n Heben un wünscht sik ni[X20] veel?

|*zum Himmel*

'kēēn[X29c] kickt in ehr Ōgen, sō blau un sō froom,

|*& so brav*

un dėnkt ni[X20] an Ėngeln un allerhand Kroom?

|*an Engel & anderes*

5. Verloren

(GrK1.1.262 – Kiek öök GrK5.1.361 un öök GrK2.568!)

Sien Mōder[X12] geiht un jammert,
sien Voder[X11] wischt de Tronen,
ik melk de Kȫh un feeg de Stuuv, |melke … fege
mi loot süm|se[X04] stohn un gohn. |mich lassen sie (links liegen)

De Novers koomt tō trȫösten |Nachbarn kommen zum Trösten
un snackt ėn hattli[M3] Wōōrt, |sprechen ein herzliches
un wėnn süm|se[X04] trȫöst un wėnn süm|se[X04] wēēnt, |trösten … weinen
sliek ik mi trurig fōōrt. |schleiche ich mich

An' Oḃend in'e Komer, |in der Kammer
bi dēpe düüstere Nacht, |in der tiefen dunklen
dėnn wēēn ik âll de Loken natt, |dann weine … die Laken
bet an dėn hellen Dag.

Süm|Se[X04] hebbt je noch ėn annern, |haben ja noch
süm|se[X04] hebbt je noch ėn Söhn: |haben ja noch (GrK1.1.263)
Ik heff je nix as bittere Tronen |nichts als bittere Tränen
un mutt dē hēēmli wēnen. |muss die heimlich weinen

Un koomt sien Kameroden |kommen seine
un seġġt, wo broov hē wēēr, |sagen, wie tapfer
sō mutt ik ruut allēēn no'n Hoff |muss ik raus … zum Garten
un legg mi an'e Ēēr. |lege mich an die Erde

Mi dünkt, ik hȫȫr dat Schēten |Mir ist, ich hörte das Schießen
un wo de Kugeln fâllt, |& wie die Kugeln fallen
mi dünkt, ik hȫȫr, hē röppt, hē röppt: |Mir ist, ich höre, er ruft
Mien Anna, koom man bâld! |komme nur bald

Ansinnen der ›Meldörp-Böker‹

Die Wörter der ›**Wöhrner Wöör**‹ wurden nicht ausnahmslos **in** Wöhrden aufgespürt. Sie wurden **für** die Wöhrdener, Dithmarscher und weitere Interessenten zusammengestellt, datt süm[X04]|se sik beter verwören köönt. Ebenso haben auch die ›**Meldörp-Böker**‹ nur zum Teil ihren Ursprung **in** Dithmarschen. Sie sollen vielmehr **für** Dithmarschen (und darüber hinaus) und seine Platt-Interessenten Lesestoff in korrekt lesbarer Form zur Verfügung stellen. Vor allem sollen auch diejenigen umworben werden, die kaum noch die Möglichkeit haben, sich das Plattdeutsche ›einfach so durch Snacken‹ anzueignen, wie es sicherlich wünschenswert wäre. Man stelle sich einen VHS-Kursbesucher vor, der im Anschluss an den Kurs ›dranbleiben‹ will. Geeignete Literatur für Dithmarschen und den genannten Interessentenkreis und sein erworbenes Sprachniveau gibt es praktisch nicht – sofern dem Kursabsolventen etwas an richtiger Aussprache gelegen ist. Die hier präsentierten Texte sollen die Lücke füllen helfen. Zu Grunde liegt die Überzeugung, dass man mit täglich halbstündigem (oder auch kürzerem), diszipliniert lautem Lesen in diesen Texten die Zunge an unser Platt in absehbarer Zeit gewöhnen kann. (Natürlich wäre die gelegentliche Korrektur durch einen alteingeborenen Supervisor, möglichst einen echten Dithmarscher, hervorragend.) Gedacht ist vor allem an Zuwanderer aus deutschen und auch nichtdeutschen Landen UND an hier heute Aufwachsende, die mit Plattdeutsch kaum noch oder in zeitlich völlig unzureichendem Maße in Berührung kommen. Inwieweit die Texte auch außerhalb Dithmarschens nützlich sein können, muss vor Ort entschieden werden.

In den ›Wöhrner Wöör‹ wie in den zugeordneten ›Meldorf-Büchern‹ wird versucht, sich so nah wie möglich an der SASS'schen Schreibweise auszurichten, welche allerdings als fortentwicklungswürdig angesehen und behandelt wird! (Siehe auch Abschnitt Q19 in Wöhrner-Wöör, Teil 1!)

Die hier eingesetzte Schreibweise könnte auch schlicht als ›SASS+‹ bezeichnet werden. D.h.: In einer ersten Erweiterungsstufe werden die langen Diphthonge (**die Zwielaute [o^u, e^i und o^i|ö^ü], die sogenannten ›Altlängen‹) in der Form ō, ē und ȫ** durch einen Balken gekennzeichnet, damit sie als Träger ›breiterer‹ Lautung ins Auge springen. (Eselsbrücke: Die langen o's, e's und ö's werden durch draufgepackte ›dithmarscher Kanaldeckel‹ derart gequetscht, dass aus ihnen o^u's, e^i's bzw. ö^i's werden.) Damit heben sich die Zwielaute von den langen Monophthongen (Einlauten [o:, e: und ö:], den sogenannten ›Tonlängen‹, in der Schreibung o, e und ö) zumindest optisch ab. – **Fritz Reuter** schrieb hingegen die Diphthonge deutlich als Doppelzeichen, so z.B. als ›äu‹; ähnlich Kinau als ›eu‹. – Der Mecklenburger **August Seemann** verwendete 1905 in seinem ›Andäu‹ wie Groth a, ę und æ für die langen Monophthonge (allerdings nicht sehr konsequent), zusätzlich au, ei und äu für lange Diphthonge (kamen, maken, Sahlen; będen, ęhr, sovęl, Bäk; æwer, kænt, Vægel gegenüber Draußel, klauk, tau; Bein, hei, Leiw; Besäuk, bläuht, Gäus'). – Der Ostholsteiner **Wilhelm Wisser** markierte die Monophthonge mit einem druntergesetzten Punkt, die Diphthonge mit einem draufgesetzten Dach. So finden sich bei ihm die Wörter Ạbend, dạl, Dạler, slạpen, Wạter; bẹten, drẹgen, ẹbenso, Ẹten, vẹl; öwer, söben, Söhn, Tögel, vör {jeweils ö mit Punkt} gegenüber andôn, Bôm, Brôder, klôk, tô; gêrn, hê, mêhr, Stên, Stêrt; Böm, Bröder, Döwel, Malhör, söken {jeweils ö mit Dach}. – Für uns in Schleswig-Holstein kommt eine Schreibung wie z. B. ›ou‹

UND ›ei‹ UND ›eu‹ nicht in Frage. Denn für Schleswig-Holstein gilt mindestens seit **Groth und Müllenhoff** eine andere Tradition und seit 1956 **SASS** (von den drei Heimatverbänden NS, HH und SH so beschlossen). Eine Lösung muss in Anlehnung daran gesucht und gefunden werden! – In den internationalen Computer-Zeichensätzen gibt es immerhin <u>eine</u> Möglichkeit, für die drei bei SASS verwendeten Altlängen-Zeichen o, e und ö einheitliche Ergänzungen in Form von ō, ē und ȫ einzusetzen. Diese einzig verfügbaren Zeichen habe ich in der ›**SASS-ergänzenden Schreibweise**‹ für die Zwielaute herangezogen. (Erst nachträglich ging mir auf, dass schon Otto Mensing in seinen Lautschriftergänzungen die Zeichen ō, ē und ø für die nämlichen Zwielaute verwendete, für ganz Schleswig-Holstein!)

Hinzu kommt bei mir das **â** für Wörter, die in SASS'scher Schreibweise nach hochdeutschem Schreib- und Lautungsmuster zu leicht kurz gesprochen würden. SASS'sche Wörter wie all, Ball, fallen, Kalf, Anstalt, Garr, Narr, blarren, Barg, narms erhalten in ergänzender Schreibweise das Dach: âll, Bâll, fâllen, Kâlf, Anstâlt, Gârr, Nârr, blârren, Bârg, nârms. (Eselsbrücke: Die a's werden mit ›dithmarscher Spreizern‹ derart gedehnt, dass aus ihnen trotz der zwei Folge-Konsonanten Lang-a's werden.)

Hinzu kommt das **ė**, das sonst als ›e‹ nach hochdeutschem Schreib- und Lautungsmuster zu leicht als Kurz-ä gesprochen würde. Diese einfachen e-Zeichen werden in SASS'scher Schreibweise gern in Wörtern wie em, den, denn, hen, Enn, hebben, seggen verwendet, weil sie in vielen Mundarten (dem Hochdeutschen näher) auch als Kurz-ä gesprochen werden. In Dithmarschen und (noch stärker) an der Niederelbe liegt aber zumeist Kurz-i-Lautung vor, deshalb ėm, dėn, dėnn, hėn,

Ėnn, hėbben, sėggen. (Die i-Schreibung wie in Finster, Hingst und Minsch würde die zügige Worterkennung häufig behindern.)

Hinzu kommt drittens das selten verwendete ġ. Es wird eingesetzt, wenn eine harte [g]- oder gar eine [k]-Sprechweise sichergestellt werden soll, jedoch die schlichte ›g‹-Schreibung nicht vor [ch]-Sprechweise schützen würde und k-|ck-Schreibung ›weniger schön‹ wäre. (Siehe unter ›Schreibweise und Aussprache‹!)

Und schließlich soll das ḃ dort, wo nach SASS ›v‹ geschrieben wird, darauf aufmerksam machen, dass in Dithmarschen eher [b] gesprochen wird oder im Fall von ›ölben, glöben, sülben‹ eher [ölm, gloim, sülm]. (Ein ›v‹ mit aufgesetztem Punkt wäre mir lieber gewesen, ist aber nicht verfügbar.) (Siehe unter ›Schreibweise und Aussprache‹!)

Die Differenzierung zwischen den langen Monophthongen und Diphthongen ist am wichtigsten für eine saubere Aussprache in Dithmarschen. Sie ist vielen nordniederdeutschen Mundarten eigen, nicht nur der Dithmarscher Mundart. – Warum differenzierten denn wohl **Groth und Müllenhoff** in Dithmarschen, **Fehrs** im südwestlichen und **Wisser** im östlichen Holstein, **Mensing** für ganz Schleswig-Holstein, die ›**Plattdütschen Volksböker**‹ in Garding und **Kinau** in Finkenwerder, warum differenziert noch heute das 5-bändige ›**Hamburgische Wörterbuch**‹? Im Rahmen der Deutschlehrer-Ausbildung der fünfziger Jahre brachten Ivo **Braak** und Walther **Niekerken** in mehreren Heften der ›Flensburger Ganzschriften‹ ę und Häkchen-ö zum Einsatz. Auch Ulf **Bichel** und Joachim **Hartig** betonten 1981 im Heft ›Niederdeutsch an Volkshochschulen‹ (Hg: Landesverband der Volkshochschulen SH e.V.) für Schleswig-Holstein die notwendige Unterscheidbarkeit der

Ein- und Zwielaute (S. 57). Ein Verzicht in der Druck-Praxis wäre, so liest man, nur für Leser zu rechtfertigen, die den Klang ihrer Mundart ›im Ohr‹ hätten (S. 54). Hat das Gros der heutigen jüngeren Dithmarscher den Klang des Dithmarscher Platt verlässlich im Ohr? – Die Differenzierung ist eben ›kennzeichnend niederdeutsch‹, auch wenn die SASS'sche Grammatik sich nicht zu dieser Wertung durchringen kann. Im Gegenteil wird dort die Differenzierung zwar genauer aufgezeigt (z.B. für e|e^i und ö|o^{i}ö^ü, dort auf den Seiten 34 und 37), aber sie wird in der Normal-Schreibweise an gleicher Stelle mit der größten Selbstverständlichkeit endgültig ausgemerzt, was nichts anderes bezeugt als ideologische Festlegung: Was nicht sein darf, …!

Da die mögliche Unterscheidung der langen Monophthonge von den Diphthongen für das Nord-Niedersächsische kennzeichnend ist, sind hier besondere Kennzeichnungen erforderlich! Unser Platt hat ein Anrecht auf Sonderzeichen! Die Versklavung durch die hochdeutsche Zeichenvorgabe muss aufhören! Das Hochdeutsche würde es auch nicht verkraften, wenn eine ›Rechtschreibreform‹ im Interesse einer (idiotischen) Globalisierung die pünktchenfreie Schreibweise von ä, ö und ü verordnen würde! – Handschriftlich bereitet die ›ergänzende Schreibweise‹ keinerlei Probleme. Und am Computer lassen sich für die eingesetzten Extrazeichen leicht Tastenkombinationen erstellen. Im Übrigen geht es nur um die Anwendung in Texten, von denen der Schreiber möchte, dass sie von jedermann lautrichtig gelesen werden können.

Im Dithmarscher und Schleswig-Holsteiner Platt bzw. in der zugehörigen Szene sitzt aber offensichtlich mittlerweile weder Kraft noch Saft. Man nimmt auch nach 60 Jahren noch nicht einmal zur Kenntnis, was der Sprache mit der

Beschränkung auf die Schreibmaschinen-Tastatur und mit dem Verzicht auf eine Diphthongschreibung verloren gegangen ist. Selbstverständlich nimmt man auch nicht wahr, dass mit der Neuausgabe des SASS im Jahr 2002 die seit 1956 noch erlaubten Sonderzeichen (ę und Häkchen-ö) sang- und klanglos wegfielen. Die plattdeutsche Nomenklatura trägt die Beschränkung auf die hochdeutschen Normalzeichen ideologisch als große Errungenschaft vor sich her, als schrieben wir noch auf der Schreibmaschine. Jegliche Beschäftigung mit dem Thema wird als Sakrileg und Tabu-Bruch nach Seilschaften-Manier ignoriert. M. E. geht nicht nur die Dithmarscher Zwie-Lautung ohne Schreibweisenergänzung vor die Hunde. Und warum verweigern wir unseren jüngeren Dithmarschern eine Schreibweisen-Hilfe? Warum wollen wir Schriftliches nicht hilfreich beim Erhalt (oder auch nur bei der Pflege) des Dithmarscher Platt einsetzen?

In Platt-Veranstaltungen kann ich mich langsam des Eindrucks nicht mehr erwehren, als liebe man bei uns das Platt wie das alte Tante-Meier: ›Nä, wat hebbt wi doch âlln̄s dormit beleevt! Wat wēēr dat doch kommōdig un schȫȫn dormit! Man ōōk schȫȫn, datt wi dat achter uns hebbt! In Hōōchdüütsch sünd wi nu je liekop mit de annern!‹ Man erinnert sich gern einmal, in Runden, Krinks, bei heimatlichen und Speeldeel-Darbietungen. Auch Jüngere, die es nicht mehr sprechen, werden vereinzelt gesehen, aber … Aber wehe, dem Spaßfaktor wird auch nur für fünf Minuten nicht ausreichend gefrönt! – Wo ist die Diskussion, der ernsthafte Gedankenaustausch über die Zukunft unseres Dithmarscher Platt? Wo ist das ernsthafte Ringen darum, wie man dem Platt weiterhelfen kann? Wo gibt es dieses Ringen und wo gab es dies in den zurückliegenden Jahrzehnten?

Ganz wichtig ist mir die Schulsituation: In Dithmarschen hat man sich seit 1956 nicht an die SASS'sche Schreibweise gewöhnen können. Der Kieler PLATT-Professor Bull war wohl der einzige Dithmarscher, der diese in seinen Büchern einsetzte. Einzelne Schreiber brechen m. H. von ›eu‹ aus und verschlimmern gleichzeitig die Situation durch Ersatz der ›a‹-Schreibung (z. B. in ›Straat‹) durch ›o‹-Schreibung: De Ool mag geern Ool. Groth's und Kinau's (konsequente) ›e‹-Verdoppelung für [eⁱ] ist in Konkurrenz zur ›a, e, ö‹-Verdoppelung bei SASS nicht mehr handhabbar. – Nun kommen aktuell für Schleswig-Holstein neue Schulbücher auf den Markt, auch natürlich für Dithmarschen, und natürlich in SASS'scher Schreibweise. Eigentlich großartig! Aber eben zu kurz gesprungen! Was sollen unsere Dithmarscher Kinder denn von den Schriftbildern ›Been, geel, Kees, negen, Steen, Week, wenen; för, Fröhstück, söven, söken, Windrööd, aftöven‹ lernen? Wenn wir einmal ein, zwei Schuljahre weiterdenken: Eignet sich diese Schreibweise zum eigenständigen Lesen? Da müssten sich doch eigentlich allen LehrerINNEn die Haare sträuben! Wer in der Dithmarscher Plattdeutsch-Szene macht sich darüber Gedanken?

Um nicht falsch verstanden zu werden: Ich bin für die SASS'sche Schreibweise! Aber sie muss und kann auf einfachste Weise tauglicher gemacht werden. In SASS-ergänzender Schreibweise werden nur diejenigen Buchstaben gekennzeichnet, die anders ausgesprochen werden, als man erwarten müsste: ›grȫne Bōhnen, Strotenbohnen, ik mutt dat dōōn, ik heff dat doon, lōpen, fohren – Bēēn, geel, Kēēs, negen, Stēēn, Week – för, Fröhstück, söben, sȫken, Windrööd, aftȫben‹. Und diese Ergänzungen lassen sich auch handschriftlich leicht ›ergänzen‹! Ebenso problemlos ließen sich ė-, ġ- und ḃ-Pünktchen setzen, bei den Straat-a's könnte man sich mit

Kringel-å's behelfen. Aber, **es müsste endlich überhaupt ein Fortschritt in der Schreibweise gewollt sein!** Den Dithmarschern und den Dithmarscher Kindern den nötigen IQ abzusprechen, ist doch wohl nicht ernsthaft vertretbar, oder?

Zurück zu den Meldörp-Bōkern (Die folgende Aufzählung orientiert sich vor allem an dem bisher nur digital herunterladbaren ›Band 1‹.): Natürlich finden sich unter diesen Texten Proben der in Dithmarschen geborenen und aufgewachsenen Klaus Groth, Theodor Piening und Sophie Dethleffs, aber auch der zu- oder durchgewanderten Johann Meyer und Heinrich Johannes Dehning. Es folgen Proben von Fehrs und Wisser aus Ausgaben, die zu Lebzeiten der Autoren noch schreibdifferenziert erschienen. Um dem Dithmarscher Leser Lesestoff aus der weiteren plattdeutschen Welt zu erschließen, wurden dann Texte aus Hamburg, von südlich der Elbe, aus Bremen, ja auch aus Mecklenburg-Vorpommern, aus Ostfriesland und selbst aus Westfalen bis hin zur Grafschaft Bentheim ›übersetzt‹. Reime und Versmaß bildeten dabei besondere Herausforderungen, und nicht alles dürfte wirklich gelungen sein.

Und natürlich ist es nicht jedermanns Vergnügen, olle Kamellen zu lesen. Aber es sind ja auch nicht in erster Linie Lust- und Juxbücher, **es sind Trainingsbücher**! Bezüglich Jux und Aktualität kann man nur auf die aktuellen Plattautoren und -verlage hoffen. Vielleicht entdeckt|erkennt ja doch einmal einer von ihnen die modernen digitalen Möglichkeiten zu Gunsten der plattdeutschen Lautung! Die Kundschaft müsste es allerdings wohl wollen!

Peter Neuber

Aussprachehilfen für ō, ē, ō̄, â, ė, ġ, ƀ: siehe auf Seite 5 UND Buchdeckel!

Schreibweise und Aussprache

Mit der Aussprache ist man jedenfalls in Dithmarschen auf der sicheren Seite, wenn man zunächst einmal die langen Vokale laut, deutlich und (selbst-)sicher sprechen kann. Zusatzzeichen sollen auf Aussprache-Besonderheiten aufmerksam machen. – Nicht-Dithmarscher sollten an Hand der Beispiele prüfen, in wieweit sie konform gehen können!

„Alt-Längen" (Zwielaute, Diphthonge)

ō, Ō: wie in Englisch „though, soul"

ē, Ē: wie in Englisch „day"

ȫ, Ȫ: wie in „moin", „boy", „Scheune", „Häuser"

ō, Ō, z.B.:   mutt ik dat dōōn, is dōōt, Wōōrt hōlen, lütten Stōōt, wō büst du?, rōde Rōsen, grōten Ōōrt, Kōh, Stōhl, Strōh, Mōōr, sōren Wind, Oprōhr

ē, Ē, z.B.:   ēēn Dēēl is dorbi, kēēn Tiet, will ik mēnen, de Sēē, hē wēēt dat, ik wēēn, sē nēhm, sēhn, vēēr Bēēr!, an'e Ēēr, gēērn, mēhr, verkēhrt

ȫ, Ȫ, z.B.:   bȫȫs, Füür bȫten, mit beide Fȫȫt, drȫȫg, sȫȫt, smȫken, dat Ȫver, hȫger rop, fȫhlen, Hȫhner, Anfȫhrer, Wȫȫr, hȫren, rȫhren, Malȫȫr

Dagegen die „Ton-Längen" (Einlaute, Monophthonge)

o, O: wie in Hochdeutsch „loben, Sohle, Lohn, Ton"

e, E: wie in Hochdeutsch „leben, Segen, Mehl"

ö, Ö: wie in Hochdeutsch „Öl, höher, fröhlich"

o, O, z.B.:   broden as ėn Ool, hėndool, heff ik dat doon, no Kiel, ėn kotten Rosen, Woter holen, gohn, vun' Stoot, Stroot, wo loot is dat?, Goorn, Johr, kloor

e, E, z.B.:   Eet! Danz op'e Deel, geel, heff ik vergeten, gifft Regen, bün dor ween, will ik weten, nehmen, Keerl, negen Peer, ėn Beer vun' Beerbōōm

ö, Ö, z.B.:   op'n Böhn, fief Glöös, fief Fööt sünd leck, Kööm, sien Söhn, över de Brüch, grölen, Höker, Kööksch, för de Gören, vör de Döör

Das unerwartet lange a vor l+Konsonant bzw. vor r+Konsonant

â, Â, gesprochen [a:] wie in Hd. „Aal, Haar, haben, sagen, mahlen"

âl + Konsonant z.B.: âll, Bâll, drâll, Hâll, krâll, mâll, drütten Fâll, in'e Fâll, Tâll, hâlf, Kâlf, Kâlk, Quâlm, Hâls, fâlsch, gewâltig, Sâlv **englisch** (britisch): calf [ka:f], half [ha:f]

âr + Konsonant z.B.: hârr, Nârr, blârren, wârrn, inkârben, Ârfen, Bârg, Fârken, Kârk, Lârm, de Wârms, schârp, Fârv, Hârvst, vörwârts **engl.:** card [ka:(r)d], dark [da:(r)k], hard [ha:(r)d], sharp [ʃa:(r)p]

Häufig kurz-i-Aussprache in SASS'scher e-Schreibung

ė, Ė wird als kurzes i gesprochen wie in Hd. „in, im, immer"

Die ė- bzw. Ė-Pünktchen sollen mögliche Kurz-i-Aussprache andeuten, wo i-Schreibweise störend wirken würde (dagegen Finster, Hingst, Minsch): hėn, ėm, dėn, dėnn, wėnn, Ėnn, Pėnn! An der Niederelbe ist die Kurz-i-Aussprache noch viel ausgeprägter, z.B. bei R. Kinau und E. Goltz: bit, Wilt, Ilw|Ilv statt bet, Welt, Elv.

ġ, gesprochen als g bis hin zum k wie in Hd. „Bug, Bank"

Die ġ-Pünktchen sollen mögliche hart-g- bzw. k-Sprechweise (vor allem statt ch-Aussprache) andeuten, wo k-Schreibweise störend wirken würde, z.B. in ėnġ, lanġ, manġ; wi klooġt ni, wi mööġt dat, jüm dööġt nix, süm leġġt af.

Bei der Einheits-Mehrzahl der Gegenwart (ġt-Beispiele) kommt es zur g|k-Aussprache durch Wegfall der t-Endung unter Verhärtung des nun endständigen g: ik kloog [ch], aber wi klooġt [g|k], hē leggt [cht], aber wi leġġt [g|k].

ḃ, gesprochen eher als b denn als v

Das Zeichen ḃ soll mögliche b-Sprechweise andeuten, wo nach SASS ›v‹ geschrieben steht.

Bei der Einheits-Mehrzahl der Gegenwart (bt-Beispiele) kommt es zur b-Aussprache durch Wegfall der t-Endung unter Verhärtung des nun endständigen v: ik schuuv [f], aber wi schuuḃt [b] (SASS: wi schuuvt), hē glȫȫvt dat [ft], aber wi glȫȫḃt [b] dat ni (SASS: wi glȫȫvt). – (Ein v mit aufgesetztem Punkt steht leider nicht zur Verfügung.)

Die SASS-Silbe ›-ven‹ wird in der Aussprache zumeist|häufig zu [-b'n] bis hin zu [-m] verkürzt. Darauf soll die Schreibweise ›ben‹ in ölben, sülben, Leben, de lēben Kinner, blieben, Hoben, Spitzbōben, söben, glȫben hinweisen. (Es gibt Ausnahmen: X59)

Weitere Aussprache-Hinweise

Sprich das r hinter langem Vokal als nachklingendes a:

Mit der Aussprache steht man in Dithmarschen noch fester, wenn man selbstbewusst nachklingendes a statt r spricht: **[e:ᵃ]**, de Peer [pe:ᵃ], ehrn Brōder [e:ᵃn], smeren [sme:ᵃn]; **[eⁱᵃ]**, hē wēēr [weⁱᵃ], wi wēērn [weⁱᵃn], lēhren [leⁱᵃn]; **[i:ᵃ]**, Tier di ni sō! [ti:ᵃ], de hieren Lüüd [hi:ᵃn]; **[o:ᵃ]**, dor [do:ᵃ], de doren Lüüd [do:ᵃn], wi fohrt [fo:ᵃt], fohren [fo:ᵃn]; **[oᵘᵃ]**, dat Mōōr [moᵘᵃ], Ōhr [oᵘᵃ], Ōhren [oᵘᵃn]; **[u:ᵃ]**, Buur [u:ᵃ], Buurn [bu:ᵃn], suren Appel [su:ᵃn]; **[e:ᵃ]**, Milljonäär [mil-scho-ne:ᵃ], Määrken [me:ᵃ-kᵉn], twēē Fähren [fe:ᵃn]; **[ö:ᵃ]**, dör de Döör [dö:ᵃ ... dö:ᵃ], de Gören [gö:ᵃn]; **[oⁱᵃ]**, Klōōr [kloⁱᵃ], hōren [hoⁱᵃn], fōhren [foⁱᵃn]; **[ü:ᵃ]**, düür [dü:ᵃ], düren Kroom [dü:ᵃn]

AUCH **er-Endungen** werden in aller Regel als kurzes a gesprochen!

Sprich jedes j wie in Journalist!

Jack, Jäger, Jakett, jammern, jaulen, Jebensteed, jēēdēēn, ji, jo, jogen, Johr, Jökel, Juckelie, jüm, jümmer, jung, Jung, jüst; Kinjēēs, lojēren, ...

UND: Jedes eigenständige unbetonte ›**je**‹ (hochdeutsch ›*ja*‹) wird ›**jė**‹
gesprochen, d. h. j wie in ›Journal‹, e wie in hochdeutsch ›immer‹!

Sprich jedes lange ä (in offener Silbe) und ää, äh wie e, ee, eh!

Beispiele: hē dä|lä|sä, Ägypten, wat Ähnligs, Gräver, Jäger, Städer, Andrääg (Bedrääg, Bidrääg, Opdrääg), Slääg (Afslääg, Anslääg, Beslääg, Opslääg, Umslääg, Utslääg), wi dään|lään|sään, däägli, däänsch, Tähn, Fähr, nährig, gefährli, wählen

Überbleibsel der Schreibweise von vor Nov. 2015:

Eigentlich sollen die Ergänzungen ja SASS-Zeichen ergänzen! ›b‹ einerseits und ›ġ‹ andererseits weisen jedoch darauf hin, dass eben genau [b] bzw. [g] gelesen werden soll!

Für die b-Aussprache bei v-Schreibung fand sich leider kein Sonder-v. Es sollte aber durchaus ein Hinweis auf die SASS'sche Schreibweise sichtbar sein, also b.

Für die [ch]-Aussprache bei g-Schreibung stünden mehr als nur ein Sonder-g zur Verfügung. Letztlich schloss ich mich der Überzeugung von Groth & Müllenhoff einerseits und SASS andererseits an, die norddeutsche Normalaussprache würde es schon richten; auf die Ausweitung des ›Schilderwaldes‹ könnte somit verzichtet werden. ABER die norddeutsche Neigung zum ›Geh da wech!‹ verliert an Boden. Auch in als plattdeutsch ausgewiesenen Straßennamen wie ›Heisterweg‹ und ›Borgstroot‹ werden die betroffenen ›g's‹ nicht mehr mit großer Selbstverständlichkeit ‚richtig' [ch] gelesen; ›Heisterweġ‹ und ›Borġstroot‹ wären eine Lösung. Deshalb ist die Schreibweise Gōden Daġ, Troġ, Toġ, weġ, Weġ, Weeġ, Bârġ, Borġ für die Zukunft angedacht. Die Fülle von ›ġ's‹ schreckt noch: ik feeġ de Stroot, ik leġġ mi dool, wat seġġst du, wat krieġ ik, liġġt, kriġġt, schriġġt, dat wooġ ik ni, du lüġġst, ik lēēġ ni, drȫȫġ, Kōōġ, Krōōġ, Krȫȫġ, Mȫhġ

Wörter mit Kennmarken

M3: ENDUNGSLOSIGKEIT DER UNBESTIMMTEN FORM DES SÄCHLICHEN ADJEKTIVS, z.B.: sien geel[M3] Hèmd, èn kõõlt[M3] Lock, dumm[M3] Tüüg, fein[M3] Tüüg, bi siet[M3] Woter, bi hõõch[M3] Woter, èn hâlf[M3] Dutz, mien stuuf[M3] Mess, sõõn lütt[M3] Göör, èn fett[M3] Swien, schṏṏn[M3] Wedder, natt[M3] Wedder, in smuck[M3] Papier; BEISPIELE FINDEN SIE IN TEIL 1 DER ›WÖHRNER WÖÖR‹ (WWW .WÖHRNERWÖÖR.DE): **M3** (M31, M32); ODER SURFEN SIE DORT IN DEN TEILEN 2, 3 (A-K BZW. L-Z) MIT ›**M3**‹, UM ÜBER 300 IN DER LITERATUR BELEGTE BEISPIELE AUFZUFINDEN!

M4: ENDUNGSLOSIGKEIT WEITERER ADJEKTIV-FORMEN

M4a: ADJEKTIVE AUF -EN VERZICHTEN IN DER REGEL AUF DIE FLEXION: ēgen[M4a], eben[M4a], open[M4a], gollen[M4a], begoten[M4a], tofreden[M4a], verschēden[M4a] (I.D.R. OHNE M4A-KENNZEICHNUNG).

M4b: ADJEKTIVE AUF -ERN VERZICHTEN IN DER REGEL AUF DIE FLEXION: iesern[M4b], sülvern[M4b], tōrüchhōlern[M4b] (I.D.R. OHNE M4B-KENNZEICHNUNG).

M4c: ADJEKTIVE AUF -IG VERZICHTEN HÄUFIG, ABER NICHT IMMER AUF DIE ENDUNG -ge|n: wēnig[M4c], lichtlevig[M4c] (I.D.R. OHNE M4C-KENNZEICHNUNG).

M4d: Einige häufig gebrauchte ADJEKTIVE ›LIEBEN ES‹, OHNE FLEXIONSENDUNG AUSZUKOMMEN, OHNE -e UND AUCH OHNE -en: ōōl[M4d], lütt[M4d], hâlf[M4d], beid[M4d]; ODER AUCH EINFACH: ōōl', lütt', hâlf', beid' ODER SUPER KORREKT ōl', lütt', hâlv', beid' FÜR ōle|ōlen, lütte|lütten, hâlve|hâlben, beide|beiden (I.D.R. OHNE M4D-KENNZEICHNUNG)!

Regionale Besonderheiten des Platt
um Wöhrden herum bzw. in Dithmarschen:

Besonderheiten im Umfeld
von persönlichen & besitzanzeigenden Pronomen:

X01 **jüm|ji|ju**: *ihr, persönl. Fürwort, Mz; auch in Dithmarschen:* **ji**, ju; *Literatur-Beispiele finden sich in den ›Wöhmer Wöör‹, in den Teilen 2+3 unter* ***ihr***[1].

X02 **jüm|ju**: *euch, persönliches Fürwort, Mz; anderwärts:* **ju**, jo; *Literatur-Beispiele finden sich in den ›Wöhrner Wöör‹, in den Teilen 2+3 unter* ***euch***.

X03 **jüm|juun**: *euer, besitzanzeigendes Fürwort, Mz; anderwärts:* **juun**, jue,...; *Lit.-Beispiele finden sich in den ›Wöhrner Wöör‹, Teilen 2+3, bei* ***euer***.

X04 **süm|sē**: *sie, persönliches Fürwort, Mz-Nominativ; zumeist:* **sē**; *Literatur-Beispiele finden sich in den ›Wöhrner Wöör‹, in den Teilen 2+3, bei* ***sie***[3].

X05 **süm|ehr**: *ihnen|sie, persönliches Fürwort, Mz-NichtNom.; anderwärts:* **ehr**, jem,...; *siehe in ›Wöhrner Wöör‹, in den Teilen 2+3, bei* ***ihnen***[2], ***sie***[3].

X06 **süm|ehr|ehrn**: *ihr|-e|-en, besitzanzeigendes Fürwort, Mz; anderwärts:* **ehr|n**; *Lit.-Beispiele finden sich in den ›Wöhrner Wöör‹, Teilen 2+3, bei* ***ihr***[4].

X07 **sik|uns**: *uns, persönliches reflexives Fürwort; anderwärts:* **uns**; *Literatur-Beispiele finden sich in den ›Wöhrner Wöör‹, in den Teilen 2+3, bei* ***uns***.

X07b **lōōt's**: *lass|lasst uns, in die Runde, also reflexiv verwendet; eigentlich niemals i. S. v.* **lōōt sik**, *eher i. S. v.* **lōōt uns**; *zu sprechen zumeist aber* **lōōt's**; *das* **s** *stammt also weniger aus* **sik**, *eher aus* **uns***! Bei ›echt reflexivem‹ Folgeverb auch schon mal doppelte Verkürzung:* **lōōt's man mōōl kloppen** *statt* **lōōt's sik man mōōl kloppen**!

X08 **sik|ju**: *euch, persönliches reflexives Fürwort; anderwärts:* **ju**; *Literatur-Beispiele finden sich in den ›Wöhrner Wöör‹, in den Teilen 2+3, bei* ***euch***.

X09 **sē, sē, Sē** *durchgängig für* **sie** *(Ez),* **sie** *(Mz),* **Sie** *(Höflichkeitsform): Anders als bei* **hē** *variiert die Aussprache häufig zu eher kurzem* **sė, sė, Sė**.

Höflichkeitsform, Verwandte, Nachbarn, weibliches Geschlecht:

X10 *Die **Gegenwarts- und Befehlsform** der Verben zu **Sie** = **Sē**, Nominativ, führt in Dithmarschen heute häufig die hochdeutsche Endung -en:* wiljüm[X01]|süm[X04] lachen — *In Groths Quickborn 1 kommt dieses Höflichkeits-Sie ganze drei Mal in der Gegenwart vor und zweimal in der Befehlsform, und zwar ausschließlich mit der t-Endung! Mögliches Beispiel:* **Sē**, *mien Herr,* **Sē lacht**[X10] *över mi?* **Lacht Sē** man ni tō fröh!

X11 **Voder** *in Dithmarschen, sonst* Vadder*:* **Vater***, in Dithm. früher auch:* **Voler**

X12 **Mōder**, *in Dithmarschen durchaus noch bekannt!:* **Mutter***; heute weitestgehend ersetzt durch:* **Mudder**

X13 **Ōhm**: *Kosename,* **Onkel***, für würdige männliche Verwandte &Freunde & Bekannte, z. B.* **Hans-Ōhm, Kloos-Ōhm***; heute rein familiär:* **Unkel**

X14 **Medder, Mȫhm**, Mümme: *alter Kosename (Mühmchen),* **Tante***, für würdige weibliche Verwandte|Bekannte, z. B.* **Trina-Medder(sch)***, in Dithm. eher* **Meller(sch)***, andernorts* **Mȫȫsch***; heute wohl allgemenin rein familiär:* **Tant(e)**

X15 **Vadder|Vaddersch** *für* **Pate|Gevatter***; in Dithmarschen eher* **Valler**

X16 *Plattdeutsch* -sche *statt hochdeutsch* -in*:* **Noversch(e)**, **Pastersch(e)**, **Kȫȫksch**, **Ōȫlsch(e)** *(Nachbarin, Pastorin, Köchin, Ehefrau|Mutter) sind die weiblichen Entsprechungen zu* **Nover**, **Paster**, **Kock**, **Ōȫl** *(Nachbar, Pastor, Koch, Mann|Vater)!*

Besonderheiten bei sehr häufigen Wörtern:

X20 **ni** *in Dithmarschen:* **nicht***, anderwärts zumeist:* **nich***; Literatur-Beispiele finden sich in den ›Wöhrner Wöör‹, Teile 2+3, bei* **nicht**.

X21 **ümmer, jümmer,** *auch:* **ümmers, ümmertō, ümmerlōōs, ümmerfōōrt, jümmers, jümmertō, jümmerlōōs, ….:** *immer*

X22 **ōōk** *in Dithmarschen für* **auch***, aber durchaus vielfach* **uck** *gesprochen.*

X23 **dō**, *das zeitliche* **da***; häufige Verwechslungen mit* **dor** = **da|dort**.

X24 **datt:** **dass**, **damit***, früher stattdessen in Dithmarschen weit verbreitet:* **watt**

X25   **watt**, *anderwärts* **of**: *ob*; *beide Wörter zunehmend hochdeutsch ersetzt.*

X26   **al** *oder* **âll**? — **al**, *kurz gesprochen bis hin zu* **a'** *ist das hochdeutsche* **schon**; *im Unterschied dazu:* **âll** *steht fürs hochdeutsche* **alle, alles**.

X29   *Auch bei Groth gibt es schon Ausdrücke, die sehr hochdeutsch daherkommen; einige wurden grundsätzlich ersetzt und markiert:*
X29a: *Zur Schonung des echt-plattdeutschen* **man** *(nur, aber) findet sich das eher hochdeutsche* ›man‹ *durch* **ēēn**[X29a] *ersetzt.*
X29b: *Das recht hochdeutsch klingende* ›ganz‹ *findet sich durch* **hēēl**[X29b] *ersetzt.*
X29c: *Das weniger plattdeutsche* ›wer‹ *und das wohl ausgestorbene* ›wull‹ *mit gleicher Bedeutung finden sich durch* **wokēēn**[X29c] *oder* **'kēēn**[X29c] *ersetzt.*

Es wären einige andere hochdeutsche Wörter zu nennen, denen Groth generell, häufig oder gelegentlich den Vortritt gegenüber plattdeutschem Vokabular einräumte, etwa ›entgegenkommen‹, ›ob‹, …

Frage- und Bindewörter, großenteils stark gefährdet:

X30   **wo, wosück, 'sück, wosück un wodennig**: *wie, alles früher in Dithmarschen gängig, heute zunehmend nur noch* **wie**

X31   **wō, woneem**: *wo, letzteres früher in Dithmarschen weit verbreitet, heute eher* **wō**; — woneemför, woneemhèn, woneemop, woneemtō: *wofür, wohin, worauf, wozu*

X32   **wonēhr, 'nēhr**: *wann, beide früher in Di. weit verbreitet, heute eher* **wann**

X33   **wokēēn, 'kēēn, wull**: *hochdeutsch* **wer (wen)**, *heute eher* **wer**; *s. X29c*

Beispiele kleinerer, eher verschwindender Besonderheiten:

X36   **lȫben**, *so in Dithmarschen vielfach:* **glauben**; *anderwärts eher nur:* **glȫben**

X38   **sund**, *so in Dithmarschen selten:* **gesund**; *allgemein eher nur:* **gesund**

Weiterhin Regelhaftes zur Aussprache in Dithmarschen

(über den Steckbrief hinaus, z. T. bis in die Schreibweise hineinspielend):

X41a **wedder**: ***wieder***, *in Dithmarschen und anderwärts teils:* **woller**, *auch* **weller** *und verkürzt* **worr**

X41b **Edderkauer**: ***Wiederkäuer***, *in Dithmarschen teils:* **Eller-**, **Öllerkauer**

X41c **wedder**: ***wider***, ***gegen***, *in Dithmarschen teils:* **woller**, *auch* **weller**

X41d **Wedder**, **Unwedder**, **Dauwedder**: ***Wetter, Un-, Tau-***, *in Di. teils:* **Woller**, **Weller**, **Unwoller**, **Dauwoller** *(letzteres mit Ton auf der 2. Silbe)*

X41e **Fedder**: ***Feder***, *in Dithm. eher:* **Feller**, *z.B.:* **Hohnfeller**

X41f **Ledder**: ***Leiter***, ***Leder***; **leddern**: ***ledern***, *in Dithmarschen zumeist:* **Leller**, **lellern**

X50 **gōōt**, **gōde**: ***gut***, ***gute***, *in Dithmarschen eher:* **guut**, **gude**; **nix|wat Gōōds**: ***nichts|etwas Gutes***, *i. Di. eher:* **nix|wat Gudes**, **Gu's**

X51 **Wōōt**: ***Wut***, *in Dithm. eher:* **Wuut**, *auch bei Reim-Erfordernissen:* **Wuut**

X52 **Rōh**, **rōhen**: ***Ruhe***, ***ruhen***, *in Di. auch:* **Ruh**, **Rauh**; *immer:* (ge)**ruhig**

X53 **drōhen**: ***drohen***, *in der Literatur häufig die noch ›breitere‹ Form:* drauhen

X55 **buen**[B50], **hett buut**[B50]: ***bauen***; *in Di. häufig:* **buden**[B52], **worr buudt**[B52]

X57 **eien**[B50], **hett eit**[B50]: ***eggen***; *in Dithm. häufig:* **eiden**[B52], **worr eidt**[B52] ; **Ei** |Ech, *Mz* **Eien** |Echen: ***Egge***; *in Dithmarschen häufig:* **Eid**, *Mz* **Eiden**

X58 **sēhn**, ik **sēh**, wi|jüm|süm **sēht**: ***sehen***, *ich* ***sehe***, *wir* ***sehen***; *in Dithmarschen häufig:* **ik sēhg** *(wie Vergangenheit!)*

X59 **Dēven**, **dōven** *statt* **-ƀen**! *So in Dithmarschen ermittelt! Im Falle von* **lēƀen** *(die lieben Kinder) wird in Dithmarschen wohl auch eher* **lēven** *gesprochen. Im Falle von* **Duƀenheid** *heißt es im heutigen hochdeutschen Heider Stadtplan* **Duvenheide**! *— Schaue im Aussprache-Steckbrief nach wegen -ƀen; siehe auch X76 wg. Ieƀen = Iem!*

X60 ***Endständiges d nach langem Vokal*** *wird im Dithmarscher Platt zumeist nicht mitgesprochen:* **loo'** *(lud)*, **roo'** *(rate!)*, **bōō'** *(bot)*, **brȫȫ'** *(brütete)*, **hȫȫ'** *(hüte!, hütete)*, **bee'** *(bete!, ich bete, bat)*, **tree'** *(trat)*, **glēē'** *(glitt)*, **rēē'** *(ritt)*, **lie'** *(ich leide)*, **rie'** *(ich reite)*, **snie'** *(schneide!)*, **brüü'** *(ärgerte)*, **bedüü'** *(bedeute)*, *statt* lood, rood, bōōd, brōōd, hōōd, beed, treed, glēēd, rēēd, lied, ried, snied. — *Gehören die Groth'schen Formen* **dä** (›dę‹ = *tat),* **sä** (›sä‹ = *sagte),* **dään** (›dę'n‹ = *taten),* **sään** (›sän‹ = *sagten) auch hierher??? (Bei Piening findet man noch:* ›däd, säd‹*!) — Und nicht nur für reine Verbformen trifft dies zu:* **Snie'bank**|Sniedbank *(Schnitzbank),* **Rēē'schop** |Rēēdschop *(Gerätschaft); ähnlich:* **Foo'dōōk**|Footdōōk *(Schüsseltuch);* **Lie'wēh**|Liefwēh *(Leibschmerz)*

X61 möten: *müssen; in Dithm. oft:* **möö'n** *(INF),* **wi mööt** *(PRS),* **möö' wi?**

X62a schüllen|schölen *(INF): sollen; in Dithmarschen oft:* **schöö'n** *(INF),* **wi|jüm|süm schüllt|schööt** *(PRS),* **schüllt|schöö' wi?**

X62a schullst: *du solltest; in Dithmarschen gern:* **du schusst**

X62b schâllst: *du sollst; nicht nur in Dithmarschen gern:* **du schasst**

X63 wüllen, wi wüllt, wüllt wi?: *wollen; in Dithm. oft die Neigung zur Aussprache* **wöö'n** *(INF),* **wi|jüm|süm wööt** *(PRS), vor allem zu:* **wöö' wi?**

X64 hēēt, hēten: *hieß, hießen; in Dithm. heute aber:* **hēēs, hēēssen**

X65 hōōr, hören: *hörte, hörten; teils in Dithmarschen:* hōōrs, hōōrssen

Weiteres, weniger regelhaft, mehr lexikalisch *(zunächst alphabetisch)*:

X71 **Bei**, Mz **Bein**, *so in Dithmarschen:* **Beere**, *andernorts eher:* Beer, Beren — *dagegen ist in Dithmarschen die* **Birne** ėn **Beer**, Mz **Beern**! — *Merkzeile:* Vun' Bōōm fritt de **Boor** ėn **Beer**, vun' Busch wücke **Bein**, un dėnn suppt hē **Bēēr**.

X72 **bölken**: *brüllen,* **grölen**; *in Dithmarschen eher:* **börken**

X75 **Grōōv**, Mz **Grōßen**, *so vielfach in Di.:* **Graben**; *sonst eher:* **Groben, -s**

X76 **Iev** *[i:f]*, Mz **Ieben|Iem** *[i:m]*, *so in Teilen Dithmarschens!:* **Biene**; *andernorts:* Imm, Mz Immen

X77 **Mârkt**: *Markt; heute verkürzt:* de **Mârk**, *früher in Dithmarschen:* dat **Mârt**

X82 **ween**, *so in Dithmarschen:* **sein**, *andernorts und bei Reim-Erfordernissen:* **wesen, sien**

X83 **ween**, *so in Dithmarschen:* **gewesen**, *andernorts und bei Reim-Erfordernissen:* **wesen, west**

Grabbelkiste

(mit * gekennzeichnete Wörter)

blõõd, blõde: *bescheiden, zurückhaltend; dieses ‚unschuldige' plattdeutsche Wort hat durch hochdeutschen Zugriff einen schlimmen Bedeutungswandel durchmachen müssen. (›Lang doch tō, wees doch ni blõõd!‹ nach dem Motto ›Bescheidenheit ist eine Zier, doch weiter kommt man ohne ihr!‹). Textstellen mit ›blõõd‹ sind für uns heute kaum noch zutreffend interpretierbar. Ähnlich erging es dem plattdeutschen Wort dōōf (=taub).* — **Buhmann, Frenz**: *Schankwirt auf der ›Schanze‹ (alte Befestigung aus der Zeit der ›letzten Fehde‹, östl. Heide*[GrK1.1.095Anm.] — **Ech|Egg un Ei**: *Mit engl. ›egg‹ und deutsch ›Ei‹ machte die Original-Zeile auch Sinn; hier ist aber 2x die Egge gemeint, in Dithmarscher Platt ›Ei‹, andernorts aber ›Ech‹ oder auch ›Egg‹.* — **1 Famieln, 2 Famieln**: *1 Familie, 2 Familien* — **Finsterbēēr**: *Festlichkeit nach beendetem Hausbau auf Kosten des Hausherrn*[GrK1.1.079Anm.] — **Gâdscho** *m.*|**Gâdschi** *w., Mz* **Gâdsche|Gâdscha**: *in der Roma-Sprache ›Nicht-Sinto‹ bzw. ›Nicht-Rom‹* — **gluddern**, gniesen: *in sich hineinlachen* — **Grēten, Grēēt**: *Kurzform zu Margarete* — **Grōth, Kloos**: *Dieser ›Rechenmeister‹ (kein Verwandter des Autors) lebte wohl im 18. Jahrhundert in Süderholm (heute: Heide-S.); der aufgeführte Vorfall soll überliefert sein.*[GrK1.1.081Anm.] — **Hansen, Hans**: *s.* **Vullmacht Hans Hansen** — **Heck**: *Gittertor aus Holz am Eingang in eine Koppel (eine Weide)*[GrK1.1.020Anm.] — **Hēēd**: *Der beim Hecheln anfallende kurzfaserige Abfall, hochdeutsch Werg, wurde früher vor allem handwerklich genutzt (s.a. hekeln!)* — **hekeln**, dörhekeln: *Beim Hecheln von Flachs, Hanf, Jute wurde nach dem Brechen (der Holzanteile) und Schwingen (Abtrennen eines Großteils der Holzteile, des Scheev) das Fasergut weiter fürs Verspinnen aufbereitet (die längeren Fasern gewonnen), indem man es durch eine Hechel (kammartiges Gerät) zog; i.ü.S. wurden|werden Menschen auch (in übler Weise) durchgehechelt (dörhekelt).*[(GrK1.1.084Anm.)] *(s.a. Hēēd!)* — **ieverig**, ievrig: *eifrig, rege, geschäftig, hektisch, begeistert, enthusiastisch* — **Kloos**: *Vorname Klaas, Claas, Klaus* — **Kranzbēēr**: *Tanzgelage, wofür man die Kosten einsammelte, indem man einen mit bunten und goldenen Eiern, Bändern usw. geschmückten Kranz vorher von Haus zu Haus trug und für Geld vorzeigte*[GrK1.1.075Anm.] — **Landvermeter**: *Landmesser, soll der Sage nach in der Zeit nach 1559 Dithmarschen für die Sieger vermessen haben.* — **lēhren**, lēhrt, lēhr: *lernen, lernt |gelernt, lerne |lernte; auch: lehren* — **nōmen**, nōōmt, nōōm: *nennen |nannten, nennt |genannt, nannte* — **nüms**, kēēnēēn, kēēn: *niemand(em |en), keiner(-em |-en)* — **opstunns**: *heutzutage, zur Zeit, gegenwärtig* — **Otter**

Büngel: *Er war nach Groth eine höchst lächerliche Person, die immer ›Otter‹ statt ›Woter‹ sagte ....*^{GrK1.1.071Anm.} — **Peermârkt,** Peermârt: *Pferdemarkt, 2x jährlich größtest Heider Volksfest*^{GrK1.3.389} — **Persetter**: *lat. Praeceptor, im Mittelalter und in früher Neuzeit ›Lehrer‹* — **Priamel**: *mittellat. praeambula, uralte deutsche Form des Sittenspruchs, bei der es darauf ankam, verschiedene Subjekte oder Vordersätze auf eine Pointe in der Schlusszeile zurückzuführen*^{GrK1.1.058} — **Rōlandfohren**: *ehemals Volksbelustigung in Lohe(-Rickelshof): Aus einem Wagenrad, selbst auf einen Pfahl gesteckt, 2 parallele Latten draufgebunden, mit 2 Stühlen auf den Enden, wird ein Karussel. Daneben wirkt ein drehbarer Roland mit Aschebeuteln,...siehe*^{GrK1.1.194Anm.} — **sachs**, wull: *wohl* — **Scheev**: *s. hekeln!* — **Spint**: *Viertelscheffelbeutel* — **Spōkel**, Spōōk, Spōkelsch, *Mz* Spōkels, spōkeln, Spōkelie, spōkelig: *Spukgestalt(en), spuken, Spuken, spukhaft* — **Sprōök**: *Spruch, Sprüche* — **Stegelsch**: *Trittbrett zum Übersteigen des Zauns am Heck(tor)*^{GrK1.1.034Anm.} — **Tielen**: *Vogtei Tielen mit der Tielenburg, vor 1500 (Erfte, Süderstapel ...)* — **Trina**: *Kurzform zu Katharina* — **vundi|tōdi**: *noch heutige 60-Jährige haben diese Rechts-links-Befehle erlebt und mussten sie sich erklären lassen: Beim ›Zufahren‹ von Hocke zu Hocke rief der Aufstaker dem ›Tōfohrerjung‹ (vom am|auf dem linken Pferd) „*vundi*"|vandi |von dir weg (= mehr nach rechts) bzw. „tōdi" |zu dir hin (= mehr nach links) zu.* — **Vullmacht**: *zu dänischer Zeit der ›Landesgevollmächtigte‹ aus dem Bauernstand für die Landschaftsversammlung, in der Bedeutung eines Bürgermeisters* — **Vullmacht Hans Hansen**: *›Vollmacht Hansen wohnte am Westerdeich bei Marne in Süderdithmarschen und starb hier 1826; er war Besitzer des Sophienkoogs und verschiedener Höfe in der Umgegend, auch längere Zeit des Gutes Ascheberg in Ostholstein, ein unternehmender Mann, der aber seinen vielen Spekulationen schließlich zum Opfer fiel. Die übrigen Personen, wie die lokalen Verhältnisse sind Dichtung, also auch die Lage des Hofes in der Nähe von Wöhrden. Vollmacht Hansens Tuchrock von hellblaugrauer Farbe und seine weiße bestickte Weste sind im Besitze der Altertumssammlung des Marner Skatklubs.‹*^{GrK1.1.240Anm.} — **Woterbörs**: *abendliche Zusammenkunft von Freunden und Nachbarn, bei der nur geraucht und Wasser getrunken wurde*^{GrK1.1.079Anm.} — **Wründel**: *ringförmiger Wulst aus zusammengedrehter Kleidung, den die Frauen auf den Kopf legten, um Milcheimer darauf zu tragen*^{GrK1.1.087Anm.} — **Zütphen, Heinrich von**: *Heinrich Moller aus Zütphen|Zutphen in den Niederlanden, der erste evangelische Prediger in Dithmarschen, wurde am 11. Dezember 1524 bei Heide verbrannt.*^{GrK1.1.133Anm.}

Peter Neuber

Wöhrner Wöör

Datt ēēn sik beter verwören kann!

Niederdeutsches Wörterbuch

ut Dithmarschen, för Dithmarschen un …

hochdeutsch – plattdeutsch – elektronisch

Stand: 1. Jan. 2018 – Frie' Woor!

Die ›**Wöhrner Wöör**‹, ›Mutter‹ der ›**Meldörp-Böker**‹, kamen 2001 in Druck, sind aber seit geraumer Zeit als Druckwerk vergriffen. Kenner wissen, dass dies wahrlich kein Wörterbuch nur für Wöhrden war und ist (wie der Eintrag auf der INS-Landkarte falsch-informiert).

Seit mehreren Jahren werden die ›**Wöhrner Wöör**‹ zum kostenfreien Herunterladen unter der Internet-Adresse **www.wöhrnerwöör.de** angeboten. Der Umfang ist mittlerweile auf rund 250% gegenüber der Buchausgabe angewachsen.

Die ›**Wöhrner Wöör**‹ haben sich dabei weiterentwickelt, u. a. hat sich die Schreibweise an die Buchstaben-Verfügbarkeit in Computer-Zeichensätzen angepasst. Verwendet wird nunmehr die SASS-ergänzende Schreibweise.

Die digitalen ›**Wöhrner Wöör**‹ bieten gegenüber der Buchform ungleich größere Nachschlage-Möglichkeiten. Da sie im MS-WORD-Format angeboten werden, ermöglicht die WORD-Suchfunktion nicht nur das Nachschlagen entlang der hochdeutschen alphabetischen Sortierung, sondern:

Sie, lieber Nutzer, können auch plattdeutsche Wörter suchen lassen, auch Bruchstücke von Wörtern.

In den ›**Wöhrner Wöör**‹ werden zu Tausenden plattdeutsche Wörter aus Fundstellen in dortiger Originalschreibweise zitiert. Dadurch haben Sie die Chance, Wörter aufzufinden, auch wenn deren Schreibweise in Ihrem Lesetext nicht derjenigen der ›**Wöhrner Wöör**‹ entspricht.

Und immer erfahren Sie, woher das jeweils aufgeführte Wort in dieser Schreibweise stammt! — Wo erfahren Sie dies sonst noch?

Meldörp-Böker
= Platt-Klassiker für Dithmarschen
(+ Kompetenztraining in Dithmarscher Platt)

Liebe ältere und jüngere und neuere Dithmarscher,
liebe Urlauber in Dithmarschen,
liebe Deutschlehrer und Schüler|innen der Sekundarstufen,
liebe Deutschlehrer- und Germanistikstudenten aus Dithmarschen,
liebe Freunde des Plattdeutschen überall,
die ›Meldorf-Bücher‹ enthalten Dithmarscher Platt,
die alte Dithmarscher Sprache, aber verständlich
und in geeigneter ›SASS-ergänzender Schreibweise‹,
un dörmit luut leesbor un vörleesbor!

Besonders auf das mit Freude lesende Dithmarscher ›Bildungsbürgertum‹ haben es die Meldorf-Bücher abgesehen, auf Frauen und Männer, die dem Plattdeutschen schon sehr lange den Rücken gekehrt haben. Sie hatten de facto keinen tragfähigen **Zugang zum Dithmarscher Platt über das Buch.**

Hier ist er jetzt, der Zugang per Buch! – Bitte erwärmen Sie sich nun wieder für das ›Kulturgut Dithmarscher Platt‹, das sich bezüglich Wortwahl, Ausdruck, Grammatik und Lautung wahrlich nicht hinter anderen niederdeutschen Mundarten verstecken muss! Es hat eine starke Grammatik und bewahrt vor allem die alte Lautung der langen Vokale in vorbildlicher Weise! Beides können Sie in diesem Buch erlesen, zusätzlich zum Inhalt des Platt-Klassikers. Greifen Sie deshalb zu, lassen Sie sich begeistern und begeistern Sie sich selbst für unser altes Dithmarscher Platt und leisten dadurch einen riesigen Beitrag dafür, dass es nicht restlos verschwindet!

Meldörp-Book 2.1
Klaus Groth, Quickborn 1

Groth wurde am 24. April 1819 in Heide (Lüttenheid) als Sohn eines Müllers geboren und verstarb am 1. Juni 1899 in Kiel. **2019 feiern wir 200 Jahre Klaus Groth!** Gemeinsam mit dem Mecklenburger Fritz Reuter gilt er als der Begründer der neueren niederdeutschen Literatur.

Nach Seminarjahren in Tondern wurde er Lehrer an einer Mädchenschule in Heide. Häufige Krankheit zwang ihn zur Berufsaufgabe; für mehrere Jahre wohnte er bei seinem Freund Leonhard Selle auf Fehmarn. Dort schrieb er seine Gedichtsammlung ›Quickborn‹, die er 1853 herausbrachte und die ihn schlagartig berühmt machte.

Im gleichen Jahr holte ihn Karl Müllenhoff (Marne), Literatur-Professor, nach Kiel. Von Herbst 1854 bis Frühjahr 1855 arbeiteten beide täglich für Erweiterungen und Neuauflagen des ›Quickborn‹ zusammen, u. a. an ihrer leistungsfähigen Schreibweise, die die langen Ein- und Zwielaute zu unterscheiden wusste.

Zeitfracht Medien GmbH
Ferdinand-Jühlke-Straße 7
99095 Erfurt, Deutschland
produktsicherheit@kolibri360.de